後人類時代

時代

虛擬身體的
多重想像和建構

HOW WE BECAME POSTHUMAN
VIRTUAL BODIES IN CYBERNETICS, LITERATURE, AND INFORMATICS

by N. KATHERINE HAYLES

N・凱薩琳・海爾斯
著

賴淑芳、李偉柏
譯

致尼可拉斯
世上最偉大的科技檔案保管員
（以及更多人）

目次

作者感謝辭

分散式認知的概念，亦即本書中定義的後人類的核心，使得向那些對本計畫貢獻了心力智慧和實務者致謝，這為必然且至為喜悅。

我的論點受惠於與許多朋友和同仁的對談和書信往來，其中包括 Evelyn Fox Keller、Felicity Nussbaum、Rob Latham、Adalaide Morris、Brooks Landon、Peter Galison、Timothy Lenoir、Sandra Harding、Sharon Traweek 和 Marjorie Luesebrink。

Mark Poster 和來自芝加哥大學出版社的匿名讀者給予我寶貴的建議，以修改和反思部分論點。Rodney Brooks 與 Mark Tilden 親切地和我談他們的人工生命計畫，Stefan Helmreich 和我分享他寫關於人工生命的書早期的版本。許多學生給我寶貴的意見和對我的早期想法的評論，包括 Carol Wald、Jim Berkley、Kevin Fisher、Evan Nisonson、Mark Sander、Linda Whitford 和 Jill Galvin 等人。

我也至為感謝獲得一些機構的支助，包括「古根漢基金會」（Guggenheim Foundation）、史丹福人文中心獎學金、加州大學的美國總統研究獎學金、加利福尼亞大學洛杉磯分校研究理事會的支持及愛荷華大學允許我休假從事研究。若無此慷慨的支持，難以完成本計畫。

感激出版社 Routledge Press 惠允我重印文章 "Narratives of Artificial Life," from *Future Natural: Nature, Science, Culture*, edited by George Robertson, Melinda Mash, Lisa Tickner, John Bird, Barry Curtis, and Tim Putnam, 145-146 頁，©1996（修訂成為第九章）；和 "Designs on the Body: Cybernetics, Norbert Wiener, and the Play of

Metaphor" from *History of Human Sciences* 3 (1990): 212-28（修訂版為第四章的一部分）。出版社 Johns Hopkins University Press 慷慨地允許我轉載出現在雜誌 *Configurations: A Journal of Literature, Science, and Technology* 的三篇文章：“The Materiality of Informatics,” *Configurations* 1 (1993):147-70（以修訂形式出現為第八章的一部分）；“Boundary Disputes: Homeostasis, Reflexivity, and the Foundations of Cybernetics,” ibid. 3 (1994): 441-67（以修訂形式出現為第三章的一部分）；“The Posthuman Body: Inscription and Incorporation in *Galatea 2.2* and *Snow Crash*,” ibid. 5 (1997): 241-66（出現為第十章的一部分）。出版社 MIT Press 同意我重印 “Virtual Bodies and Flickering Signifiers,” from *October* 66 (Fall 1993): 69-91（略為修改成為第二章）。出版社 University of North Carolina Press 允許部分重印 “Voices Out of Bodies, Bodies Out of Voices,” from *Sound States: Innovative Poetics and Acoustical Technologies*, edited by Adalaide Morris, pp 74-78, 86-96, © 1997 by The University of North Carolina Press（以修訂形式出現為第八章的一部分）。*The Journalof the Fantastic in the Arts* 同意轉載 “Schizoid Android: Cybernetics and the Mid-60s Novels of Dick,” *JFIA* 8 (1997): 419-42（略為修改成為第六章）。

最後，深深感激我的家人，多年來耐心傾聽我的想法，感謝我的丈夫尼克‧蓋斯勒（Nick Gessler），從他身上我學到的種種，溢於言表。

好評推薦

人類一直發明工具來增強人的能力，從弓箭刀鋤一直到動力引擎延伸了肌肉力，從印刷造紙到廣播網路延伸了語言穿透力。未來會不會有對意志認知人格方面產生類似的延伸？如果我們進步到能夠完整正確取得腦內活動訊號，也可以反方向加以操控，那時候的人類跟現在的人類有什麼不同？

這本由杜克大學凱薩琳・海爾斯教授所撰寫的《後人類時代》（*How We Became The Posthuman: Virtual Bodies in Cybernetics, Literature, and Informatics*）試圖思索這個問題，她旁徵博引了許多科技、文學、心理、認知領域的前沿研究，企圖建構一個超越目前社會能想像出來的景象。在人工智慧研究與應用一波波撼動全世界的今天，更顯得作者的遠見之可貴。

要探索如此重大的議題，不能指望只讀本簡單的書，翻譯者中山大學賴淑芳、李偉柏二位教授分別專研文學與人工智慧，他們非常用心地兼顧可讀性與專業度，讀起來讓人順利融入原作者的思路，可謂是了不起的成就。

——林永隆（清華大學資訊工程學系講座教授、科技部 AI 創新研究中心辦公室主持人）

近年來，由於人工智慧技術的快速發展，許多人開始擔心人類是否會如科幻小說的情節一般，逐漸被機器人所取代，成為後人類時代地球上的次等公民。本書從哲學的觀點探討人類與機器長久以來的關係，特別是在智慧物聯網的時代，機器如何以分散決策的模式成為人類意識的延伸。這本書是對人類社會如何面對人工智慧高度發展有興趣的讀者來說，不可不讀的好書。

——李蔡彥（政治大學資訊科學系教授）

　　數位雲起時,二十一世紀物物大相聯,物物大增能,物物大蛻變。人們急忙從 AI 科技巨變的可能,想像與推論「後人類」。然而,無人可斷定「後人類」。可斷定的是:後人類時代中,科技不再僅是個人工具,不再以人為中心。在虛實交織與迴饋循環中,物的「人化」(圖靈)趨勢無可避免地也將造成人的「物化」。人,遂從萬物的主宰者,逆向往物物相聯中的被主宰物演化。海德格所謂科技本質的「聚置」(Gestell)正大規模地框架此後人類的演化。此書從「成為後人類」的視野,思考未來的人類,更進一步思索人類的未來。原文精彩,譯文精準,值得你我捧書詳讀。

　　　　　　　　　　——賴俊雄(成功大學外國語文學系特聘教授)

　　凱薩琳·海爾斯的《後人類時代》檢視了資訊如何被去實體地對待,融合文學文本、理論、科學與技術,想像馳騁,論述清晰。賴淑芳教授及李偉柏教授以其文學及人工智慧專長,透過精確及洗鍊翻譯,帶領讀者隨著海爾斯透過科學和文學文本,對控制論的歷史研究,進入後人類時代及人工智慧的核心概念。在極度科技化的 21 世紀,人類對電腦資訊及人工智慧的依存的世代,作者告訴我們如何變成後人類,此本書為跨文學與科學之必讀經典!

　　　　　　　——呂佩穎(高雄醫學大學醫學系教授、醫學與人文科主任)

譯者導論

　　凱薩琳‧海爾斯的原書（N. Katherine Hayles's *How We Became Posthuman: Virtual Bodies in Cybernetics, Literature, and Informatics*，直譯為《我們如何成了後人類：控制學、文學、資訊學中的虛擬身體》）於 1999 年芝加哥大學出版，對照邁進工業 4.0 的現今，人工智慧、人工生命、認知科學、巨量資料、物聯網領域最新研究發展與趨勢而言，雖說是較早之作，但作者整理後人類論述之歷史脈絡、切中關鍵議題、對承先啟後驅勢之掌握，開創後人類研究與理論功不可沒，至今已是後人類論述必讀之經典。作者探討機器／人類界面、主觀性、仿生控制三波發展期等議題，提供數位時代對人、機器與環境之間關係之省思。本書內容橫越數個專業領域，既有學術教科書的深度、文學批評理論的推演，亦有科普類科學史的介紹及大眾科幻作品的分析評論，是延續上個世紀徹底實踐跨文學科學「兩文化」的上乘之作，被評論者驚嘆為耀眼的奇書（dazzling book）。[1]

　　在西方思想上，文學／科學兩文化關係探討從十九世紀以降已是經典議題。從 1880 年代赫胥黎（Thomas Henry Huxley）與阿諾（Matthew Arnold）之「兩文化論戰」（Two Culture Debates），到上世紀 1959 ～ 1962 年間李維斯（F. R. Leavis）和斯諾（C. P. Snow）延續論戰，兩位譯者過去曾著文〈科技與文學〉探討。[2]進入 1990 年代，呼應這股

---

[1] 見 Amelia Jones, rev. of *The Emptiness of the Image: Psychoanalysis and Sexual Differences*, by Parveen Adams, *How We Became Posthuman: Virtual Bodies in Cybernetics, Literature, and Informatics*, by N. Katherine Hayles, and *The Threshold of the Visible World*, by Kaja Silverman, *Signs* 27.2 (2002): 565.

反思，有所謂「第三文化」興起。約翰・布羅克曼（John Brockman）於 1995 年出版的《第三文化》（*The Third Culture*），倡導科學家將科學思想與大眾共享，創造「第三文化」來驅動時代新概念，這也是他所謂的「新人文主義」，將科學新知如分子生物、基因工程、人工智慧、人工生命、混沌理論等等納入為文化新概念。[2]著手翻譯這部作品，我們意在順應這股新人文主義風潮，並且在當前全球人工智慧 AI 大浪潮衝擊下，臺灣尚在摸索研發方向，但已依實用主義方針，急欲以半導體利基搶灘，渴望發展金融科技與醫療實務應用，希望藉引介本書來提供一點從文學科技兩端整合的、基礎的、理論的參考。

　　凱薩琳・海爾斯本身擁有跨文學科學的教育背景。她在大學時主修化學，並於 1969 年得到加州理工大學化學碩士學位。畢業後任美國生物醫學器材公司（Beckman Instrument Company）化學研究顧問。她繼而轉向攻讀文學，先後取得密西根大學文學碩士（1970）與博士學位（1977）。海爾斯著作本書時為加州大學洛杉磯分校文學系教授，目前為杜克大學文學系教授。她的後人類論述橫跨不同學門，將電腦和控制科學、神經科學、認知科學、語言學、人類學、心理學、動物行為學等研究納入範疇，研究對象亦囊括極專業的人工智慧及機器人課程與研究，從大腦與感測訊號處理、生物調控模型的建立、自我調控機制的設計、自然現象的模擬，到實體機器人的建造、人機互動模式建立、知識表示及推理。相較於臺灣目前人工智慧倚重資訊工程、自動化或電機控制學門，著重硬體發展，我們期待這類系

---

[2] 見 Shu-Fang Lai and Wei-Po Lee, "From 'Wings of Wire' to 'Weaving the Web: Passing the Revolution of Message Transmission in the Past and the Present," *Wen Shan Review* 1 (2003): 73-81; 及賴淑芳，〈科技與文學〉，《文學》第六章，林祁華，林建忠主編（北京：中國人民大學出版社，2007），113-132。

[3] 參見 *The New Humanitists: Science at the Edge* (2003) 之引言。

統化思想建構，與人文學門的融合。作者既然是實踐文學與科學跨學科背景，故翻譯工作由兩方面領域專長學者合譯：譯者一人專長在中英翻譯與文學翻譯；另一人的專長在人工生命、特別是自我演化機器人學。前者有研究十九世紀科學論述經驗，從事翻譯研究及教學；後者有機器人學理背景與實體和虛擬設計實際經驗。

　　現今，人們可從科學、醫學、心理學、文學與文化研究、宗教、哲學、倫理學、社會學、藝術等各個不同面向來思考我們正在經歷的後人類世界。後人類領域發酵熟成。2017 年劍橋大學最新出版之 *The Cambridge Companion to Literature and the Posthuman* 先按照年代看從中世紀、浪漫時期、現代，一路到後現代文學中的後人類想像，整理相關文獻探討，再來又分文類（科幻、傳記、電影、網路文學）、最後分主題（非人類、身體、物件技術、未來等）探討，可謂是最好的入門手冊。臺灣本地亦與西方呼應，產生不少在地後人類論述作品，臺大廖朝陽教授於 2007 年在《中外文學》發表論文，引領風潮，他從增能輔助的觀點對武俠敘事傳統進行省思，探討電影《功夫》（周星馳導演）的武術作為身體控御技術如何重建個體對世界的存認，跨越人、非人的控御框架下發展以互卸為主的對外應接模式，形成機器控御學轉向，又全球化時期「風險社會」下無規律成為常態的現象。自此各校學者更是紛紛投入耕耘，運用後人類概念在各自關注的場域上，閱讀不同作家文本、各種文類與次文類，例如臺人黃宗慧教授從後人類觀點，在動物與社會學上探討人與動物關係、動物倫理等議題；師大黃涵榆教授探討後人類科技文化中恐懼、生命政治、附魔等主題，亦佐以後拉岡精神分析大師紀傑克（Slavoj Žižek）思想，來進行理論批判；中興大學邱貴芬對臺灣紀錄片爬梳檢視，同校的李順興教授以後人類視角探討新舊媒體交織、比較等研究媒體、數位文學等主題，以及林建光教授反思後人類主義研究之今昔，利用英國當代

後人類文本處理涉及之政治社會、美學、藝術等問題，更回頭從後人類視角研討八〇年代臺灣科幻小說；高雄師範大學楊乃女教授從心理分析理論家如佛洛伊德與拉岡對亂倫禁忌的看法，討論有關性的議題如無性生殖，探討增能輔助與倫理主體之關係；東吳大學蘇秋華以後人類觀點，循海德格到斯蒂格勒（Bernard Stiegler）的思想脈絡，針對斯氏之可程式性及其後人類論述之潛能做出回應，剖析十九世紀魔術舞臺運用光學與電磁技術（具非真特質），銜接轉向現代電影。《賽伯格與後人類主義》（2014）收錄上述一些學者精彩的作品。臺大教授廖勇超亦挾後人類觀點探討日本動漫科幻作品中的後人類倫理。限於篇幅，此處僅舉一些例子。另外在藝術領域及創作上也出現一些後人類觀點作品，如臺北教育大學視覺藝術研究所、輔大應用美術學系所、臺南藝術大學藝術創作理論研究所、高師大跨領域藝術研究所紛紛有應用後人類理論的學位論文（請參見以下書目）。我們清楚看出本地學界受後人類理論啟發，勇於嘗試，蔚為一股充分運用後人類理論，除西洋文學文化外，更來檢視東亞流行文化的研究風潮。未出版之大學碩博士生論文，尤其自 2014 年本書翻譯計畫執行的幾年間，後人類論述和其他類似的跨學科論述不斷出現，可說百花齊放，從以下所羅列的書目，尤其看出近年來臺灣在後人類教育開枝散葉的景象。

　　以上可見臺灣本地大專院校師生在後人類文化概念上展現的動能與學術貢獻。雖原著屬於較為學術性的圖書，但是譯者們仍然希望產生易讀易懂的經典中譯本，❹在許多地方和翻譯選擇上，儘量不設限

---

❹ 在我們的譯書推出前，劉宇清的簡體譯本稍早上市，為中國最高學府出版（北京大學出版社，2017 年）。唯明顯有大量誤譯、漏譯、誤解、不通順處，插入英文訛誤甚多也，未加譯者注解與導讀，也未提供「在地化」之訊息。從各方面評估，我們的譯本必然更適合繁體讀者適用閱讀。

讀者於人文學科，特別設想外文學門背景較熟稔理論術語的師生以外的讀者也可及的範圍，故本譯著更希望幫助在地普羅讀者，能跨學科了解如「後人類」、「仿生控制」等議題之歷史、哲學、理論背景，即使無文學理論背景者，也能一窺究竟，從這基礎論述，來理解我們所處的數位世界和智慧機器時代，迎向人機共存的社會。

　　如上述後人類研究涵蓋範圍廣大，本書重點包含控制論（cybernetics，指「生物體或機器中溝通和控制的理論或研究」）[5]與機器人學。robot 這個字源自捷克語 robota，首度出現在卡雷爾‧恰佩克（Karel Kapek）1920 年的劇本《R.U.R.》（*Rossum's Universal Robots*，1920，全名《羅梭的全能機器人》）。學者羅德尼‧布魯克斯（Rodney Brooks）在 1980 年代倡導以模仿自然界生物體來建造機器人，改變傳統之機器人設計哲學，無論從結構或行為上，都以自然界生物體為模範。歷經三十餘年以來，人們對於此急遽發展的智慧控制領域，從機器人、人機合體人（Cyborg），到運用雲端技術和穿戴式與植入式智慧型電子裝置，種種體內、體外進行的人機合體。因人工智慧高度發展，使人與機器界限越來越模糊，終結人類時代的思維在在刺激更多人文省思，有一系列著作：例如打造會思考的機器，[6]或智慧機器人對人類的影響（夢魘式負面影響、機器人取代人類、奪走工作機會），[7]或人與機器人共生共存社會關係，和這關係激發的道德省思，[8]或如日本機器人專家森政弘「恐怖谷理論」（Uncanny Valley）所推導的人類對機器人和非人類物體的感覺的假設，也是甫

---

[5] 據 *OED* 定義為 "the theory or study of communication and control in living organisms or machines"。

[6] 如 John Johnston 的 *The Allure of Machinic Life: Cybernetics, Artificial Life, and the New AI* (2008)、Ray Kurzweil 的 *How to Create a Mind: The Secret of Human Thought Revealed* (2012)。

出版的馬克斯・泰格馬克（Max Tegmark）的《生命3.0：人工智慧時代的人生》（*Life 3.0: Being Human in the Age of Artificial Intelligence*，2017年8月出版）、保羅・杜莫契爾（Paul Dumouchel）與路易莎・達米亞諾（Luisa Damiano）合著的《與機器人一起生活》（*Living with Robots*，2017年11月出版）。上述一系列著作顯現人類看待機器人從預期到恐懼，再到接受並預期在共同生活空間建立秩序，當今人類物種與機器依然不斷地演化中，從科技、生活、到社會與倫理道德的種種，已然蔚為你我切身相關、刻不容緩的火熱議題。

我們已經成為後人類！

回到海爾斯原文書名使用過去式became來表示我們已經成為後人類，這對於不少人而言，無疑是相當震撼的宣告。到底何謂「後人類」呢？

在她之前，據牛津科幻小說字典記載，posthuman這個字最早出現於布魯斯・斯特林（Bruce Sterling）1985年的小說（posthumanism、posthumanity亦出現於同本小說）。[9]結合了自動控制機器與生物有機

---

[7] 如 Francis Fukuyama 的 *Our Posthuman Future* (2002)、David H. Keller 的 *The Threat of the Robot: and other Nightmarish Futures* (2012)、Federico Pistono 的 *Robots Will Steal Your Job, But That's OK* (2012)、James Barrat 的 *Our Final Invention: Artificial Intelligence and the End of the Human Era* (2013)、Marshall Brain 的 *Robotic Nation and Robotic Freedom* (2013)。

[8] Takayuki Kanda Hiroshi Ishiguro 的 *Human-Robot Interaction in Social Robotics* (2012)、Morton Winston an 與 Ralph Edelbach 的 *Society, Ethics, and Technology* (2013)、John Brockman 的 *How to Think about Machines That Think* (2015)。

[9] Bruce Sterling, *Schismatrix* (New York: Arbor House, 1985) 26; 231, 229; Jeff Prucher, *Brave New Words: The Oxford Dictionary of Science Fiction* (Oxford University Press, 2007) 153-54.

體的 cyborg（cybernetic organism 的簡寫），人機合體人，音譯為賽博格（又稱電子人、機械化人、改造人、生化人等等），指任何混合了有機體與電子機器的生物，該定義更是早在 1960 年《紐約時報》已出現，[10] 後也陸續出現在幾部小說中。半人半機器的人機合體人當然是進入人類生活的「**後人類**」。

　　耶魯大學人類學家及女性主義者唐娜・哈洛威（Donna Jeanne Haraway）教授，在 1988 年發表對海爾斯等人影響甚巨的文章〈人機合體人宣言：二十世紀晚期之科學、技術、社會學的女性主義〉（"Manifesto for Cyborgs: Science, Technology, and Socialist-Feminism in the 1980s"）中，[11] 提出人類與機器逐漸模糊的分界，並宣揚流動的主體身分。既然顛覆了過去固定的人類主體，後人類觀念逐漸浮現、濫觴。如此發展了「後生物學」（postbiology）的範疇，這是有機生物為能適應更惡劣的和過度開發的當代環境繼續生存，結合生物演化與人類技術以突破身體限制所發展的一套系統。在此系統中，有機生物不斷演化身體構造，發展了能承載人類技術物的載體，用延伸及結合如同義肢的構造，以適應和克服環境。哈洛威在二十世紀末，更將「生物控制論」連結到女性主義的性別政治議題，主張跨族群、國家與性別的類同政治（politics of affinity）取代舊有的「身分政治」（identity politics）。例如在本書中第五章舉伯納德・沃爾夫（Bernard Wolfe）小說《地獄邊境》（*Limbo*）以闡明控制論如何重建的人類身體，將自動控制的拼接並置於附屬肢體與軀幹連接來看，又牽涉性別身體領域受到質疑的性別政治議題。沃爾夫和大衛・威爾斯（David Wills）將概念引申到寫作，談書寫合併（conflation）問題。威爾斯《義肢》書中視寫作為作者身體向外界延展的方法，就像技術

---

[10] New York Times, May 22, 31/1, see Prucher, 31

[11] *Socialist Review*, no. 80 (1985): 65-108.

輔助，與他連結如同義肢般地運作（見本書第五章）。

　　海爾斯指的「後人類」，其實是一種概念。深受哈洛威影響，海爾斯的後人類思想，指向「開闢新思維方式以思考人類意義那振奮人心的願景」，相信人類是「新的文化配置」（"new kinds of cultural configurations"），並質疑「一個穩定的、連貫的自我，足以見證一個穩定一致的真實」（"a stable, coherent self that could witness and testify to a stable, coherent reality"）的舊想法（原文285頁）。換言之，本書在在昭示所謂成為後人類，應該不只是成為人機合體人（cyborgs），不只是她在第九章提到的、如多數人相信就是「將義肢裝置植入人的身體」的狹義定義，而是「意味著想像人類為信息處理機，特別是智慧型電腦，具有基本類似其他種類的信息處理機器」，問題不在我們是否會成為後人類，「因為後人類早已經在此」，她的意思是我們一直都是後人類，問題在於我們即將成為**何種後人類**（原文246頁）。所以從後人類觀點看，「存在的身體和電腦模擬、控制論機制和生物體、機器人目的論（teleology）和人類目標之間，沒有本質上的不同或絕對的分野」（原文第3頁）。林建光教授在《人文社會科學簡訊》上有篇前瞻學術議題的深入報導，中文他針對後人類議題點出海爾斯撰寫此書的「企圖」：「企圖在去身體化與強調『離身性』（disembodiment）的時代氛圍中找回身體與『即身性』（embodiment）的位置與重要性」；同時，「海爾思的後人類書寫政治即是企圖將『人』視為生活在即身世界與即身文字裡的即身後人類（原文24頁）」。[12]

　　本書分為十一個章節。海爾斯非常有系統地，以科學家冷靜的思路、文學批評家流暢的文筆，訴說後人類三個彼此緊緊相連的核心

---

[12] 林建光，〈身體、科技、政治：後人類主義的幾個問題〉，《人文與社會簡訊》10.3(2009):18。

主題故事：有關信息如何失去了它的身體、人機合體人如何在戰後的年代成為技術的人造物和文化表徵，以及人類如何成為了後人類。在本書開卷第一章，交待了她受莫拉維克（Hans Moravec）「將人類意識下載至電腦中、將心靈能從身體分離出來」的想法啟發，而著手撰寫本書。接著她相當清晰地羅列定義「何為後人類」的四個重點假說：後人類觀點視信息模式的重要性高於物質例證，實體化非生命必要的；意識為人類主體身分的所在；身體是原始的、我們最早學會控制的義肢，因此用其他義肢擴展或取代更換，只是延續我們出生前已經開始的進化過程；後人類重新配置人類，故可和智慧機器無縫接合（原文 2-3 頁）。就時序來看，全書追溯自動控制學三波發展，各自有核心概念：第一波是從 1945 到 1960 年，以「恆定狀態」（homeostasis）為重點；第二波大約從 1960 到 1980 年代，主要圍繞著的「反身關係」（reflexivity）議題；第三波從 1980 年迄今，強調「虛擬」（virtuality）概念（原文第 6 頁）。以上三波概念和科學理論分別在第三、六、九章討論；第四、八、十章是理論的特定應用，分別為諾伯特‧維納（Norbert Wiener）的作品、磁帶錄音技術和人機互動主題。這三個部分都涵蓋了與科學理論和控制論技術同時期發展的文學文本章節（第五、七、十章）。

　　在首章，她從梅西會議與會者談起，逐一歸納介紹三波自動控制論朝後人類發展的過程，將信息視為模式而不與特定實例綁在一起，可在時空中自由旅行。在第二、三、四章中，她探討第一點有關「信息如何失去了它的身體」的假說。這部分整理二十世紀期間、第二次世界大戰戰後信息與自動控制學說的沿革史，說明解釋信息在網路中流動的概念與信息理論的演進發展。在第二章中，她將當代小說所呈現的世界、文字處理中隱含的表意模型和信息技術互動所造成的實體化經驗等編織在一起。她用閃爍意符（flickering signifiers）來指稱信

息學的波動影響下代碼以及所代表的主體的變動。於是按模式和隨機性，意符運作，不再被視為單個標記，而是「存在一連串彈性標記，由相關代碼指定的任意關係綁定在一起」（原文 31 頁）。這閃爍的表意「將語言與人類面對後人類的象徵時刻產生的心理動態性結合在一起」（原文 32 頁）。第三章回顧從 1943 年起前後九次梅西會議幾位與會科學家，從馮‧紐曼（John von Neumann）、維納、夏農（Claude Shannon）、莫拉維克、麥卡洛克（Warren McCulloch）、米德（Margaret Mead）、皮茨（Walter Pitts）等人提出的主張，追溯梅西時期結束後反身認識論的發展、調整修改為第二波控制論的科學知識，例如對反身性觀點的種種精彩辯論。本章一方面記載一段科學史，一方面透過這些科學家的辯證，提出信息超越物質性的研究論述。信息具體化了，人類可被視為信息流。假設我們能理解外界世界的複雜性，只是因為建構內在世界的法則同樣也是有差異和複雜的。在這意義上，我們每個人是自己的象徵，世界是相連結的，建構為一元論單一的系統。這章最後，作者轉而聚焦討論會議紀錄的祕書珍妮特‧佛里德（Janet Freed）的角色，她以轉錄技術謄寫保存會議紀錄，這是準備朝向下一個革命性的想法。第四章從維納的機率研究談起，他運用溝通、類比、邊界的研究，為新的控制論領域提供議題，朝向取代自由人本主義的自我。本章後半將熵與信息關聯起來，維納仍欲保護自由人本主義而對控制論產生的一些焦慮，尤其是戰後對控制論軍事潛能的擔憂和情色焦慮。

　　第五、六、七章探討第二個主題故事，即人機合體人如何成為技術的或象徵的圖像。事實上，在人們日常生活中，已經有使用人工關節、人造皮膚、心跳節律器等醫藥方面的身體植入，更為象徵性地，有使用電腦鍵盤、電玩等延展身體，在在都讓人類成為人機合體。第五章以概念小說《地獄邊境》（Limbo）為例，借這本緊隨維

納思想的小說中對人機合體的夢魘式想像和關聯到的真實技術，驗證人機合體人確實存在現今社會，並反映作者對人機合體人革命性潛能的焦慮。以小說的情節文本分析分散的主體性概念、文本的實體和文本中所呈現的身體進化朝向後人類。文本和身體接合了，寫作是作者身體向外界延展的方法，如同義肢運作，人機合體人既是科技主體、也是言談構造。第六章介紹自動控制學第二波，從胡貝托・馬圖拉納（Humberto Maturana）和法蘭西斯科・凡瑞拉（Francisco Varela）所開發新方法和新的認識論，來探討生命及描述生命系統中觀察者的角色。他們反身性嵌入精神分析論述中。馬圖拉納解出圍繞在唯我想像的矛盾問題，證實所謂真實的存在。他主張一個世界意味著一個領域，已經先於觀察者所做的建構而存在。他創造術語「自生系統」（autopoiesis）來解釋，神經系統的行動是由其組織所決定，其結果是循環的和自我反身動態的。生命系統的組織導致產生某些產物，接續再產生該生物系統的組織特性，如此不斷循環。他強調實體化過程的具體性和獨特性。「信息、編碼和目的論同樣是由觀察者推斷出來的，而非自生過程內在原有的特質……它們存在於觀察者的『互動領域』中，而非自生系統本身」（原文 139 頁），他堅持必須考慮到觀察者。凡瑞拉從自生系統論轉向用其他方法思考自生系統，探討實體化建設性角色，以超越了自生系統論的方式，闡述體現行動。他頌揚拋棄自我，覺悟自我本身是屬於一個更大的、無限的整體。這假說邁向後來的學者主張的認知模式，亦即認知可透過分離和半自主代理人來建立模型。第七章以數部菲利普・狄克（Philip K. Dick）的小說探討人類和機器人的邊界之爭。在此章中，海爾斯將文學評論家的能力發揮得淋漓盡致，時時從小說家個人生命歷程、心理情結（如對黑髮女孩迷戀）來評論幾部小說如《擬像》（*The Simulacra*）、《帕爾默・艾德里奇的三個烙印》（*The Three Stigmata of Palmer Eldritch*）、《我們

能建造你》（*We can Build You*）、《血腥錢博士》（*Dr. Bloodmoney*）、
《尤比克》（*Ubik*）中，主角與機器人糾葛複雜的關係，探究人類和世
界的本體論，觸及從精神分裂症女性顛覆和顛倒男性主體認知、內外
部翻轉、語言與物質不確定關係、疏離共識的真實等主題。海爾斯稱
狄克是個「系統建構者」（原文 188 頁），透過區分內外部差異來創造
系統。

　　第八、九、十章則廣泛地討論人工生命、人工智慧、分散式認
知，最後是人類如何成為了後人類的整體概念。第八章思考虛擬時
代具體體現的新架構，身體和具體體現、銘刻和合併不斷互動，體
現是重要的，她闡釋實體化和身體有別，舉威廉‧柏洛茲（William
Seward Burroughs）的《爆炸的車票》（*The Ticket That Exploded*）逆
轉了宣揚去實體化的論調，非讓話語將身體去物質化，反而讓身體
將話語物質化，以此和傅柯（Michel Foucault）環形全景監獄的假設
對照，紀律者形體的特殊性消失，成為普遍化的形體，以監督技術和
實踐的制式化方式運作。身體是透過銘刻實踐和整合而適應文化，且
共同創造文化結構。柏洛茲在小說中思考了錄音機和身體間的轉喻方
程式的可能、話語的入侵、身體朝向創造性動態與爆炸性的轉變。第
九章探討自動控制論第三波思潮，在馬圖拉納和凡瑞拉將活存的定義
擴展到包含人工系統以後，凡瑞拉轉而開始研究人工生命的新領域，
演化生物學家托馬斯‧雷（Thomas S. Ray）提出可在電腦內創造人
工生命形式的軟體程式「地球」（Tierra），將自然形式和生命過程引
進人工媒介，藉此，信息技術有機會在最基本的層次上直接了解真實
內部的運作，電腦代碼不僅模擬生命，而且是活著的。麻省理工學院
人工智慧實驗室的機器人學者羅德尼‧布魯克斯，考慮人類能四處移
動及與環境強健地互動的基本屬性，不從思想、而是從簡單的運動和
互動運動開始，從下而上地研究，可謂依據行為為基礎的一套演化學

派。他和後來學者強調從實體環境互動中學習的代理人，打造等同於昆蟲智力的機器人。他們相信終將能夠使用人工生命技術，在電腦內演化出等同於人類的智慧。斯圖亞特・考夫曼（Stuart Kauffman）研究發現複雜系統自動自發的自我組織能力，以計算的方式發現生命最可能「出自混沌的邊緣」（原文 241 頁），而人類為宇宙電腦上執行的程式。在計算的宇宙中，信息為首要。人類使用創造演化機制的能力來建造能自我演化的機器。馬文・閔斯基（Marvin Minsky）根據電腦架構方面的特徵、而非人類生理學思考，視人為一部巨大的多重處理機，並致力建造有人類行為的電腦模型。各家有關人工生命研究，指向身體遠非由信息所單獨構成。

第十章可說是全書高潮，將前面章節後人類思維下各學門的籠籠總總的概念，繪圖更進一步說明這些辯證構成的複雜系統，並以多部小說映射所描繪的符號方形空間上，各個辯證彼此之間的動態相關，圖解後人類重要的概念：模式／隨機補充了存在／不存在，這兩對辯證為核心軸。存在和不存在間交互作用產生物質性、模式和隨機性間的相互作用標記為信息、存在和隨機性間的交互作用引起突變，不存在和模式之間的相互作用為超現實。故物質性、信息、突變和超現實就此從存在／不存在和模式／隨機間的辯證法出現合成術語。她更以小說來補充說明，在橫軸兩端，以葛瑞格・貝爾（Greg Bear）的《血音樂》（*Blood Music*）描繪突變、科爾・佩里曼（Cole Perriman）的《終極遊戲》（*Terminal Games*）代表模擬虛擬世界的超現實，和所對應的辯證思想一樣，兩相互補，前者問如果人類被組成部分接管，本身如同有意識的實體來運作是如何，相對於後者則追問如果人類生來如同其他主體的組件，其運作是如何。在縱軸兩端則是以理查・包爾斯（Richard Powers）的《伽拉忒亞 2.2》（*Galatea 2.2*）和尼爾・史蒂芬森（Neal Stephenson）的《雪崩》（*Snow Crash*）闡明物質性和

信息的動態特性，前者追問若是電腦表現得像人將會怎樣，相對地，後者則探究如果人類被迫表現得像電腦一樣會如何。這動態圖使作者能簡明扼要地勾勒出非常繁複的後人類景象，各種情境編織成無縫的網路，讀者得以按圖索驥複習前面章節討論過的觀念與術語的意義，並佐以文本來理解。例如《血音樂》觸及比較人類和細胞重建後的後人類狀態的相對優勢，昭示後人類不僅可「治癒人類主觀性的疏離感」，而且「在協議談判時保持自主性和個體性」（原文 255 頁），親人不會死、過去的錯誤都可以改正，這本小說的後人類烏托邦是人們一直想望的，「將要代表身分、個性、完美的社群、無瑕疵的溝通和永生種種不太可能的理想組合」（原文 256 頁）。《終極遊戲》旨在保護自由人本主義主體免受轉變為後人類的威脅，文本實現人類為**後人類**所用，訴說人類「本應是自主性的主體，被封裝在機器的邊界內，用以服務機器，而非實現自己的目標」（原文 257 頁）。兩個文本形成對照，前者承諾後人類的不朽、後者堅守有限的真實條件，且「物質上受限制的真實世界戰勝了無限擴展的非實體『信息世界』」（原文 260 頁）。《伽拉忒亞 2.2》這部自傳式作品中有如其書名的雙重性，說明神經網路連續遞迴學習的過程，人類和後人類彼此參照的雙重性鏡像關係，以海倫這後人類造物，說明其首先有具體物質性，然後與環境和其他人類互動演化，最後達到完整清楚表達的語言的創造過程。創造海倫暫是為減緩人類的寂寞孤獨，但她的寂寞更深，永遠無法體驗人類的具體感受，但這故事透露那想讓後人類來幫助人類在世上不再感覺那麼孤獨的意識。《雪崩》由人類就是電腦的隱喻所創作，正如同電腦病毒可以用最低級別的代碼感染電腦來瓦解系統，所以改變皮質下邊緣系統的神經語言代碼，可駭入人類腦幹。固一方面病毒被設計來危害人類，造成「信息災難」，一方面可以解放人類。這故事「為我們預防接種」（原文 278 頁），以對抗消除後人類的負作

用，鼓吹承認我們從原本一直是後人類的想法。本章四部文本各以不同方式，摸索人類遇到後人類時的景況，自由主體的變化、自由意志和個人代理作用、自我身分辨識種種議題。本章末尾，海爾斯再次化繁為簡，總結這些小說家和科學家（儘管懷抱有多麼不同的方法和學說理論）各自尋找問題的解答，都指向「共同創造一個星球，住滿人類在其上，正努力創造一個未來，可讓我們能夠繼續生存、繼續為自己和孩子們找到意義，並繼續思考我們和智慧機器相似關係和差異之處，而我們的命運與它越來越密切相關」（原文 282 頁），這是她後人類研究結論導出的正向未來願景。

最後，在第十一章中，海爾斯回頭詮釋先前章節處理過的題材，加強補述後人類的觀念，所謂「後人類那既恐怖又愉悅的前景」（原文 283 頁）。例如她舉電腦輔助外科手術來談人和智慧機器共生的關係。又如裝配廠勞工被機器手臂取代。她也承認人類與智慧機器聯結是有限制的，智慧機器實體化仍然與人類大不同（原文 284 頁）。在新的思維解釋中，出現取代了目的論、反身認識論取代了客觀主義、分散式認知取代自主意志、實體取代身體；人與智慧機器間的動態合作關係取代了自由人本主義主體的明顯命運，以支配和控制自然（見原文 287 頁）。成為後人類即是進化，其中人類大大地和技術整合。最後，儘管後人類觀點中有機生物身體被取代的景象，與預示人類未來的大災難與滅絕不免引發普遍恐懼，在本書末，她卻是相當樂觀地相信，「我們可以打造有助於人類及其他生物和人工的生命形式長期生存奮鬥的他者，與其共享這個星球和我們自己」（原文 291 頁）。後人類研究的意義，不在宣告人類的消失、被取代，後人類論述不是「反人類」或「終結人類」，而是強調共享、跨越藩籬與邊界，勾勒出世界大同的未來可能性。她的結論是正向的。

海爾斯所爬梳的控制論歷史，是以混合文學例證的方式來呈現。

敘事對她而言，至為重要，從她重述梅西會議的歷史，到運用許多
小說文本映射後人類議題，顯現她文學的背景訓練。從根植於身心
二元論的自由人主觀性，到消弭實體邊界的後人類狀態。例如她用
後人類觀點閱讀菲利普‧狄克作品《機器人會夢見電子羊嗎？》（*Do
Androids Dream of Electric Sheep?*），這部小說被改編成電影《銀翼殺
手》示範文本分析。最後一章眺望人類或後人類的未來。除這部「賽
博龐克」（cyberpunk）風格的典型例子外，她還旁徵博引了更多科幻
的作品來輔助解說。在第一章中她解釋，雖選擇明顯受到控制論發展
影響的文學作品，但「抗拒科學影響文學的想法」（原文 20 頁），她
反而相信文學科學更複雜的互動，舉威廉‧吉布森（William Gibson）
在《神經浪遊者》（*Neuromancer*）三部曲中，虛擬空間觀點對三度
空間開發虛擬實境影像軟體的影響為例。誠如本書出版十年後，她在
2010 年接受書面訪問中提到，在科學領域中，文學可以扮演「建設
性」角色，但科學家往往誤解或無法領會。[13]

　　翻譯像海爾斯這般跨領域作者的經典，對譯者無疑是莫大的挑
戰。她旁徵博引，敘事自由地在各學科間迅速流動，因此本書亦包含
各專業學科的內容。她參考資料之詳實，從每一章節動輒四、五十則
注解可見一斑。譯者以傳達知識概念、釐正問題觀點為要務，儘可能
忠於原著，儘量保持譯文通順可讀，而非添加中文讀者之負擔，例如
儘量有節制地添加譯者注，非不得已也儘量不動用自由翻譯與創造式
的翻譯法，以保持作者理論推演之明確內容。如 pulling himself up by
his own boot straps（原文 137 頁），若直譯「拉自己的鞋帶以把自己
拉起來」顯然不當，我們直接將此成語意譯為「依靠自己」。但相對
於此例，each person is out for himself and devil take the hind most（原

[13] Hayles, "*How We Became Posthuman*: Ten Years On, An Interview," 320.

文 143 頁），若直譯則索然無味，故借用中文成語將此句意譯為「個人自掃門前雪，莫管他人瓦上霜」，在地化深淺程度就依個別情況語境而定。

　　後人類論述中使用的語彙，基本上橫越數個學門，從人工智慧科學、電腦資訊工程、認知心理、人文社會科學到文學，都具有日常生活用語，也有相當抽象或學術辭彙，語文轉換必然有落差。但譯者力求理解、文字明晰好讀，以傳遞確實概念為要務。專有術語參考依據國家教育學院建制的「雙語辭彙、學術者主張名詞暨辭書資訊網。」至於文中譯名的部分，譯者原則上儘量選擇目前慣用的譯名為準。考慮普及化因素，若無現存中譯，小參考 google、外交部領事事務局線上外文姓名中譯英系統等線上系統。外國人名地名儘量求普及慣稱，除特例外主要多參照目前通用之 Wikipedia 譯法，正文中第一次出現時在括號內附上原名，以避免讀者混淆。

　　當然，譯者時時需要妥協因應一些特殊例子。例如一字多義的例子，information 一般可譯為資訊或信息，但考量本書所探討的專有理論，控制論學理中資訊傳遞（及含量）的討論，和一般化、無特定的、生活的資訊有所區別時，我們採用「信息」來譯。又如 cyborg，除音譯為「賽博格」外，一般常見的有「電子人」、「機械化人」、「改造人」、「生化人」、「半人」[14]等譯法，經再三推敲，各個譯名有優缺之處，且音譯雖然方便行事，音譯為「賽博格」卻犧牲了意義，猶如「德先生」（democracy）和「賽先生」（science）、「皮克尼克」（picnic）和「德律風」（telephone）等，似乎倒退回清末民國初，知識分子初遇西潮東來採用的翻譯策略。Cyborg 一詞是在 1960 時首次在曼非德・克來尼司（Manfred Clynes）與納桑・克來（Nathan

---

[14] 臺大外文系廖朝陽教授曾將此一辭彙翻譯為「半人」，意思取其一半是人，另一半與其他別的東西接合。

S. Kline）合著文章被充分討論，[15]討論人類如何透過與控制裝置的
連結，克服自然身體先天的侷限，在險惡、不適合生存的外太空環境
中進行太空探索（Clynes and Kline, 30-31）。 Cyborg 這個字的起源
為 cybernetic organism，指的是人的身上裝上了一些機械裝置，現引
申為有機物與無機物的結合。考慮其主要為人機合體、部分人類、部
分機器構成，機器的部分結合生物有機體的概念，又需與機器人、仿
生人區別，幾度推敲，並就教人工智慧學領域方面專家和參考譯稿審
查委員意見，最後選擇翻譯為「人機合體人」。諸如此類再三衡量修
改的例子不少。例如：Homostasis 常見譯為「穩態」，也是幾經推敲
修改後，決定採用「恆定狀態」以讓含意更清晰，針對動態系統中或
整體中各部分的協調聯繫，可維持內在環境相對不變的狀態，保持動
態平衡。agent 與 agency 二字，不同領域有不同稱法，資訊領域一般
採「代理」、「代理人」，例如在網路上移動的 mobile agent「行動代理
人」、software agent「軟體代理人」（軟體或程式扮演代理人的角色），
與工商界一般稱呼相同。但是轉換成社會學與文化理論的辭彙，一般
亦有「行動者」、「施為者」等譯法，這裡我們採納科技部審查委員之
一的建議，改翻為「能動者」與「能動性」來譯，即使不至於令讀者
難以理解，「者」有代理人之意味，是有主體性（具有行動自主性）
的人本身（不涉及人之定義）；而「能動性」是能動者在其面對結構
或客體施為的過程，及所產生的作用力與交互關係。又如 neurosis 在
醫學、心理學、精神分析學、文學批評等領域上，常見不同譯法例
如「精神官能症」、「神經官能症」、「神經症」，[16]我們搜尋參考了國
家教育學院線上網站 35 筆而採用醫學、心理學學科的譯法。至於第
一章中談到細胞自動機模型是一種 robust way（第一章，66 頁），是

---

[15] "Cyborgs and Space," *Astronautics* 5.9 (1960): 26-27, 74-76.

[16] 臺大外文系黃宗慧教授與沈志中教授採用「神經症」譯法。

控制學領域非常常用的行話，在自動控制論中指強大而可靠的控制或動力，人工智慧領域機器人學常用，形容甚至環境有所變動系統依然能運作，故此處採用科學領域耳熟能詳的通譯「強健方法」，保留科學專業領域的味道，第三章提到物理學上的 Uncertainty Principle 譯為「測不準原則」放棄一般名稱，也是相同原因。至於本書關鍵議題的 embodiment 與 disembodiment，廖朝陽教授譯為「即身性」、「離身性」，廣為外文學界從事理論批評時採用，可說遠勝過簡體版譯者「具體形象」與「分離」的譯法。但我們為使大眾讀者易於理解，採用直白的「實體化」與「去實體化」，但加譯注補充說明。譯者考量翻譯 emergence 的幾種可能性（出現、浮現、生成等等），亦曾在聆聽廖教授演講後請益，得知尚有「冒現」的譯法，談到似無需特別固定哪個譯法最佳，還是該視上下文決定。至於第五章分析《地獄邊境》中政治諷刺意味的「不動」（Immob）思想，這是想像一個戰後的社會的意識型態，將侵略視同為移動能力，宣揚「和平主義等於被動」。信徒透過自願截肢來去除行動性，此種截肢被視為是社會權力和影響力的示意符號，一個強而有力的控制論工業逐漸成長取代原本的四肢。這是談人類和機器間的分界、極權政治社會恐懼很重要的隱喻。簡體版劉宇清譯為「無為」，借用中文成語「無為而治」，看似文雅的譯法。經考量與推敲，在故事中指極權統治者借鼓勵截肢以消除他們肢（身）體活動力，希望徹底控制人民身心，本章重點有形身體組織的截斷、拼接、義肢延展到文本的截斷、拼接、連字符號等後人類學最關鍵的核心議題，故我們還是選擇以直白的「不動」來傳達重點要義。當然「不動」或許也有梵語上的聯想，這且不在話下。這些例子可看出，我們未守單一的翻譯原則：允許的情況下，隨科學領域人士習慣沿用且有學理的專有用詞；不影響理解或製造更多障礙的情況下，隨人文學領域沿用或建議的譯法。如果直白的譯法，能有助普

羅讀者容易抓住作者解釋的理論重點，和領會她所傳達的深奧思想，我們會採用此法。我們翻譯可說彷彿也是後人類概念的動態平衡、拼接、譯者／讀者系統、獨立性及主體性、共存共享的歷程！

　　我們的譯法以在地化原則進行，參考臺灣學界的角度和習慣用法，並儘可能達意，採用一般翻譯實務常用的策略。例如時態轉換，由於內容含許多科學內容之故，英文原文大量使用之被動時態，在中譯時會轉用現在式句型。或者在探討複雜之理論時在論述中所使用的抽象語彙，儘量使用促進讀者理解度之譯法，力求簡明。若中文沒有對應語句時，採意譯或音譯，減少中英文之間轉換的落差，達成準確傳達作者原意之目的。本書有時出現句構複雜的長句，例如：

Dick's distinctive gift as a writer was to combine the personal idiosyncrasies of the schizoid woman/dark-haired girl configuration, along with the inside/outside confusions with which it is entangled, with much broader social interrogations into the inside/outside confusions of the market capitalism that incorporates living beings by turning humans into objects at the same time that it engineers objects so that they behave like humans. (ch. 7, p. 166-67)

一般翻譯慣用的策略傾向將原文長句切斷，區分意義單位來克服，便利傳達譯文。但我們推敲後，選用「添詞法」，只加入動詞「提出」、「發揮」與「用以」，並稍微調整語序，便能有效傳達原意，一方面亦保留作者較為理論式、推論的（discursive）寫作風格，譯文呈現為：

　　狄克所具有的作家的獨特天賦，在於他結合了精神分裂女人／黑髮女孩外貌的個人特性、與之糾結著的內部／外部的混亂，以及

　　那更廣泛的社會質問，質疑結合眾多生物所造成的市場資本主義其內／外部的混亂，這是藉由把人類變成物件，同時將物件施工使其做出像人類般的行為而來的。

　　原文斜體字旨在強調，譯文以加深字體處理。作者注釋詳盡，除了提供書目及引用出處資訊外，也有一些文字說明。為利於讀者參考，採中英雙系統處理方式。原書注釋以阿拉伯數字編號，作者／書名保留英文原文，如該注釋單純為提供書目參考資訊，按原文附上；若是作者的補充說明，便會翻譯出來。此外，各章有譯者添加的譯注，以黑底白字標注（如 ❶）。總之，注釋部分以協助讀者為原則、而非加重閱讀負擔，避免喧賓奪主。最後，由於作者為文學系教授，為後現代文學批評家，其文風流暢優雅，譯者希望也能傳達此作者文學涵養與造詣。

　　有關譯本圖像與文字安排，本譯本使用芝加哥大學 1999 年出版的平裝版本，❼全書只有五張圖表（不是照片），分別在第一章（原文第 16 頁）、第十章（原文第 248、249、250、280 頁），無照片影像。但有三幅圖像即 1993 年 MIT 的雜誌《十月》（*October*）雜誌最初出版刊載的三張照相。作者在感謝辭中也提及第二章稍微修改原文。作者在個人網頁上公開提供 1993 年麻省理工學院出版本書在第二章原文文中所附上的那三張照片，第三幅對照前兩張誘人的「女人身體」和「人造機器」十分聳動！❽譯者認為此圖像傳達後人類重要概念，深具參考價值，故建議出版社爭取版權後附上。本譯書版權須分別向兩方出版社申請，但至付梓前不及確認此圖使用權，故未能使用。因本書是後人類學門極重要經典，所以出版社授權過程慎重。

---

❼ University of Chicago Press; 1st edition, February 15, 1999.

❽ 參見 http://www.english.ucla.edu/faculty/hayles/Flick.html 網址。

　　本書為科技部經典譯注計畫成果，審查委員提供了許多寶貴的建設性意見，作為譯文修改極重要的參考，鼎力相助之處，不勝感激。譯者在此翻譯過程中，得到多方鼓勵與協助：時報開卷版前主編李金蓮女士引介，編輯部當代線湯主編在編校過程中大力幫忙（超越普通出版編輯的耐心等候），時報法務部同仁向美國芝加哥大學、麻省理工學院出版社爭取到中譯版權，中山大學研發處廖慧君小姐、產學中心曾溫仁經理、科技部承辦藍文君女士在行政上多方協助。若非有這麼多人協助，難以完成此艱鉅冗長的任務。前後幾屆學生助理——特別是陳怡君、郭婉柔、張耿綺、江孟璇，協助不少繁瑣的文書事務。其他還有眾友人一路的支持鼓勵，在此致上最誠摯的謝意。另外，2017 年 7 ～ 9 月英國愛丁堡大學人文學研究中心（IASH）提供短期研究機會，讓我在歐洲最重要 AI 研究據點做最後完稿修訂，別具意義。最後，譯者感謝合譯者李偉柏教授，他本身是人工智慧博士與機器人學者，過程中一切概括承受，共同嘗試跨領域翻譯實務，實踐文學與科學結合的理想。

　　翻譯是服務的工作。雖是經典翻譯，但仍必須和與時俱進的思潮及生命有限時間競賽。承認依然有許多不盡完美之處，有待再推敲與修正。只希望藉此拋磚引玉，期待更多科學文學跨領域著作，特別是人工智慧和人工生命在人文學上的外文圖書，將源源不絕引進華文讀者的閱讀空間，銜接世界趨勢，再激盪出我們本地的創作靈感和研究發明。身處後人類時代、人工生命時代、大數據時代，我們無時不思考你我所同感的、充滿不確定性的未來，及如何因應社會環境中冒現的各種危機。仰望科學與人文學的天空，我們仍不停追尋那可以照亮和指引前景的智慧之星辰。

1. 作者其他著述與編輯

Hayles, N. Katherine. *Unthought: The Power of The Cognitive Nonconscious*. Chicago: University of Chicago Press, 2017.

---. *How We Think: Digital Media and Contemporary Technogenesis*. Chicago: University of Chicago Press, 2012.

---. *Electronic Literature: New Horizons for the Literary*. South Bend: University of Notre Dame Press, 2008.

---. *My Mother Was a Computer: Digital Subjects and Literary Texts*. Chicago: University of Chicago Press, 2005.

---, ed. *Nanoculture: Implications of the New Technoscience*. Chicago: University of Chicago Press, 2004.

---. *Writing Machines*. Cambridge, Massachusetts: MIT Press, 2002.

---. *How We Became Posthuman: Virtual Bodies in Cybernetics, Literature and Informatics*. Chicago: University of Chicago Press, 1999.

---, ed. *Technocriticism and Hypernarrative. A special issue of Modern Fiction Studies* 43. 3 (1997).

---, ed. *Chaos and Order: Complex Dynamics in Literature and Science*. Chicago: University of Chicago Press, 1991.

---. *Chaos Bound: Orderly Disorder in Contemporary Literature and Science*. Ithaca: Cornell University Press, 1990.

---. *The Cosmic Web: Scientific Field Models and Literary Strategies in the Twentieth Century*. Ithaca: Cornell University Press, 1984.

---. *"How We Became Posthuman:* Ten Years On, An Interview with N. Katherine Hayles."*Paragraph* 33.3 (2010): 318-30.

2. 其他參考書目與延伸閱讀

Badmington, Neil. *Posthumanism*. Basingstoke: Palgrave, 2000.

Bar-Cohen, Yoseph, and David Hanson. *The Coming Robot Revolution: Expectations and Fears about Emerging Intelligent, Humanlike Machines*. New York: Springer, 2009.

Barrat, James. *Our Final Invention: Artificial Intelligence and the End of the Human Era*. New York: Thomas Dunne, 2013.

Benford, Gregory. *Beyond Human: Living with Robots and Cyborgs*. Western Bank: Forge Books, 2008.

Bloom, Katya. *The Embodied Self: Movement and Psychoanalysis*. London; New York: Karnac, 2006.

Bogost, Ian. *Alien Phenomenology, or, What it's Like to be A Thing*. Minneapolis : University of Minnesota Press, 2012.

Braidotti, Rosi. *The Posthuman*. Cambridge: Polity, 2013. [羅西・布拉伊多蒂。《後人類》。宋根成譯。河南：河南大學出版社，2016。]

---, and Maria Hlavajova, ed. *Posthuman Glossary*. London: Bloomsbury, 2018.

Brockman, John. *How to Think about Machines That Think*. New York: Harper, 2015.

Brooks, Rodney. *Flesh and Machines: How Robots Will Change Us*. New York: Vintage, 2003.

Butryn, Ted M. "Posthuman Podiums: The Technological Life-History Narratives of Elite Track and Field Athletes." Diss. University of Tennessee, Knoxvile, 2000.

---. "Posthuman Podiums: Cyborg Narratives of Elite Track and Field

Athletes." *Sociology of Sport Journal* 20 (2003): 17–39.

Cecchetto, David. *Humanesis : Sound and Technological Posthumanism*. Minneapolis: University of Minnesota Press, 2013

Clarke, Bruce. *Posthuman Metamorphosis: Narrative and Systems*. New York: Fordham University Press, 2008.

---, and Manuela Rossini, eds. *The Cambridge Companion to Literature and the Posthuman*. Cambridge: Cambridge University Press, 2017.

Codrescu, Andrei. *The Posthuman Dada Guide: Tzara & Lenin Play Chess*. Princeton: Princeton University Press, 2009.

Cooney, Brian. *Posthumanity: Thinking Philosophically about the Future*. Lanham, Md.: Rowman & Littlefield Press, 2004.

Cudworth, Erika and Hobden, Stephen. *Posthuman International Relations: Complexity, Ecologism and Global Politics*. London: Palgrave Macmillan, 2011.

Dubreuil, Laurent. *The Intellective Space: Thinking beyond Cognition*. Minneapolis: University of Minnesota Press, 2015.

Dumouchel, Paul, and Luisa Damiano. *Living with Robots*. Trans. Malcolm DeBevoise. Cambridge, Massachusetts: Harvard University Press, 2017.

Esposito, Roberto. *Bíos: Biopolitics and Philosophy*. Trans. Timothy Campbell. Minneapolis: University of Minnesota Press, 2008.

Fukuyama, Francis. *Our Posthuman Future: Consequences of the Biotechnology Revolution*. New York: Farrar, Straus, and Giroux, 2002. [法蘭西斯·福山。《後人類未來：基因工程的人性浩劫》。杜默譯。臺北：時報文化出版，2002；弗朗西斯·福山。《我們的後人類未來：生物科技革命的後果》。黃立志譯。廣西：廣西師範大學出版社，2017。

Halberstam, Judith, and Ira Livingston, eds. *Posthuman Bodies*. Bloomington and Indianapolis: Indiana University Press, 1995.

Haraway, Donna Jeanne. *When Species Meet*. Minneapolis: University of Minnesota Press, 2008.

--. *Manifestly Haraway*. Minneapolis: University of Minnesota Press, 2016.

Herbrechter, Stefan and Ivan Callus. *Posthumanist Shakespeares*. New York: Palgrave Macmillan, 2012.

Johnston, John. *The Allure of Machinic Life: Cybernetics, Artificial Life, and the New AI*. Cambridge, Massachusetts: MIT Press, 2008.

Jones, Amelia. Rev. of *The Emptiness of the Image: Psychoanalysis and Sexual Differences*, by Parveen Adams, *How We Became Posthuman: Virtual Bodies in Cybernetics, Literature, and Informatics*, by N. Katherine Hayles, and *The Threshold of the Visible World*, by Kaja Silverman. *Signs* 27.2 (2002): 565-69.

Kanda, Takayuki, and Hiroshi Ishiguro. *Human-Robot Interaction in Social Robotics*. Boca Raton: CRC Press, 2012.

Ketabgian, Tamara S. *The Lives of Machines: The Industrial Imaginary in Victorian Literature and Culture*. Ann Arbor: University of Michigan Press, 2011.

Kroker, Arthur. *Body Drift: Butler, Hayles, Haraway*. Minneapolis: University of Minnesota Press, 2012.

Kurzweil, Ray. *How to Create a Mind: The Secret of Human Thought Revealed*. Viking Penguin, 2012.

Levy, David. *Love and Sex with Robots: The Evolution of Human-Robot Relationships*. New York: Harper Perennial, 2008.

---. *Robots Unlimited: Life in a Virtual Age*. Boca Raton, FL: CRC Press,

2005.

Levy, Steven. *Artificial Life: The Quest for a New Creation*. London: Penguin, 1992.

Lin, Patrick, Keith Abney, and George A. Becky. eds. *Robot Ethics: The Ethical and Social Implications of Robotics*. Cambridge, Massachusetts: MIT Press, 2011.

MacCormack, Patricia. *Posthuman Ethics: Embodiment and Cultural Theory*. London: Ashgate, 2012.

Mirenayat, Sayyed Ali, Ida Baizura Bahar, Rosli Talif, and Manimangai Mani. "Beyond Human Boundaries: Variations of Human Transformation in Science Fiction." *Theory and Practice in Language Studies* (2017): 264-72.

Nolfi, Stefano, and Dario Floreano. *Evolutionary Robotics: The Biology, Intelligence, and Technology of Self-Organizing Machines*. London: A Bradford Book, 2004.

Herbrechter, Stefan. *Posthumanism: A Critical Analysis*. London: Bloomsbury, 2013.

Miccoli, Anthony. *Posthuman Suffering and the Technological Embrace*. Lanham: Lexington Books, 2010.

Mindell, David A. Our Robots, Ourselves: Robotics and the Myths of Autonomy. New York: Viking, 2015.

Pepperell, Robert. *The Posthuman Condition: Consciousness beyond the Brain*. Bristol: Intellect, 2003.

Pettman, Dominic. *Human Error: Species-Being and Media Machines*. Minneapolis: University of Minnesota Press, 2011.

Roden, David. *Posthuman Life: Philosophy at the Edge of the Human*.

London: Routledge, 2015.

Seidel, Asher. *Inhuman Thoughts: Philosophical Explorations of Posthumanity*. Lanham, Md.: Lexington Books, 2008.

Snaza, Nathan, and John A Weaver. *Posthumanism and Educational Research*. New York: Routledge, 2015.

Taylor, Carol A., and Christina Hughe, eds. *Posthuman Research Practices in Education*. Basingstoke: Palgrave Macmillan, 2016.

Taylor, Matthew A. *Universes without Us: Posthuman Cosmologies in American Literature*. Minneapolis: University of Minnesota Press, 2013.

Tegmark, Max. *Life 3.0: Being Human in the Age of Artificial Intelligence*. New York: Alfred A. Knoph, 2017.

Teleky, Richard. "The Cyborgs Next Door: Thinking about Posthuman Studies." *Queen's Quarterly* 122.4 (2015): 506-17.

Thomsen, Mads Rosendahl. *New Human in Literature: Posthuman Visions of Changes in Body, Mind and Society after 1900*. London: Bloomsbury, 2015

Thweatt-Bates, Jeanine. *Cyborg Selves*. Farnham: Ashgate, 2012.

Wallach, Wendell, and Colin Allen. *Moral Machines: Teaching Robots Right from Wrong*. Oxford: Oxford University Press, 2009.

Wennemann, Daryl J. *Posthuman Personhood*. Lanham, Md.: University Press of America, 2013.

Weiss, Dennis M., Amy D. Propen, and Colbey Emmerson. *Design, Mediation, and the Posthuman*. Lanham, Md.: Lexington Books, 2014.

Whitlock, Gillian. "Post-ing Lives." *Biography* 35.1 (2012): v-xvi.

Wolfe, Cary. *What is Posthumanism?* Minneapolis: University of Minnesota Press, 2010.

Wright, John P, and Paul Potter, eds. *Psyche and Soma: Physicians and Metaphysicians on the Mind-body Problem from Antiquity to Enlighten*. Oxford: Clarendon Press, 2000.

王建元。《文化後人類：從人機複合到數位生活》。臺北：書林，2003。

黃涵榆。〈主體、科技、與塞爆空間：季普森之電腦龐克三部曲與後現代文化之敘述危機〉。《中外文學》26.8(1999)：303-328。

---。〈論當前電腦龐克小說與塞爆文化中科技生命之曖昧性〉。《英美文學評論》7(2004)：241-285。

---."Forms of Life, Human and Non-human." *Concentric: Literary and Cultural Studies* 41.1 (2015)：3-8.

廖朝陽。〈失能、控御與全球風險：《功夫》的後人類表述〉。《中外文學》36.1(2007)：19-66。

黃宗慧。〈後現代的戲耍或後人文的倫理？以卡茨的臆／異想世界為例〉。《中外文學》42.3(2013)：13-47。

---。〈是後人類？還是後動物？從《何謂後人文主義？》談起〉。《動物與社會（思想29）》。臺北：聯經，2005。

李育霖、林建光編。《賽伯格與後人類主義》。臺中：Airiti Press Inc., 2013。

李順興。〈數位文學的交織形式與程序性〉。《中外文學》39.1(2010)：167-203。

---。〈「傑克，歡迎來到你的新身體」：後人類的身體與後媒體的去身體〉。第三十七屆中華民國比較文學會議。中山大學。2013.05.23。

林建光。〈身體、科技、政治：後人類主義的幾個問題〉。《人文與社會簡訊》10.3(June 2009)：14-21。

---。〈《超速性追緝》中的身體與科技〉。《英美文學評論》19(2011)：29-56。

---。〈政治、反政治、後現代：論八零年代台灣科幻小說〉。《中外文學》31.9(2003)：130-159。

楊乃女。〈性、增能輔助與倫理主體：從後人類觀點談「無性」世界的想像與預示〉。《英美文學評論》15(2009)：93-119。

廖勇超。〈從增能補缺到焦慮倫理：談押井守科幻三部曲中的後人類倫理〉。《文山評論》8.1(2014)：183-219。

蘇秋華。〈從日常生活到可程式性：以十九世紀魔術舞台探討斯蒂格勒理論之後人類潛能〉。《英美文學評論》18(2011)：33-69。

王祖友。《美國后現代派小說的后人道主義研究》。北京：國防工業出版社，2012。

【臺灣本地碩博士論文】

郭寶婷。〈後人類傳介：文・溫德斯紀錄片的科技動能〉（"Posthuman Mediations: Technological Being in Wim Wenders's Documentaries"）。博士論文。國立臺灣大學，2017。

朱祐辰。〈後人類的未來民族誌：由神話引導科幻互動設計〉（"A Future Ethnography of Posthumans: Design Fiction Through Mythology"）。碩士論文。實踐大學，2017。

林新惠。〈拼裝主體：台灣當代小說的賽伯格閱讀〉（"The Cyborg Reading of Contemporary Taiwanese Literature"）。碩士論文。國立政治大學，2016。

吳冠儀。〈從超自然哲學到後人類恐怖：H. P. 洛夫克拉夫特克蘇魯神話文化研究〉（"From Supernatural Philosophy to Posthuman Horror: A Cultural Study on H. P. Lovecraft's Cthulhu Mythos"）。碩士論文。國立臺灣師範大學，2016。

楊雅蓉。〈尼爾・史帝芬森小說《潰雪》中的空間、生命權力與後人

類主義〉（"Space, Biopower, and Posthumanism in Neal Stephenson's *Snow Crash*"）。碩士論文。國立中興大學，2016。

朱璽叡。〈傳統、現代和後人類中的變形〉（"Metamorphoses: The Ancient, the Modern, and the Posthuman"）。博士論文。淡江大學，2016。

劉怡秀。〈從瑪兒吉・皮爾西之《他、她與它》和奧特薇亞・巴特勒之《羽翼未豐》探討後人類身體的再現〉（"The Representation of Posthuman Bodies in Marge Piercy's *He, She and It* and Octavia E. Butler's *Fledgling*"）。碩士論文。國立高雄師範大學，2016。

吳梓寧。〈當代藝術中的後人類身體調控〉（"The Posthuman Body Regulation and Control in Contemporary Arts"）。博士論文。國立臺南藝術大學，2016。

曾燕玲。〈一個女性主義觀點的展覽評論－論《身體・性別・科技 數位藝術展》與《未來通行證》〉（"A Feminist Response to "Body, Gender, Technology" Digital Art Exhibition and *Future Passs*"）。碩士論文。國立中興大學，2016。

邵恩雨。〈「她只是個軟體！」：後人文主義視角下的虛擬偶像〉（"She is only a software!": a Posthumanist View on the Virtual Idol"）。碩士論文。國立臺灣師範大學，2015。

鍾錦樑。〈再見人類：蓋瑞・羅伯茲《人類唯一》中的人類流動性〉（"Re-visioning Human: Human Fluidity in Gareth Roberts' *Only Human*"）。碩士論文。國立政治大學，2015。

蕭安哲。〈論救贖的可能：《別讓我走》後人類語境中的存在困境與追尋〉（"The Possibility of Redemption: The Posthuman Existential Predicament in Kazuo Ishiguro's *Never Let Me Go*"）。碩士論文。淡江大學，2015。

黃凱鴻。〈後人類：新人魚〉（"Post-Human: a New Species of Mermaid"）。
　　碩士論文。國立高雄師範大學，2015。

李蕙君。〈威廉·吉布森《阿伊朵》和《所有明日的派對》中的再
　　塑後人類、塞爆空間和歷史〉（"The Re/Shaping of the Posthuman,
　　Cyberspace, and Histories in William Gibson's *Idoru* and *All Tomorrow's*
　　Parties"）。碩士論文。國立中山大學，2008。

---。〈視界與速度：當代賽博龐客文學與賽博文化〉（"Vision and Speed:
　　Contemporary Cyberpunk Literature and Cyberculture"）。博士論文。
　　國立中山大學，2016。

蘇郁婷。〈賽伯格概念應用於電腦繪圖創作研究－以動物保護議題為
　　例〉（"A Study of Cyborg in Computer Graphics: Animal Protection Issues
　　as an Example"）。碩士論文。輔仁大學，2015。

洪彩荻。〈萬物泛靈論的視野：日本動畫、環境、賽博格〉（"Visions of
　　Animism: Anime, Environment, Cyborgs"）。碩士論文。國立中興大
　　學，2015。

李如恩。〈台灣九〇年代酷兒科幻小說中的後人類政治：以洪凌和紀
　　大偉作品為例〉（"The Posthuman Politics of Taiwan Queer Science
　　Fiction in the 1990s － A Study of Lucifer Hung's and Ta-Wei Chi's
　　Works"）。碩士論文。國立中興大學，2012。

潘盈方。〈跨界：從奧特薇亞·巴特勒之《異族創世紀》中人類身
　　體及社群的賽伯格化看起〉（"Crossing Boundaries: the Cybernetic
　　Transformations of Human Body and Community in Octavia Butler's
　　Xenogenesis"）。碩士論文。國立高雄師範大學，2012。

楊勝博。〈國族·日常·後人類：戰後台灣科幻小說的空間敘事〉（"Nation,
　　Daily-life and Post-human: The Spatial Narrative of Post-war Taiwan
　　Science Fiction"）。碩士論文。國立中興大學，2012。

陳宥喬。〈科技與人類的相互碰撞：論葛瑞格・貝爾小說《斜線》中人類主體的可能性〉（"The Collision between Technology and Humankind: the Possibility of Human Subjects in Greg Bear's *Slant*"）。碩士論文。國立中興大學，2012。

王咏馨。〈論當代女性科幻小說中的身體變異與後人類論述〉。（"Monstrosity and the Posthuman Discourse in Contemporary Women's Science Fiction"）。博士論文。國立臺灣大學，2009。

鄭雅手。〈跨性別敘事之人機合體再現：葛傑密的《變成一個可見的男人》，珍・莫里斯的《謎》及費雷斯的《藍調石牆 T》〉（"Cyborg Representations in Trans-Narratives: Jamison Green's *Becoming a Visible Man*, Jan Morris' *Conundrum* and Leslie Feinberg's *Stone Butch Blues*"）。博士論文。淡江大學，2009。

楊乃女。〈烏托邦與機器：從烏托邦文學到後人類〉（"Utopias and Machines: From Utopian Literature to the Posthuman"）。博士論文。國立臺灣大學，2007。

雷鵬飛。〈以薩・艾希莫夫之《我，機器人》、〈兩百年後的人〉與《我、機器人》電影劇本中的後人類社會與文化〉（"The Making of Posthuman Society in Isaac Asimov's *I,Robot*, "Bicentennial Man" and *I, Robot: a Screenplay*"）。碩士論文。中國文化大學，2008。

陳怡婷。〈布魯斯・史特林《分裂場域》中的後人類流動性〉（"Posthuman Fluidity in Bruce Sterling's *Schismatrix*"）碩士論文。淡江大學，2007。

羅振宇。〈後人類—怪誕圖像創作論述〉（"Creative Discourse on Post Human Image of Grotesque"）碩士論文。臺北市立教育大學，2007。

姜文凱。〈銀翼殺手之後人類身分認知〉（"Posthuman Identity in *Blade Runner*"）。碩士論文。國立中正大學，2005。

周俊男。〈剩餘蕩力、暴力、女人：凱西・艾克的後人類女性主義〉（"Surplus Enjoyment, Violence, and Woman: Posthuman Feminism in Kathy Acker"）。博士論文。國立臺灣大學，2006。

劉宗修。〈邁向後人類社會的困境－談《鋼穴》的危機與轉機〉（"Steps to the Difficult Situations of Posthuman's Society: On the Crisis and Turning Point of *The Caves of Steel*"）。碩士論文。國立臺東大學，2005。

陳凱恩。〈後人類主體迴路：從線上遊戲看後人類現象〉。（"Observing Cyborgs Phenomenon from the Perspective of On-line Games"）。碩士論文。輔仁大學，2004。

李麗雯。〈論丹・西蒙斯《海柏利昂》與《海柏利昂的殞落》中之帝國主義、烏托邦想像與後人類論述〉（"Imperialism/ Empire, Utopian Imagination and Posthuman Consciousness in Dan Simmons's *Hyperion* and *The Fall of Hyperion*"）碩士論文。國立暨南國際大學，2011。

【重要年表】

1941　沃倫・麥卡洛克遇瓦爾特・皮茨，合作提出麥卡洛克－皮茨神經元，結合人類神經功能模型和自動機理論（automata theory）。

1943　自動控制論之父諾伯特・維納和朱利安・畢格羅以及亞杜羅・羅森布魯斯（Arturo Rosenblueth）合著控制宣言〈行為、目的及目的論〉（"Behavior, Purpose, and Teleology"）。

[1945]-1960　**第一波自動控制學，視「恆定狀態」（homeostasis）為核心概念。**

1946　麥卡洛克和小約西亞・梅西（Johiah Macy, Jr.）在紐約發起跨

學科梅西會議，諾伯特・維納、約翰・馮・紐曼、克勞德・夏農等數十人與會。

1948　維納的《控制論》（Cybernetics）由麻省理工學院出版社出版。

1949　海因茲・馮・福斯特（Heinz von Foerster）經麥卡洛克介紹進入梅西群組。

1949　麥卡洛克在美國神經學會（American Neurological Association）演講〈神經結構如何產生思想？〉（"How Nervous Strucures Have Ideas"）。

1950-1990　威廉・柏洛茲書寫控制論三部曲：《爆炸的車票》、《軟機器》（The Soft Machine）和《新星快車》（Nova Express）。

1950　維納手稿〈類比的本質〉（"The Nature of Analogy"）為人類就像機器類比辯護；出版《人類為人類所用》（The Human Use of Human Beings）；短篇小說〈腦〉（"The Brain"）。

1952　伯納德・沃爾夫出版《地獄邊境》。

1952　庫比（Lawrence Kubie）最後一次參與梅西會議（第九屆）。

1953　麥卡洛克於芝加哥文學俱樂部演講〈昔日錯覺〉，譴責佛洛伊德心理分析學說。

1954　維納對一群醫生演說，擔憂機器變成他們的主人，開始將人的自我延展至機器的領域。

1960-1980　**第二波自動控制學，探討有關「反身關係」（reflexivity）議題。**

1964.八月　麥卡洛克手稿〈大腦中何物可用筆墨形容？〉；菲利普・狄克出版《擬像》。

1965　麥卡洛斯《心智實體化》（Embodiments of Mind）出版；狄克

出版《血腥錢博士》。

1966　狄克出版《尤比克》。

1970　馮‧福斯特〈分子動物行為學：一種用於語義澄清的不正常提案〉（"Molecular Ethology: An Immodest Proposal for Semantic Clarification"）。

1972　瑪麗‧凱瑟琳‧貝特森（Mary Catherine Bateson）出版《我們自己的象徵》（*Our Own Metaphor*）。

1976.三月　瑪格麗特‧米德和格雷戈里‧貝特森（Gregary Bateson）接受訪談，同意馮‧福斯特主張將觀察者納入自動控制論核心議題。

1977.六月　格雷戈里去函凱瑟琳推動的修正控制論，主張「控制論」所建構的世界是一元論，只有主觀的、內在的世界存在。

1978　狄克演講〈如何建構一個兩天後不會垮下來的宇宙〉（"How To Build a Universe That Doesn't Fall Apart Two Days Later"）將「正宗的人類」與「真實的」關聯起來。

1979　凡瑞拉出版《生物自主性原則》（*Principles of Biological Autonomy*）。

1980　克里斯多福‧蘭頓（Christopher Langton）籌備「生命系統的合成與模擬工作坊」（"Workshop on the Synthesis and Simulation of Living Systems"），提出仿生術語。

1980迄今　**第三波自動控制學強調「虛擬」（virtuality）概念。**

1981　米蘭‧澤萊茲尼（Milan Zeleny）編輯出版《自生系統論：生命組織理論》（*Autopoiesis: A Theory of Living Organization*）；凡瑞拉出版〈描述生命的邏輯〉（"Describing the Logic of the Living"）。

1985　唐娜‧哈洛威（Donna Haraway）在〈社會主義評論〉（*Socialist Review*）發表〈人機合體人宣言：二十世紀晚期之科學、技

術、社會學的女性主義〉（"Manifesto for Cyborgs: Science, Technology, and Socialist-Feminism in the 1980s"）一文。

1986　羅德尼・布魯克斯介紹包容體系結構（subsumption architecture）概念；葛瑞格・貝爾的《血音樂》是透過徹底地重新配置人體達成後人類的出現。

1989　布魯克斯打造著名六足機器昆蟲「成吉思汗」（Genghis）。

1990　加勒特・斯圖爾（Garrett Stewart）出版《閱讀聲音：文學和有聲文本》（*Reading Voices: Literature and the Phonotext*）。

1991　馬圖拉納發表〈自生系統理論的起源〉（"The Origin of the Theory of Autopoietic Systems"），自譽為自生系統理論之父。

1992　尼爾・史蒂芬森的《雪崩》。

1994　托馬斯・雷於第四屆人工生命研討會提案，在網路上發布可在電腦內創造人工生命形式的軟體程式「地球」（Tierra）程式；科爾・佩里曼出版《終極遊戲》。

1995　理查・包爾斯出版《伽拉忒亞 2.2》（*Galatea 2.2*）。

1996. 三月　作者凝視法蘭克・弗里蒙特－史密斯（Frank Fremont-Smiths）的助理珍妮特・佛里德，女性主義式地用後人類觀點詮釋她被壓抑的角色。

1996　在日本奈良（Nara）舉行的第五次人工生命研討會，閔斯基演講中主張，只有隨著電腦語言出現，才會出現描述的象徵性模式，可適用來解釋被他定義為複雜機器的人類。

1999　凱薩琳・海爾斯的《我們如何成了後人類》由 University of Chicago Press 出版。

2017. 六月　北京大學出版本書簡體中文版（劉宇清譯）。

序幕

　　你獨處一室，昏暗中僅有兩部電腦終端機微微閃爍著光。你用它們和另一個房間中兩個看不見的個體聯繫，僅憑兩者對你所提問的回應來判斷是男或女。或者說，按照艾倫・圖靈（Alan Turing）在 1950 年經典論文〈電腦機器與智慧〉（"Computer Machinery and Intelligence"）中所提議的著名「模仿遊戲」（imitation game），來判定何者是人、何者是機器。¹ 其中一個個體想幫你做出正確猜測，圖靈指出，他（或她、或它）的最佳策略也許就是忠實地回答你的問題。另一個個體想誤導你，以顯示在你的終端機上的文字，試圖複製其他個體的特徵。你的工作是提出問題，以便將實體事實從言語表現區分出來。圖靈認為，若無法分辨有智慧的機器和有智慧的人類，你的失誤就證明了機器能思考。

　　在此電腦時代的初始時刻，去除實體化（the erasure of embodiment）後，❶「智慧」成為正式操控符號的特性，而非人類生命世界中的行為。「圖靈測試」（Turing Test）為未來三十年的人工智慧確立了議題。研究者為了推動完成會思考的機器，一遍又一遍地執行圖靈測驗核心的去實體化，而信息模式正式產生和操控才是最要緊的。依照克勞德・夏農（Claude Shannon）和諾伯特・維納（Norbert Wiener）正規化定義信息，有助於推進將信息概念化為實體的過程，這和攜帶這

---

❶ embodiment 與 disembodiment 有幾種譯法，臺大廖朝陽教授譯為「即身性」與「離身性」，廣為學術界從事理論批評時採用；簡體版中國譯者劉宇清譯為「具體形象」與「分離」。我們為使大眾讀者也易於理解，採用較為直白的「實體化」與「去實體化」。

些信息的基底不同。此種表達方式是將信息視為一種無形的、流體的一小步，可在不同基底間流動，而不流失其意義或形式。繼圖靈之後約四十年，漢斯‧莫拉維克（Hans Moravec）寫道，人類的身分在本質上是一種信息的模式，而非實體化的表現。他主張人類意識可以下載到電腦上來呈現，他想像出一個場景來表明，原則上這是行得通的。如果可以的話，我且稱之為「莫拉維克測試」，這是圖靈測試在邏輯上的繼承者。「圖靈測試」是設計來驗證機器可以執行過去認為是人類心智所獨有的思考，「莫拉維克測試」則設計來驗證機器可以成為人類意識之儲藏所——機器可以為所有實用目的而變成了人類，這意味你是人機合體人（cyborg），而人機合體人是你。

　　從圖靈進展到莫拉維克，前者最引人注目的就是區別思考的人類和思考的機器。但圖靈的第一個範例常被遺忘——亦即區別男性和女性。若你無法正確區別人類與機器，就證明了機器可以思考；若是無法區分男人和女人，又證明什麼呢？為何性別出現在人類遇到他們演化的繼承者——亦即智慧機器——這個原始場景中？何謂性別的身體，其與去實體化及隨後在人機合體人身上的機器和人類智慧結合，又有何相關性呢？

　　安德魯‧霍奇斯（Andrew Hodges）在其思慮周詳而敏銳的圖靈傳記中指出，圖靈偏好將世界視為一個形式上的謎題來探討。[2] 很明顯，圖靈無視於言論（saying）和行動（doing）的差異，而且基本上他並不清楚「牽涉性別、社會、政治或祕密之類的問題，會顯示人們的言談，是如何不受限於解決難題的智慧，反而受限於*行動*」（原文423-24頁）。霍奇斯洞察入微，他表示「這離散狀態的機器，只以電傳打字機來溝通，正如他理想中的生活，能獨處一室，純粹以理性推論來應付外界。如此的生活完美體現了哲學家約翰‧史都華‧彌爾（J. S. Mill）自由主義的理想，專注在個人自由意志和自由言論上」（原

文 425 頁）。圖靈後期因同性戀捲入與警察和法庭制度的糾結，彷彿
以另一種形式上演了圖靈測試的假說。他很悲劇性地為此俯首認罪，
接受法庭裁示的荷爾蒙治療，❷驗證了在一個高壓恐同的社會，有強
制執行力來命令和脅迫公民，**行動比言語更為重要**。

　　雖然霍奇斯的圖靈傳觀察敏銳，他對圖靈模仿遊戲中所包含的性
別主題卻提出了奇怪的解讀。據霍奇斯所言，性別「實際上是一個轉
移焦點的事物，❸論文語焉未詳的幾個段落之一。這個遊戲主要論點
在於一個男人成功模仿了一個女人的反應，這**不能證明什麼**。性別依
事實而定，而事實**不可**簡化為一連串的象徵符號」（原文 415 頁）。然
而，圖靈在論文中從未暗示性別是一個反例，反而使兩個案例從修辭
上並列，兩相對稱，也就是說，性別及人／機器的例子，用意在證明
相同的一件事。是否如霍奇斯所議論的，這是因為他寫得不好，無法
表達性別建構和思想的建構間蓄意的對立？或者，反而表現了一個太
過爆炸性、太具顛覆性的平行並列，以致於霍奇斯無法承認？

　　若真是如此，我們就有兩個謎題，而不止一個。為何圖靈包含了
性別問題？為何霍奇斯視此問題為僅是語言的表現，不等同於實體化
的現實？構思這謎題的一種方式，就是視這些為跨越和強化主體的範
圍的嘗試。圖靈將性別問題涵蓋進來，意味著若重新訂定人類和機器
的界限，會超越了將「誰（who）能思考」轉變為「什麼（what）可
以思考」的問題。同時也需探討自由主體的其他特徵，因為這會是關

---

❷ 家人多年來希望為其平反，但政府遲至 2009 年才由首相布萊爾（Tony Blair）代
　表官方公開向大眾致歉，承認政府的錯誤。參見 Christos H. Papadimitriou 所
　著 *Turing: A Novel about Computation* (MIT, 2005) 及 *Alan Turing: The Enigma*
　(Vintage Book, 1983) 等傳記；後者有中譯本《艾倫・圖靈傳》（時報文化，2017
　年出版）。

❸ 原文「紅鯡魚」（red herring），英文俗語，可形容轉移議題焦點與注意力的事物或
　誘餌。

鍵的行動，以分辨在電腦螢幕的這一邊有血有肉的、行動的身體，有別於電子環境中由語言和語意標記建構所再現的身體。此種建構方式必然使主體成為一個人機合體人，因為透過結合技術將行為的身體及再呈現的身體連結起來。若你能正確分辨是男人或是女人，事實上你就能將這些身體行為和身體呈現，重組結合成為單一性別個體。然而，這個測驗意味著你也可能做出錯誤的選擇。因此，這測試產生一個分解身體行為和表現的主體之可能性。圖靈測試「證明」了無論做任何選擇，身體行為和身體呈現不再是自然且必然的，而是一個偶發的產物，受技術居中調停而和身分辨識緊密相連，以至於不再有意義地從人類主體分離出來。提出「什麼能思考」的問題，在反向回饋循環中不可避免地會改變「誰能思考」的條件。

　　從這種觀點看，霍奇斯所解讀的性別測試不意味身分識別，可被視為他試圖保護主體的邊界，使其不被轉變，並堅持會思考的機器的存在，不一定會影響到身為人類的意義。霍奇斯關於圖靈測試的解讀是一種誤導，表示他願意猛力扭轉文本意義，從圖靈測試所指的方向，返回到更安全的所在，在此實體化確保性別意義很明確。我認為，他主張實體可確保性別意義明確，以及確保人類身分的概念，都是錯誤的，但他強調重新考量將實體化放回的重要性是正確的。實體化無法確保能區別男性和女性，也無法確保能分清楚會思考的人類和不能思考的機器之間的差異。相反地，實體化清楚地表明，思想是一種更廣泛的認知功能，其特定性取決於表現出來的體現形式。這種領悟具有開枝散葉的涵義，其影響如此廣泛，其後果如此深刻，正在將自由主體那啟蒙運動以來被視為人類的模型，轉變為後人類。

　　把圖靈測試想成一個魔術吧！就像所有好的魔術技巧一樣，端賴於讓你在早期階段接受一系列假設，然後決定你如何詮釋之後所見的一切。重要的介入不是當你試圖確定哪個是男人、女人或機器時出

現。相反地，是在更早的時候，當測試讓你進入一個控制電路，將你的意志、願望和感知，拼接成一個分散式的認知系統，其中呈現的身體與行為的身體，會透過變異和靈活的機器介面聯繫在一起。當你注意到閃爍的指示符在電腦螢幕向下滾動，無論你如何標識那你所看不到的體現主體，你已經成為後人類。

第一章
朝向具體化的虛擬

首先我們需要了解，人類形體——包含欲望及其衍生之各種外部表現——也許正在徹底改變中，故需再重新考量。你我需要體認，人文主義發展了五百年後，也許已經走到盡頭，演變成如今我們無助地稱之為後人類人文主義。

伊哈布・哈桑，〈普羅米修斯作為表演者：走向後人文主義文化〉
（Ihab Hassan, "Prometheus as Performer: Towards a Posthumanist Culture?"）

　　本書源自於對我如同夢魘的一位機器人學家的夢想。我讀著漢斯・莫拉維克的《心靈後裔：機器人和人類智慧的未來》（*Mind Children: The Future of Robot and Human Intelligence*），欣賞書中各種精巧的機器人時，正巧讀到作者宣稱未來很快能將人類意識下載至電腦中。[1] 他編織了一個奇幻的情景來描繪，有個機器人外科醫師用一種類似頭顱抽脂術，來汲取人腦分子層的信息，並將其傳送至電腦中。手術結束後，頭顱空了，患者就存在電腦的金屬身體中，醒來發現自己的意識和從前完全一樣。

　　我不禁自問，像莫拉維克這般聰明人物，是否真有可能相信心靈能從身體分離出來？即便這是有可能的，怎麼有人會認為意識可在完全不同的媒介體中維持不變，好似和實體間沒有連結？我驚覺不只是他這麼想，早在 1950 年代，諾伯特・維納（Nobert Wiener）已提出，理論上是有可能將人類像電報般傳送的。[2] 基於類似的假設，《星際大戰》的製片也運用類似假定，想像身體可以被去實體化，而轉化成信息模式，在遠端重新物質化而不會改變信息模式。這想法也不限於貝

斯・羅弗達（Beth Loffreda）所指的「俗科學」（pulp science）[3]，分子生物學將信息視為身體所表達的基本代碼（essential code），此做法和莫氏的想法雷同。[4] 事實上，現在這時間點的文化特性，就是相信信息可以在不同的物質基底間循環流通而不改變。所謂「轉送我，史考地」（"Beam me up, Scotty"），已經變成全球化資訊社會的文化標誌，這是事出有因的。

　　沿此線索，六年來我被導向研究迷宮般的自動控制論（cybernetics）歷史，訪談了無數計算生物學和人工生命（artificial life）科學家，閱讀資訊科技方面的文本，造訪了進行虛擬實境（virtual reality）研究的實驗室，努力閱讀自動控制論、信息理論（information theory）、自生系統論（autopoiesis）、電腦模擬和認知科學技術等各種文章。逐漸地，這一大團不規則題材開始形成三個相關的故事。第一個故事是**信息如何失去實體**，亦即其如何概念化，成為脫離其物質形式——即它曾被認為嵌入其中——的主體。第二個故事是有關**人機合體人**（cyborg）如何在二次世界大戰後的年代之後，**成為科技人造物及文化偶像**。第三個故事則深深牽連著前面兩個，展現這歷史上具體建構的所謂「人類」，**如何逐漸讓位給那稱為「後人類」之不同結構體**的故事。

　　這三個故事有廣泛的關聯性。人機合體人的建構核心是信息路徑，連接有機體和其延伸義肢。此假設了一個信息概念為（非具體化的）主體，能在碳化基礎的有機成分和以矽為基礎的電子元件二者之間流動，使蛋白質和矽有如同一個系統般運作。當信息失去實體，就特別地容易將人類視同電腦，這是因為心靈的物質性是以會思考的心靈為例證，而對心靈的本質而言，它只是偶然出現的。而且，反饋迴路暗示，自主主體的邊界是可爭奪的，因為反饋迴路可以不只在主體之內，也可在主體和環境之間流動。從諾伯特・維納開始，一般視信

息在反饋迴路中的流動和解構自由人本主義主體互有關聯，而這所謂「人類」版本，正是我所關注的。雖然有關「後人類」有明顯不同表述，但共同的主旨都在於結合人和智慧機器。

　　何謂後人類？讓我們以下述假設來描繪這個概念。(這並非排他或是絕對的定義，而是用來稱呼各個不同地方發現之元素，這是一個建議性的，而非預先規定。)[5]首先，後人類的觀點視信息模型為更重於物質實例，因此可視生物基底物質之具體化為歷史的偶然特性，而非生命的必然性。第二，後人類觀點認為意識如同偶發現象（epiphenomenon），或如進化新貴，試圖把次要的串場宣稱為整部節目。在西方傳統中，早在笛卡兒（Descartes）認為自己只是一個會思考的心靈以前，就把意識視為人類身分之所在。第三，後人類觀點視身體為我們學會操作的原始義肢（prosthesis），因此，用其他義肢來擴展或取代更換，成了不斷延續我們出生之前已經開始的過程。第四，而且是最重要的一點，透過這些和其他方法，後人類觀點重新設定和配置人類，使其可以和智慧機器無縫接合。在後人類中，存在的身體和電腦模擬之間、控制機制和生物體之間、機器人的目的論（teleology）和人類的目標之間，沒有本質上的不同或絕對的分野。

　　後人類標記著隱藏在主體性之下的基本假設產生了顯著的改變，為闡明此點，我們可回想一篇描繪自由人本主義主體之權威文本：麥克費爾森（C. B. MacPherson）對占有性的個人主義的分析。「個人的觀念是具占有性的，本質上，它是建構在個人是個體或能力的擁有者，而**非社會所賦與**……人類本質是**自由而不受限於他人意志**，自由是一種占有的功能。」[6]粗體的句子標明了方便衡量人與後人類之間距離的出發點。「非社會所賦與」之說來自霍布斯（Hobbes）和洛克（Locke）對市場關係興起以前，人類處於「自然狀態」的一系列論點。因為自身的所有權被視為早於市場關係之前，且不被其影響，

這建構了一個關係的基礎，而依此自我可以出賣勞力換取薪資。然而，正如麥克費爾森指出，這想像而來的「自然狀態」可追溯至市場化社會的一種懷舊式的創造。自由人被市場關係「產生」出來，而非出現於市場關係之前。此種悖論（如麥氏所稱）因去除了「自然」的自我，可在後人類身上解決此種問題。後人類主體是個混合體，是混雜成分的集合，物質—信息的實體（material-informational entity），其界限是持續地建構和解構。試想六百萬美元身價的人，一個後人類體制模範公民。正如他的名字所顯示的，的確擁有這部分的自我，但擁有真正的原因，其實是因為他們購買了自身的各部分，而不是因為所有權在市場關係前便存在的自然狀態。同樣地，自我是擁有一個能動性（agency）、欲望或是意志，並且和「他人的意志」（wills of others）明顯不同的假設，在後人類概念中被破壞掉了，因後人類集體的異質性，意味著一種分散式認知，位於不同的身體部分，而彼此之間只有微細薄弱的交流溝通。我們只需回想「機器戰警」（Robocop）的瞬間記憶（memory flashes）、他的程式指令互相干預的情形，便能了解後人類的分散式認知是如何使個體機制變得複雜化。假設「人類本質是不受限於他人意志」，後人類之所以為「後」，並非因為其必然是不自由的，而是因為沒有先驗地區別自己的意志和他人的意志。雖然這些例子預設後人類的控制觀點，我們仍須分辨後人類的建置，並不需要以主體成為一個真正的人機合體人作為條件。不論身體是否受到干預，從認知科學和人工生命領域中新出現的主體性模型，都意味著即使是生物學上未曾改變的人類（Homo sapiens），也會被算成是後人類。這定義的特徵涉及主體性的建構，而不是非生物成分的存在。

　　要如何看待從人類到後人類這個同時會引發恐懼和欣喜的轉變呢？當然，自由人本主義主體在許多方面已受到強烈的批評。女性

主義理論家曾指出，這是歷來由歐洲白人男性所建構的，假設了一個普遍性，以抑制和剝奪女性的聲音；後殖民理論家不僅考慮了（白人男性）自由主體的普遍性，而且考慮到了一種一致的身分以看待此問題，並聚焦在混雜性（hybridity）；而後現代理論家，諸如吉爾‧德勒茲（Gilles Deleuze）及費利克斯‧瓜塔里（Felix Guattari），他們將之和資本主義連結起來，主張分散的主體性具有解放自由的可能性，在被稱為「無器官的身體」（body without organs）各種不同的欲望機器中。[7] 雖然在控制論中，解構自由人本主義主體和這些觀點相近，但它主要沿著試圖將人類理解為一系列信息程度的路線進行。因為信息已經失去其形體，這種建構意味著實體化對於人類不是必要的。在後人類的控制論建構中，實體已被有系統地貶抑或抹去，這情況在自由人本主義主體的其他批評中，尤其是在女權主義和後殖民理論中，從未曾發生過。

　　的確，人們可爭議去除實體化，是自由人本主義主體和自動控制的後人類的普遍**共同**特徵。和理性思維一樣，自由主體**擁有**身體，但並未經常再現為一個**存在**的身體。僅因為身體和自我不同，就宣稱這自由主體具普世性，這是有問題的，這主張取決於去除身體差異性的標記，例如包括性別、種族和族群的差異。[8] 吉蓮‧布朗（Gillian Brown）在對人文主義和厭食症（anorexia）關聯性那頗具影響力的研究中指出，厭食者努力「減去」（decrement）身體，有可能因為身體被視為一個控制和自主掌握的對象，而非自我內在本質的一部分。如同一位厭食者所言：「你視你的身體為自己的王國，你成為君王和絕對的獨裁者。」布朗說：「厭食症是一種爭取自我控制的奮鬥，從成為食物的奴隸的威脅逃脫出來，自我維持、擁有自主權，且獨立於身體欲望之外，這就是厭食者首要目標。」[9] 若將自由人本主義所隱含之自我占有（self-possession）觀點發揮至極限，厭食者創造了

一種身體意象，在其骨瘦形銷中，成為有形的證明，自由人本主義主體的所在是心靈，而不在身體。雖然在許多方面，後人類解構了自由主義人本主義主體，它因而與其前身一樣強調認知，而非實體體現。威廉・吉布森（William Gibson）在《神經浪遊者》（*Neuromancer*，已有中譯本）中，❶ 當敘事者將後人類身體描述為「數據產生的肉體」時，闡述了這個觀點。[10] 在一定程度上，後人類將實體建構成為思想／信息的實體化例證，繼續保持了自由主義傳統而非破壞它。

　　在追蹤「先天的」自我和控制論的後人類之間所存在的連續性和不連續性時，我並非想要恢復自由主體。雖然需要認真考量自由主體相關的某些特徵，特別是能動性和選擇，如何在後人類的情境下闡明，但我不惋惜失去與統治和壓迫行動深深糾結在一起的概念。相反地，我認為此時是一個關鍵時刻，有可能干預避免讓去實體化（disembodiment）再次被改寫為優勢的主體性概念。我視自由人文主體的解構為一種機會，可讓當代討論控制論相關學科中持續被抹去的肉體再次重被檢視。因而我聚焦在信息是如何失掉實體的，因這歷程就是創造亞瑟・克羅克（Arthur Kroker）所稱的「肉食九十年代」的核心問題。[11] 如果我的噩夢是後人類們居住其中的一種文化，將身體視為時尚配飾（fashion accessories），而非存在的基礎，我的夢就是另一個後人類的版本，他欣然接受各種可能的信息技術，而不陷於幻想無限的權力以及無形的永恆不朽，承認並且讚揚有限性是人類存在的一種狀態，並且了解到人的生命深植在極為複雜的物質世界，而我們依賴此物質世界以持續生存。

　　現在也許比較清楚了，我用書名《我們如何成了後人類》（原文書名直譯）意味著多重諷刺，但這並不妨礙必須將此嚴肅看待。坦

---

❶ 威廉・吉布森，《神經喚術士》，李家沂譯（臺北市：開元書印，2012）。

白說，這個標題指向一些和自由的主體迥然不同的主體性模型，如果用「人類」這個術語來指稱主體的話，那麼其後繼者可稱為「後人類」。本書記載一些這種轉變的歷史過程，故本書的標題適切。然而，我的論點將反覆再三證明，這些變化絕非徹底的改變或極端的突破；毫無例外地，在闡明新事物時，也重寫了傳統觀念和假設。本書標題宣告的改變比「以前如何、現在如何」更為複雜，就是「人類」和「後人類」在不斷變化的結構中並存，這結構隨歷史特定情境而改變。有鑑於這複雜性，標題中的「成了」（became）是用過去式時態，意在一方面為讀者帶來愉快的、先是吃驚後來才恍然大悟❷的震撼，另一方面加強諷刺的啟示觀點，例如莫拉維克對人類「後生物學」（postbiology）的未來所做的預測。❸

　　將這過去時態的模糊性擴大來看，就是複數形式的模糊性。就某種意義而言，「我們」是指本書讀者，他們已逐漸知悉這些新的主體性模型（即使先前尚不熟悉），也可能開始以和後人類——而非人類——相同的方式，來思考自己的行為。以我本身為例，發現自己開始說著類似這種話：「我的睡眠能動者（agent）想要休息，但我的食物能動者卻說我該去商店。」每個以這種方式思考的人開始設想自己為後人類的群集，一個「我」變成了「我們」，由一些自主能動者來共同創造自我。這種思維方式的感染力，給予我們一個執行的維度。人們因為自認為是後人類，而成了後人類。在另一個意義上，「我們」就像「成了」一樣，很諷刺地，意味置身在各種雜誌上科技迷對立的

❷ 原文 a double take 是指「先是一愣後來才恍然大悟」之意。

❸ 後生物學（postbiology）緣起於生物為了能在被破壞環境中繼續生存，故需突破自身的身體限制以存活在被改變的環境，結合生物演化與人類技術而發展的一套系統。在系統中，有機生物不斷演化身體構造，也發展能承載人類技術物的載體。延伸及結合如同義肢的構造，以適應和克服被破壞和過度開發的環境。

觀點，例如 *Mondo 2000* 雜誌上，習慣性地說轉化為後人類，有如這已是普遍人類的情況，但其實只影響到世界上少部分人，有關這點稍後再談。

　　我就循較大的軌跡從自動控制學（cybernetics）❹最初形成一個學門述說起，然後歷經所謂「二階控制」（second-ordered cybernetics）的時期，到達繞圍在「人工生命」（artificial life）的新興學門種種當代的思辨。雖然這是依時間先後順序而發展的，本書卻非意在成為自動控制學歷史。許多自動控制學上重要人物未被討論，他們的貢獻在此不及細數，我所選擇的研究者和理論，是想呈現**在自動控制學傳統下，主體性的具體形式和主張去實體的論點間，有種種複雜的交互影響**。廣泛地看，這些交互影響可明顯勾勒出三波不同的發展：第一波是從 1945 ～ 1960 年，視「恆定狀態」（homeostasis）為核心概念；第二波大約從 1960 ～ 1980 年代，主要圍繞著「反身關係」（reflexivity）議題；第三波從 1980 年迄今，強調「虛擬」（virtuality）概念。現在，且讓我簡略描述這三段發展時期。

　　在自動控制學的草創階段，諾伯特・維納、約翰・馮・紐曼（John von Neumann）、克勞德・夏農（Claude Shannon）、沃倫・麥

---

❹ cybernetics 這個字是 1845 年法國安培最先創造的，依照 1948 年諾伯特・維納在麻省理工學院出版社出版的書中定義為「動物和機器上控制與溝通的科學研究」（"the scientific study of control and communication in the animal and the machine"），依據國家教育學院建制的「雙語辭彙、學術名詞暨辭書資訊網」，cybernetic systems 在各學術領域有數種譯法，如「模控學」、「控制系統」、「摹控系統」、「自測回饋系統」、「模控系統」、「自動操控系統」等（參見網頁 http://terms.naer.edu.tw/detail/415141/）。在這裡我們譯為「自動控制學」，與在科學教育領域學術名詞「控制系統」通譯。

❺ 此基金會 1946 ～ 1953 年間由沃倫・麥卡洛克和小約西亞・梅西（Johiah Macy, Jr.）在紐約發起，舉辦跨學科學術研討會，探討人類心智如何運行，後奠定認知科學基礎。

卡洛克（Warren McCulloch）等數十位傑出研究者，聚在約西亞・梅西基金會（Johiah Macy Foundation）贊助的年度研討會，❺希望形成中心概念，眾人高度期盼能結合通訊與控制理論，同時適用動物、人類與機器。回顧 1943 ～ 1954 年間所舉行的多場梅西自動控制學研討會，可說有助於打造了新典範，[12]而他們需要一套信息理論為根據（此為夏農的領域）、一個神經運作的模型來表現神經元如何在信息處理系統作用（這是麥卡洛克畢生研究）、一臺可處理二元碼及自我複製功能的電腦，用以加強和生物系統的相似性（馮・紐曼的專長），以及一個新視野，可更明確表達自動控制學典範較大的涵義與釐清其極廣的意義（此為維納的貢獻）。此創舉成果驚人地豐碩，正是造就了對人類的新看法。從此以後，人類開始被視為**本質上**類似智慧機器的信息處理實體。

　　雖有這革命性新典範，維納並未嘗試廢除自由人類主體。他對於將人視為機器較無興趣，對如何使人與機器相似更感興趣，想塑造二者都是具有自主性、可自我主導的個體形象。他將自動控制比擬成人類自由人本主義，循著啟蒙時期以來的思想論點，相信可以賦予人類自由，因為人與他們自己設計出來的社會結構，可依照自我調控機制運行。[13] 對維納而言，自動控制論是延展自由人性的方法，而非將自由人性推**翻**。這論點與其說證明人是一種機器，不如說證明機器也可像人一樣運作。

　　然而，自動控制論觀點含有某種無可改變的**邏輯**，尤其在大戰期間飽嚐的歇斯底里，破壞了維納所欲保存的自由主體性。在這段梅西時期，透過大力強調**恆定狀態**來控制這緊張關係。[14] 傳統上，恆定狀態被視為生物組織受到環境變動衝擊時，賴以維持穩定狀態的能力。溫度上升時，人體會藉由流汗保持體內溫度相對穩定。在這段梅西會議時期，恆定狀態的概念推展至機器上。如動物一般，當受到

環境變化衝擊時，機器可藉由反饋迴路來維持恆定狀態。長期以來，反饋迴路已被用在增強機械系統之穩定度，在十九世紀中晚期隨著日漸複雜的蒸汽機及其控制法（如調節器）而高度發展。直到 1930 ～ 1940 年代，這項反饋迴路被明確地理論化為信息流。當十九世紀的控制理論加上了早期信息理論，自動控制論應運而生。[15] 自動控制論（cybernetics）這個字源自希臘字「舵手」（steersman），指出了三大要角：信息、控制與通訊結合共同運作，產生了前所未見的生物和機器的綜合體。

雖然信息反饋迴路原先是和自體平衡有關聯，但很快就導致更有威脅性及顛覆性的**反身性**概念。多年前，我和哲學家及物理學家合授一堂有關反身性的課程，我們探討了亞里斯多德（Aristotle）、費希特（Fichte）、齊克果（Kierkegaard）、哥德爾（Gödel）、圖靈（Turing）、波赫士（Borges）、卡爾維諾（Calvino）作品中關於反身性的論述，輔以羅傑‧潘洛斯（Roger Penrose）和道格拉斯‧侯世達（Douglas Hofstader）兩人精闢的分析。我驚覺這概念不但有豐富的歷史，且有突變的趨勢，導致幾乎任何公式必然會忽略掉一些相關範例。受此啟示，我提出以下定義，希望適用於達成我們此書的目的。**反身關係是一種運動，用來產生一個系統，透過視角的改變，可成為它所產生系統的一部分。** 庫爾特‧哥德爾（Kurt Gödel）發明一種編碼方法，使表達數字理論時也能有表達**相關於**這數字理論的功能，他將原先產生系統的主體和系統本身纏繞在一起。當畫家艾雪（M. C. Escher）畫兩隻手互相描繪著彼此的時候，他將產生這幅畫本體那正在作畫的手，變成本身所畫的圖的一部分。[6]當波赫士在《循環廢墟》（*The*

---

❻ 莫里茲‧柯尼利斯‧艾雪（Mauritis Cornelius Escher, 1869-1972），知名荷蘭版畫藝術家，以錯視藝術作品著稱。此處指其 1948 作品〈畫手〉（*Drawing Hands*），參見自維基百科附圖（https://en.wikipedia.org/wiki/M._C._Escher）。

Circular Ruins）故事中，想像敘事者透過作夢而創造了一個學生，而這學生在夢中發現自己是在別人所作的夢中，也就是說這產生現實的系統，可顯示為就是其創造出來的現實的一部分。這些例子闡明了反身性具有破壞性，這是因為它混淆並纏繞在我們加諸世界、用以理解其意義的邊界。反身性會導致無限地回歸。那位作夢者創造了該名學生，但作夢者反過來又被他人夢見，而這人又被其他人夢見，如此無窮盡地推導下去。

反身性之定義，和近來最具影響力卻頗具爭議性的批判理論、文化研究及社會科學等研究，有許多相同之處。很典型地，這些研究以反身動作來顯示先前從一組已存在條件下所出現的特性，其實就是先前用來產生該條件狀態的。例如南希・阿姆斯壯（Nancy Armstrong）在《欲望與家庭小說：小說的政治史》（*Desire and Domestic Fiction: A Political History of the Novel*）一書中提出，中產階級女性特質是透過一些家庭小說建構的，而家庭小說又是描寫已存在的中產階級女性特質。[16] 邁克爾・華納（Michael Warner）在《民主的文學：出版及十八世紀美國大眾場域》（*The Letters of the Republic: Publication and the Public Sphere in Eighteenth-Century America*）書中，指出憲法這部美國開國的文獻，產生了人民，他們即是先前已經預設已存在的人民。[17] 在布魯諾・拉圖爾（Bruno Latour）的《科學之作用：如何隨著科學家與工程師經歷社會》（*Science in Action: How to Follow Scientists and Engineers through Society*）顯示，科學實驗可產生某些特質，而其存在就是其所預測的存在條件的可能性。[18] 略微誇張地說，當代批評理論是反身性所產生的，而此反身性又是其所自行產生而來（當然，此種觀察本身也具反身性）。

反身關係主要藉由觀察者的相關討論而進入自動控制學。總體而言，第一波自動控制論依照傳統科學協定，視觀察者為置身於所觀察

的系統之外。但也有推翻這假設的涵義。此客觀概念視信息從系統流向觀察者，但反饋也可**回饋到觀察者**，同時將其引入被觀察的系統，成為系統的一部分。雖然梅西會議紀錄處處有參與者對這控制典範發表評論，但缺少一個字眼來描寫。據我所知，「反身性」並未出現在那些梅西會議紀錄裡，這意味著他們並未處理此種游移不定的概念，也無定義符號可幫助建構和描繪這種因反身性而改變的觀點，種種觀念的討論依然很鬆散。大部分參與者的論點，未能超越觀察者和系統瞬息變化的界限範圍。除某些特例，在這些梅西會議期間的討論無法連結成對此問題較為深奧的表述。

最明顯的特例是弊多於利。主張佛洛伊德學派（Freudian）最力的心理分析學者羅倫斯·庫比（Lawrence Kubie）介紹反身性的觀點時，主張每句言語都是雙重編碼，既談外界事物，亦反映說話者的心理。因反身性本身已具有破壞性概念，此等詮釋使其加倍如此，可能會去除梅西物理學家們共同秉持的科學客觀性前提，從他們對庫比論述的反應可看出，已經逐漸避開反身性，轉向談些令人較自在的研究領域。這反身性的想法懸而未決，當梅西會議風潮逐漸緩下來以後，幾位關鍵人物，特別是瑪格麗特·米德（Margaret Mead）、格雷戈里·貝特森（Gregory Bateson）與海因茲·馮·福斯特（Heinz von Foerster）等，決定再接再勵、繼續探討。

第二波自動控制論源自於嘗試將反身性納入自動控制典範的基礎層面。關鍵議題為系統如何依此建構，而關鍵問題為如何重新定義恆定系統（homeostatic systems），方可將觀察者考慮進來。第二波發起人中有澳洲移民海因茲·馮·福斯特，他後來成為梅西紀錄的共同編輯。此階段從 1960 年開始，當時馮·福斯特開始撰寫文章，後來收錄於影響很大的《觀察系統》（*Observing Systems*）一書中，從一語雙關的書名可看出，系統觀察者自身可構成被觀察之系統。[19] 馮·福斯特

稱這些文章呈現的模型為「二階控制論」，因為它們可將控制原則推廣至控制論學者專家本身。胡貝托・馬圖拉納（Humberto Maturana）與法蘭西斯科・凡瑞拉（Francisco Varela）合著之《自我生成與認知：體現生命》（*Autopoiesis and Cognition: The Realization of the Living*）出版後，[20] 前者針對感測處理的反身性、後者針對動態自主生物系統進行研究都有了成果，第二波臻於成熟階段。兩位作者將反身性變成充分闡明的認識論（epistemology），視世界為一組信息性質的封閉系統。生物體對環境之反應取決於內在的自我組織（self-organization），其所具有的、而且是唯一的目標就是持續地生產和複製可定義其為系統的組織。因此，他們不只可自我組織，也可自生或再造。受到馬圖拉納和凡瑞拉及其他幾位具影響力的理論家影響，如德國社會學者尼克拉斯・盧曼（Niklas Luhmann）[21] 等，控制論在 1980 年從反身性的反饋迴路概念，延展為勢不可擋、有認識論涵義的自生系統理論。

　　就某種意義而言，自生系統論徹底改變了控制論典範。其信息性封閉系統的中心假設，將反饋迴路的概念全都改變了，因為迴路不再運作來連結系統和環境。從自生觀點來看，沒有信息可超越區隔系統與環境之間的範圍。我們並非將世界視為「在外」，存在於我們之外，而是只看系統組織允許我們看得到的。此環境只是**引發**一些改變，這些改變是由系統自身結構性質所決定的。因此，自生系統所關注的焦點，從被觀察系統的控制論，轉移到觀察者本身的控制論。自生系統也改變了**系統內的循環**使之如系統般運作的這種解釋。目前強調的是系統各部分間建設性的互動，而非強調訊息（message）、信號（signal）或信息（information）。的確，我們可說信息不存在這典範中，或說這信息深入系統內，與定義此系統之組織特性是難以區別的。

　　第三波思潮高漲，開始視自我組織不單單是內部組織重生，而且是以其為出現新事物之跳板。在急遽發展的人工生命領域，電腦程式

設計可使「生物」（亦即個別的電腦程式碼的封包❼）進行無法預測的
自發性演化。這用意在於演化出演化的能力。有些研究者主張，這自
我演化程式不僅是生命的模型，而且本身就是活存的生命。何種假設
使這論調看似合理呢？我們如果視宇宙在本質上由信息組成，這些
「生物」就是生命體，因為它們具有生命的形體，亦即程式碼。如此
一來，用來分類所有生命的理論基礎會顯著改變。我們將會在本書第
九章、第十章中看到，若將這些理論套用在人類（Homo Sapiens）身
上，會使人類在觀念和目標上產生如此巨大的改變，乃至成了可貼切
地稱呼為「後人類」。

　　後人類以信息－物質本體出現，和物理世界深層結構的重新定義
相平行且更強化。有些理論家，如著名的愛德華・佛烈金（Edward
Fredkin）與史蒂芬・沃爾夫勒姆（Stephen Wolfram），都聲稱真實是
一種在宇宙電腦上執行的程式。[22] 從這觀點看，共通的信息碼就在每
個存在個體的物質、能量、時空的結構下，這編碼最初的實例是「細
胞自動機」（cellular automata），其基本單位有兩種狀態：開與關。雖
然對這細胞自動機模型尚未有結論，但的確可證實為一種了解真實的
強健方法（robust way）。❽至今，佛烈金帶領的研究團隊，仍在試圖
證明量子力學（quantum mechanics）如何從基本的細胞自動機模型推
導出來。

　　在這種範例中的人類實體生活世界會發生何事？細胞自動機模
型本身，和認可人為具體化生物不一定是不相容的，因為具體體現可
以如同從原子流動般容易地從細胞自動機流動。沒有人認為，因為原
子大部分是空的空間，所以我們可以拋棄電子外殼，使其完全不占

---

❼ 在資訊領域，中文習慣以「封包」（packet）來作為程式碼的量詞。

❽ 強健（robust）是自動控制論學領域常用的行話，在自動控制論中指強大而可靠的
　控制，此處採用科學領域耳熟能詳的中文通譯。

空間。然而，嵌進細胞自動機器理論的文化情境和科技歷史促進了這個可做對比的幻想——因為我們本質上是信息，所以我們可以擺脫身體。這個論點的核心，是視信息和物質為不同主體的概念。這種分野允許建造一個階級結構，其中信息具主導地位，而物質遙為其次。彷彿我們無法從德希達（Derrida）的增補性（supplementarity）學到什麼似的，具體體現將會持續被討論，它就像是需要從信息強勢的條件中刪除的增補物、一樁演化的意外事件，此時，我們正處於要來修正的位置。

　　我想提出質疑的是這物質／信息分離，而非細胞自動機模型、信息理論或相關理論本身。我的策略是指出當這個舉動所涉及的假設被該領域其他研究人員所質疑時，從體現的現實跳到抽象信息變得複雜。突顯這樣一個時刻的重點，就是要確認，有多少需要除去的，以獲得無形體的信息這種的抽象。抽象當然是所有理論的基本要素，因為沒有理論可解釋我們與現實間無限多樣的互動。但是，當我們除掉世界多樣性時，我們可能冒的風險是看不見構成森林多樣的樹葉、分枝和獨特的樹皮紋理。下文將特別指出兩個行動，在建構信息／物質階層結構時發揮重要的功用。我大膽視之為柏拉圖式的反手和正手（Platonic backhand and forehand）。

　　柏拉圖式反手是從世界的喧囂繁複中推論出簡化的抽象。至今很好用：這是理論化該做的。當這個行動圍繞著建構抽象，以作為世界多樣性來源的原始形式時，這個問題就產生了。複雜性似乎成了「模糊化」的基本現實，而非整體世界的表現。歷史上，柏拉圖式的反手可追溯到古希臘，相對而言，柏拉圖式的正手卻是較晚近的事。要達到充分發展的形式，這需要很強的電腦輔助。該行動從簡化的抽象開始，使用模擬技術如基因算法（genetic algorithms）等，**演化出**足夠複雜的多樣性，而自成一個世界。這兩個反手、正手朝相反方向行

動。反手從喧囂繁複到簡約，而正手從簡單到複雜。他們有一個共同的意識型態——讚揚抽象，而視其為真實（the Real），並且貶抑了物質例證的重要性。當兩者一起運作時，他們為古遊戲的新變化奠定了基礎，其中無形體的信息成為最終的柏拉圖式（Platonic Form）的形式。如果我們可以在非生物媒介中，捕捉 1 和 0 的形式——例如在電腦磁碟上，何需多餘的血肉之軀呢？

這樣的信息概念啟發的假設，出現在信息理論、自動控制論，或如《心靈後裔》（*Mind Children*）這類的科普書籍，很明顯地引人入勝。將信息視為模式，而和特定的物質體現無關聯，可在時空中自由旅行。駭客（Hackers）並非唯一認定信息需要自由的人們。信息偉大的夢想和承諾，就是它可以擺脫那管控凡俗世界的物質限制。馬文‧閔斯基（Marvin Minsky）在最近一次演講中，明確敘述此夢想，他指出很快將能從大腦中取出人類記憶，將它們完整無缺地導入電腦磁碟。[23] 明白地說，如果我們能成為本身所建構的信息，將可實現真正的不朽。

面對著這強大的夢想，令人震驚的是回想起信息若要存在，必須**總是**在某個媒介中實體化，無論這個媒介是《貝爾實驗室期刊》（*Bell Laboratories Journal*）上出現夏農方程式的那個頁面、人類基因組計畫（Human Genome Project）使用電腦所生成的拓撲圖，或是虛擬世界成像的陰極射線管。重點不僅是從物質基礎上抽象出信息是想像的行為，更重要的是，將信息構想為與實例化的媒介分開的事物，是事先想像的行為，構成了信息／物件二元性的整體現象。[24]

後面的章節將呈現的是，為使信息失去其實體，有哪些東西必須被淘汰、壓抑和遺忘。本書有類似托尼‧莫里森（Toni Morrison）小說《寵兒》（*Beloved*）的那種「重現記憶」（rememory）的意味：把失去聯繫的部分放回來，而取得一個極不規則、以致不適用 0 和 1 模

式的複雜性。

系列化、擬真仿製和概念群集

　　以上引導出「虛擬」關鍵的定義。**虛擬是物質體被信息模式互相滲透的文化感知**。這個定義一方面擺脫了虛擬條件核心的二元性：一方是物質體，另一方是信息。通常虛擬化與電腦模擬有關，將身體置於以電腦衍生圖像的反饋迴路中。例如打虛擬乒乓球時，揮動一個球拍，這球拍以電線連接到電腦上，可從拍球的動量（momentum）和位置，計算球將落到何處。玩家不必打真正的球，而是用球拍來進行合適的動作，並在電腦螢幕上觀看球的圖像。因此，遊戲有一部分在真實生活（RL）中、一部分在虛擬現實（VR）中進行。虛擬實境的技術如此令人著迷，是因為使視覺即刻感知到一個和「真實」世界平行的信息世界，前後在許多點上、用許多方式互相交叉在一起。因此，定義的方法本質是技巧性的，因為它試圖將二十世紀後期普遍存在的虛擬技術與感知連結起來，使所有的物質體，從 DNA 代碼到全球的資訊網所及之處，都能被信息流相互滲透。

　　將世界視為信息模式和物質實體之間的相互作用，具有特殊歷史意義的建構是二次大戰後出現的。[25] 直到 1948 年，這兩者的區別已被維納充分連結，並表述為一種標準，任何充足適當的物質實體理論都需要符合該標準。「信息就是信息，既非物質也非能量。所有物質主義都得承認，方可生存至今。」[26] 維納及任何其他人都知道，想要成功，這種信息概念需要人造來體現，使它成真。當我說虛擬是一種文化感知時，並非指其僅僅為心理現象。它可用強大的技術來舉實例說明。虛擬化的觀念有助發展虛擬技術，而這些技術又強化了該觀念。

　　在技術和感知、人造物和想法之間運作的反饋迴路，內含歷史

如何演變的重大意義。控制論的發展既不循著庫南（Kuhnian）無公約數的典範模型，也非傅柯式（Foucauldian）模型中急劇的認識上的斷裂（epistemic breaks）。[27] 在控制論學說史上，思想很少憑空編造，反而是以重疊複製和創新的模式組裝而成，我稱此模式為「序列法」（seriation，得自考古人類學辭彙）。有精簡的解釋可澄清此概念。在考古人類學領域中，人造物的變化通常透過序列製圖繪製出。將物件拆解為一組隨時間變化的屬性，即可建構序列圖（seriation chart）。研究者若想建構燈的序列圖，關鍵屬性是發光的元素。回溯幾千年前的第一盞燈，就使用這種元素為其燈芯。後來，隨著電力的發現，改用燈絲取代燈芯。在此分析中常出現的數字形狀，就像老虎的虹膜──在開始引入某屬性時頂端狹窄，中間凸起是屬性的全盛期，並在底部逐漸變細而完成新的模型。在燈的序列圖上，1890 年繪製的線條顯示燭蕊的數目增大，且在頂端窄尖處和燈絲的數目相交叉。五十年後，燭蕊的數字逐漸減少，燈絲數擴大到中間部分的數字。整組來看，這些數字描繪人造物屬性的變化，顯示創新和複製交疊的模式。有些屬性從一個模型改變成另一個，但也有其他屬性維持不變。

　　如圖 1 所示，在控制論發展過程中發生的概念轉變，顯示出序列模式，會令人聯想到人造物中的物質改變。概念領域的演化與物質文化相似，部分原因在於概念和人造物在連續的反饋迴路中彼此接合。一件人造物以實體表達了它所體現的概念，但其構造的過程遠非被動的。故障必須修復，一種物質表現出意想不到的屬性，有一個行為浮現在表面──這些挑戰中的任何一種都可能產生新概念，而這又導致另外新一代的物件，也促進其他概念的發展。依此推理，我們應該能夠以類似於使用在人造物的序列圖，來追蹤概念領域的發展。

　　梅西會議期間，某些想法彼此有了關聯。透過多年討論持續累積的過程，這些想法被視為彼此相互牽連，直到像愛情和婚姻般，讓參

與者認為彼此很自然地在一起。這群集（constellation）是對應於人造物的一個概念實體（conceptual entity），具有內在一致性可定義為操作單位。它的形成標示了一段時期的起始；它的拆解和重建則標示變遷到不同的時期。的確，時期是可識別的，主要因為群集具有一致性。很少有一個群集整批全部被丟棄的。相反地，構成它的有些想法被丟棄，有些被修改，也有新的想法被引進。就像構成人造物的屬性一樣，群集中的想法以新舊拼接的模式產生變化。

在此，我想介紹考古人類學的另一個術語。**擬真仿製**（skeuomorph）是一種設計特徵，本身不再有作用，而是指早期有功能的特徵。舉我的豐田凱美瑞汽車的儀表板為例，表面覆蓋乙烯基模子以模擬指針移動。模擬移動暗示回到實際移動的構造，即使乙烯基「移動」是由注射模具形成。擬真仿製顯然證明了透過複製來革新，在社會或心理上都有需要。就像他們落伍、退化的遠房親戚般，仿製品並非罕見。相反地，他們有如此深刻的概念和人造物的進化特徵，故需很有意識地努力避開這些概念和人造物。在年度電腦貿易展覽會 SIGGRAPH 中，經銷商兜售的軟體或硬體製品，幾乎是有多少變形，就有多少擬真仿製品。

SIGGRAPH 93 展示的裝置，可用來說明擬真仿製所表現的複雜心理功能。有一個被稱為「天主教圖靈測驗」的模擬，邀請觀眾從螢幕中做選擇來進行告解；它甚至有一個觀看者可以跪的長凳。[28] 從一個層面看，這裝置暗示了科學勝過宗教，因為神所授權的詢問和赦免竟然被機器演算法所取代。從另一層面看，這裝置指向了是條件的行為不可妥協之處，因為機器的形式和功能是被其宗教前身所決定。就像古羅馬的兩面門神（Janus）般，看著過去和未來，同時地加強與破壞兩者。它利用了一種心理的動力，想起那正在被取代過程中的舊事物時，發現新的事物更容易接受，也發現當置身於可擺脫舊事物而

進入新情境時，傳統的東西令人感到更舒適。

　　在自動控制論史上，擬真仿製如同門檻設備，使從一個概念群集到另一個之間的過程能夠平順。恆定狀態這第一波的基礎概念，在第二波有了如同一個擬真仿製的功用。雖然體內恆定狀態仍是生物學上的重要概念，但是到 1960 年左右為止，已不再是控制論最初的前提假設。相反地，它用一種手勢或暗示，在新興的反身性群集中認證新的元素，同時也對新元素施加慣性的牽引，限制了它們能改變群集到多徹底的程度。

　　從第二波到第三波的轉變過程中，也出現類似的現象。反身性這第二波關鍵的概念，在第三波出現後被替代了。像恆定系統一樣，反身性並未完全消失，而是成了認證新元素的暗示。它比單純懷舊更為複雜，因為在新的虛擬群集也留下了印記。本書第三章、第六章和第九章，將分別討論控制論、自生系統論和人工生命，以介紹這系列變化所形成的複雜由來。

　　我已指出，生活在虛擬情境下，意味著參與文化感知，即信息和實體性截然不同的概念，信息在某種意義上，比實體更基本、更重要。艾文・托佛勒（Alvin Toffler）應紐特・金瑞契（Newt Gingrich）要求，在他們合著的〈知識時代的大憲章〉（"A Manga Carta for the Knowledge Age"）的序言中，簡潔扼要地下結論說：「二十世紀的核心事件就是推翻物質。」[29] 為了看這觀點如何開始得勢，讓我們簡要回顧一下，1948 年出色的理論家克勞德・夏農，在貝爾實驗室的研究所定義的一個稱為信息的數學數量，並且證明了幾個相關的重要定理。[30]

信息理論與日常生活

　　夏農的理論將信息定義為無維度、無物質性，且和意義不一定相

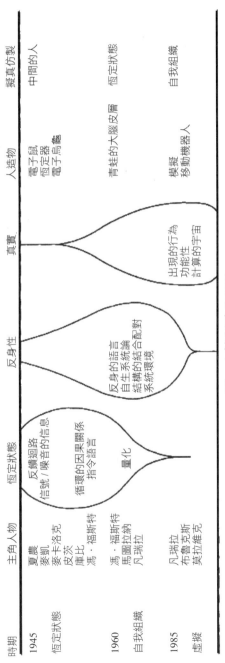

圖一：控制論的三波

連的概率函數。這是一種模式，而非一種存在。（第三章將更詳細地介紹信息理論的發展，及相關方程式）。這個理論強烈區分訊息與信號。相反地，拉岡則認為，訊息並不會總是達到其目的。在信息的理論術語中，並未發送任何訊息，被發送的只是信號。只有當信號被編碼為信號，以通過媒介傳輸時——例如當墨水列印在紙張上，或當電脈衝沿著電報線路發送時——信號才呈現物質形式。「信息」的定義於是將物質和信息之間的區別編碼，這區別在這時期分子生物學上，也變得很重要。[31]

夏農為何將信息定義為模式呢？梅西大會的會議紀錄指出，該選擇是由可靠的量化和理論的一般性雙重引擎所驅動的。正如我們將在第三章中看見，夏農的公式並非唯一被提出來討論的建議。英國研究者唐納德‧麥凱（Donald MacKay）主張另外的定義，其將信息與接收者心理狀態的改變連在一起，因此將信息和意義關聯起來。[32] 為了有可行性，麥凱提出的定義需要心理狀態是可量化和可測量的——這條件是直到如今，在有了正電子斷層掃描的成像技術後，方才有些微可能性能夠做到，而在第二次世界大戰後的數年間是不可能即刻實現的。這也就不難明白為何是夏農的定義，而非麥凱的定義，能成為工業標準。

夏農的方法尚有其他優點，他的前提與某些已經在此文化中運行的傾向產生交互作用時，會導致很大的（攀升）成本。從物質基礎抽取信息，意味著信息變得可以自由流動，不受情境改變的影響。此舉所獲得的技術槓桿相當大，因為透過將信息形式化為數學函數，夏農能夠開發出一些具有強大的一般性的定理，無論信息被實例化的媒介為何，都是正確的。儘管理論性強，不是每個人都認同這措施是個好主意。正如卡羅琳‧馬文（Carolyn Marvin）所指出的，去情境化的信息建構，具有重要的意識型態意義，包括一個英美民族中心主

義（Anglo-American ethnocentrism），視數位信息比更多與情境有關的模擬信息更為重要。[33] 即使在夏農的時代，一些不滿者抱怨說，將信息和情境分離，因而也會將信息和意義分離，從意義上來說，使這個理論如此狹隘地形式化，因此不能用於一般的通信理論。夏農自己經常警覺地說，這個理論只適用於某些技術條件，而非一般的通信。[34] 在其他情況下，此理論可能已變成一個死胡同，本身成為過度形式化和去情境化的犧牲者。但在第二次世界大戰後的時代不是如此。將信息化為自由流動、去情境化、可量化的實體的時機已經成熟，可以作為解開生死奧祕的關鍵。

科技人造物有助於使信息理論成為日常生活的一部分。從自動提款機到互聯網，從《魔鬼終結者第二集》（*Terminator II*）中使用的變形程式，到可以指引顯微手術的複雜視覺程式，信息越來越被視為相互貫穿的物質形式。特別是對於可能不知道相關物質過程的使用者而言，會有模式比存在來得重要的印象。自此向前推進一小步，就是視信息為比物質形式更具移動性、更重要，也更**根本**。當這種印象成為你文化思維方式的一部分時，你已進入虛擬狀態了。

就虛擬狀況而言，現今美國文化處於高度異質的狀態。某些高科技保護區（精英研究中心如全錄帕羅奧多研究中心和貝爾實驗室等，多數研究型大學和上百家公司）都將虛擬技術徹底融入基礎設施，因此信息就像電燈或合成塑料般，都是這些研究人員思維空間的一部分。[35] 三千萬美國人連接至網路，且有越來越多的虛擬體驗，劃分螢幕一邊的物質體，與似乎在螢幕內創造了空間的電腦模擬。[36] 然而，對其他成千上萬的人而言，虛擬化甚至不是他們日常生活世界地平線上方的雲朵。在全球化情境下，虛擬化的經驗因幾張巨量訂單，而變得更加異國化。只要記起世上仍有 70％的人口從未打過電話，便知道這是有用的修正。

　　但是，我認為低估虛擬化之重要性是錯誤的，因為其所擴增的影響力和沉浸在其中的人數，完全不成比例。不意外地，虛擬最為普遍和進步之狀況，就是在權力中心最集中之處。例如：五角大廈的理論家視之為未來的戰場。他們主張，未來的衝突是透過信息技術進行的「新皮質戰」，而非壓倒性的武力所決定。[37]如果我們想對這些技術所表示的涵義進行辯論，我們需要知道一些歷史，以顯示出所去除的創造虛擬條件，以及論證實體化之重要性的遠見。一旦了解到創造虛擬條件複雜的交互作用，我們即可揭開進展至虛擬化的神祕面紗，並將其視為歷史上特定協商的結果，而不是技術決定論不可抗拒的力量。同時，我們可以取得資源，以重新思考構成虛擬化的基礎假設，並且恢復虛擬的感受，充分認識到構成人類生命世界實體化過程的重要性。[38]以「虛擬身體」這詞語來說，我想要暗示信息與物質性彼此間歷史性的分離，並回顧抵制這種分離的具體過程。

虛擬與當代文學

　　我已表明組織本書的方法之一是按照時間先後順序，此為了依循三波控制論潮流的序列變化。本書文本的架構中，按時間順序分為三部分，其中每個部分都有一個固定章節討論科學理論：梅西會議（第三章）、自生系統論（第六章）和人工生命（第九章）。每部分還有一章節顯示理論的具體應用：諾伯特‧維納的作品（第四章）、磁帶錄音技術（第八章）和人機互動（第十章）。這三個部分都有章節探討了與科學理論和控制論技術同一時期所發展的文學文本（第五章、第七章和第十章）。雖然，我選了明顯受到控制論發展影響的文學作品，但是，我想抗拒影響力是從科學流向文學的想法。互動交流比單向的影響模式更加複雜。例如：威廉‧吉布森在《神經浪遊者》三部

曲中，虛擬網路空間的觀點，對三度空間虛擬實境影像軟體的發展，有相當大的影響。[39]

　　思考《我們如何成了後人類》（原文書名直譯）結構的第二種方式是其敘事。在此安排，分三方面進展，與其說是透過時間順序，倒不如說是透過信息（失去了）的實（身）體、人機合體和後人類身體的敘述線索。文學文本在此扮演核心角色，因為開展了一些通道，使故事從狹隘地聚焦的科學理論中發展出來，透過身體政治而更廣為流傳。眾科學家皆知，談判所涉及的前提假設中，比其理論嚴格允許的正式範疇更為廣泛。因美國文化中導致科學與價值觀間的衝突不和，他們對更廣泛的涵義的闡述，必然置於某種特別的宣告（ad hoc pronouncements）地位，而非「科學的」論證。文學文本由不同傳統形成，涵蓋範圍超過那些科學文本所適切地闡明的各種問題，包括控制論技術的倫理和文化意涵。[40]

　　當然，文學文本不僅僅是被動的管道，而是積極主動地塑造在文化情境中科技的意義和科學理論所指的意思。這些假說也體現了類似於在關鍵處滲透科學理論的假說，包括穩定是理想社會目標、人類和其社會組織是可自我組織的結構，而且形式比物質更重要等種種概念。科學理論用這些假說能夠作為前提，幫助指引探究和形成研究議程。在探討科學發展的章節中將表明，文化透過科學傳播，不亞於科學透過文化傳播。保持這種循環系統流動的核心是敘事——有關於文化的敘事、在文化中的敘事，關於科學的敘事及在科學中的敘述。我描述科學發展時，試圖強調敘事在將後人類闡明為一種技術文化概念時所扮演的角色。例如第四章探討關於維納的科學研究時，將他所訴說的解決控制論與自由人本主義間衝突的敘述分析交織在一起，而第九章探討有關人工生命時，其組織架構是將其研究領域視為敘事領域。

　　強調敘事與虛擬身體有何相關呢？在李歐塔（Jean-Francois Lyotard）之後，許多後現代理論家接受後現代的條件，意味著對後設敘事（metanarrative）抱持懷疑的看法。[41] 如我們已見到，建構虛擬現實的方法之一，就是照莫拉維克和閔斯基的方法——將人類轉化為去實體的後人類的後設敘事。我認為我們對此後設敘事該持懷疑態度。為了質疑這點，我想利用敘事本身的資源，尤其是它對各種形式的抽象和去實體化的抗拒。伴隨時間的推進，因有了多形離題（polymorphous digressions）、定位行動和個人化能動者，敘事成了較為**具體**的話語形式，而非分析性的系統理論。透過將無形體信息、人機合體人和後人類的技術決定論轉化，為有關在特定時間、地點的特定人們之間所進行的談判敘事，我希望以具有歷史意義的故事，取代去實體化的目的論，這關於派系之間的競爭，其結果並不明顯。有許多因素都影響了結果，從為了可靠地量化的新興技術需求，到相關人員的性格等。即使由眾多因素決定，信息的去實體化也並非不可避免，正如同我們繼續接受自己**本質上**就是信息模式的觀點亦非不可避免。

　　有關這方面，文學作品不僅止於探索科學理論和技術人造物的文化涵義。這些文學作品在特定情境的敘事中，嵌入了想法和文物，透過有特定效果的文本形體的語言表達形式，來為這些思想和文物定位和命名。在探討這些效果時，我想要從多個層面、以多種方式來論證，除非它像身體本身那樣冗長而喧囂，否則抽象模式永遠不能完全捕捉具體化的現實。將科技決定論的重點，轉移到有關科學發展之競爭的、偶然的、具體的敘事，這是解放敘事資源、以便他們對抗在去實體化技術中的抽象本質的一種方式。另一種方式是同時閱讀文學文本以及科學理論。在闡述貫穿這兩個言談領域的關聯性時，我想使抽象的形式和物質的特殊性糾結在一起，以讓讀者發現，越來越難繼續

堅持他們是獨立和分離的實體的觀念。因文化和歷史之故，我無法從整體角度出發，但會希望將事情充分混合起來，以強調重點不在於事物和信息的分離，而在於它們之間的複雜糾結。對於此計畫，文學文本和其所塑造的具體特色極為重要。

　　首先詳細討論的第一個文學文本是伯納德‧沃爾夫（Bernard Wolfe）的《地獄邊境》（*Limbo*）。[42] 本書創作於 1950 年代，已成為某種地下經典之作。這部作品想像一個戰後的社會，發展了一個「不動」（Immob）❾的意識型態，將侵略視同為移動能力。不動的口號宣稱「和平主義等於被動」。真正的信徒透過自願截肢來去除行動性（可能是侵略的行動），此種截肢被視為是社會權力和影響力的示意符號。然而，這些截肢者對於只是躺著感到無聊，因此一個強而有力的控制論工業逐漸成長苗壯，取代他們失去的四肢。正如這簡短的結論所稱，《地獄邊境》深受控制論影響。但是控制論的技術成果並非文本核心，而是一個跳板，用來探討各種社會、政治和心理議題，包含從婦女積極主動的性行為對不動男性構成的威脅，到在文末全球東西方間緊張局勢所爆發的另一場世界大戰等議題。雖然是異常說教的，小說所探討的超越了控制論，而全範圍地運用各種修辭和敘事手法，很明確地同時表達正反面的主張。敘事者好似只能局部地控制自己誇張的口頭敘述。我主張，敘事者控制敘事所做的努力，和控制論範例所構成的對「自然」身體威脅間有深度的關聯性。《地獄邊境》質問了諾伯特‧維納作品中也出現過的動態狀況——亦即當原先認知的身體邊界被破壞時，所爆發出來的劇烈焦慮。此外，這部作品也描述了文本形體如何被牽連在文本中，以呈現身體的種種過程。

　　菲利普‧狄克從 1962 年到 1966 年所寫的數本小說（包括《我

---

❾ 此字譯法取英文字 Immobility 不移動之含義。另有人譯「無為」。

們能建造你》〔We can Build You〕、《機器人會夢見電子羊嗎？》〔*Do Androids Dream of Electric Sheep?*〕、《血腥錢博士》〔Dr. Bloodmoney〕和《尤比克〔Ubik〕》）提供了另一套文本，用以探討後人類的多重意義。[43] 狄克的模擬小說，在時間和主題上，都跨越了自生系統的科學理論。如同馬圖拉納、凡瑞拉和在第二波控制論的其他科學研究人員一樣，狄克強烈地關注認識論問題，及其與控制論範疇的相關性。在他的小說中，該將觀察者置於何處——放在被觀察之系統內或外？——這問題與如何確定一個生物是機器人還是人類的問題合併在一起。對於狄克而言，機器人與男主角和女主角關係的性別政治有深刻而密切的關聯，這些女性角色含糊地描繪為富同情心的、能賦與生命的「黑髮女孩」，或是情感冷淡的、會威脅生命的精神分裂症女性。狄克被認識論問題所吸引，揭示了我們建構的現實如何不穩，因為他明白控制論徹底動搖了構成人類的本體論基礎。他在小說中所書寫的性別政治，闡明了控制論與當代對種族、性別和性觀念之間的強力連結。

　　探討關於當代推理小說的章節，展示如何將信息和物質性的核心概念，對應至多層次的符號四方格（semiotic square）上，而建構了虛擬的符號學。輔助此分析的文本包括《雪崩》（*Snow Crash*）、《血音樂》（*Blood Music*）、《伽拉忒亞 2.2》（*Galatea 2.2*）和《終極遊戲》（*Terminal Games*）等，指出在虛擬時代可算作後人類的範圍：從神經網路到駭客、生物上修改過的人類、只活在電腦模擬中的個體。[44] 我主張在這些文本中，隨著後人類的建構，較舊的觀念會被重新銘寫和質疑。正如科學模型般，在創新和複製交疊的系列模式中，發生了改變。

　　我希望本書將能再次證明，認識不同類型的文化產物間彼此的關係，特別是文學和科學，是多麼地重要。我在此所訴說的故事——有

關信息如何失去實體、人機合體人如何被創造為文化偶像和科技人造物、人類如何成了後人類──以及我所描繪的歷史變遷浪潮，若僅透過文學作品或科學論述來捕捉，將難以擁有相同的共鳴或廣度。科學文本經常揭露出文學所不能的基本假設，給予特定方法理論的範疇和人為的功效。文學作品經常揭示科學研究所不能揭示的複雜文化、社會及代表性的議題，與概念轉變和技術創新息息相關。依我看，文學與科學這個專業領域，不僅僅是文化研究的分枝或是文學系所的次要小活動。它是一種方法，用以認識我們自身，就是活在具體世界和具體言語中的具體生物。

第二章
虛擬身體和閃爍標誌

「我們也許會將模式或可預測性視為通信的本質和理由……溝通即是冗餘或模式的創造物」。

格雷戈里・貝特森,《邁向心靈的生態》(*Steps to an Ecology of Mind*)

第二次世界大戰後,信息理論的發展遺留下一個謎題:即使信息為當代美國社會的一大基礎,它本身被建構為從來不出現。如第一章中所見的,就信息理論術語而言,信息在概念上有別於將之具體化的標記,例如報紙或電磁波。它是模式(pattern),而非實體存在,由構成訊息的編碼元素的機率分布所定義。如果信息是一種模式,則非信息就應無模式,亦即有隨機性(randomness)。當信息理論中有某些發展,達到了意味著信息可等同於隨機性和模式時,這種常識預測就變成難以想像的複雜。[1] 使信息既等同於模式,且等同於隨機性,被證實為一種很強的悖論,讓人可理解到在某些情況下,將噪音輸入系統,可使其在較高複雜的狀態下重組。[2] 在這樣一個系統中,模式和隨機性便在一個複雜的辯證法中結合,這使得它們不是互相對立的,而是成了彼此的互補或補充。各自都有助於定義他者,亦有助於信息透過系統流動。

若這辯證關係只是正規理論的一個觀點,它的影響可能就只侷限於電子工程師所考量的、將通訊管道功效最大化和將噪音降至最低的問題。然而,透過信息技術的發展,形式和隨機性間的相互作用成為

了日常生活的特徵。正如弗里德里希・奇特勒（Friedrich Kittler）在
《言談網路 1800/1900》（*Discourse Networks, 1800/1900*）一書所示，
當銘寫技術介入了握筆的手或發聲的口與文本的生產之間時，媒體
便出現了。按字面上的意義，當銘寫的技術被認為是居中調解，及把
自己插入生產文本的生產鏈時，銘寫的技術就是媒體。奇特勒認為，
最初是為盲人設計的打字機，它的創新特性並非為了加速，而是成
為「空間標示和分離的符號」，以文字鍵盤字母的空間安排，以及從
文字是為流動**圖像**，轉變成「文字是幾何圖形，透過鍵盤字母空間安
排所產生」（在這裡奇特勒引用理查德・赫伯茨〔Richard Herbertz〕的
話）。[3] 強調空間固定的和幾何式排列的字母很重要，因其指向了所涉及
過程的物理性。打字機鍵盤與它們所產生的文字稿直接相對稱。一次
擊鍵產生一個字母，較為用力打則產生較深的字母。因為在字鍵和它
產生的字母間存在一對一的關係，此系統產生一個意義的模型，將意
符（signifier）與意指（signified）的直接對應關聯起來。此外，這意
符本身在空間上是離散的、可以持久、平順地銘寫。

　　電子媒體如何改變這種體驗？使用電腦和使用打字機時敲打鍵
盤與產生文字兩者間的相關性很不一樣。螢幕的亮度與敲打鍵盤的力
道無關，並且單單打一個按鍵可以大大影響整篇文本。電腦儲存並加
強了字的圖像感——是一個在如水一般流動的和可變化的媒體中繪製
的圖像。[4] 與電子圖像而非與抗實質性的文本互動，我透過手指和心
靈專注於一個意義模型，在意符和意指之間不存在簡單的、一對一
的對應關係。我從肌肉的動覺上和概念上都能知曉，文本若是視覺
顯像，能用一些方法操控，但若是如物質實體的話，就不可能。當
我使用閃爍圖像的文本時，我以自己體內實例體現的一個習慣性運動
模型為例，使模式和隨機性（pattern/ randomness），比起在場和不在
場（presence/ absence），更加真實、更相關，也更強而有力。

　　虛擬實境的技術及所具有的調整全身（full-body mediation）的潛能，進一步說明了此種強調模式和隨機性的現象，使得在場和不在場似乎不相關。虛擬實境已經是一個價值數億美元的產業，它用電腦把使用者的感知系統直接放進其反饋迴路中。[5] 其中有一個版本是，使用者穿戴立體視覺頭盔和在關節位置裝上感應器的體感手套。透過稱為「化身」（avatar）的「擬像」（simulacrum），來讓使用者的動作在電腦螢幕上重現。當使用者轉頭時，電腦顯像也會顯示出相對應的改變。同時，耳機會產生三度空間的音場。動覺感知如飛行模擬器的 G 負載（G-load），可以透過更廣泛和精密的身體覆蓋物來提供。結果會讓使用者產生一種多重感知的錯覺，以為自己在電腦的內部。根據我在人機介面實驗室及他處所體驗的虛擬實境模擬，我可以證明當主體性散布在整個控制電路中，會有感覺迷失方向和令人興奮的效果。在這些系統中，使用者透過運動感知和本體知覺而得知，互動的相關邊界，並非以皮膚來定義，而是以在生物科技一體結合的積體電路中連接身體和模擬的反饋迴路而定義的。

　　有關在場和不在場的問題在這情況下不會產生槓桿作用，因為化身同時是存在和不存在的，就像使用者也是同時存在與不存在於螢幕內一樣。焦點反而轉移到關於模式和隨機性的問題。什麼樣的轉換掌控了使用者和化身之間的連結呢？哪些參數控制螢幕世界的結構呢？透過與系統互動，使用者會發現何種模式？這些模式在哪裡消失成為隨機性的？什麼刺激無法在系統內被編碼，因此只能如外來噪音般存在？這種噪音何時、用何方式連結併入模式？桑迪・史東（Allucquere Roseanne Stone）從不同的理論架構著手，他主張我們不需要進入虛擬現實便會遇到這些問題，雖然虛擬實境將它們生動逼真地帶到眼前。我們只透過電子郵件聯絡溝通，或參與文本為主的 MUD（多使用者即時虛擬遊戲），已經讓身體即為有形肉體這個不

言而喻的概念產生了問題。[6] 面對這樣的技術，史東建議我們將主觀性（subjectivity）視為由身體多方面形成的，而非包含在其中的。雪莉・特克爾（Sherry Turkle）在她對那些於 MUD 上花了相當大量時間的人們所做的精彩傑出研究中，有令人信服的論證，證明虛擬技術在那反向影響的洪流中，正影響了人們對現實生活的觀感。有個受訪者對她說：「現實並非我最好的窗口。」[7]

在資訊網路的社會，如美國和其他第一世界社會，這類例子以千倍的速度增加。人們越來越體驗到金錢是儲存在電腦銀行中的信息模式，而不是實體現金；代理孕母和人工受孕的法院案例，提供了信息的遺傳基因模式，與有形身體競爭以確認「合法的」父母的權利；自動化工廠由程式所控制，而這些程式把安排實體工作和生產排程，轉成為流通在系統中的信息流；[8] 透過 DNA 模式把罪犯者與犯罪現場關聯起來，而非透過目擊者描述證明其在現場；十分之九的電腦法規使用電腦網路的管道，而非擁有實體的數據資料而定；[9] 性關係是通過電腦網路虛擬空間來追求，並非一定要實體碰面約會。[10] 這些轉變的結果創造了高度異質和分裂的空間，在此空間中，以模式和隨機性為基礎的散漫結構型態，和以存在及不存在為基礎的型態彼此衝撞和競爭。由於西方傳統長期以來一直受到存在和不存在所支配主導，因此，令人驚訝的並非以這為基礎的型態繼續存在，而是這些型態在廣泛文化領域中被取代速度之快。

上述這些取自信息技術研究的例子裡所關注的問題，同樣適用於闡明文學文本。如果說模式／隨機性的轉變對文學的影響沒有得到廣泛認可，也許是因為它們既是普遍存在、也是難以捉摸的。排版製作的書和電腦程式產生的書看起來也許非常相似，但是這種轉換所涉及的技術程序並非如此中性。不同的文本生產技術暗示不同的表意模型；意義的變化與消費的變化有所相關；消費模式的轉移引發了實體

化的新經驗；而實體化的經驗與表現的代碼彼此互動，產生了新的文本世界。[11] 事實上，每個類別——生產、意義、消費、親身體驗和表現——彼此之間不斷地反饋和前饋而循環互動著。

　　當重點轉向模式和隨機性後，過去印刷文本透明化的（因非常普遍）特徵透過與數位文本的區別，再度變得更顯而易見了。如果我們誤認模式／隨機性占優勢的主導地位而使物質世界消失了，就會喪失以理解這些轉變的涵義的機會。事實上，正是因為物質界面已經改變了，模式和隨機性才被視為比在場和不在場更重要。模式／隨機性辯證關係不會抹煞物質世界，事實上，信息的效力正來自於其模糊了物質的基礎。認為物質世界被抹煞的錯覺，應該是被探究的**主題**，而非被視為這探究理所當然的前提假設。

　　欲探索媒介物質的重要性，且讓我們參考本書。就像人體一樣，本書是一種信息傳輸和儲存的形式。就像人類身體，將編碼結合併入耐用的物質材料基礎中，一旦在物質基礎上開始編碼，就不能輕易改變。就此意義而言，印刷品和蛋白質，和磁性編碼相比，具有更多相同之處，因磁性編碼只須透過改變極性，就可以消除和重寫。（在第八章，我們將有機會看到當一本書與磁性編碼相關聯時，該書的自我表現會如何改變。）在遺傳學論述中很普遍的印刷譬喻，就是透過並且藉著存在於書籍和肉體中的實體編碼的相似性而構成的。

　　在身體和書籍中，信號和物質的糾結賦予它們一種平行雙重性。如我們已見，在分子生物學中，人體同時被視為是遺傳信息的表現，也是一個物理的結構。同樣地，文學語料庫同時是實體物件和空間表現，即同時是身體和訊息。因為書籍和人類都具有形體，如果僅視為都是訊息模式，書本和人類都會失去一些東西，意即反抗的物質性，這是傳統上標記為書本的耐久銘文，同樣也是那標記著我們身為實體生物的生活經驗。從這種相似性中，出現了複雜的反饋循環，這是由

當代文學及產生文學的種種技術，以及由書和技術所產生的、而且也能產生書和技術的實體讀者所構成。文本中所表現的身體變化，與文本實體在信息媒介中被編碼產生的變化，有很深的關聯，而且這兩種變化，在人體結構與信息技術交互作用時，有著複雜的關係。我稱這種關係網路的術語為**信息學**（informatics）。循著唐娜·哈洛威的想法，我使用信息學這術語來指涉信息技術，在在都引起、伴隨和複雜化這些技術的發展，以及所牽涉之生物的、社會的、語言的和文化上的變化。[12]

　　現在讓我來說明本章節論點。當代形成的去物質化壓力，向來可理解為從存在／不存在，改變到模式／隨機性的認識轉變，這種壓力在兩種層次上，同時影響了人類身體和文本實體，一是在本體上（物質基礎）的改變，另一是信息（表述編碼）的改變。這些變化之間的連接，正如電腦產業界所言，是大規模平行和高度交錯的。因此，我的闡述將在當代小說所呈現的世界、文字處理中所隱含的表意模式、透過和信息技術互動所建構的具體經驗，以及在這些信息技術本身之間來來回回地穿梭變化。

　　信號與實體的混合，宣告著新技術將以例證來體現新的表意模型。信息技術不僅改變文本產生、儲存和傳播的模式，還從根本上改變了意指到意符的關係。將拉岡式（Lacanian）浮動意符（floating signifiers）理論中隱含的不穩定性更進一步擴展，信息技術創造了我所謂的**閃爍意符**（flickering signifers），其特徵為它們無預期突來的變形、衰減和散布等傾向。閃爍的意符預示著引導語言的板塊構造學上一個重要轉變。許多當代小說直接受信息技術的影響；例如：數位龐克（cyberpunk）是以信息學為其中心主題。即使不以此為焦點的敘事，也難以避免信息學的漣漪效應影響，但是，改變中的表意模式影響了**代碼**（codes）也影響了主體的再現。

生產過程之表意

　　拉岡（Lacan）聲稱「語言並非代碼」，因為他想否認意符和意指間一對一的對應。[13] 然而在文字處理過程中，語言*就是*一種代碼。機器和編譯器語言之間的關係由編碼所設定，編譯器語言與使用者操作的程式指令之間的關係亦是如此。透過這些多重變換，一些量被保存了，但不是隱含在槓桿系統中的機械能量或熱力學系統裡的分子能量，而是從模式和隨機性的交互作用中所產生的信息結構。當文本以不斷更新的意象、而非耐久銘文呈現時，加上由物質或能量、而非信息模式構成了組織交換的主要基礎時，就可能發生難以想像的轉變。當使用者在與系統互動時，在其身體發現到文本的流動性，這意味著意符是閃爍著而非浮動著。

　　為解釋我所謂的意符閃爍是什麼意思，我將簡要地回顧拉岡浮動意符的概念。拉岡所運用的語言觀點，主要是基於印刷、而非電子媒介；他以在場和不在場作為辯證焦點，也不令人意外。[14] 當他提出浮動意符的概念時，利用了索緒爾（Saussure）的想法，認為意符以彼此差異的網路、而非與意指的關係所定義。拉岡將情況進一步複雜化，主張這些意指本身並不存在，除非是由意符所產生。他將此想像成一個在意指網路下不可掌握的浮流，而網路本身是透過連續的滑動和替換所構成的。因此，對他而言，表意的核心就是一個雙重強化的「不存在」——意指為事物本身的不存在，也是意符間穩定對應的不存在。相對於表意不存在一事，心理語言發展中，災難形同是閹割，就像是當（男性）主體象徵性地意識到主體性如同語言，建立在不存在的基礎的時刻。

　　當浮動的意符被閃爍的意符取代時，情況如何改變？透過強調模式和隨機性，信息技術在一個領域運作，此領域內意符有著豐富的內

部差異。在信息學中，意符不再被視為單一的標記，例如頁面上的一個墨水痕跡，而是以一串彈性標記而存在；這些標記透過相關代碼所造成隨意關係綁在一起。當我在電腦上寫這些字時，我看到的是視頻螢幕上的一些亮光，但對於電腦而言，相關的意符則是磁碟機上的電極。介於我所見和電腦所讀取之間的是機器碼，這個機器碼讓字母數字符號與二進位制數字產生關聯；介於二者之間的還有編輯語言，它讓種種符號和決定符號分布方式的高階指令產生連結；另外還有處理程式等等。透過這種程式，上述的指令和我對電腦下達的指令得以獲得協調。某個層次上的意符變成了下一個更高層次上的意指。更明確地說，因為在每個層次上，意符和意指的關係是很隨意的，只要透過一個共通語言指令就足以改變一切。如果我透過操作可移動的鉛字來生成墨痕標記，那麼，要改變字體就需要改變整行的鉛字。相反地，如果我是在視頻螢幕上生成閃爍的意符，那麼，改變字體就像對系統下一個單一指令般簡單。代碼鏈越長，受影響後的轉變就越大。作為語言轉換器，即便是極小的變化，代碼鏈也能帶來驚人的威力。這種放大是可能的，因為透過多層編碼所持續不斷重新再製的，是一種模式，而非一種存在。

　　隨機性在何處進入了這個場景？在信息理論中，信息被辨識為可減少不確定性的選擇，例如我欲從書單上的八本書中選擇一本，在專題研究課第一週研讀。我需要某些方法將這些信息傳給學生。信息理論視溝通狀況為一種系統，在這系統中發送者將訊息編碼，並透過通訊管道發送。在另一端的接收者，則需解碼信號並重建訊息。假設我寫了一封電子郵件給學生。電腦將我的訊息編為二元碼，並將對應於這些二元碼的信號發送到伺服器，而伺服器則以學生可讀取的形式再重建訊息。在這條路徑上的許多點，都可能受到噪音的干預，訊息有可能被電腦系統改成亂碼，所以，訊息收到時，看起來就會像是「！＃e%＾＆s」。或

者，我可能寫到一半時分心想到德里羅（DeLillo），所以，雖然我打算指定卡爾維諾作為第一週的閱讀文本，但發送出去的訊息卻是「彷如冬夜裡的一個白噪音」。❶從這些例子可以看出，在實際生活的溝通情況下，模式就與這隨機入侵的噪音，共同存在於動態的張力中。

　　不確定性也是另一個要考慮的問題。雖然信息常被定義為**減少**不確定性，但也**取決於**不確定性。例如：若書單中只列著《萬有引力之虹》（*Gravity's Rainbow*）這一本書，那麼，我選中的概率就是 1。如果我發送電子郵件通知學生本週要讀的是《萬有引力之虹》，他們將不會獲得什麼前所未知的訊息，亦未有信息的交流。我能夠發給他們的最驚人訊息，就是一連串隨機字母。（需知在技術涵義上，信息與意義無關；一則訊息本身沒有意義，和計算它所包含的信息量毫不相干。）這些直覺已被信息的數學理論所證實。[15] 對於單一個別的訊息而言，信息隨著事件發生的機率減小而增加；事件越不可能發生，傳達的信息就越多。這個量通常適切地被稱為「出乎意料」。如果說我指派的九份閱讀作業都是有關《萬有引力之虹》的，而有一份則是有關《葡萄園》（*Vineland*）的，相較於通知他們作業是《萬有引力之虹》的訊息，學生將從通知他們作業是《葡萄園》的訊息中，獲得更多的信息——越可能的事件，預期就越大——然而，大多數時候，電機工程師們對個別訊息並不感興趣，而是對單一特定來源所產生的所有訊息較感興趣。因此，他們不會特別想知道從某個來源而來、出乎意外的信息，而是更想知道某個來源的**平均**信息量。當任何符號可以出現在任何位置時——也就是說，沒有所謂的模式時，或者模式的隨機性到達極限時——這個平均值就達到了頂峰。因此，沃倫·韋弗在詮釋

---

❶ 卡爾維諾的書名應為《如果冬夜裡有一個旅人》（*If on a Winter's Night a Traveler*），德里羅的小說名《白噪音》（*White Noise*）。這些例子說明了在現實生活中的通訊狀況，模式存在於隨時有噪音干擾的動態張力中。

夏農的信息理論時建議，信息的理解應該同時基於兩方面：一是可預測性和不可預測性，另一則是模式和隨機性。[16]

在突變的情況下，又會發生什麼事呢？以遺傳密碼為例，當某隨機事件破壞了現存的模式，而現存模式也遭到其他東西取而代之時，突變就發生了。突變雖然會破壞模式，但也預設了一種形態學標準，可以測量和理解突變。如果只有隨機性，如同氣體分子的隨機運動，那麼談論突變就沒有了意義。我們已經看到在電子文本中，突變的可能性會因長串的編碼鏈而增加和提高。現在我可以用較基礎的術語來理解突變。突變是至關重要的，因為它訂出了一個分叉點，在此分叉點上，模式和隨機性之間的交互作用，引發了系統朝向新方向演變。它展現了隨機性潛在的可能性，當不確定性被視為同時是和信息對抗的，以及是信息內部固有的，這在信息理論中也同樣成立。

我們現在得以了解突變為信息心理語言學中決定性的事件。突變是模式／隨機辯證法中的災難，好比於存在／不存在辯證法中的閹割一樣。它標記了模式的徹底破裂，以至於繼續複製的期望無法再維持下去。但如同閹割一樣，這只是在特定時刻出現的斷裂。突變證明的隨機性隱含在模式概念中，因為唯有在非模式的背景下，模式才會出現。隨機性這個相反對照的術語，讓模式得以被如此理解。變異的危機在模式／隨機性辯證法中廣泛而普遍，正如閹割一般在存在／不存在的傳統中，因為它是一個看得見的記號，證實了在模式和隨機性之間、在複製和變異之間，以及在期待和驚訝之間，那持續交互作用的辯證。

將重點從存在／不存在轉移到模式／隨機性，說明對教材做了不同的選擇。那些對模式和隨機性感興趣的理論家，不研究佛洛伊德對「fort-da」遊戲的討論[❷]（這段簡短的章節在幾百條評論中再三被複述，此一盛況無疑會使其創作者深感驚訝），也許反而選擇研究大衛・柯能堡（David Cronenberg）的電影《變蠅人》（*The Fly*）。在某

一時刻,片中主角的陰莖掉落(古怪的是他把它放進藥箱,作為懷舊紀念品),但該損失幾乎未影響到他正經歷的更大突變。這個進行中的轉變,並非從男人變為由男性去勢所變成的女性,而是從人類變成非人類他者。閃爍的表意在人類面對後人類的時刻,把語言和基於這象徵時刻的心理動態結合在一起。

正如我在第一章中所言,我知曉人類和後人類,是源自於種種技術和文化的不同形態重組所顯現出的歷史性特定結構。我對人類的參考點是自由人本主義傳統;當存在的基礎不再是占有式的個人主義而是計算時,後人類就出現了,這種轉變讓後人類與智慧機器得以無縫銜接。欲看技術如何與這些結構互動,可考量十九世紀英美人類學家將「人」定義為工具使用者的景況。[17] 工具可用來塑造身體(有些人類學家如此推論),但是工具畢竟被視為身體之外的物件,可隨意志被拾起和放下。當人類的特質是由工具的使用來定義的這種主張無法再維持下去時(因為其他動物也使用工具),在二十世紀初期,焦點就轉移到人類這個工具製造者。最典型的是肯尼斯‧奧克利(Kenneth P. Oakley)在 1949 年所著的《人類工具製造者》(*Man the Tool-Maker*),這部權威性的作品由大英博物館所出版。奧克利是博物館自然史部門人類學組的負責人,他在導論中寫道:「使用工具是人類主要的生物特徵,從功能來看,工具的使用算是人類前肢可拆卸的延展。」[18] 他所提到的工具是*機械性*的,而非信息性的;是*以手*操作,而不是*戴在*頭上。顯然,他認為工具是「可拆卸的」,而且是一種「延

---

❷ 佛洛伊德在《超越快樂原則》(*Beyond the Pleasure Principle*)一書中,闡述了他對十八個月大孫兒所做的遊戲觀察。以自己孫子不斷地重複將線軸丟進吊床裡繼而拽回來的遊戲中,在拋出去時口中喊「Fort」,拉回來再看到線軸重新出現時喊「Da」的聲音,也就是「消失」與「再現」。佛洛伊德將這種行為定名為「強迫性重複」(repetition compulsion),當發生在我們的意欲有所空缺的時候,透過強迫性重複這樣的循環行為的本能,讓我們的意識得以回復到「快樂」的狀態。

展」，獨立於手之外卻又與手一起合作。如果這種工具的定位和種類記錄了奧克利所言人類時代的關係，那麼，把工具的建造當作一種義肢（prosthesis），則指向後人類時代。

到了 1960 年代，馬歇爾·麥克盧漢（Marshall McLuhan）推測著媒體被視為技術義肢，對人類所產生的影響。[19] 他主張，人類對環境中的壓力做出反應，是透過抽離內在的自我，從世界中麻木地撤退出來，他稱為「自身斷離」（autoamputation，這是仿效漢斯·薛利〔Hans Selye〕和阿道夫·瓊納斯〔Adolphe Jonas〕的說法）。這種撤離反過來促進並且要求補償性的技術擴展，將義肢身體延伸出去，返回世界中。儘管奧克利仍然以人類為基礎，並且看來離後人類很遙遠，卻清楚地看出電子媒體能夠引發結構重建，規模大到足以改變「人」的特質。

正如我們在第一章中所見，方向上類似的變化，啟發了同一時期舉行的梅西會議（1946～1953）的諸多討論。與會者在兩種不同的看法中搖擺不定，一種看法是把人類視為一個自動平衡的自我調節機制，此機制的疆域很清楚是由環境[20] 所勾勒。另一種看法較具威脅性地認為，人是和信息迴路結合在一起的，而此信息迴路能以無法預測的方式自我改變。到了 1960 年代，控制論內的共識戲劇化地轉向反身性。到 1980 年代，恆定狀態作為內部組織的概念，已經大幅讓位給自我組織理論，這意味著在某些複雜的系統中，可能發生極劇烈的變化。[21] 在當代，人性的後人類未來越來越受到矚目，從漢斯·莫拉維克對「後生物學」之未來的論證中指出，在後生物學的未來裡，智慧機器成為地球上的主要生命形式，到霍華德·萊恩格爾德（Howard Rheingold）所謂的「智慧擴增」（intelligence augmentation）[22]。這是更平和且已部分實現的人與智慧機器間共生結合的前景。雖然這些願景在某種程度上和人們所想像的介面有所不同，但是他們一致認同

後人類不僅意味著與智慧機器的結合，而且是一種深度和多方面的結合，以至於不再能夠有意義地區分生物體和具有生物組織的信息迴路。伴隨這種變化的是如何理解和體驗這生物體的相對應轉變。相對於從語言和性別結合而來的拉岡心理語言學，閃爍的意符是語言和機器既迷人卻又令人煩擾的結合下所產生的結果。

信息敘述和信息組織

從存在和不存在到模式和隨機性的轉變，都被編碼到當代文學的各個面向裡，從構成文本的實體物件，到文學詮釋的主要內容，如角色、情節、作者和讀者等。這發展一點也不均衡；某些文本很戲劇性也很明確地驗證了這轉變，有些文本則僅是間接地證明這轉變。我稱有明顯置換內涵的文本為**信息敘述**（information narratives）。信息敘述以誇張的形式顯現了變化，而這變化在其他文本呈現得較為細微。無論是在信息敘事或是一般當代小說中，這種替換的動態是很關鍵的。我們可以聚焦任何涵蓋時代的模式，但在這些文本中，模式的特點在於與隨機性的相互滲透，及其對形體暗中的挑戰。**模式有超越存在的傾向**，而朝著既不依賴精神、也不依賴意識的非物質性建構發展。

威廉‧吉布森的小說——《神經浪遊者》，以及其姊妹作《倒計數零》（*Count Zero*, 1986）和《蒙娜麗莎超速器》（*Mona Lisa Overdrive*, 1988）——被認為激起了數位龐克運動（cyberpunk）。《神經浪遊者》三部曲提供了一個本地居所和名字給電腦模擬、網路和超文本這三個異類的空間，在吉布森涉及此主題之前，這些不同的空間已被當成不同的現象討論。吉布森的小說就像種子晶體投入過度飽和的溶液，虛擬空間的技術進入公眾意識的時機已經成熟。在《神經

浪遊者》一書中，敘事者將虛擬空間定義為當使用者「進入」電腦時，所介入的「交感的幻覺」（consensual illusion）。在此，作家的想像力超越了現有的技術，因為在吉布森想像中，透過電極，大腦和電腦之間有一條直接的神經連接。此種連接的另一個版本是植入耳後的插座，這個插座接受電腦晶片，讓神經直接連接到電腦記憶體。網路使用者共同創造出豐富紋理的虛擬空間景觀，那是一種「從人類系統中每臺電腦資料庫抽取數據資料出來的圖形化表現。其複雜性不可思議。一排排的光線排列在心靈的、數據資料群集薈萃的非具體空間中，就像逐漸黯淡的城市燈光」。[23] 存在於電腦模擬的非物質空間中，網路空間定義了一種表現方式，在此表現方式中，模式是不可或缺的真實，而存在則是視覺的錯覺。

如同他們所協議出的景觀地貌，在虛擬空間內運行的主體性也變成了模式，而不是實體。舉《神經浪遊者》的主角凱斯（Case）為例，他是電腦牛仔，雖然他把自己的身體視為一堆「肉」，其主要功能是讓他維持意識，還是有物理性身體存在，直到再次可以進入虛擬空間。其他人則已完成了凱斯的價值觀所暗示的轉變。狄克西・弗雷特林（Dixie Flatline）這位牛仔在虛擬空間中，遇到使他的腦電波圖（EEG）扁平化的事情，就不再以肉體存在，而變成生活在電腦中的一組人格建構個體，此人格由儲存他身分的電磁模式所定義。

存在於身體的限制和虛擬空間的力量之間的對比強調了模式優於存在。只要模式持續著，人就會達到某種不朽──這是莫拉維克在《心靈後裔》中明確指出的涵義。這些觀點受到文化狀態所認可，使實體性似乎最好是一個出身處而非居所。在一個被過度開發、人口過剩和環境毒物逐日遽增所掠奪的世界，一想到實體形式可在多維度電腦空間中被重建為信息模式，以恢復其原始的單純結構，就令人感到欣慰。一個網路空間的身體，就像網路空間的地景般，對疾病和腐

敗都是免疫的。在《魔鬼終結者》（*Terminator*）、《銀翼殺手》（*Blade Runner*）和《鐵甲人魔》（*Hardware*）之類的電影故事中出現的，❸大約都是末日的景觀，其敘述的方式都聚焦在虛擬空間的生命模式，這種現象絕非偶然。這個世界正迅速地變得不宜於人類居住的感覺，正是促進了模式取代了存在的發展的部分原因。

　　這些關聯表面上與《神經浪遊者》相近。「儘量浪費吧，發現你自己處在某種絕望但也是異常隨意的麻煩中時，你就有可能把仁清街（Ninsei）視為一個數據區域，這矩陣曾經讓他想起可分辨細胞特性的蛋白質鏈接。然後你可以把自己投入到高速的漂移和滑行中，徹底地參與卻又從其中分離開來，信息在你身邊舞蹈著、互動著，數據資料在黑市紛亂中形成肉身。」[24]在雜亂無序的城市、電腦矩陣和生物蛋白之間做隱喻式的滑移，直到在最終的簡短語句達到高潮：「資料做成肉身。」信息是推想假設的起源，實體性則是衍生的展現。身體部位在黑市診所出售，身體的神經化學受到合成藥物的操縱，世界的身體被蔓延的城市所覆蓋——在在都證明了肉體存在的不穩定性。如果肉體是資料的化身，何不回歸源頭，把形體的危險拋諸腦後呢？

　　此推理已假設了主體性和電腦程式有共同的互動場域。在歷史上，在控制論中，這個場域首先被概念架構的產物所定義，此一架構將人類、動物和機器組成信息處理裝置，以接收信息和傳送訊號，進而達到目標導向的行為。[25]吉布森將此技術成就與兩項文學創新匹配在一起，讓具有感知和自我意識涵義的主體性，得以與抽象資料連結在一起。首先是敘事觀點的微妙修改，敘事觀點在文本中縮寫為「觀點」（pov）。這不僅是由第一個字母縮寫而成的字，而且更是一個構成人物主體性、充當那取代了不存在身體的位置標記。

---

❸ 此依照電影在臺灣上映時譯名。

　　按小說家詹姆斯式的（Jamesian）想法，觀點是假定一個人的故事，以特別的角度來觀察行動，並說出所見所聞。在《貴婦畫像》（*The Portrait of a Lady*）這小說的序言中，詹姆斯想像一棟有「百萬扇窗」的「虛構之屋」，這些窗子是由「個人觀點之需及個人意志的壓力」所構成。每扇窗前都「站了一個以雙眼或一組小型雙筒望遠鏡，一次又一次觀察的人，雙筒望遠鏡是一種獨特的器材，確保使用它的人看到的都不相同」。[26] 對於詹姆斯而言，觀察者是一個實體生物，他或她的獨特位置決定了觀察者在觀看某個實體景觀時，能看到什麼。在使用全知全能的觀點時，敘事者的肉體限制開始消失，但是實體化的暗示仍留在焦點的想法中，這場景藉由眼睛的移動而產生了。

　　即使對詹姆斯而言，視野並非未在技術上受到介入。顯然，他在把眼睛和小型雙筒望遠鏡當作構成視覺的接收體之間徘徊不定。虛擬空間代表著朝向視覺技術建構的一個極大躍進。意識並非是由透過窗戶看到一個景觀的具體意識而形成，而是**透過螢幕移動**而變成了「觀點」，把身體像一個未占用的軀殼般拋於腦後。在虛擬空間中，觀點並非源自於角色，相反地，在字面上，「觀點」**就是**角色。如果一個「觀點」被消滅，角色亦隨之消失，不再以一種網路空間內外的意識存在。敘事者觀察但不創造其寫實的小說，因此在網路空間中被揭露。然而，其效果主要不是後設小說式的（metafictional），而是就字面意義上是形而上的、遠遠超越了物質性。詹姆斯式的人稱觀點和虛擬空間的「觀點」之間，最大的關鍵差異在於前者意味著實體在場，而後者卻不是。

　　吉布森的手法令人想起了亞蘭・羅伯－格里耶（Alain Robbe-Grillet）的小說，那是最早一批信息敘述之一，他們利用了主體性和數據結合的正式結果。然而，在羅伯－格里耶的作品中，把敘述性聲音與客觀描述結合的效果，和可提高敘事者的主體性相互矛盾，對於

某些物體，例如《嫉妒》（*Jealousy*）書中的蜈蚣或是百葉窗，就同樣被列為迷戀喜好之物，因而呈現出一種非客觀的心態。在吉布森的書中，主體移動的空間缺乏這項個人化的特徵。網路空間是虛擬總體的領域，由數以萬計的多樣且具有互相衝突的利益的向量所構成，這些向量代表著人類和人工智慧透過電腦網路連接在一起。[27]

　　為了使這空間成為一個人和電腦可以平等接合的環境，吉布森介紹了他的第二個新創見。虛擬空間的產生來自於將數據資料矩陣轉換成可以產生敘事的地景。在數學中，「矩陣」是技術術語，代表資料已經被排列成 n 維陣列的數據。以此種形式表示出來，數據資料似乎遠離了故事的魅力，成為如《國家探祕者》（*National Inquirer*）裡的隨機數表。然而，由於陣列已經在空間術語中被概念化，因此將矩陣想像成是三度空間地景也只是一小步而已。當這種空間性透過觀點的移動而被賦予時間的維度時，敘事就變得有可能了。「觀點」位於空間中，但它卻*存在*於時間中。透過它編織的軌道，可以表達主體性的欲望、壓抑和迷戀。《神經浪遊者》聰明之處，在於它明確辨識康德所主張的人類經驗基礎的兩種類別——空間和時間——可以用做意識與數據資料的連結。降到某一點，「觀點」被抽象化為無空間延展的純時間主體，被隱喻成一個互動空間，「數據資料地景」（datascape）可以透過「觀點」移動來敘述。因此，數據資料被人性化了，主體性也被電腦化了，這讓他們能在一個共生聯盟中結合，進而產生敘事。

　　這些創新思想使信息學的涵義超越文本表面，而進入構成主題和角色的表意過程。我懷疑吉布森小說影響力如此之大，不僅因為其提出了一個向著我們而來的後人類大未來的景象——在這點上他們並未比其他科幻小說更具先見之明——也因為他們在自身技術中，具體化了小說主題所明確表達的假設。當支援這種假設的文化條件變得很普遍，以致後人類變成了一種日常經驗、生活實境及智慧命題時，這種

進展就變得可能了。

　　把重點從所有權（ownership）轉移到存取（access），是從在場／不在場轉變到模式／隨機的另一種表現。在《後現代主義的條件》（*The Condition of Postmodern*）一書中，大衛・哈維（David Harvey）把信息化社會轉變的經濟狀態的特點，描繪為福特主義制度轉為彈性累積制度的變遷。[28] 正如哈維和其他人所指出的，在資本主義晚期，耐用品的重要性被信息所取代。耐用品和信息之間最明顯的差異在於信息具有可複製性。[29] 信息不是守恆的數量。若我給你信息，你擁有的信息我也有。有了信息，區分擁有者和未擁有者的限制因素，就不再是擁有而是存取。存在居於領先地位，並且使擁有的想法成為可能，因為只有當某個東西已經存在時，我們才能擁有。相反地，存取意味著模式識別，不管是進入一塊土地（該土地有別於相鄰的土地，是透過邊界模式來定義），或是存取機密信息（透過和較不安全的文檔的信息模式比較而設定為機密）或銀行金庫（和知道正確的轉輪密碼組合模式有關）。一般而言，存取不等同於擁有，因為前者所追蹤的是模式而不是在場。當有人闖入電腦系統時，被偵測到的並非實體的在場，而是進入電腦系統時所產生的信息蹤跡。[30]

　　當重點在於使用權而不是擁有權時，小說成形時相當重要的私有／公共差異，就被徹底重新建構了。擁有意味著基於實質排除或包容的私人生活確實存在，但是使用則意味著認證行為的存在，認證行為使用模式而非存在來分辨哪些人有權使用、哪些人沒有。此外，進入（entering）本身是被當作存取數據資料（access to data），而不是一種實體位置的改變。例如：在唐・德里羅（Don DeLillo）的《白噪音》（*White Noise*, 1985）中，❹格拉德尼（Gladney）的家，一個傳

---

❹ 電影版又譯為《借聲還魂》、《白噪音》、《鬼訊音》等。

統家庭生活的私人空間，被微波爐、收音機、電視等各種波長的噪音和輻射所滲透。[31] 私人空間和它們產生及描繪的私人想法這種滲透的信號，比起代碼和用數據表達的個體主體性之間的相互作用，顯得較不重要。傑克・格拉德尼的死亡被預示成一個眾星脈動著的模式（a pattern of pulsing stars），環繞在電腦化數據顯示的螢幕上，他的身體被信息模式所滲透，這信息模式建構而且也預測了他的死亡，這是何等令人震驚的畫面。

雖然格拉德尼家族仍然如一個社會單位在運作（儘管地域上散布到後現代生活各處），他們的談話仍然被收音機和電視所發出來的隨機信息不時打斷。這打斷指向主體性的突變，來自於將傳統的小說意識的集中關注與數位化隨機性的混雜位元結合起來。這種突變化身為威利・明克（Willie Moink），他的大腦被專門設計的藥物迷亂了，致使他的意識最終無法與他周圍的白噪音（white noise）區別開來。透過和吉布森不同的路徑，德里羅也達到了相似的結果：透過模式和隨機性，而不是在場和不在場的辯證，構成一個主觀性的洞察。

文本的形體也和這些變化有關。在場被模式取代，因而削減了文本組織，使其成為半透明的頁面，讓文本感知像信息模式般注入到表現的空間。當虛構的存在被模式的認知取代時，存在於文本物體和文本內虛擬狀態特徵的表象之間的通路便被開放了。我們考量一下在伊塔羅・卡爾維諾（Italo Calvino）的小說《如果冬夜裡有個旅人》（*If on A Winter's Night A Traveler*, 1979）裡，文本既被視為實體，也被視為信息流的展現。文本對其自身實體的認知，明顯表現在其極欲保持文學主體完整性的焦慮上。在表述的空間內，文本很容易出現天生不全、殘缺和被撕裂、遺失和被偷的狀況。文本的運作彷彿它知道自己，並且有實體，擔心自己的身體處於種種威脅，如受到有缺陷的印刷技術、中年腦力衰退的編輯、甚至是惡毒的政治陰謀所危及。或許

尤有甚者，文本擔心自己的身體會被信息取代。

　　當讀者「你」因文本形體脆弱不堪而阻礙故事的閱讀時，敘事者就會想像你把書從一個關著的窗口扔出去，使文本的身體淪為「光子、波狀起伏的振動、極化的光譜」。由於你不滿足於這樣的粉碎，於是把它丟向牆，使文本分解成「電子、中子、微中子、越來越微分的基本粒子」。若仍然感到憎惡，你可以使出終極解散的手段，透過電腦線路，使文本形體被「減為電子脈衝，變成信息流」。在文本「被冗餘和噪音撼動之下」，你「讓它成了漩渦狀的熵」。然而，你所探尋的那個故事可被想像成一種模式，因為那晚你睡著時「和無數的夢纏鬥，一如和無形無意義的生活纏鬥一般，你在尋找一種模式、一條必定存在的途徑，就好像當你開始看一本書時，你不會知道這本書會把你帶往何處」。[32]

　　一旦文本的實體與信息技術接合，則故事的模式就會有被信息中隱含的隨機性所破壞的危險。當你發現自己被朗塔里亞（Lotaria）纏上時，隨機性的破壞力變得明顯了，她是個讀者，相信讀書最好的方法是把書掃描到電腦內，讓機器分析字頻模式。你被朗塔里亞所誘惑而有違較佳的判斷，你被她和滿地列印出來的頁面所糾纏著。這些列印輸出包含故事中你拚命想要看完的部分，不過，朗塔里亞已經把它們輸入了電腦。朗塔里亞被重重困擾著而分了神，因此按錯了鍵，使得剩餘的故事「因電路的瞬間消磁被刪除了。現在，多彩的電線不斷輸出一排排的文字垃圾：這、這、的、的、的、從、從、從、從、那、那、那、那、那，依照各自出現頻率排列。這本書已經崩潰、解體了，無法再重組，就像沙丘被風吹散一般」。[33] 如今你再也無法看完，永遠無法達到看完整本書的滿足點。你對於**閱讀中斷**（reading interruptus）的焦慮被所謂的**印刷中斷**（print interruptus）所加強，這焦慮是一本印刷書的恐懼，它怕一旦被數字化，電腦將可以任意竄改

其實體，瓦解它，再重新將之組裝成一個非故事性的數據資料矩陣，而再也不是一個糾結纏繞、曲折的敘事。

此種焦慮在文本中傳遞給讀者，這些讀者不斷地追求部分文本形體，不料卻只會失去它們。這焦慮也傳遞給文本之外的讀者，而這些讀者必須試圖理解全然不連貫的敘事。只有當察覺到章節標題形成一個句子時，文學形體才重新建構為一個完整個體。顯然這恢復重建，重要的是語法的，而不是物質實體的。它不是從一個完整的實體產生出來，也非暗指一個實體，相反地，它是從各種模式中產生──隱喻、語法、敘事、主題和文本──並由這些部分共構而成。正如圖書館中出現高潮的場景所暗指的，重構的實體語料庫是一個信息體，衍生自有信息流通循環的論述共同體。敘事意味著文本形體可能被解構或拆成數位的文字微塵，但只要有讀者熱衷於故事並且想讀，敘事本身就可以復原。通過這樣的文本策略，《如果冬夜裡有個旅人》生動地證實了信息技術對圖書實體的影響。

人體也同受影響。人類和文本實體間的通訊聯繫早在威廉‧柏洛茲（William Burroughs）於 1959 年所寫的《裸體午餐》（*Naked Lunch*）中可見到，在這十年中，見證了控制論的體制化和首個大型電子數位電腦的建造。[34] 敘事幾乎如其內部的實體一般經常地變形，用其切碎法提出了一個文本語料庫，它是人造的、異質的和控制論的。[35] 因為標記文本的裂縫，總落在組成文本體的單位**之內**──在章節、段落、句子，甚至字詞之內──因此，這些裂縫不能用來描述文本實體的事實，就變得越來越清楚。相反地，文本的形體正是由這些裂縫產生的，它們並不像多產的辯證法那般嚴重破裂，因而可以讓敘事依句法和時間的順序而生成。

文本中的形體遵循著相同的邏輯。在性和上癮的壓力下，身體會爆炸或變異，原生質從陰莖或鼻孔被吸出來，接管地球或最接近

的生命形式的陰謀也被策劃著。威廉・柏洛茲預言弗雷德里克・詹明信（Fredric Jameson）所主張的，訊息社會是資本主義最純粹的形式。當實體被建構成為信息時，它們不僅可以販售，也可進行基礎的重組以因應市場壓力。假貨（junk）將信息學動態實例化，並清楚地表明「假貨即信息」與晚期資本主義的關聯。假貨是「理想產物」，因為「假貨商不會把產品賣給消費者，而是把消費者賣給他的產品。他不改進、也不簡化他的商品，而是把客戶降級並簡化。」[36]假貨實體是後現代突變體的先驅，因其展示了假貨信息流透過擴大和抵抗所產生的組合及分解的模式，是如何取代了在場。

如此一來，信息敘述的特色包括了強調突變和轉變，這是文本內的身體（bodies within the text）和文本本身形體（bodies of texts）的核心主題。已經透過控制電路和信息技術相結合的主體性，以小說的技巧將其與數據資料結合後，進一步併入電路中。使用和擁有相競爭而成為結構元素，資料被敘事化以適應其和主體性的整合。大致而言，物質性和非物質性這種狂喜和強烈焦慮來源，在複雜的緊張關係中結合了。

信息技術會在圖書中留下印記，過程中實現了印刷品形體早晚將會與其他媒體接合。除了 1998 年在美國和歐洲印刷的少數書籍之外，其他的書籍在某個階段都將被數位化。諸如《如果冬夜裡有個旅人》這本印刷文本，在其敘事中承載著數位化的印記，彷彿文本記得它曾經什麼也不是，僅只是磁碟上的電子極性的時候。在危機的時刻，受壓抑的記憶以一種極為恐懼的形式爆發在文本的表面，擔心隨機性將大量滲透模式，以致會失去故事，且文本語料庫也將被降為一堆無意義的資料數據。這類爆發鮮明地證明了即使是印刷文本，也難逃信息技術的影響。

為更加了解信息學對當代小說的影響，現在且讓我們來考量文本

和主體性之間的關係，特別是信息敘事如何建構了敘事的聲音與讀者雙方。

敘事的種種功能

　　敘事者這個詞意味著一個說著話的聲音，而一個說著話的聲音則暗示了一種存在感。宣布語法學發展的雅克・德希達，著眼於說與寫之間的落差。這種變化將敘事者從演說者轉變為書寫者，或者更確切地說，轉變為那些不在場但文字敘述卻指向他們的人。[37] 信息學將此轉變向前更推進一步。當寫作讓位給由二進位數字寫下的閃爍意符時，敘事者就不再是抄寫員，而是被授權使用相關密碼的人機合體人。此發展顯示，隨著解構的發展，不在場與在場之間的辯證法清楚地成為焦點，因為它已經被隨機性和模式取代，成為一種文化預設。在場和不在場被迫變得明顯可見，也就是說，因為他們已失去了構成言談基礎的力量，反而變成了言談主體。在此意義上，解構是信息時代之產物，其理論的制定是透過底層新興次階層向上推進而來。

　　為檢視敘事者的功能如何隨著我們更深地進入虛擬化而改變，可以考慮看看〈我是一個極熱和濃密的白點〉裡的一幕誘惑場景，這是馬克・雷納（Mark Leyner）所著的《我表哥、我的腸胃病醫生》（*My Cousin, My Gastroenterologist*）一書中的一篇故事。敘事者「服下派德感冒藥錠（Sinutab）而處於興奮狀態」並「等向地」（isotropically）駕駛著，因此開到任何地方都是有可能的，卻發現自己來到「一個骯髒的小酒吧」裡：

　　我不知道……但她在那裡。我不知道她是人類或第五代雌性形態（gynemorphic）機器人，但我不在乎。我打開一安瓶的交配

費洛蒙，讓它飄送過酒吧，我喝著飲料，是加冰塊的異氰酸甲酯——這就是曾在印度博帕爾洩漏而導致超過 2,000 人死亡的物質，幸虧我有做重量訓練、有氧訓練和吃低脂高纖飲食，所以這東西對我沒有影響。果然，她翩翩而來，坐到我旁邊的凳子上……現在，我的嘴脣距離她的嘴脣只有一個光波埃姆單位的距離……我開始親吻她，但她把頭轉開了……我不能吻你，我們是同卵雙胞胎複製人——我們有百分之百相同的基因物質。我只覺得一陣天旋地轉。我驚呼，你是我美麗的一天！你的氣息是尤加利樹上的微風，以細碎舞步穿過加利利海。謝謝，她說，但我們不能回家做愛，因為長輩們禁止同卵雙胞胎亂倫。如果我說我可以改變這一切的話……如果說我有一個微型霰彈槍，可以將基因碎片射入活生生的生物細胞，改變他們的遺傳基質，這樣，同卵雙胞胎複製人就不再是同卵雙胞胎複製人，然後，她就可以和一個肌肉男做愛，而不會僭越亂倫的禁忌，我邊說邊敞開襯衫，露出我黑色牛仔褲腰間的裝備。你怎麼拿到那個東西？她喘著氣，媚眼盯著那個厚厚的強化纖維塑膠槍管和印著烏茲（Uzi-）生技商標的彈盒，盒子裡裝有兩個彈匣的 DNA 重組膠囊。這是我聖誕節得到的……在我打亂你的染色體之前，你還有什麼遺言要說嗎？我邊說邊瞄準。好吧，她說，你先。[38]

這段話中的風趣幽默大半來自於高科技語言和概念，將民俗知識和男女情愛的老套情節並列。敘事者啜飲的化學物質，曾經因為洩出環境中而造成數千人死亡，但他卻因為低脂的飲食而對這傷害免疫。敘事者靠近女機器人想親吻她，但是，當還有一個光波埃姆長的距離時，還是碰不到她。而一個光波埃姆的長度遠遠小於氫原子的直徑。兩個角色有不能做愛的禁忌，因為是同卵雙胞胎複製人讓他們成為雙

胞胎，但卻未避免他們成為異性。他們受家族長輩強制執行的親屬關係規範約束，但卻擁有足以干擾和破壞遺傳進化模式的遺傳技術。他們認為問題可用烏茲生技的武器來解決，此武器能夠擾亂他們的染色體。但是敘事者似乎期望他們的身分特性能完好無損地維持下去。

　　即使在不超過五頁的短篇小說範圍內，這種邂逅發生的前後，不會有和其直接有關的事件也發生。相反地，敘事從一個場景跳到另一個，所有的場景都由最細微也最脆弱、最隨意的線索聯繫在一起。這種不一致使敘事成為透過組裝和拆解模式而創建的一種文本機器人。這個文本本身沒有對應的自然實體，只有在文本中才有。正如標題所暗示的，身分與印刷排版（「我是一個……點」）兩相合併，且進一步與如同引力瓦解崩潰的電腦模擬這般的高科技重建合併在一起（「我是一個無限熱和濃密的白點」）。意符像恆星體般崩解成爆炸物質，而接近新星的臨界點，隨時準備向外爆炸散放一波波閃爍的表意。

　　爆炸性緊張關係，存在於將動作熟悉化的文化代碼以及將傳統期待錯置的新語言拼接之間，此緊張關係不僅僅建構了敘事，也建構了敘事者，敘事者並非以一種貌似可信的心理說話聲音存在，而是一系列朝向一種新主體發展的分歧和錯置而存在。為理解這種主體性的本質，讓我們想像一個從敘事者到專業人士、再到一個更遠目標的弧形軌跡。華特‧班雅明（Walter Benjamin）所贊同的價值觀和存在的共同社群——當話提到用言語編織成有韻律的傳統的說故事者時，他腦中所想到的那個社區——隱隱地微聲應和著「雅歌」（song of songs）和部落的長老。[39] 重疊其上的是尚－弗朗索瓦‧李歐塔在《後現代條件》（*The Postmodern Condition*）中所書寫的專業化，其中講述故事的權威性是建立在擁有適當的憑證，此舉將人定性為實體上四散、但電子上綁在一起的專業社群一員。[40] 此階段的軌跡有多種表示法。敘事者「等向地」（isotropically）開車，❺表示實體位置對於故事的產

生不再有必要或不再互相關聯。他的權威並非來自於實際參與社群，而是來自他擁有一種高科技語言，包括費洛蒙、異氰酸甲酯和重組DNA膠囊，更不用說 Uzi 生技陰莖。此種權威性也在創造時即被取代，因為不協調展現了敘事和敘事者是極度不穩定的，他們即將突變成一種幾乎難以想像的形式，此形式在故事中被以高科技和永遠達不到的身分轉變所激爆的高潮所表示。

　　這是何種形式？它的物理表現不一，但是操縱複雜代碼的能力是不變的。隱隱逼近的轉變，已經透過段落語言而制定了，即將進入到一個因擁有正確代碼而有權限的主體。大眾文學和文化涵蓋了無數情節，在這些情節中，有人愚弄電腦，讓其誤認為他或她是「有被授權的」人，因為此人擁有無意中發現可讓電腦辨識為有權限的代碼。通常這些情景暗指人物存在且是不變的，但偽造的身分讓他或她在信息系統內行動而不被識破。不過也有其他方式來解讀這些敘事。透過授權代碼構成身分時，使用此代碼的人被改變成另一種主體性，更精確地說，一個人之所以存在並被辨識，是因其知道代碼。表面的欺騙有更深的真相為基礎來支撐著。我們變成了我們擊鍵打入的代碼。敘事者既非說故事的人，亦非專業權威人士，雖然這些功能如同不合時宜的典故和曲解的參照，在敘事中繼續徘徊。相反地，敘事者是鍵盤手、駭客、代碼操縱者。[41] 假設文本在存在的某個階段被數位化，就字面意義而言，他（或它）就是這些代碼。

　　顯然，將敘事者建構為代碼的操縱者，對建構讀者影響重大。同樣地，讀者透過從聽者移動到讀者，再移到解碼者的分層考古學所建構而成。利用一個涵蓋信息技術的語境，羅蘭・巴特（Roland Barthes）在作品《S/Z》中很高明地展示了把閱讀文本當作閱讀不同

❺「等向地」（isotropically）指物體的物理、化學性質不因方向而有所變化的特性，即在不同方向測得的性能數值是相同的。

編碼的產品的可能性。[42] 信息敘事使這種可能性變得無可避免，因為如果不參考這些代碼，以及產生這些代碼和被這些代碼產生的信息學，那麼，即使是在字面上，它們通常也難以理解。閃爍的表意擴展代碼的生產力使之超越文本，以將技術產生文本的表徵過程、把人類融入積體電路的介面都涵蓋進來。隨著電路連結技術、文本和人類的擴展、強化，定量增加逐漸變為定性轉變的時間點越來越近了。

　　由於代碼基本上可以瞬間通過光纖發送，所以不再有共享而穩定的語境來幫助固定涵義及引導詮釋。就像閱讀一樣，解碼可以發生在任何遠離原始文本空間和時間的地方。與印刷的固定性相反，解碼意味著沒有原始文本——沒有第一版、沒有修訂本、也沒有親筆寫的手稿。只有閃爍的意符，其瞬變模式喚起且體現了喬治·特羅（G. W. S. Trow）所稱的無語境的情境，質疑所有語境如同文本，都是電子傳導的建構物。[43] 將解碼者連結到系統的，並非是身為詮釋社群（interpretive community）❻成員的穩定性，或擁有這本實體書的極大喜好，這是所有藏書家皆知的喜好。相反地，是被建構成機器人的解碼者，他或她的身體也是資料做成的，是表意鏈中另一個閃爍的意符，通過許多層次的延展，從將解碼者身體內在格式化的 DNA，到電腦最初的語言——二進位代碼。

　　如果反對身體即信息這個夢或者噩夢的話，還有其他什麼選擇嗎？我已論述過，致力於材料界面和實踐那些讓去實體化成為強大幻想的技術，就可以超越這個夢想。藉著採用雙重視覺，**同時**專注模擬的力量以及產生它的物質，我們就比較能理解把後人類建構與實現實體化連接在一起的涵義。考量物質的方法之一是透過機能性。「機

---

❻ 詮釋社群（interpretive community）為文學理論批評術語，詮釋群體由「讀者反應理論」分枝出來的概念，認為文本除文字假設外沒有意義，文本的閱讀是文化建構的。因為每個人都是解釋社群的一部分，其為讀者提供了閱讀文本的特定方式。

能性」（functionality）[7]是虛擬實境技術人員用來描述活躍於人機介面的溝通模式。例如：若使用者戴著數據手套，手的動作就構成一個機能。如果電腦可以回應由聲音控制所下的指令，聲音就是另一個機能。如果電腦可以感測身體位置，空間位置就是另一個機能。機能性以這兩種方式運作；也就是說，它們描述電腦的能力，同時也指出使用者的感測驅動裝置，如何被訓練來適應電腦的反應。使用 VR 模擬，使用者學會以電腦能適應的設計手勢來移動他們的手。在過程中，使用者的大腦神經配置經歷了改變，這些改變有的可以維持很久。即便人類創造了電腦，電腦也塑造了人類。

　　在敘事機能改變時，文本產生了一種新型的讀者。閃爍表意的物質效應向外波動，因為讀者受過訓練，可以透過不同的功能性來閱讀，這可能影響他們如何詮釋文本，包括在電腦發明之前已寫的文本。例如：有些讀者現在對印刷文本感到不耐煩，這種不耐煩無疑出於生理和心理因素。他們懷念敲鍵盤和看著閃爍游標的感覺。相反地，其他讀者（或許是同一批讀者心境不同的時候）回頭看印刷品時，會重新欣賞它的耐用、堅固和容易使用的特性。唯有體驗了電腦後，我才開始欣賞印刷品的某些特質。當我翻開一本書時，立刻就能閱讀，而且其回溯相容性（backward compatibility）[8]可以維持數百年。我也很感激在某些情況下——例如當我修改一篇作文時——沒有游標對我眨眼，好似在要求回應一樣。對於印刷文本，我想花多長的時間閱讀都可以，書頁不會消失，也不會自動闔上。這些例子顯示，敘事機能的變化比特定文類的結構或主題特徵的改變更深，因為它們改變了不同類型的文本所引發的具體反應和期望。從不同的歷

---

[7] functionality「機能性」，另可譯為「官能性」或「功能性」，指發揮出來的功能。

[8] 回溯相容性（backward compatibility）指有了新版後仍能被正常操作或使用的情況，例如電腦硬體更新後仍支援舊版程式。

史情境而論，弗里德里希・奇特勒著述有關「媒體生態學」（medial ecology）[44] 時，也提出了類似的觀點。當引進新媒體時，這些變化會改變整體環境，而這種變化會影響舊媒體為自己開創的利基，所以他們也跟著改變，即使他們沒有直接參與新媒體。書籍不可能不被新媒體的出現影響。

　　若我的評估——對信息技術的強調凸顯了模式／隨機性，並將在場／不在場推至背景——是正確的話，那麼，其涵義就超越了敘事，而延展到多個文化領域。我在第一章已指出，最嚴重的涵義之一是**物質性和具體化的系統性貶值**。我認為這趨勢很諷刺，因為物質條件和具體經驗的改變，正是那些讓這些轉變在日常經驗中根深蒂固。我在此所寫下的幾乎所有事情，都是為假定存在和模式在敵對關係中是對立存在的。一方越受重視，另一方就越不被注意和重視。當有人認為模式和存在是可能相互補強和支持時，就會出現全然不同的解讀法。據保羅・維希留（Paul Virilio）所觀察，人無法追問是否該繼續開發信息技術。[45] 由於市場力量已在運作，事實上（容我使用這字眼）可以很確定的是，我們將在虛擬世界的實體化環境中，有更多的生活、工作和遊樂。[46] 我相信，我們對於能夠建設性地介入這個發展所抱持的最低希望，就是對其提出導向性的說明——此說明將開啟見到模式和存在是互補而非對抗的可能性。信息就像人類，不能自外於使它成為世界上的物質主體的實體性；而且，實體性總是實例化的、地方性的和特定的。實體化可以被破壞，但不能被複製。一旦組成它的特定形式消失了，任何訊息數據都無法將其回復。這個觀察就和行星以及個別生命形式一樣真實。當我們急於探索那虛擬空間可被殖民的新遠景時，我們必須記得，一個無可取代的物質世界是很脆弱的。

第三章
信息實體之爭：
探討自動控制論的梅西會議

信息在何時何地被建構成了無實體的媒體呢？曾幾何時，又在何處信息如同無實體的媒體般建構起來呢？研究者是如何相信人和機器骨子裡親如兄弟呢？雖然針對控制論的梅西研討會不是唯一試圖解決這些問題的論壇，但是卻特別重要，因為其扮演了控制模型和人造物（artifact）交通的十字路口。本章描繪在此研究團體中，使信息比物質更重要的一些論證。廣泛而論，這些論證從三個面向展開：第一方面和將信息建構視為理論實體有關；第二方面和人類神經結構的建構有關，如此一來，這些結構就可以被視為信息流；第三方面和人造物的建構有關，人造物的建構能把信息流轉化為觀察得到的運作，因而讓信息流變得「真實」。

但在每一個面向上，信息具體化（reification of information）也都遇到相當顯著的阻力。替代模型被提出來，重要特質被說出來，存在於單純的人造物和其提出的複雜問題之間的相異性，也提出反對意見。具體化的勝出並非因為無人反對，而是因為科學和文化上的辯證，使之成為似乎是比其他替代說法更好的選擇。重現這些辯論的複雜性，有助於去除信息比物質或能源更重要的神話。若回溯其成為黑盒子以前的時刻，這結論不像不可避免，反而更像是二次世界大戰期間，和緊隨二戰結束之後，在美國科技文化特殊情況下協商的結果。

梅西會議非比尋常，因為參與者並未發表已完成的論文，而是邀請講者來描繪一些主要概念以便開啟討論。關注的核心是這些討論，

而非發表的成果。這場研討會設定為知識分子自由參加，且全然是跨領域的。會議紀錄顯示研究者來自各個領域——神經生理學、電機工程、哲學、語意學、文學和心理學等——他們努力了解彼此，將別人的想法和自己的專業連結起來。過程中，一個可能以特殊物質系統模型為起始的概念，有了較寬廣的意義，同時也扮演了機制和象徵。

　　這個研討會的互動力促進了這類融合。研究者也許無法在自身研究中確認共同參與者所討論的機制，但可象徵性地了解，然後把此象徵連結到自己的領域。此過程反覆出現在文字紀錄中。例如當克勞德・夏農使用「信息」（information）一詞時，他把它當作是一個與信息機率（probabilities）相關的技術字眼。當格雷戈里・貝特森挪用同一個字來談論啟蒙儀式（initiation rituals）時，他將它比喻為一個「製造差別的差異」，且將其與互相爭辯的社群之間的反饋迴路聯繫起來。隨著機制與象徵的合成，以狹義定義為起始的概念，會擴散到廣義的網路系統中。先前我稱這些網路系統為「群集」（constellation），以表示在梅西時期所強調的恆定狀態（homeostasis）。本章會探討形成恆定群集的要素；同時，也驗證了在梅西時期將反身性和主體性聯繫在一起的一連串關聯性，對許多物理學家而言，這就足以將反身性貶為「非科學」而非「科學」類。在追溯了梅西時期結束後反身性認識論的發展，本章得到的結論顯示出反身性是如何被調整修改，以致於它可以被當作在第二波控制論中產生的科學知識。

信息的意義（與無意義）

　　信息勝過物質是第一期梅西研討會的主題。約翰・馮・紐曼及諾伯特・維納領先提出人機方程式（man-machine equation）的重要主

體在於信息，而非能量。雖然也不是完全不考量能量（馮‧紐曼詳盡地探討從真空管散熱所引發的問題），不過熱的熱力學只是附帶一提的。核心是多少信息可在系統中流通，且移動的速度有多快。維納強調從能量轉換到信息的運動，他明確地指出：「基本概念是訊息……而訊息的基本要素是決策。」 決策之所以重要，並非因為它們產生了物質，而是因為它們產生了信息。控制了信息，權力就會隨之而來。

　　但何謂信息？在第一章已談及，克勞德‧夏農定義信息為一種機率函數，而無維度、無材質，也無必然的意義相關聯。雖然將信息理論完整闡述超出本書的範圍，但是，以下改寫自維納描述的說明，可以提供一個基本的推理概念。[2] 正如夏農，維納視信息為一種選擇性的表現。更精確地說，它代表了從眾多可能的信息範圍中選擇出一個。假設有三十二匹馬參加競賽，而我們想賭三號會贏。賭注登記經紀人懷疑警方監聽他的電話，所以就安排他的客戶使用代碼。他學過傳播理論（也許上過維納在加州大學洛杉磯分校所上的和傳播理論相關的暑期課程），知道任何信息皆可透過二元碼進行傳輸。當我們打電話去，他的語音程式便會問號碼是否落在 1 到 16 的範圍間。如果是的話，我們就按「1」，不是就按「0」。當語音程序詢問號碼是否落在 1 到 8 之間的範圍，然後是 1 到 4 之間，其次是 1 到 2 之間，我們也使用相同的代碼。現在，程式知道數字必定是 3 或 4，所以就說「如果是 3 請按 1，是 4 請按 0」，最後按的那一下就傳輸了選號。使用這些二進制區分法，我們必須做五次回應來傳達我們的選擇。

　　這種簡單的決策過程如何轉化成信息呢？首先，讓我們歸納結果。機率理論顯示，欲從一組 n 個元素中單獨辨識出其中某一元素，所需的二元選擇次數 C 可以如下計算：

$$C = \log_2 n$$

我們的範例是：

$$C = \log_2 32 = 5$$

我們所做的這五個選擇，傳達了我們想要的選項。（此後，為了簡化標計法，就把所有的對數視為以 2 為基底）。用這公式，維納定義信息 I 為一組訊息中 n 個元素的對數。

$$I = \log n$$

此公式在訊息中的元素都大約相似時，就會得到結果 I。但通常不會像這樣。例如在英文中，字母中 e 出現次數遠高於字母 z。在更一般的情況中，當元素 s_1、s_2、s_3 到 s_n 都不盡然相似，且 $p(s)$ 是元素 s 被選到的機率時，則：

$$I(s_i) = \log 1/p(s_i) = -\log p(s_i)$$

對於由特定事件傳達的信息而言，這是一個通用的公式，在我們的例子裡，則是打給賭注登記經紀人的那通電話。因為電子工程師必須設計電路來處理多樣化的訊息，他們對特定事件較不感興趣，反倒是對同一來源的平均信息量更有興趣。例如：一個客戶對於此場賽馬所傳達的平均信息量，這個較複雜的例子可以如下公式表示：

$$I = -\sum p(s_i)\,[\log p(s_i)]$$

在這裡，$p(s_i)$ 是訊息元素 s_i 被從一組包含 n 個元素的訊息中被選中的機率（Σ 代表當 i 從 1 變化到 n 的總和）。[3]

　　我們現在正處於能去了解信息在被維納和夏農理論化以後更深的含意。請注意，該理論被公式化了，但卻完全沒有參考信息的意義。只有訊息元素的機率進入了這些方程式。為何將信息和含意分開來？維納和夏農希望，當信息從一個情境移動到另一個情境時，能有穩定的值。如果信息和含意被連結在一起，那麼每次被嵌入一個新的情境時，信息值就有可能改變，因為情境會影響含意。例如：假設你在一個無窗的辦公室打電話詢問天氣狀況，我回答「正在下雨」；從另一個角度來看，假如我倆正站在街角處，被一陣傾盆大雨淋溼了，同樣是這句回答，卻會有不同的含意。在第一個情況下，我告訴你，你所不知道的事。在第二個情況中，我有嘲諷的意味（甚至有點魯鈍）。一個將訊息和含意連結在一起的信息概念，會為這兩個情境產生兩個不同的值，即使「下雨了」這個訊息是一樣的。

　　欲解這個戈登式的（Gordian）難題，夏農和維納定義了信息，使其不管在任何情境下，都會被計算成相同值，也就是說，他們將信息從意義中分離出來。**在情境中**，這是適當且明智的決定。**去掉情境後**，此定義就讓信息被概念化，視其為一個可在不同物質基底間流轉而不變的實體。就像當莫拉維克想像存在於大腦的信息被下載到電腦時一樣。諷刺的是，信息具體化是透過相同的去情境化行動來實現的，該理論使信息去情境化；而莫拉維克將理論去情境化。如此一來，在工程上考量為必要的簡化會成為一個意識型態，其中具體化的信息概念被視同為與人類複雜思想全然相稱。[4]

　　夏農對自己如何應用信息理論十分小心，再三強調信息理論只關注訊息透過通訊管道的有效傳輸，而非訊息之意義。雖然其他人很快地在信息理論上加諸更廣大的語言學和社會學之涵義，夏農本身對此卻加以抗拒。回應亞歷克斯·貝維拉斯（Alex Bavelas）在第八次梅西會議中提出的群組溝通一說，夏農警告說自己不認為「我們用於通訊工程中的信息概念，和正在進行的工作間有過於密切的關聯……問題並不在於尋覓最佳的編碼符號……而在於決定傳送什麼以及傳送給誰的語意上的問題」。[5] 對夏農而言，定義信息為機率函數，是一個策略選擇，這使他得以暫時排除語意學。他不想牽涉將接收者的心態視為通訊系統之一部分的考量。對此，他有非常強烈的感覺，因此建議貝維拉斯區分管道中的信息和人心中的信息，並且透過「主觀的機率」來描述後者的特色，即使不清楚該如何定義和計算出這些信息。

　　並非人人都同意將信息去情境化（decontextualize）是個好主意。同時，當夏農和維納思考著在美國情境下，信息意味著什麼時，英國研究者唐納德·麥凱正試著制定一種可考慮意義的信息理論。在第七次會議中，他對梅西小組發表了他的想法。他和夏農不同之處，可以從他約束了夏農有關「主觀機率」的建議中看出。在梅西會議的談論中，「客觀」都被連結到科學性，而「主觀」則是一個代碼，意味著人陷入無法量化的混亂感，這種無法量化也許很壯觀，卻絕非科學。麥凱的第一步行動，就是將影響接收者想法的信息，從「主觀的」標籤中拯救出來。他表示夏農和貝維拉斯都關注於他所謂的「選擇性信息」，亦即藉由考慮從一組訊息中選擇訊息元素，就可以計算出信息。但光只是選擇性信息還不夠，另外還需要他稱為「結構化的」信息。結構化的信息顯示選擇性信息如何被理解；這是一個如何注釋一則訊息的訊息，也就是一種「後設溝通」（metacommunication）。

　　為了加以描述，就談談我說的一個笑話，而這笑話很無趣。在這

個例子中，我可能告訴我的對談者「這是一個笑話」。這信息內容被視為一個「選擇性信息」（以「metrons」衡量），是以類似夏農－維納理論中的機率函數來計算的。此外，附帶一提我的後設注解也帶著結構性信息（以「logons」衡量），意指先前的信息有某種結構而不是另一種（是一個笑話而非嚴肅的陳述）。在麥凱喜歡用的另一種比喻中，他把選擇性信息看做是從一個檔案抽屜裡眾多的資料夾中選擇，而結構信息則增加抽屜的數目（笑話在一個抽屜中，學術論文則在另一個抽屜裡）。

　　既然結構性信息指出一則訊息應該如何被闡釋，這就需要將語意學列入考慮了。結構化訊息和語意無關，而和訊息機率成鮮明的對比，可透過接收者心中的改變來計算。「下雨了」，這句話若被一個在無窗戶辦公室中的人聽到，與被一個可從窗戶看到下雨的人聽到，同樣一句話會產生不同價值的結構信息。為了強調結構性信息和收訊者內心變化間的相關性，麥凱打了比喻說：「正如同我們發現如何量化地談論大小，是透過發現其對測量儀器造成的影響而來。」[6] 這比喻意味內心產生的表象有雙重效價（valence）。從一個角度看，它們包含了有關這世界的信息（「下雨了」）。從另一個角度來看，它們是指向觀察者的互動現象，因為這信息是依「測量儀器」的改變所數量化的，測量儀器即指人心理本身。一個人如何衡量這些改變呢？一個觀察者看著收訊息者的心理，也就是說變化是產生在觀察者的內心，而這也可被他人觀察和衡量。這發展朝向有無限迴歸的特色的反身特性。麥凱的模型辨識了形態和內容、訊息和收訊者的相互構成，認為一個表達（representation）的**本質**（nature）和**其影響**（effect）之間有強烈的相關性。他的模型和夏農－維納理論從基礎上就不同，因為他的模型夾在反身、信息、意義這個三角的關係中。在梅西會議情境下，他的結論是前衛的：主觀性不但不是一團該避免的混亂，還恰巧

讓信息和意義聯結在一起。

　　問題是如何量化模型。要達到量化，需用一個數學模型來測量訊息在收訊者內心所啟動的改變。無疑地，這些驚人的問題，解釋了為何麥凱版的信息理論未被電機工程師廣泛接受的原因，而這些人將在接下來的數十年撰寫、閱讀和教授信息理論的教科書。雖然麥凱的研究仍然是英國信息理論學派的基礎，但是在美國，夏農－維納的信息定義，而非麥凱的理論，才是這行業的標準。

　　在美國，並非人人都降服於他們。直到 1968 年，尼可拉斯‧哲納司（Nicolas S. Tzannes），這名為美國政府工作的信息理論家，寄給沃倫‧麥卡洛克一份備忘錄，內容是關於他想修改麥凱理論使之更可行。[7] 他想定義信息，以使其意義隨著情境變化而改變，他留意到科琳（Kotelly）的情境代數來定量處理這些變化。過程中他做了一個重要的觀察。他指出，夏農和維納根據信息是**什麼**來定義，但麥凱卻根據信息**能做什麼**來定義。[8] 該公式強調了信息在夏農－維納理論中所經歷的具體化。去除了情境，信息變成了一個數學量，如無重量的陽光，在一個純粹概率的純領域中移動，不受身體或物質實例所限制。它為這種普遍性付出的代價是失去代表性。當信息是有代表性的時候，如在麥凱的模型中，它被概念化為一個行動，而不是一件事。就像動詞一樣，它變成一個執行的過程，因此也必然意味著情境和實體化。實體化的代價是難以定量以及失去普遍性。

　　在信息是什麼、能做什麼兩者之間選擇的話，我們可以看到與恆定狀態和反身性相反的狀況開始成形。如果以「讓信息與恆定性聯繫在一起」來定義的話，它就可以被傳輸到任何介質中，並且保持穩定的量值，強化恆定狀態所意味的穩定。如果把「讓信息與反身性聯繫起來」當作一個行動，那麼，其對接收者的影響就需要被考量，並且，測量這效應可以透過觀察者的無限迴歸，為反身循環建立起可能

性。恆定狀態在第一波大勝，主要是因為它更容易量化式地管理。反身性輸了，因為指定和界定情境迅速膨脹成一個難以控管的計畫。在每一點上，這些結果都與歷史的偶然性狀況有關——其所提供的定義、提出的模型、可用的技術，競爭參與者為其主張而動員的盟友和資源。將信息概念化為一個無實體的主體，並非隨意的決定，但也不是不可避免的。

在我們故事的下一集中，具體化模型（reified models）與實體化的複雜性之間的緊張關係非常重要。如果人類是信息處理機器，那麼他們必須具有生物裝備才能處理二元碼。以這些術語建構人類模型的是麥卡洛克－皮茨神經元。這是主要的模型，正如沃倫・麥卡洛克所言，透過它，控制論被視為具有「肉體中的環境」。問題是如何從這個剝離的神經模型移動到非常複雜的議題，如思想的普及性、知覺的完形（gestalts），以及呈現系統所不能呈現的，這種種複雜的問題。在這裡，機制和模型之間的滑動變得重要，因為即使在諸如麥卡洛克這樣致力於自然科學研究（hard-science）❶的研究人員之間，也傾向象徵性地利用模型，來連結相對簡單的神經線路與複雜的具體經驗。在這過程中，電路無形的邏輯形式，以修辭的方式轉變了，從模型的**效果**（effect）被變成了模型的**原因**（cause）。這個行動，亦即我們熟知的柏拉圖反手式，❷使具體的現實，變成把清晰抽象的邏輯形式弄模糊和凌亂的實例。然而，麥卡洛克不像其他人這樣做，他從未放棄他對實體化的承諾。邏輯形式和實體化之間的張力在他的作品中顯示，當控制論變成身體自身神經功能的密切情境時，無重量信息的建構將如何變得更加複雜。

---

❶ 自然科學的俗稱，依照研究方法的準確度和客觀性來統稱物理、化學、生物、地質等學科。

❷ 作者自創的詞，指根據真實所抽象出來的，反推回原本的真實。

神經網作為邏輯運算符

沃倫・麥卡洛克在梅西會議中扮演重要角色。他主持會議，且據大家所言，是個強勢的領導人物，對於誰能發言具有相當的控制權。他受教於菲爾莫・諾斯羅普（F. S. C. Northrop）學習哲學，並熟悉魯道夫・卡爾納普（Rudolf Carnap）的「命題邏輯」（propositional logic）。當他轉向神經生理學（neurophysiology）時，被哲學和科學兩方的問題所驅，「何謂人所知的數字，以及知數字的人？」[9]他在一個神經元模型中尋求答案，他認為此模型有兩個面向——一個是實體的，另一個是象徵的。如今被稱為麥卡洛克－皮茨的神經元，有很大的影響力。雖然至今已被顯著修改過，但對上一代研究者而言，它確實提供了神經功能的標準模型。在當年，這可是代表實驗和理論推理的一大勝利。正如史蒂夫・海姆斯（Steve Heims）指出的，要從實驗桌上無形的粉色組織，推斷出乾淨的抽象模型並不容易。[10]檢視邏輯形式和複雜的具體化之間的相互作用，會讓我們的敘述複雜化，但在敘述被複雜化之前，且讓我們先就模型本身來考量。

麥卡洛克－皮茨神經元是具有刺激性或抑制性的輸入。閾值決定需要多少刺激來激發。一個神經元只有閾值到達一定程度，致使輸入的刺激超出被抑制的量時，神經元才會激發。神經元連結成網，每一個網有一組輸入（網路中進入神經元的信號），一組輸出（網中從神經元被導出的信號），及一組內在狀態（由輸入、輸出和在網中運作，但並未由連結輸入輸出神經元的信號所決定）。麥卡洛克的中心思想是，以此法連結的神經元可以表示邏輯命題。例如：若神經元 A 和 B 與 C 連結，且兩者皆是激發 C 所不可或缺的，這就相當於「若 A 和 B 皆為真，則 C 為真」的命題。若只有 A 或 B 可激發 C，表示的命題為「若 A 或 B 為真，則 C 為真」。如果 B 是受抑制的，只有當 B

未被激發時，C 將被來自於 A 的輸入所激發，表示的命題為「只有 A 為真，且 B 不為真時，C 為真」。這也是 1941 年麥卡洛克遇到年方十七、聰明古怪的瓦爾特・皮茨（Walter Pitts）時，所制定的公式，瓦爾特・皮茨也是他後來最重要的合作者。[11] 皮茨提出了幾個數學理論，證明了有關神經網的數個重要定理。尤其，他還表示，神經網路能計算任何圖靈機可計算的數字（亦即任何命題）。[12] 這證明很重要，因為它把人類神經功能的模型和自動機理論（automata theory）結合在一起。麥卡洛克－皮茨神經網路和圖靈機正式的聚合，證實了麥卡洛克的洞見：「大腦無法像肝臟暗自分泌膽汁一樣暗中思考，但是……他們可以用電腦計算數字的方式計算思維。」[13]

　　雖然麥卡洛克和眾人都知道，麥卡洛克－皮茨神經元是一個將實際神經元的複雜度簡化了的架構，更別說大腦的複雜度，他推動了把神經網路的運作和人類思考直接連結在一起。依他所見，當一個神經元接收到一個和刺激感應有關的輸入時，此神經元的激發就是發生在外部世界某個事件的直接結果。當他表示，一個神經網計算出的假設為真時，他的意思是，激發的那個事件真正發生了。麥卡洛克如何解釋幻覺和灼痛的現象，即截肢者對不存在的肢體所感受到的灼熱感？他建議神經網路可建制反射迴路，一旦啟動，即使無新信息進來也會持續激發。為了區分外部事件的刺激和由過往歷史引起的刺激，他將前者稱作「訊號」（signals），而後者稱作「記號」（signs）。一個訊號「總是意味其起因」，但一個記號則是「已經失去其必要的時間參考的持久事件。」[14] 麥卡洛克和他的同事賦予反射迴路的多重意義指出，從一簡化模型跳躍到複雜現象的推測有多快速。羅倫斯・庫比將反射迴路與神經元重複及強迫性的特質連接起來；許多梅西會議參與者建議此迴路可用來解釋完形感知（gestalt perception）；而麥卡洛克本身不僅將此迴路連結到身體感知，並且與哲學思想中的普遍性聯繫在一

起。[15]

存在於相對單純的模型和其理應解釋的複雜現象間的差距，是麥卡洛克和年輕心理學家漢斯－盧卡斯‧托伊伯（Hans-Lukas Teuber）書信往來所討論的主題。托伊伯參加了第四次梅西會議，且後來成為會議紀錄出版的共同編輯。在此，麥卡洛克和這位年輕同事的通信裡，提出從邏輯形式推導出具體化現實的假說。在 1947 年 11 月 10 日的信上，托伊伯主張，存在於不同控制系統間的結果相似，不一定代表結構或過程的相似。「你的機器人也許能做出神經系統可以做出的無數行為，但並不代表神經系統使用和機器人同樣的方法，就能達到看似相同的結果。你的模型依舊是模型——除非有一個柏拉圖式的純理想高手，在生物結構的研究者和製圖的數學家之間居中協調。」他宣稱，只有心理學家可以提供神經生理學者有關「受體結構（在感官功能上）最相關的部分可能是什麼」的信息。[16] 控制機制除非和感知如何實際發生在人類觀察者身上這問題相連結，否則並不代表任何意義。

在 1947 年 12 月 10 日的回信中，麥卡洛克解釋他的立場：「我依靠數學，包括符號邏輯，而得到一個如此普遍的理論，甚至上帝和人類的那些創造必是該理論訂定過程的例子。正因此理論普遍到適用於機器人和人類，所以缺少了能顯示人的機制與機器人的機制相同所需的特殊性。」在他的論證中，普遍性是透過支撐或黑箱化特定的機制來實現的。它藉由除去特殊性和尋找普遍的形式而產生。然而，麥卡洛克以修辭的方式提出此理論，好似其**原本就存在**於特殊機制中，後來才在此機制中被不完美地實例化。這反手的一擊，賦予理論一個不可忽視的強制力量，因其表達了「一個如此普遍的法則」以至於「上帝或人類建造的每一條路線必以某種形式為之例證」。[17]

事實上，麥卡洛克所提到的定理被證明只與麥卡洛克－皮茨神

經網路的簡化模型相關。因此只有在該模型也適用於具體現實的假設時，才能具有他所聲稱的強制力，亦即唯有模型和實際情形一樣複雜和嘈雜時，才會有確切的一致性。當然，建構這等模型會打敗製作模型之目的，正如同路易斯・卡羅（Lewis Carrol）——及後來的豪爾赫・路易斯・波赫士——開玩笑的比喻，想像一個國王的瘋狂製圖師，只在製出覆蓋整個王國的地圖並且每個細節為 1 比 1 時才滿意。[18] 當托伊伯諷刺地問道，是否有某個「柏拉圖式的魔鬼」，正在調解有機結構和抽象圖形之間的差距時指出一個落差，儘管麥卡洛克反手回擊，也未能拉近差距。

在她對邏輯史的女性主義評論中，安德烈亞・奈伊（Andrea Nye）追溯了類似的柏拉圖反手式，該反手式被用以開發其如法律般力量中的邏輯強制性。[19] 奈伊指出，這種行動總是在特定的政治及歷史脈絡下進行，具有重要的社會意義——此意義遭到「被當作事先已存在的自然法則」所掩蔽。[20] 與邏輯學家們一樣，麥卡洛克除去情境，以顯露（創建）普遍的形式。但不同於邏輯學家，他在 1947 年時，並不想放棄具體化現實。他試著尋找一種「經驗認識論」（empirical epistemology），一種結合具體化現實和邏輯命題力量的方式。托伊伯的反對意見則觸及了敏感的神經（或神經元），因為他堅持抽象並非真實。

麥卡洛克專注於經驗認識論，因而無法滿足於把邏輯形式解釋為一種肉體實體需要遵守的通用指令。他為了將肉體更緊密地和模型結合就需要進行縫合。這縫合出現在他的援引機制中，此機制在他訴諸普遍性以前以黑盒子封裝起來。他描述了兩個例子，他為機器人的模式辨識所草擬的電路，被同事視為如同在人類大腦皮層的聽覺和視覺般的精確表現。現在麥卡洛克——就像一個騎士，從斜對角移動來攻擊皇后，也讓皇后暴露在主教的攻擊中——已經在雙管齊下的

攻擊中，抓住了托伊伯。在第一種方法中，人類和機器人被認定是相似的，因為不論機制為何，他們都遵循同樣的普世法則。在第二種方法中，人類和機器人因為使用了相同的機制，而被判定為相似的。在下一章我們將看到，當一個年輕自負的哲學家對諾伯特‧維納和其共同研究者的控制宣言提出異議時，也引發了他們的雙重攻擊。控制議論受到挑戰時，這種雙重攻擊就會出現，因為其允許雙方同時進行辯護。如果機制被黑盒子化，只有行為算數時，人類和機器人看起來就會一樣，因為他們（可以被塑造成）的行為相同。如果黑盒子被打開（並從周密控制的角度來觀察），盒子內的機制看起來是一樣的，那麼就再次證明為相等的。

　　皇后要如何才能獲救？得透過辨識這裡的抽象具有多重性。當麥卡洛克下降一層，從信息是什麼轉至信息能做什麼，他最終仍距離具體的複雜度許多層。考量他所主張的，存在於機器人機制和人類大腦皮質的模型辨識線路是相同的。這些線路，是從兩種不同的具體化中被抽象化出來的圖表，神經組織用於人類，真空管和矽晶片則用於機器人。雖然可能存在著一層抽象化，相似性可以在該層中出現，然而，也會有一層特殊性，差異性會在該層中產生明顯差距。這都依觀點如何被建構而定。對於建構一條途徑，使麥卡洛克－皮茨神經元能同時代表電腦代碼和人類思想而言，控制情境，特別是從實例化的特殊性轉向抽象性的動作是至關重要的。將身體轉換成一波通過神經元的二元碼流，是將人類視為信息模式的基本步驟。**在情境中**，這種轉變可被視為對神經生理學有重大貢獻必要的簡化。**將情境去除**，會推測出毫無道理的結論，亦即思想和代碼間沒有實質上的差異。

　　我推崇麥卡洛克，因他從無固定形狀的組織，大膽地跳躍至邏輯模型；而他對這跳躍的抗拒使我更加推崇。雖然他強調他的神經元制定命題的能力，但卻從未視其為去實體化的。他知道信息只透過

信號移動，而信號只有被實體化才會存在。1949 年他在對美國神經學會一場主題為「神經結構如何產生思想？」的演講中，宣稱「在定義上，信號是物理過程中被實體化的。」[21] 就其著作整體背景而言，對實體化的承諾，以一種將實體化視為抽象命題實例化一樣強烈的傾向，存在於動態張力中。

　　這張力在他 1964 年 8 月 28 日的手稿「大腦中何物可用筆墨形容？」可見。麥卡洛克敘述最近一次到拉維洛（Ravello）參訪的旅程：「我被告知，像我這樣一個自動機（automaton）或神經網路，就是一個自由單群（monoid）和附加可能身分的半群（semigroup）間的對映。」所謂「像我這樣」一詞，強調了關於單群和半群的高度抽象數學模型，以及和用筆畫出這些線圖的實體生物之間的不一致。「這和那些從不了解〔抽象形式〕就是實體化的人所寫的論文一樣，都是廢話，」他接著說，「就像把杭士基語言（Chomsky language）視為真正的語言一樣。但在皮茨和麥卡洛克於 1943 年的原作中，卻沒有這種分類上的混淆，當時，時間的命題表述，就是發生在有形實體網路時空上的事件。假設的神經元雖然過於簡化，仍是實體神經元，就像化學家的原子就是實體物體原子一樣真實。」[22] 在此，在抽象命題、神經元模型和「實體」網路之間的滑動中，我們可以看到麥卡洛克想同時把三個球保持在空中的企圖。雖然神經元只是「假設的」，而且被認定是「過度簡化的」，麥卡洛克還是極度堅持他們仍是實體有形的。若說他未能完全成功地創造出「經驗認識論」，然而，沒有一顆球能在不犧牲具體化想法的複雜性之下掉下來，他的堅持算是不小的功績。

　　麥卡洛克－皮茨神經元是介於兩者間的閾限物體（liminal object），半抽象、半具體化的真實之物，但其他模型更是堅守在物質領域。讓梅西會議參與者和其他人相信控制論的部分原因是：顯示

了控制原則正在運行的機電設備。控制論強大是因為它**有效**。你若不信，可看看威廉・葛萊・華特（William Grey Walter）的「機器人烏龜」（robot tortoise），當電池電量低時，它會回去籠子阻斷電氣化學，或是看維納的「蛾」有著向光性，但他的「臭蟲」卻為了避開光線而逃到椅子下。以現今標準來看，這些裝置都是簡單的機制。然而，它們卻有著重要的功能，因為它們就是人類和機器人事實上是手足這重大結論的實體例證。梅西會議中特別重要的有夏農的電子鼠，那是一個目標導向的機器，模擬讓老鼠學習走迷宮，還有羅斯・艾許比（Ross Ashby）的「恆定器」（homeostat），是一種遇到干擾時可尋求回歸穩定狀態的裝置。這些人造物如交換器般地運作，把人和機器放在等同地位；他們發展了種種故事，讓與會者能藉此訴說這種等同的意義。一旦結合了正式理論，它們有助於將人類建構成為機器人。

老鼠和恆定器：在概念和人造物之間循環

與會者數次釐清，漸漸清楚地道出論述深層結構的種種假定。在第七次會議上，來自聖地牙哥美國海軍電子實驗室的約翰・斯特勞德（John Stroud）指出，夏農透過二元法區分訊號和噪音來建構信息，具有深遠的意義。據斯特勞德觀察，「夏農先生完全可以隨心所欲地自圓其說」。「聽他演講時，我們必須總是記得他向來如此。任何嚴謹的論述，都不免會受到他最開始時所做的一些特殊決定所害，而且概括而論有時候是極危險的。若我們隨時放鬆我們對訊號的原始定義方式的認知，我們就會自動把所有接受到的訊息稱為『非』訊號或噪音。」[23] 如斯特勞德所知，夏農在訊號和噪音的區分上有保守的偏見，視靜止更勝於改變。噪音干擾了訊息的精確回覆，而精確的回覆則被假設為預期的結果。這理論結構意味改變是一種偏差，必須被改

正。相較之下，麥凱的理論對於接受訊息者在訊息到達前後的差異，有著生成性的區別（generative distinction）。在他的模型中，信息和改變並非對立的，信息本身就是改變。

　　這兩個理論運用到尋找目標的行為上時，指向了不同的方向。訊號勝過噪音，夏農的理論意味著目標是預先存在的狀態，機制會透過在對和諧的選擇間做出一系列的辨識，來朝向目標前進。目標是穩定的，當機制達到目標時就會穩定下來。此一建構很容易導向以下隱喻，不管是用一般或抽象的術語表述，目標就是穩定本身，並非一個特殊的位置。因此，將信息建構成信號／噪音的區別，以及恆定優先，此二者既產生了對方，也被對方所產生。相反地，麥凱的理論暗指著目標並非一個固定的點，而是一系列依情境不同而改變的值。在他的模型內，目標的暫時設定標記了一種狀態，亦即其本身將被包覆在一個反射性的變化漩渦中。以和訊號／噪音及恆定一起出現的方式相同，反身性和信息也以顯著的差異一起出現。

　　這些關聯性意味著在夏農的電子鼠於迷宮設立標記之前，就已經透過假設被建構了，而這些假設則影響了電子鼠行為會被如何解讀。雖然夏農稱他的設備為「解迷宮機」，麥凱團隊很快地給了它「老鼠」的封號。[24] 此機器由一個五乘五的方格組成，感知的指針則透過此方格移動。可以將電插頭插入二十五個方格中的任何一個標記目標的方格，該機器的任務是透過井然有序的搜尋而在這些方格中移動，直到抵達插孔。這機器可記憶先前的搜索模式，至於是否重複則取決於他們之前是否成功。雖然海因茲‧馮‧福斯特、瑪格麗特‧米德和漢斯‧托伊伯在他們的第八次會議論文集引言中，強調了電子鼠的重要性，他們同時也承認了其限制性。「我們都知道，如果想了解生物體，就得研究生物體，而非電腦。不同層次組織上的不同，也許不僅只是量化的。」但他們接著議論說：「機器人提供了一種類似物，只

要他們能維持運作就是有助益的，即使損壞了依然有用。想知道神經系統（或社群）和人造的類似物有何不同需要做實驗。如果不曾提出類似物，這些實驗就不會被考慮。」[25]

　　還有另一種了解這個聯結的方法。透過建議某種實驗，智慧機器和人類間的類比是**根據機器來建造人類**。即使實驗失敗了，比較的基礎術語也可用來表示差異。若說一隻雞不像一臺曳引機，[❸]我就已經是按照曳引機來描繪雞的特性，就好像我宣稱兩者相似一樣。同樣地，無論認為兩者相似或不相似，只要將人類智慧和智慧機器相提並論，就已經把兩者放入一個中繼系統（relay system），此系統把人類建構成一種特殊類型的信息機器，而信息機器則成為一種特殊人類。[26] 雖然這類比的一些特性明顯被否定了，其所體現的基本連結卻是無可否認的，因為他們本質上可思考這模型。體現在電子鼠上的假設，包括將人和控制機器都視同為尋找目標的機制，此機制會透過修正式的反饋來學習，以達到穩定狀態。兩者皆為信息處理器，當運作正確時，都會傾向恆定狀態。

　　有了以上的假設，也許可預測，反身性在此模型上應該被建構為精神官能症（neurosis）。[❹]夏農展示他的電子鼠可能會陷入反身迴圈而不停地繞圈圈，他說：「如此建立了惡性循環或鳴唱條件（singing condition）。」[27]「鳴唱條件」是麥卡洛克和皮茨在之前的演講中使用的詞，形容透過控制神經網路而被建構為模型的精神官能症。若機器像人類有精神官能症，人類也就像機器有可以被機制性建構的精神官能症。把人和機器連結在共通的電路上時，其類比性就會將雙方建造為穩定系統，此系統在二者陷入反身性時會變為病態的。這種相互建構的互動意味著本書引言中所介紹的，即這種類比物是中性啟發式裝

---

❸ 亦有人稱「拖拉機」。

❹ 亦有「神經官能症」、「神經症」等不同譯法。

置。更精確地說，他們是將假設從一區轉移到下一區的中繼系統。[28]

　　游走在由恆定狀態設立的中繼系統中的各種假設，也許是艾許比在對恆定器的討論中最明顯可見的。[29] 恆定器是由能量轉換器（transducers）和可變電阻器（variable resistors）建構成的一種電子裝置。當它接收到輸入而改變狀態時，會尋找不同的變數組合，以返還它的原始狀態。艾許比解釋說，恆定器是用來建造一個生物體模型，讓生物體必須保持基本變數在預設範圍內以求生存。他強調超越這極限的代價就是死亡。若恆定等同於安全（「你的生命將是安全的」，艾許比邊說邊展示機器如何恢復恆定狀態），偏離恆定即是威脅死亡（原文 79 頁）。他舉的例子之一，是一個坐在船的控制板上的工程師。這工程師如同恆定器般運作，試著把錶盤保持在一定的範圍內以避免災難。人和機器一樣，都需要穩定的內在環境。人類保持船的內部穩定，這種穩定性保持了人本身內在的恆定狀態，從而允許人繼續確保船的恆定狀態。艾許比主張恆定狀態是一種「在生物和無生物之間共同一致的」需求，並將之視為一種眾所嚮往的境界（原文 73頁）。

　　梅西會議的戰後背景在制訂何謂恆定狀態上，扮演了重要角色。考慮到戰爭的災變，恆定狀態只有在把環境也涵蓋進去時才有意義，這似乎是不言而喻的道理。因此，艾許比視恆定調節器是一個同時包括了生物體和環境的裝置。「我們的問題在於生物體如何和環境奮鬥，而且欲妥善處理這問題，我們就必須假設某種特定的環境」（原文 73 ～ 74 頁）。這特定性透過恆定器的四個單位來表示，可用不同的配置排列來模擬「生物體加上環境」。例如：一個單位可被標示為「生物體」，剩下三個單位則為「環境」；另一種安排是三個單位可能都是「生物體」，剩下的一個單位則是「環境」。用一般的話來說，恆定器處理的問題是：若環境函數為 E，生物體可否找到一個反函

數 E^{-1}，這會使這兩者的乘積導致一個穩定狀態嗎？當艾許比問梅西會議與會者，是否可為高度非線性系統找到此種解決方案時，朱利安‧畢格羅（Julian Bigelow）正確地回答說「一般而言，不能」（原文 75 頁）。是的，正如瓦爾特‧皮茨觀察到的，一個生物體持續存活的事實意味著解決方案確實存在。更精確地說，問題在於這個解決方案是否能以數學公約和現有的技術表述法來表達。這些限制透過模型的特定性而交替建構，在抽象的問題和由實驗引起的特殊問題之間轉換。這樣一來，重點就從尋找解決方案轉移到陳述問題了。

　　這動態性在整個梅西會議期間的討論上重複出現。與會者更加了解，建構可以執行人類功能的機器，就在於是否有能力精確指出需要什麼限制因素。馮‧紐曼在第一次研討會中陳述這個論點，皮茨在第九次研討會會議的尾聲也重述了。皮茨回憶說：「在會議之初，機器可否被建構來做某些特殊事物的問題經常被討論，當然，答案就是現在大家都已知的，只要具體明確定義你要機器做什麼事，原則上就可建構一個機器來執行這件事。」（原文 107 頁）會議結束後，麥卡洛斯在《心智實體化》（*Embodiments of Mind*）中重申此論點。其主張對語言有重要的意義，回應了二十年來的說法。

　　如果機器真能做到我們明確陳述的事，那麼，人類獨特的殘餘，就會和干擾了明確敘述的那些語言特質共同存在——曖昧不明、隱喻、多重編碼、在一個象徵系統和另一個象徵系統之間彼此的交替引喻等等特質。人類行為的獨特性因而被言語的不可言喻而同化，而人類和機器的共同基礎被視為是功能性語言的單一性，這單一性會把字彙的曖昧不明去除。透過這個「分塊」（chunking）過程，恆定調節和反身性的群集吸收了其他的元素。在恆定調節這邊的是功能性的語言，而曖昧不明、隱喻和象徵則是屬於反身性那一邊。

　　以現今的標準，艾許比的恆定器是一部簡單的機器，但它卻在

內部將一個複雜的假設網路編碼起來。很矛盾的是，這模型的簡單性使假設覆蓋在人造物之上，因為其在複雜細節上的極度缺乏，意味著此模型代表超過更多其實體本身所能做的。在討論時，艾許比承認恆定器是一個簡單的模型，並聲稱他「願繼續朝向更困難的、有許多神經系統、且嘗試讓自己穩定的聰明動物而努力」（原文 97 頁）。在這簡單模型和複雜現象中的游移並未被忽視。來自倫敦大學解剖系的約翰・楊（John. Z. Young）尖銳地回應說：「實際上，這實驗相當危險。你們所談論的、心所想的都是大腦皮層（cortex）。較為簡單的系統只具有限的一些可能性。」（原文 100 頁）然而，「更簡單的系統」有助於強化幾個想法：人是一種機制，藉由保持恆定來回應他們的環境；科學語言的功能是明確的敘述；創造智慧機器的瓶頸在於確切地制定問題；視精確度高於意義的信息概念，因而比其他概念更適於建構模型。艾許比的恆定器、夏農的信息理論及電子鼠，都在整合建造一個關於假設語言、目的論和人類行為的互聯網路。[30]

　　這些假設並非毫無爭論的餘地，明顯可受質疑的是反身的概念。如我們所見，在梅西會議期間，反身性是含糊且未正式命名的群集。如果要賦予以下討論激發反身的可能，但卻無法結合成連貫的理論，那種意味的討論，我們可以考量一下「半途中的人」（man-in-the-middle）的意象。第二次世界大戰的工程技術，讓結合人和機器的反饋迴路來改善人類表現的意象，互為流通。在第六次會議中，約翰・斯特勞德分析一個技工夾在雷達偵測裝置和高射砲之間時，此意象也是分析的核心要點。他觀察槍砲的技工被兩方非常熟悉的機械裝置包圍著，問題出現了：「我們該放哪種機器在中間呢？」[31]斯特勞德使用的這個意象，將人類建構為輸入／輸出裝置。信息從雷達傳入，通過了人，再通過槍砲而輸出。這個人被明顯地放在電路**中間**，他的輸出和輸入在那個位置已被拼接到現存的迴路中。到最後，也許有需

要考慮較複雜的因素，例如他如何和開放式且無法預知的環境互動。斯特勞德演講的焦點是，信息如何透過這「半途中的人」轉換。正如電子鼠和恆定器一樣，重點在於可預測性和恆定穩定性。

法蘭克·弗里蒙特－史密斯（Frank Fremont-Smiths）對此抱持相反意見，對於觀察者在建構「半途中的人」意象時所扮演的角色，他堅稱「人也許永遠不會只處於兩個機器之間」，「當你在研究他時，他永遠不會只介於兩個機器之間，因為你是正在對其進行輸出的另外一個他人。因為你正在研究他的事實，你不但在研究、同時也正在改變他和機器的關係。」弗里蒙特－史密斯所介紹的觀察者，由斯特勞德以一個尋求將觀察者轉變為「半途中的人」顯示的意象討論。「人是一組最神奇的儀器」，據斯特勞德所觀察，「但像所有可攜帶式工具，人類觀察者在運作時會有噪音且不穩定。但是，若你所有的儀器就是這些，你就得一直使用它們直到有更好的工具出現。」[32] 斯特勞德論道，人可從開放式的系統轉變成一組可攜帶式的儀器。此儀器也許並非實體連接兩個機械終端，但欠缺緊密相連的事實，只會使拼接變得隱匿。此並未否定將人建構成連結到封閉迴路的訊息處理機器，不論實際上有多吵鬧，在運作時，能很理想地呈現平衡狀態。

弗里蒙特－史密斯回應說：「你不可能消滅人類的，斯特勞德博士。因此，我所說的而且試圖強調的是，在普通層面上，科學研究者有各種限制，驚恐地發現我們仍需和人類合作，需儘可能善加利用他們對人類現狀和運作功能現有的理解，可能比較恰當。」[33] 當弗里蒙特－史密斯轉以正式語氣表明時，對於回溯他過去對客觀主義意識型態的批論感到有些沮喪。他的評論對反身性的異議正中要害。正如麥凱的結構信息模型中，反身性打開了「半途中的人」的心理複雜性，因此他就不再被建構為一個輸入／輸出設備的黑盒子。在這情況下，恐怕可靠的量化會變得難以理解或不可能，而科學也會陷入主

觀性，對與會的眾人而言，這就不是真正的科學了。在已被麥卡錫主義（McCarthism）歇斯底里情緒籠罩的戰後氛圍中，確認科學如何實踐的傳統觀念，恆定狀態更加意味著返回常態。

弗里蒙特－史密斯的觀察當然提示了心理複雜度是不可避免的。其他參與者的回應顯示，此含意正是大家最想否認的事。他們特別不喜歡反身性的考量，反身性考量是以個人方式暗示他們的主要陳述，不是對世界的主張，而只是揭露他們自己的內心狀態。這個令人不安的可能性的主要發言人正是羅倫斯‧庫比，他是耶魯大學身心門診的心理分析師。庫比在信中激怒其他與會者，因為他將他們對他理論的批評解釋為潛意識抗拒的證據，而非科學的辯論。在他的演說中，雖然他更為委婉，但其論證的反身性仍然很清楚。他的論述在出版的文稿中，占了比其他與會者更多的篇幅，大約占了總數的六分之一。雖然不斷遭遇物理科學家的懷疑，他持續為自己的立場辯護。他的闡釋核心，是語言的多重編碼性，可以同時是說話者用以溝通的工具，也可以作為反射鏡，透露比說話者所知的更多。正如麥凱的信息理論一樣，庫比的心理分析方法將反身性建構在模型之內。就像麥凱的理論一樣，庫比的論點亦遭受最大的（或有意識的？）阻力，被要求更可靠地量化。

庫比的概念成為一個跳板，可觀看反身性在梅西會議期間，及在某些與會者後來的人生中，所扮演的角色，尤其是瑪格麗特‧米德、格雷戈里‧貝特森和他們女兒瑪麗‧凱瑟琳‧貝特森（Mary Catherine Bateson）的生活。對照梅西會議和貝特森於 1968 年舉辦的類似會議上的論點，將能說明為何反身性的完整意義在梅西會議期間很難被人承認的原因。一旦觀察者成了圖像的一部分，結構的裂痕會向外擴散，直到控制情境的觀點破碎得無法恢復，就像擋風安全玻璃被大石塊打中一樣。梅西會議與會者對反身性小心謹慎，這是正確的，因為任何

一丁點的潛力，都有可能如他們所懷疑的那樣具有爆炸性。

庫比的最終站

　　羅倫斯・庫比原是神經生理學家，他 1930 年發表的論文贏得麥卡洛克的讚揚，文中他提出精神官能症是由反響迴路（reveberating loops）引起的，類似於麥卡洛克後來在神經網路所建制的模型。[34] 在事業中期，庫比轉向精神分析。在梅西會議期間，他和紐約心理分析機構裡的強硬派佛洛伊德主義（Freudianism）結盟。他在第六次大會的報告中，闡述了自己立場的基本原則。精神病過程受制於無意識狀態的動機，尋找目標行為的這些過程，因為是在象徵形式裡的無意識追求目標，所以是無功效的。人需要安全感，金錢對他來說即象徵這安全感。但是當人得到了錢，他仍感覺不安全，亦即他得到了象徵符號，卻缺乏這符號所代表的內涵。欲望和真實間的鴻溝越來越大時，當他接近他的假定目標，反而會感覺焦慮更增加而非減少。

　　雖然麥卡洛克認為庫比是實驗主義者，打從會議之初，庫比就抗拒麥卡洛克研究中減少法的特點。在第一次會議上，庫比對於將複雜心理現象減少到使人和自動機相等的機械模型，表達不安之感。在第六次會議上他仍抗拒著。在論文〈神經官能症的可能性和人類適應〉（"Neurotic Potential and Human Adaptation"）中，他解釋自己為何未談及反饋機制。他說：「我想釐清在臨床上遇到的精神官能症過程之複雜度和敏銳度。不這樣的話，我們會經常有過度簡化問題的危險，因而會按比例將問題縮小，以使用數學方式來處理。」[35] 他的公式強調心理過程的反身性，而非機械模型。第七次會議他發表的論文〈象徵的功能在語言形式和精神官能症上的關係〉（"The Relation of Symbolic Function in Language Formation and in Neurosis"）中，他強

調「人類生物體有兩樣象徵功能，而非一樣。一個是語言，另一個是精神官能症」。尤有甚者，這兩個功能聚集在同一句話語裡。弗里蒙特－史密斯透徹地闡明此觀點：「庫比真正試圖要說的是，語言是一種雙重編碼：同時是有關外部的陳述和有關內部的陳述，這雙重性賦予語言意識和無意識的特質。」[36]

從這觀點看，一個意味著對外界世界觀察的陳述，被說話者內在狀態的反映穿透，此內在狀態包含說話者未察覺的神經過程。若科學家否定這點，堅稱說話者單純是述說外部的真實，這些反對本身即是無意識動機的證據。對麥卡洛克般的實驗主義者而言，考慮給予心理過程客觀的描述，心理分析就是魔鬼的玩物，因其瓦解說話者和語言之間的距離，將科學辯證變成一個越想推開卻黏得更緊的柏油娃娃（tar baby）。❺

這種反射性話語的觀點對科學的客觀性所造成的傷害，在麥卡洛克於 1953 年對芝加哥文學俱樂部的演講中，被戲劇性地陳述出來。這篇題目為〈昔日錯覺〉（"The Past of a Delusion"）的演說中，激烈地譴責佛洛伊德（Freud）的心理分析學說。[37] 他認為，若所有科學家言論都帶有主觀性，那麼，科學理論就難逃必須和人類這種主觀性生物的缺失和弱點綁在一起的命運。為了顯示這種緊密的結合可能對科學產生的災難性影響，麥卡洛克將佛洛伊德的心理分析作為研究的例子，他認為此心理分析理論既促進了緊密結合，同時本身也不知不覺地成為例證。麥卡洛克狠狠地將佛洛伊德批評得體無完膚，指佛洛伊

❺ 原是美國南方黑奴口傳故事中，狼用來誘騙兔子的玩偶，引申為「越解越難解的棘手問題」。這故事原先由眾議院紐約市代表及後來駐荷蘭外交大使作家羅伯特．巴恩希爾．羅斯福（Robert Barnhill Rosevilt）寫成〈兔兄弟〉（"Br'er Robbit"）故事，發表在《哈伯週刊》（Harper's Weekly）上，後來記者喬爾．錢德勒．哈里斯（Joel Chandler Harris）再編寫收錄於 1880 年出版的選集（Uncle Remus Stories），迪士尼卡通使之成為大眾耳熟能詳的人物。

德轉向心理分析是因為想賺取比當一個猶太裔醫生所能賺的更多錢。
他講述佛洛伊德的性生活，暗示佛洛伊德將性置於理論核心，是因為
他本身在性方面的挫敗。麥卡洛克譴責心理分析師為江湖郎中，受貪
婪所驅使，只要患者有錢支付就持續治療下去。他輕蔑地恥笑佛洛伊
德和其他分析師所用的經驗證據。他諷刺地下結論，警告聽眾小心不
要試圖和心理分析師爭論。依他預言，若這麼做，只會得到自己病痛
的精神分析詮釋，認為是自己無意識敵意行為的證據。

庫比從一位在現場聆聽的同事那裡得知這些。[38] 雖然麥卡洛克
特地將庫比免除在他向來對心理分析的輕蔑之外（在一封 1950 年寫
給弗里蒙特－史密斯的信中，他寫道：「在所有我認識的心理分析家
中，庫比的頭腦對理論最清楚。」[39] 但他的攻擊太刺耳，以至於無法不
激起反駁。如同麥卡洛克所預測的一樣，庫比將這演說詮釋為麥卡洛
克本身心理痛苦的徵兆。庫比對同事說，麥卡洛克「尖酸刻薄的話也
許是因個人挫折感的累積，而轉移到分析上」。[40] 後來，當他聽說麥卡
洛克在耶魯演講時的古怪行徑，他寫給演講的主持人，並且轉寄一份
拷貝給弗里蒙特－史密斯：「沃倫的這個消息讓我深感煩憂……在他
身上，疾病和健康之間的界線總是很狹窄。」（原文 137 頁）庫比甚
至試圖安排波士頓當地的心理分析師和麥卡洛克見面，「如有必要就
以社交為藉口」，以提供庫比認為麥卡洛克所需的「協助」（原文 138
頁）。據史蒂夫・海姆斯對這些事件的觀察，若是麥卡洛克知道庫比
試圖介入的話，必定會被激怒。

麥卡洛克的〈昔日錯覺〉是個鮮明的證據，證實弗里蒙特－史密
斯欲在精神分析師和自然科學家之間取得協調的嘗試，並未能成功。
庫比深知實驗主義者的態度。數度試圖說服他們之後，他在第九次大
會中發表了最後的演講，他該次演講聽起來像是克制著憤怒的狀態。
他將被假想成「麻煩製造者的」精神病醫師，比喻成「依據其觀察而

報告人性本質事實的自然科學家」。相較之下，他說物理學家忽視複雜的心理現象，而喜歡簡化的抽象模型。「實驗主義者和數學家提供解釋，而自然科學家則發表補充觀察，以自然現象更複雜的版本，來對抗實驗主義者和數學家。」當此循環繼續下去時，「阻力和懷疑逐漸增強，這些新的複雜性會被接受」。[41] 在這些見解中，庫比提出了他在梅西會議中發表的看法。他只報告了事實，而其他人則為自己提供了不充分的機械性解釋。當然，這特性描述忽略了他用以詮釋同事行為的佛洛伊德架構，這是一個在觀察上至少是滿載理論的架構，正如同麥卡洛克所提出的所有陳述一樣。[42]

　　我把這份充滿了壓抑憤怒，彷彿對應了麥卡洛克在他次年演講中過多的憤怒的報告，看作是庫比最後的論點。其所描述和銘記的抗拒是雙向的，從心理分析師到實驗主義者，以及從實驗主義者到心理分析師。對實驗主義者而言，心理分析加強了一連串聯結，將反身性和主觀性綁在一起，因將無意識的不可否證（unfalsifiable）的概念加諸於己是很嚇人的量化問題。難怪對於許多與會者來說，反身性似乎是正統科學探索的死胡同。

　　即使當反身性的一個版本失敗了，其他更多產的版本也正在建構，部分是因這些版本避免將反身性與潛意識相連結。鄧波爾・百利（Temple Burling）閱讀了 1954 年出版的會議紀錄，寫信給麥卡洛克說：「我在門邊對這群人如此晚才想到『潛意識』（unconsciousness）這個問題感到很驚訝。在我看來，這似乎是本末倒置的。令人費解的並非潛意識的神經活動，而是有意識的。意識是一大祕密。」[43] 百利的論點指向進入反身性的另一條途徑，此方式是幾個與會者所接受的，包含海因茲・馮・福斯特、瑪格麗特・米德、和格雷戈里・貝特森。雖然他們不一定反對心理分析詮釋，但這卻不是他們的焦點所在。他們所想的不是在意識及潛意識的鍵盤上彈出高高低低的曲子，而是想要

創造模型，來考量觀察者在建構系統上所扮演的角色。對他們而言，重要的二分法是觀察者／系統，而重要的問題在於如何將觀察者置入系統中，以及如何將系統放入觀察者內。

圍繞在觀察者上

在 1969 年，接近他事業晚期，法蘭克‧弗里蒙特－史密斯寫信（或請祕書代筆）給三十多年來他籌劃的幾次梅西會議的與會者，要求他們評估各項跨領域計畫和討論的形式。這調查顯然是邁向職業生涯結束的行動，他在找尋終身研究工作的肯定。有一些回應是解除人心防地坦誠。吉米‧薩維奇（Jimmie Savage）寫下有關一個年輕人得以「和如此多樣的一群傑出優秀的人親近交談」的感受。他回憶說，他常常想到沒穿衣服的國王，想知道是否能相信自己的感覺。他承認：「控制學本身對我而言，似乎多半是一派胡言。」[44] 拉爾夫‧傑拉德（Ralph. W. Gerard）表達類似不滿之意，他回憶說：「對會議期間不斷發生的離題，以及對任何想法或議題很少能得到有智識的結論的滿足，而有強烈的挫折感。」他附帶說：「你也許記得，這挫折感強烈到足以讓我不願再參加後來的會議。」[45] 這些回應之所以有趣，不只因為他們闡明了這些會議，並且因為他們坦白地談論其感受。薩維奇回憶說：「情感（affect）高漲。」但相反地，在會議紀錄中，只有當情感是為了建立科學模式的對象之時才討論，而從未被表達為與會者正在經歷的感受。書信往來和會議紀錄之間的對比，闡明了在這些會議中主導的科學精神。情感被視為超出界線之外有好幾個原因，但也許也可歸因於同一個原因。科學探究的架構是建立在忽視觀察者之上的。

海因茲‧馮‧福斯特在給弗里蒙特－史密斯的信中，將觀察者視

為控制學的中心問題。[46] 他指出，在世紀之初，隨著相對論和「測不準原則」（Uncertainty Principle）的出現，「發現了一個最為神祕的、一直被所有科學論述小心地排除在外的對象：『觀察者』。『他是誰？』」這個問題被那些酸葡萄策略的人士憤慨地問道，也被那些認為任何有資格稱為科學的，都需將觀察者放在第一位的人認真提問。」他繼續表示，此事並無先例。「整個包括觀察者的科學方法論需從頭發展。」他也大方地評論，將人們——而非學科——召集起來，進而將關係置於討論中心（雖然會議紀錄很少承認這些關係），是弗里蒙特－史密斯的功勞。他還評論說，弗里蒙特－史密斯理解到將觀察者涵蓋進來必然為跨學科的任務。在把「溝通問題」建立為焦點時，弗里蒙特－史密斯希望梅西群組能看到該主題需要「對人徹底而充分的研究」。如此一來，科學可為包羅萬象的架構統整，能同時解釋「人」和研究「人」的人們。自動控制論就是要提供此一架構。

　　在 1976 年 3 月，會議結束二十多年後，瑪格麗特‧米德和格雷戈里‧貝特森一起坐在貝特森的廚房餐桌邊，接受斯圖爾特‧布蘭特（Stewart Brand）所做的一場罕見的聯合訪談。布蘭特問他們關於梅西會議的事。他們都同意，將觀察者涵蓋進來是自動控制範例提出的核心議題之一。貝特森拿一張小紙片，畫了一張圖（布蘭特將此圖附在出版的訪談文章中），是有關通訊系統在控制論出現之前的想像。這圖畫出一個黑盒子，盒子裡有輸入、輸出和反饋迴路。盒子外面貼著「工程師」的標籤。第二張圖代表貝特森後來對控制論的理解。在這張圖中，第一個黑盒子，連同所標記的「維納、貝特森、米德」等名字，被封裝在一個更大的盒子裡。這張畫中，觀察者們被涵蓋在系統之**內**，而非在外部向內看。此訪談轉而討論曾在梅西會議中十分普及的動力學。米德評論說：「有關這一點，庫比是一個重要人物。」她補充說：「麥卡洛克心中有一個偉大的構想。他讓人們來與

會，又不讓他們說話。」貝特森接著說:「是的，他構想如何讓此對話能在後來五年一直進行下去——在還有什麼可說之前，應該先說什麼。」當布蘭特問這構想為何時，貝特森回答:「誰知道呢?」但米德認為這就是「或多或少發生的事」。[47]

布蘭特想知道為何控制論發展緩慢下來。「發生了什麼事?」他再三追問。在 1953 年第十次會議後，在馮‧福斯特、米德和托伊伯這些會議紀錄編輯們彼此間的書信往來中，也證實了布蘭特感受到的情況，弗里蒙特－史密斯和麥卡洛克想和前四次會議一樣，出版這次會議紀錄。但是托伊伯不同意，指出這些討論太過於散漫及沒有聚焦，若出版，將會令人尷尬。雖然他是編輯委員會裡較資淺的成員，但堅持不讓步。他寫信給弗里蒙特－史密斯，信件副本發給麥卡洛克，說如果其他人決定發表而不管他的異議，那麼，他希望將自己的名字從編輯名單中刪除。[48] 身為較資淺的會員，他損失會最多;因為其他人都已是聲譽卓著的。麥卡洛克必然寫了一封強硬的回信，使托伊伯對此回信辯護。他堅稱，問題無關乎個人名聲，而是攸關會議紀錄的品質。「從你短信中所言的，你和華特顯然認為我太古板。請務必告訴他，我想從編輯名單上除名。並非因為擔心自己名譽，而純粹是因為無論我怎麼做，都無法讓這會議紀錄成形。這最後一次的會議紀錄未能讓之前的紀錄再添加什麼——反而有所損害。即使有激起一些小火花，也不足以燃起從前的那種火焰。我需要請你及弗里蒙特－史密斯代為傳達我對此事的想法。」[49] 米德提出了一個妥協之道，讓三個講者將他們的演說出版為正式論文，而麥卡洛克對所有會議內容的摘要則作為導論。沒有人再建議開更多會議或做更多會議紀錄。這是一個時代的落幕。

但這並非反身性的終結。雖然在梅西會議期間，控制學的反身性觀點無法融合成具有一致性的理論，貝特森卻不想就此放棄這想

法。他決定自求發展。他在 1968 年 7 月籌備了一個會議，以探討反身性在控制學上的意義，如何成為新的認識論的基礎。他邀請一批科學家、社會學家和人類學者，包含沃倫·麥卡洛克和戈登·帕斯克（Gordon Pask），兩人都是控制學的核心玩家，另外還有瑪麗·凱瑟琳·貝特森，被稱為凱瑟琳（她父親則暱稱她 Cap），她是人類學家，專長在研究比較宗教。

　　為期一週的會議後，凱瑟琳在 1972 年出版《我們自己的象徵》（*Our Own Metaphor*）一書。[50] 她對此會議的描述，某種程度上反映了梅西會議，卻與梅西會議紀錄形成強烈對比。我認為，其差異處最佳的解釋是認識論。凱瑟琳假設觀察者**當**然影響所見，所以她特別留意告訴讀者，她當時的心境和所處的情況。例如：她回憶她在會議前幾個月發現自己懷孕了，她對在自己體內成長的生命，不論是否有感覺到，都感到敬畏；以及嬰兒早產，只活了一個下午就去世的創傷。在參加會議時仍感受鮮明深刻的傷慟，而這自然影響了她如何詮釋在會議上的所見所聞。

　　她的敘述和梅西會議紀錄的差異，並非一個是技術性的、另一個則是個人軼事。顯然地，對凱瑟琳來說，很重要的是要儘可能清楚地明白每一個講者的報告，而她也有技巧地引導讀者全盤了解複雜的、技術性的以及詳細的梅西會議紀錄。兩者最大的差異，就是她對手上題材的態度，和儘可能涵蓋較多背景情境的決心。她不僅很特意地告訴讀者有哪些意見交流，還有人們如何看待這些，以及她自己對他們的感受如何詮釋。除了言語的交流，還包含了外貌、肢體語言、情感氛圍。在梅西會議中，她的母親瑪格麗特·米德再三警告會議紀錄是一個純粹的**話語**記載，因而僅呈現了實際溝通的一部分。米德想要有更完整的紀錄，能包含「姿勢、手勢、語調」。[51] 二十年後，凱瑟琳在其精確且巧妙的紀錄裡，實現了上述的願望。

　　凱瑟琳是如此描述沃倫・麥卡洛克的：「沃倫有著明亮、炯炯有神的雙眼，頭低垂落在單薄的兩肩之間。他蓄著白髮和白鬍鬚，很奇特地混雜著既歡樂卻憂傷、既好鬥卻溫和的氣質。」（*OOM*，第23-24頁）當他發表演講時，凱瑟琳使勁地要理解他的想法，但她覺得奇怪的是，他對聽眾的需求和他們的處境並無反應。「沃倫比任何一位在場的人，更傾向於使用不妥協的技術性語彙，談論我所不知的科學家和不熟悉的數學及神經生理學。聽講的同時，我不斷檢視自己是否了解每一個範例、他想在此跨學科的內容裡表達什麼，在場不超過兩、三個人能懂他大部分例子的含意。」（*OOM*，第65頁）在她情境化的報告中，麥卡洛克對「經驗認識論」的強烈支持，很明顯為此付出了代價——去情境化的傾向，使他和聽眾的溝通較無效果。

　　凱瑟琳・貝特森的序言包含了貝特森的文件，該文件為這會議列出議程，並提出將要探討的問題。控制學的影響正如其在梅西會議期間逐步演化一樣普及各處。格雷戈里・貝特森對這些概念的修訂、評論和轉換也同樣明顯。他指出他希望與會者考慮「三個自動控制或恆定狀態系統」：個人、社會及涵蓋兩者在內的、更大的全球生態系統。雖然意識被視為「結合這些系統的重要組成元素」（*OOM*，第13頁），就認識論而言，其角色是受到限制的。它從「巨量過多的心理事件」中選一些重點來聚焦（*OOM*，第16頁）。他假設「目的」為一個引導了這個選擇的重要因素。當這些帶有目的之選擇被視為是整體時，問題出現了。「若意識對心靈的剩餘部分有所回應，而且又只處理整體心理事件中的一個扭曲的例子，那麼，在對自我和世界所意識的觀點，與自我和世界的真實本質之間，就形成一個系統式的（亦即非隨機的）差異存在。」（*OOM*，第16頁）如此一來，梅西會議的核心，亦即對「目的」的強調，在此就並非變成一個假設的方向，而是意識所戴著的一組鏡頭，會扭曲其所見到的事物。明確地說，這

個鏡頭遮蔽了「自我和世界的控制論本質」，這是一種「**會使意識察覺不出來的**」模糊混亂（*OOM*，第 16 頁）。

這就是格雷戈里在梅西會議的**轉變**，有關他所認為的世界和自我的「控制本質」再清楚也不過了。對他而言，控制論不再是梅西會議的恆定模型（雖然這語言上的迴聲依然持續迴繞著）。相反地，它已經變成了十年後他在廚房桌上所描繪出來的、那個更大盒子的反身性。同樣驚人的是，將系統從環境情境分離出來的重要性的改變。對貝特森而言，去情境化非必要的科學行動，而是系統性的扭曲。有意識的心靈朝向目的之傾向，使其聚焦在一條偶然相關聯事件的弧線。被掩蓋或遺忘的是嵌入這些弧形的矩陣。對貝特森而言，真正的自動控制方法是專注在把小部分連結成為互動的整體的結合（coupling）上。

在 1977 年 6 月時，就在接受了斯圖爾特‧布蘭特的採訪一年後，格雷戈里寫給凱瑟琳一封信，信上顯露他對控制論觀點所推動的修正主義。在信的開頭，他評論重讀《我們自己的象徵》如何讓他生動地回憶起該會議。接著他將自己新的「控制」認識論的要點提出來。他從我們未知的世界為前提開始。我們只知道我們的感官知覺為我們所建構的。在這個意義上，我們對這個世界一無所知。但我們知道一些東西，那是我們用來建構內在世界過程的最終結果。因此，我們認知自己是複雜的生物，包含一些延展到意識之下、超越我們自己之外而進入世界的過程，透過有用的內在世界，到因為這過程才存在的意識。「我們是自己的認識論」，此為格雷戈里的表述。[52] 凱瑟琳有類似的句子：「每個人是自己的中心象徵。」（*OOM*，第 285 頁）在這個觀點上，主體和客體二元論消失了，因客體是物體本身，並不能為我們而存在。只有主觀的、內在的世界存在。這個由此「控制論」所建構的世界，是一元論。但是，它也不是唯我論（solipsistic），因

格雷戈里相信，這內在世界的小宇宙，是在一個更大的生態系統裡運作的，因為它是一個大宇宙適當的隱喻。在她的結論章節裡，凱瑟琳擴充了這個觀點，藉由假設我們能理解外界世界的複雜性，只因為我們建構內在世界的代碼，同樣也具有差異性和複雜性。在這層意義上，我們不僅是自己的一個隱喻，也是我們嵌入其中的一個更大的系統的隱喻，這導致她對內部世界和外部世界之間的結合，做出了細膩的差異分析，包含理解了因為世界是相連結的，因此在最終的分析中，必須被視為單一系統的看法。

　　對格雷戈里而言，麥卡洛克代表一個像摩西般的人物，可以帶領眾人來到新的認識論的邊緣，但自己卻無法進入。「他最後的演說有其特殊意義，如果你將之解讀為他在該情境下所說的話」，格雷戈里如此建議。[53] 凱瑟琳引述麥卡洛克的演講來總結她對這場會議的描述，而這場演講值得詳細引述。「我天生是一個戰士，而戰爭不再有意義。」麥卡洛克以此作為演講的開始（*DDM*，第 311 頁）。他這個認知是真的。我想到他對梅西會議所做的總結陳述：「最重要的是，我們都一致同意已學習了要對彼此多一點認識，並且公平地競爭。」[54] 對他而言，科學辯論是論戰和衝突矛盾的形式，在演講中他持續回憶實驗工作的核心細節，以及那些困難和有趣的時刻。然後他轉而想到人類的死亡。他是一個老年人，雖然他當時不知一年後自己會去世。他在會議更早期時突然「厲聲地說」（據凱瑟琳引述）：「我不怎麼喜歡人類，從來不曾喜歡過。在我心中，人類是所有動物中最卑鄙、最有毀滅性的。如果人類能發展出比人類自己更有趣的機器，我看不出有任何理由，機器不應該接管我們、快樂地奴役我們？他們也許有趣多了。會比我們更能發明出更好的遊戲。」（*DDM*，第 226 頁）

　　就在會議倒數第二個時刻，在凱瑟琳即將把她的書獻給沃倫和他的一生的時刻，他承認臨死的感覺。他說：「困難之處在於不是單細

胞生物的我們，無法簡單地分裂並把我們的程式傳遞下去。我們必須結合，而在結合的背後有第二個必要條件。」沃倫哭了起來，他說：「我們知道……死亡有一個功效，因為……世界持續改變著但我們無法跟上。若我有任何門徒，你可以這樣說他們每個人，說他們個個都是為自己而思考。」（*DDM*，第 311 頁）

　　若格雷戈里・貝特森視自己為麥卡洛克的門徒，那麼麥卡洛克為自己所題的墓誌銘也適用於貝特森的例子，因他們兩人都從導師那裡學習，並且也超越了導師。以麥卡洛克「經驗認識論」的控制典範為例，並將其變成「我們自己的隱喻」，貝特森重新介紹了反身性的範圍，這是麥卡洛克死命驅除自身性和心理分析相關的部分。然而，貝特森成功重新詮釋了反身性的一個版本，這版本並非取決於在科學敘述中，意識和潛意識的意義在心理分析中的糾結，而是他的認識論賦予客觀限制一個重要的地位，因其主張只有與真實相符合的建構，才有利於長期生存。生存正是對凱瑟琳和貝特森而言最關鍵重要的事。他們希望會議能探討更大的問題，如包括日益惡化的環境。為尋求一個能夠對世界複雜度的認知著手的認識論，他們並未放棄有些比其他的更好的想法。

　　現在讓我們預測貝特森所遵循的途徑和後續章節所要追溯的兩者之間的關聯。他在一篇著名的文章中，討論青蛙的視覺皮質，而開拓了全新的概念。這篇是他和許多參加梅西會議的人合著的，包括沃倫・麥卡洛克、瓦爾特・皮茨和傑羅姆・萊特文（Jerome Lettvin），另外還有一位未與會的新人胡貝托・馬圖拉納。[55] 貝特森用這篇文章發展「我們自己的隱喻」時，他做到實驗主義者無法輕易了解之處，他做了推測性的跳躍，需要花數十年的實驗才能證實。他進入內心世界，並將內外翻轉，使內心世界成為外在世界的隱喻。馬圖拉納遵循一條類似卻又不盡相同的道路。他進入了內心世界，並且堅持內心世

界不能被內外翻轉，這就是一個自己創造本身為一個系統的隱喻。這是將在本書第六章討論到的「自生系統論」。馬圖拉納未如貝特森那般地認同控制論，他並未很一般性地使用這個術語來描述他的作品。但是，他的理論討論了梅西會議結束後懸而未解的問題。如同貝特森一樣，馬圖拉納發現反身性比恆定狀態更大有可為，同時，也如貝特森般，他既從梅西會議的情境中挪用一些概念，也將之大幅改變。

珍妮特・佛洛伊德／佛里德

　　就像貝特森、米德和布蘭特於 1976 年 3 月那個早晨坐在廚房餐桌旁一樣，1996 年 3 月我也坐在自己的廚房餐桌旁讀著訪談文章，並且特別為一張有布蘭特的照片所吸引，照片顯然是米德或貝特森給他的。這張特大照片，大到一頁印不下而橫跨兩頁。標題顯示這是 1952 年梅西會議的場景 —— 第九屆，也是最後一次有真正的梅西會議紀錄，因第十冊（如上述）並非會議紀錄，而是正式論文。這是庫比最後一次參與會議。照片中一大群男士和一位女士 —— 瑪格麗特・米德，圍坐於 U 字形鋪著桌布的桌子。發言人站在 U 型桌的開口處，照片標題標示他是野浩樹窪・巴－希里（Yehoshua Bar-Hillel）。但等等！這日期必定有誤，因為巴－希里是在第十次會議發言才對。他並未出席第九屆會議。所以這張照片一定是在 1953 年所拍攝的，在該次會議上，對話是如此地散漫和拖延，以至於無法出版。我想知道照片標題來自何方。我猜想是貝特森找到照片而拿給了布蘭特，可能他們就坐在廚房的桌子旁邊，當他和米德告知布蘭特誰是誰，而布蘭特則草草地寫下名字。

　　現在我注意到，米德不是圖片中唯一的女人。另一個女人背對著攝影師而坐，她的手臂伸展著，手伸到一個我不太能看清楚的機器。

照片文字說明標記她為「珍妮特・佛洛伊德」（Janet Freud），但我知道這也是不太對的。她必定是珍妮特・佛里德（Janet Freed），在出版的會議紀錄中列為「會議議程助理」。我曾在研討會後所開的編輯會議的打字紀錄中見過她的名字，並且或多或少知道她做的工作。

　　她負責將這些男人（和幾個女人）的話打成文字。她就是那位聽著早期會議錄音帶，並且拚命地捕捉聽不見的奇怪話語的那個人。當她將第二次梅西會議的打字稿寄給麥卡洛克時，很哀怨地寫著她知道有「許許多多的空白」，但弗里蒙特－史密斯指示她和她的同仁只能聽兩次錄音帶，就要把她們所聽見的打字出來，[56] 很顯然地，聽著錄音帶來謄寫成紀錄很浪費職員的時間，而弗里蒙特－史密斯不想因此浪費他自己的資源——也就是她的時間。

　　這怪異的記憶和手稿，使得布蘭特誤稱她為「珍妮特・佛洛伊德」，卻又是出奇地恰當，因為她就像佛洛伊德的那位女性患者，是紀錄中那個沒有聲音的女人，雖然我們之所以能閱讀紀錄的聲音正是因為有她。她主導將意符轉變成實體，從錄音到文字紀錄，到修正稿、校樣，直到成書。其他人——托伊伯、米德和馮・福斯特、召集人弗里蒙特－史密斯及主席麥卡洛克等幾位編輯們——擔心的是內容，而她的焦點則是在於將聲音轉變為文字、將符號轉變為書的物質化過程。她已盡最大的能力了，但轉錄打字很費時，而她還有其他事務要忙。當她被要求不要花太多時間做時，紀錄裡的省略符號比文字還多，這讓她感覺很不好。該怎麼辦呢？她建議弗里蒙特－史密斯和麥卡洛克要求演講者事先提供講稿，[57] 這樣一來她就不需費力聽錄音帶，若以今天的標準，錄音帶嘈雜的噪音已超出所能忍受的範圍。她也不需費神猜測那些不熟悉的詞語（記錄的手稿佈滿了拼字錯誤）。她會速記打字（或者她僱用其他會的人來做），這樣就可以直接把話語轉錄打進機器。配合演講稿的初稿，她便能把演講和討論做出適當

的會議紀錄，而不至於讓自己瘋掉。在編輯會議上，有人提出要求講者事先寄初稿到辦公室的工作壓力太大時，她發言了。初稿是有必要的。她為比她更低位階的女性——她的同事——辯護說，這位同事就只能做這麼多。雖然她沒說，但心中必定想著自己也是如此。

　　1949 年編輯會議的紀錄，玩笑式地暗示出珍妮特‧佛里德在梅西群組裡扮演的角色。弗里蒙特－史密斯得依賴她而正確、順利行事。他決定為梅西會議主席們寫一本小冊子以提供指引。他評論說：「我們想起來了，其實，這是佛里德小姐的建議……」另外，當他一察覺「跳開很遠」而且脫軌了的時候，要拉回主題，就會參考佛里德為他列的主題清單以照著進行。[58] 有人提到當時已經有十三個梅西群組，並問他的辦公室是否也「能夠處理得來」時，弗里蒙特－史密斯必定是看著佛里德，因為他在這個專業且絕大多數是男性的會議中，驚人地發出非常個人化的評論。「妳寫下來並得到甜美的微笑（"You write and get a lovely smile."）。對於此事，你還有其他要說的嗎？」「沒有，」她未加矯飾地回答。就我所知，在梅西會議紀錄中，沒有任何人在任何其他地方曾說出「沒有」如此簡單的回答。也許她不好意思，或因職務關係不便多說什麼。

　　弗里蒙特－史密斯的評論，被珍妮特‧佛里德執掌的轉錄技術忠實地保存了下來，裡面有一些稍微奇怪的語句，讓我感覺困惑。她寫下並且得到微笑，好似她必須去某個地方拿取微笑，好似微笑是在別處製造出來，然後運回到她的臉。我想我不知道微笑從哪裡來，因為珍妮特很低調。我們很少直接看到她，大多透過她在別人演講中的反應才能瞥見她。比起其他任何人來，她最有資格稱為外部觀察者，她觀察著一個系統，該系統是她透過在紙上做標記所建構的，雖然系統本身有很多麻煩，包括她置身於那些有權說話和訂定意義的人名之中。

如何解釋珍妮特・佛里德這個被壓抑的徵兆、一個佛洛伊德式無意中透露的女性？只要輕打下 U 字鍵（指 U 型桌子她所坐的地方？），就從佛里德變成佛洛伊德，又從佛洛伊德變回佛里德？想到她，我就回想起多蘿西・史密斯（Dorothy Smith）的建言：某特定階級的男人有去情境化和具體化的傾向，因為他們在職務上可命令其他人做事。[59]「來寫封信，佛里德小姐，」他說。佛里德小姐進來，得到一個甜美的微笑，男人一邊說，她一邊在速記本上寫（或在速記打字機上打字）。他離開了，得去趕飛機、得去參加某會議。他回來時，信就在桌上等他簽名了。從他的觀點來看，發生了什麼事呢？他說話、下指令或口述，就成事了。一個女人進來，在紙上寫下文字紀錄，信完成了、會議安排好了、書也出版了。**去除情境**，就變成他的話語自動飛進書裡。對他而言，使這些事情發生的勞力負擔，只是抽象的、一種從其他可能用途轉移而來的資源，因為他並非真正執行的勞動者。

佛里德小姐無此幻想。**深處於情境中**，她知道話語本身不會自動讓事情發生——換句話說，話語唯一能使之發生的是其他抽象事物，例如結婚或舉行會議。話語本身不會記錄文字到紙上，不會寄送郵件，不會在適當的時間安排二十五人聚集在適當的地方，就在紐約市的貝克曼旅館開會，在那裡，雪白的餐桌布和黑板都等著他們使用。為此，需要使用到物質和具體化的過程——這過程從未孤立存在，總是**存在於情境中**，在這些情境裡，相關的界限是有滲透性的、可協商的、可舉例說明的。

在超越文字、超越理論和方程式的層次，她的肢體、手臂、手指頭和腰酸背痛，讓珍妮特・佛里德知道信息絕不會去實體化（disembodied），訊息也不會自行流動，而認識論也不是在薄薄的空氣中浮動著、直到和具體實踐結合為止的字詞。

第四章

岌岌可危的自由主體性：
諾伯特·維納和自動控制焦慮

　　第一波自動控制論所傳達的意涵中，最令人感到不安且具潛在革命性的想法，莫過於人類主體的種種邊界是建構出來，而非被授與的。控制論將控制、通訊和信息視為一體之系統，進而將它們概念化，徹底改變了人們對於邊界的概念。格雷戈里·貝特森充分闡明了此點，他以有如禪語般簡化的問題考學生，問道盲人的拐杖是否是他身體的一部分？[1] 這問題旨在激發思維的轉換。大部分學生認為人類的界限是自然而然地由種種外表所定義的。然而，從自動控制的觀點看，並聯結二次大戰期間和戰後的體察，控制論的系統是由信息流所建構而成的。照這觀點看，拐杖和人結合為單一系統，透過拐杖傳給人有關其環境的基本信息。同樣地，聾人的助聽器、言語障礙者的聲音合成器，以及戰鬥機駕駛員所穿戴的能聲控發射的頭盔皆是。

　　這個清單是吸引人的，因為在小小一點的空間，就從能彌補缺陷的修正裝置、進展到加強正常功能的介入型設計。一旦接合了，在過程上建立概念限制就變得有困難。在《人機合體人宣言》（"A Manifesto for Cyborgs"）中，唐娜·哈洛威寫到人機合體人可能會瓦解傳統分類的可能性。[2] 將控制裝置和生物有機體融合在一起，此人機合體人顛覆了人類／機器的區別；它（it）以神經回饋取代認知，挑戰了人和動物的差異；透過反饋理論、層次結構和控制等理論，來解釋恆溫器和人的行為，它消除了有生命／無生命的區別。除了會引起焦慮以外，人機合體人也會激發情色幻想：看看《銀翼殺手》中的

女人機合體人即可證明。人機合體人顛覆人類邊界的另外一面，正是海勒威所謂的「愉悅地緊密配對」（pleasurably tight coupling），這是介於原本不該有所接觸的各部分的配對，將情色蘊藏的顛覆和強而有力的新融合交織混在一起，使得人機合體人成為一個舞臺，上演著身體邊界的種種爭議，這些邊界常常標記著階級、種族、文化差異。特別是在想像的領域運作，而非透過身體的動作（正如對人機合體幻想真實性的檢驗行動），控制論暗示了身體的邊界已是可以爭奪的。

如同喬治‧萊考夫（George Lakoff）和馬克‧強森（Mark Johnson）在他們具體化隱喻的研究中證明，我們身體的意象，其限制和可能性、開放和自我約束，透露出我們如何想像監視和占領智能的領域。[3] 一旦身體被顯示為一個建構物，經過徹底改變和重新定義，知識主體也易被視為建構物，就如同塑造他們的生物形式般是不可避免的。控制論正重新配置身體為信息的系統的同一時間，也將自身表現為一個重繪智識領域地圖的信息科學。它分流進入生物學、心理學、電機工程學等不同學科，自稱為一個可分解各種傳統學科界限的通用溶劑。[4] 自動控制論之父諾伯特‧維納，可說是為這帝國主義的野心背書。然而，當他思考控制論滲透了社會和人文領域時，發現自己遇到了一些令人感到不安的問題。控制分解邊界範圍可在何處停止？在那一點分解所引發的焦慮會壓倒所帶來的狂喜？他的著作證明了當控制論的邊界崩潰而有失控威脅時，所同時引發的興奮和不安，描繪了 1940 年代晚期到 1950 年代人機合體人建造之初的複雜動態景況。

如前述摘要所示，欲參與維納的研究勢必面臨矛盾的打擊。他想像將人類和機器一視同仁的強而有力的方法時，也大力鼓吹自由人本主義價值觀。他於 1954 年對一群醫生演說時，顯露了他廣泛的擔憂和矛盾。[5] 他預測自動工廠的存在，主張電腦是思考的機器，能接替

許多人類的決策過程，並警告人類不可讓機器變成他們的主人。正如我在第一章指出的，自由人本主義之價值觀——一個協調一致、有理性的自我，擁有自主性和自由的權利，以及和已受啟蒙的自利信念聯繫的感知原動力——深深根植在維納思想中。這些價值觀經常使他處於優勢，例如：他拒絕了羅倫斯・庫比和其他人都贊同的腦白質切斷術（lobotomy）。❶二次大戰期間，他瘋狂地埋首於軍方資助的研究，卻在戰後宣告反對核武，從此拒絕軍事研究。[6] 維納的人本主義價值和自動控制觀點的緊張關係，在他的論文中隨處可見。他一方面以自動控制論生產更有效的殺戮機器（誠如彼得・蓋里森〔Peter Galison〕已提到的），[7] 將自動控制運用於能自我校正的雷達調整、自動地對空射擊、魚雷、導彈等。但另一方面，他也努力想像著自動控制機器本身具有的人本主義自我面貌。置身在人類兄弟旁（姊妹極少出現在此處），這自動控制機器設計成為不會威脅那有著自主性、自我調節的自由人本主義主體。相反地，這是將人的自我延展至機器的領域。

　　但是自動控制論和自由人文主義的匯聚並不順利。奧圖・邁爾（Otto Mayr）在《權威、自由和自動機械在早期現代歐洲》（*Authority, Liberty, and Automatic Machinery in Early Modern Europe*）論證，[8] 自我調控的機器和自由人本主義並行可以追溯至十八世紀之時。邁爾主張，有關自我調控（self-regulation）的概念是有作用的，影響了從十六、十七世紀歐洲（特別是在英、法和德國）以中央集權控制為特點的政治哲學，轉變成主張民主、分權控制和自由的自我調控之啟蒙哲學。因為系統想像為自我調控的，可以自主地運作——從亞當・斯密（Adam Smith）所謂自我調控的市場中「看不見的那隻手」，到啟蒙利己的政治哲學。這自我調控的經濟和政治系

---

❶ 1930～1950 年代被用來治療一些精神病患，也是最初神經外科手術，包括切除腦前葉外皮的連結組織。

統的洞察，產生了自由本我為一個自動的和自我調控的主體補充的概念。直到二十世紀中葉，自由人本主義、自我調控機器、占有式的個人主義，在不安中結盟在一起，這結盟有助於創造人機合體人，但同時也破壞了自由主體性的基礎。菲利普·狄克挖掘了這潛在的不穩定性，以他的小說提出了令人不安的問題：一個自動控制的機器，在自我調控過程中強而有效地變成了完全有意識和有理性的，是否該被允許擁有自我？[9] 若擁有自我是構成自由人本主義的一項基本前提假設，那麼人機合體人因其透過形成理性的主體，使得這前提變得更加複雜，而這主體一直是由資本主義市場的力量所構成的。

狄克小說所揭露的自由哲學中前後矛盾之處，顯然也出現在維納文本中。他的作品耽溺於許多招致文化批評家給予自由主義惡名的做法：傾向使用複數假設為每個人發聲之際，其實是讓少數特權人士發言；給予一些人選舉權而排除其他人在外，以掩飾深層結構性的不平等；串通資本家帝國主義發言人，使他得以修辭來掩飾真相或模糊其詞。維納最接近這種共謀關係之處，就在於他建構來對抗自動控制機器的那部僵硬刻板的機器。這異形或異類機器，被他賦予了他想從控制論中清除出來的特質，包括僵硬刻板、壓抑、對思想行動的軍事化規範、將人類降級為螻蟻般的元素、操控、背叛和死亡等等。這批判的範圍是受限的，因而使他的計畫遠離了那些負面價值，而非承認和他們共謀。例如：在預言自動化工廠時，他預見會產生大規模經濟移位（全然意味勞工階級成為自主獨立的能動者），但他並未提供任何解決方針，只說了人不該被機器取代之類的陳腔濫調。[10]

維納並非不知曉這點，很諷刺的是，自動控制論會危及自由人本主義主體，而這主體的起源與自我調控機器緊緊纏在一起，而維納並不知曉。在他所有成熟階段的作品中，他正在創造中的新的控制論典範，奮力地和自由主義傳統協調。一想到他，我想像著他努力地建造

人機合體人的鏡子。他很驕傲地站在自己映像的產品之前，促使我們看著，以便看到我們自己成為控制溝通的裝置，與我們的機器兄弟姊妹在實質上並無太大的差異。然後，他正巧轉頭一瞥，看見自己如同一個人機合體人，於是驚嚇地倒退一步。是那些假說突顯了這強烈的矛盾嗎？那些思維將這些假設結合，形成我們所謂的世界觀嗎？如何將這些矛盾加以協調，又曾幾何時變得如此強烈，以致於唯一的解決辦法就是撤退？這些複雜的協商可以告訴我們，即將取代自由人本主義自我的後人類主體性，將會帶來哪些喜悅和危險呢？

　　欲探究這些問題，我們將從維納早期對機率的研究著手。他認為，因為世界根本上是機率性的，所以需要控制，因為無法精確地預知未來事件的路徑。同樣地，控制無法是靜止的或集中的，因這不能因應意想不到的發展。需要一個有彈性、自我調控的控制系統，這是建立在**來自系統本身**的回饋的基礎，從輕視牛頓預測性（Newtonian predictability）為出發點。從此，我們跟隨一個緊緊相聯結的網路：一個重新刻劃的恆定系統，一個從維納深信的機率性宇宙所衍生出來的信息建構，將噪音和熵、墮落和死亡關聯起來的詮釋；最重要的是，一個會類推的思考模式，能很容易地跨越邊界移動，並辨識（或建構）種類極不同的結構間模型的相似性。這些類推的動作協助建構維納所想像的人機合體人。這一切都來自於人對自己身體感到不安，以致於無法將馬蹄鐵朝大致正確的方向擲出，且太笨拙而無法做實驗工作而必須放棄生物學的生涯發展。我認為，這些身體上的特性不全然和維納的控制觀點無關，而是對他所創造的觀點有所助益。

分子和人：控制論和機率

　　如同美神維納斯（Venus），自動控制論是從混沌泡沫中誕生的。

維納早期的重要作品討論了布朗運動（Brownian motion），這是分子隨機運動時，會彼此碰撞、彈開，然後再度碰撞，就像狂熱的碰碰車一般。[11] 假如有這種混亂的情況，不可能知道足夠詳細的微觀狀態，以便依據運動的法則來預測個別分子將如何活動。因此，機率和統計的方法是有需要的。（「測不準原理」透過對得知精確方位和動量設下限制，來引介一個深奧性質中額外的複雜性。）機率計算是有助益的，如果假設混亂的運動是同質性的，亦即不論系統如何被切割以做分析，都是相同的。這產生著名的「遍歷性假說」（ergodic hypothesis）❷：「一個整體的動態系統，是一段時間中以某種方式追蹤參數分布，這和所有系統在同一時間點的參數分布是一致相同的。」[12] 繼喬治‧大衛‧伯克霍夫（George David Birkhoff）之後，維納促使這假說比威拉德‧吉布斯（Willard Gibbs）首次提出的構思還要更有限定、更精確、在數學上更加嚴謹。

　　維納推敲吉布斯的方法及觀點，視他為一個不只對自己的研究、也為二十世紀的科學有影響力的重要人物。維納在《人類為人類所用》（*The Human Use of Human Beings*）[13] 一書中寫道：「二十世紀物理學第一次大革命必須歸功於……吉布斯，而非愛因斯坦、海森堡、或普朗克。」維納相信，因為吉布斯理解機率理論更為深層的意義，故應得此殊榮。對這不確定性的一種解釋，就是上面所提過的「測不準原理」對知識所加的限制。除了反映我們對微觀狀態的無知外，不確定性也源自我們身為人類的有限。在距離這概念成為混沌理論重要因素的三十年之前，維納很敏銳地了解到，永遠不可能精確得知初始

---

❷「遍歷性假說」（ergodic hypothesis）亦有譯成「標信假說」。在物理學和熱力學中指出，在很長一段時間內，系統在具有相同能量的微觀相位空間中的某個區域花費的時間，與該區域的體積成正比，所有可存取的微觀狀態在很長一段時間內都是可能的，此假說通用在計算物理學的統計分析。

狀態為何，因為實體測量從來不可能是完全精確的。「我們必須說，一個機器或其他動態系統真正需考量的問題，並非是在初始位置和動量都很精確時（而這是永遠不可能的）必定能預期得到什麼，而是在這些初始狀態是可得的精確性下，我們將可能預期得到什麼」（*HU*，第 8 頁）。

　　和這些認識論問題有所相關的，是吉布斯方法中所隱含的方向改變。吉布斯並非使用機率的方法來討論大量的粒子（就像碰碰車），而是用機率來考量不同的初始速率和位置，可能會導致系統以各種不同的方法演進。因此，他認為並非同一個世界裡的許多集合，而是許多世界會從單一集合中產生出來，或者按照維納的說法，是「可能回答關於我們環境一組有限問題所有的世界」。維納考量這情景，認為這是非常重要的，他主張說：「以這觀點的核心，自動控制論的新科學開始發展了。」（*HU*，第 12 頁）欲了解為何他視此為有很深刻意義的創新，我們只需將這和拉普拉斯（Laplace）著名的誇耀話語做比較：他說，一旦初始條件假設了一個有充足計算能力的生命體，將能預測系統所進行的演化直到永遠。從這個觀點看，宇宙完全是決定論的和可知的，如同上帝所製造的時鐘一樣地精確和可預測──或者說，對於拉普拉斯而言，和牛頓運動法則所控管的時鐘是同樣的東西。相反地，吉布斯和維納的機率世界，運作起來就像一件寬鬆的褲子般，可以撐著穿，但每次要坐下就得經常地重新調整。

　　維納埋首於機率理論，並傾向於將世界視為從一系列可能性的許多世界實現了一種演化，他以相同的想法來思考信息。或許可說在萊昂‧布里淵（Leon Brillouin）及克勞德‧夏農等人之外，維納獨立做研究卻得到類似的結論。[14] 正如我們在第三章所見到的，維納將信息定義為一個機率函數，代表從一系列可能被傳送的訊息中挑選出一個訊息。就某種意義來說，他採納吉布斯的構想，用文字替代世界。

不是從一群可能世界中產生一個世界，而是從具有可能性的訊息中的一個雜音產生一個訊息。當理論運作時，維納視其為進一步的確認，確認吉布斯的方法表達了有關真實的基礎要素；字詞和世界在本質上都是機率性的。此一迷人詮釋，雖然好比一扇窗可透過它看見維納對信息和實體真實間相關性的觀點，卻大大低估了信息理論的建構層面。信息理論遠非被動的確認，而是機率世界觀的積極擴展，而成為新的、強大綜合性的通訊理論的領域。現在，我們對維納的自動控制論這個普世的知識理論有了更深層的了解。他認為，這普世觀將會成功，因為它反映了我們身為有限的、不完美的生物，如何認知宇宙。統計學和量子力學從微觀上處理不確定性，通訊在宏觀上將其反映和體現出來。**在宏觀上想像相關性而視之為通訊的行動，等同於延展了機率的範圍至能動者（agents）和行動者（actors）的社會世界。**

　　對我們而言，在資訊時代晚期，顯然大家都知道通訊需要控制，而控制需被建構為一種通訊的形式。但是，在此構造下，有一連串複雜的事件，本身具有一連串工程問題、物質形式和官僚結構等序列化歷史──對於這歷史，詹姆斯‧貝尼格（James Beniger）在《控制革命：資訊社會科技和經濟起源》（*The Control Revolution: Technological and Economic Origins of the Information Society*）寫得很詳盡。[15] 就廣義上概要而言，控制形式從機械的裝置（能引導機械桿沿著特定路徑的凸輪）到熱力學的裝置（一個調節器能引導熱力引擎行動的調節器），再轉而成為信息的裝置（各種自動控制機械裝置，從電腦到能以控制術語來解釋的大腦下視丘）。在機械的交換上，決定論和可預測性越來越重大。當注意的中心轉向熔爐時，執行了激烈的布朗運動，機率必然會進入此背景。當信息顯現出來，機率從無知的微觀狀態，變成了通訊行動的基礎特性。[16] 每一個新的交換形態顯現出來之時，較舊的那些並未消失。一輛自動汽車本質上即是個熱

力引擎，但仍然持續使用自古典時代以來便已為人所知的控制桿和槓桿。同樣地，一臺電腦就是一臺信息機器，但也使用了熱力學法則所控制的分子處理法。新的形式並非經由舊的消失而被辨識，而是經由控制機制性質的改變，這變化是由機器處理的各種交換方式輪流決定的。

　　朝向自動控制理論的進展本身，是由理論和人造物、研究和研究者之間的反饋循環所驅動的。想像不同的交流需要不同類型的控制機制，建構新的控制機制，促進了在此模型中建構出更多的交流。[17] 實驗者、控制機制和系統介面間的循環，就是我想講述的故事的一部分。這故事不只包含自動控制系統的機制，也包含以自動控制意象來建造自己本身和他們的機器的系統建造者的心態。如我們所見的，維納的假設根植在一個機率的世界觀。他知道這觀點微妙的涵義之一，就是訊息不是像東西本身，在自身內建構、衡量、傳播，而是像一個領域中不同因素彼此間理性的差異。溝通是和關係有所相關，而非和本質。

　　貫穿維納的論文的範圍，最重要的修辭法是類比。視通訊為關係就是對這點更深入的解讀。類比不僅是語言的裝飾，而且是透過關係來建構意義的一個強而有力的概念模式。由此看來，從維納對數學的熱衷到他所提倡的「黑盒子」工程及行為哲學，類比是這每件事的關鍵操作者。的確，沒有類比，不可能產生控制論這門學科。當類比被用在控制論的論述中建構能動者時，迂迴躲避本質的問題，因為物體透過和其他物體的關聯而被建構了。維納就在二次大戰前後幾年間所寫的著作中，預測一些後結構主義理論的光景。他質疑人類、動物和機器，是否有存在任何的「必要」特質，除了在言談和溝通的領域中建構他們的關係網路。他在 1936 年〈觀察者角色〉（"The Role of the Observer"）一文中寫道：「不論我們對自己內省、實驗及數學真理等

『真實』的看法為何，都是次要的；任何無法被轉換成可觀察的陳述的假定都是無價值的。」[18] 維納也認為，感知透過類比而運作。在他對此事最極端的宣告中如此強調：「物理學本身只是描繪物質儀器讀數的一致性方法。」（這陳述令他的數學家傳記作者佩西‧馬薩尼〔Pesi Masani〕深感遺憾。）[19] 在他「世界即為類比」的映射觀點中，此暗喻將數學覆蓋在情感上、感知覆蓋在溝通上、機器覆蓋在生物體上。這些映射使人對他調和控制論和自由人本主義主體的努力有不同解釋。若意義是透過關係來建構，將人和機器並列在一起會超過讓事先存在的兩個物體帶入和諧關係，相反地，這個類比關係是透過明白表達他們的關係的過程，來構成兩者的意義。讓我們現在轉向考量維納文本及實務的類比，來看看過程中意義的製造。

跨越邊界：萬物皆是類比，包括本陳述

在維納的自傳《我是數學家》（*I Am a Mathematician*）中，他講述有一個週末，在他和一些舉足輕重的哈佛數學家爭論後，去某家庭農場休養的往事。他又溼又冷地回到家中，生病了，且陷入精神異常狀態。他寫下：「我得肺炎期間，精神失常了，這應是一種特殊的沮喪和焦慮（是為了那爭執和……），我擔憂我的數學研究的邏輯狀態。對我而言，不可能區分出病痛和困難的呼吸、飄動的窗簾，以及我正在研究中的〔數學的〕潛在問題那尚未解出的部分。」他沉思並回顧著自己的病痛，合併了外界刺激和精神抽象，而對於自己和數學的關係得到關鍵性的領悟。「我不能僅僅說那痛苦自我展現成了數學張力，也不能說數學張力象徵著一種痛苦：這兩者太緊密結合了，以致於不能做明顯的區分。」他明白「幾乎每個經驗，都可能作為一個數學情況的臨時象徵符號，這情況有可能尚未被組織好以及未澄清。」

將未解的科學問題視為和情感矛盾、身體病痛一樣，他變得「越來越有知覺」，對他而言，數學可以用來「降低爭吵，而達到半永久的、可辨識的關係」。一旦解決了概念的問題，其所連結的個人矛盾衝突似乎也一併解決了，這使得他可以「放開它，然後接著做其他事」。[20] 如將數學映射到情感的矛盾衝突是一種方法，那麼，維納用的是類比的方法。無疑地，他的觀點建立在比雅各布‧布朗諾夫斯基（Jacob Bronowski）所設想的更複雜的基礎上，但他熱切地為布朗諾夫斯基所言背書，主張所有的數學都是一個隱喻。維納在《人類為人類所用》一書中寫道，數學是「被我們大多數人視為所有科學中最具真實性的，由此構成了可想像得到的最龐大的隱喻，必須根據這隱喻的成功，來做審美的及理智的評判。」（HU，第 95 頁）

他對於認定個人的矛盾衝突為概念問題感到如此強烈，以至於察覺到這「驅使」了他，幾乎就像是違背了自己意志、朝向數學而去。[21] 這種強制的意象是有重要意義的。他的父親控制欲很強，刻意想要將他塑造成天才。一旦脫離父親監護，他常常發現很難自我激勵。在為維納所作的傳記中，史蒂夫‧海姆斯觀察到維納很顯然將情感狀態視同數學問題，用以激勵自己前進。[22] 研究困難問題而陷入沮喪時，他會故意讓此情緒更加重以使自己加倍努力。他仰賴在數學和情感之間建立的類比等同性，並預期解決需智慧的問題能使他重新得到心理的恆定狀態。

描繪類比的另一面是建構邊界。類比像一個個體，跳越過邊界而得到力量。若無邊界，類比所產生的聯結將不再具有革命性影響。對維納而言，類比和邊界緊密相關。在他的職場和私人生活中，邊界都扮演了重要角色。在他的第一本自傳《前任天才：我的童年和青少年》（Ex-Prodigy: My Childhood and Youth）中，他書寫了母親的反猶太主義，及在青少年時期發現父親來自猶太家庭，而有自己不受母親

歡迎並和她疏離的感覺。[23] 也許因為這樣的成長經驗,內/外標記的建構,成了他對許多人生處境的反應的特徵。在他的幾部傳記中,他常把自己描繪為局外人,遠離了將他排除在外的特權群體,他們的邊界並未包括他。按照此論點,他便會婉拒科學獎,並且只要不認同他們的目標,他便辭去許多知名的專業社團所授予他的會員資格。

在他的科學研究上,邊界也扮演著重要角色(就像在一般電機工程上一樣)。在他生病的時候,感覺到飄動窗簾和數學編織起來而變成邊界的問題,與一個明顯的物理上不連續性的電場場域所發生的情況有相關。在他後來對控制論的相關研究中,邊界的建構和類比聯結,共同創造了一個推論的領域,在其中,動物、人類和機器均一視同仁地當作是自動控制系統。展現了這交互作用的核心文本,就是維納在 1943 年和朱利安‧畢格羅以及亞杜羅‧羅森布魯斯(Arturo Rosenblueth)所共同撰寫的那篇深具影響力的控制宣言〈行為、目的及目的論〉("Behavior, Purpose, and Teleology")。[24] 這宣言為新的控制論領域提供了研究議題,也創造了推論式的風格,這風格產生了其所分析之對象。

〈行為、目的及目的論〉這篇文章就從比較對照行為主義與功能主義開始。功能主義(按作者所定義的)強調內部結構,相對較不考量有機生物體與環境的相關性,相對的行為主義則強調生物體和環境間的關係,而相對較不考量內部結構。在實驗室中,行為學家的方法引導「黑盒子」工程,假設生物體就是一個「黑盒子」,其內含物不明。於是,產生相等的行為等同於產生相等的系統。明顯的原因是,即使對內部構造知之甚少或全然無知,仍能針對行為而下有意義的結論。然而,支撐內部結構不只如此。這也斷言了因為人類和機器有時表現相似的行為,所以他們本質上是相似的。需注意這段文字所作,拿生物和機器相比較的游移。「在目前研究這兩個群組的方法是相似

的。不管是否總是相同的，這也許取決於有無一個或多個定性差異，獨特的特質存在於其中一個群組而非另外一組。至目前為止，這類定性的差異尚未出現。」（原文 22 頁）「出現」是很貼切的動詞，因為行為主義的觀點精確地建構，以消除生物體和機器內部結構真正存在的差異。這類比是透過如何建構注意力焦點而產生的。作者在感到有興趣的行為上執行連續不斷的切割時，也進行同樣的動作，例如聚焦在有目的、而非隨機的行為上。他們主張，這一系列邊界的建造「表現出一個統一的行為分析，可適用於機器和有機生命體，不論其行為的複雜度如何」（原文 22 頁）。但是，傾向於被忽視的事實是，有機生物體和機器會相等，是因僅從某一精確建制以使之有可行性的角度來看。

另一個修辭上的行動是重新界定兩個重要的術語：目的和目的論。將每個術語都小心定義以適用於控制論的狀況。**目的**意指導向一個目標的行動（原文 18 頁）；**目的論**意指透過負向反饋來達成的一個目標。按照此授與的定義，目的論的行為單純指「被負向回饋所控制的行為」（原文 24 頁）。但使用像**目的論**這種載有眾多意義的字眼，並不是單純的再銘記。其帶有朝向一個目標的感覺，這目標對追尋該目標的系統是有意義的，因此意味著機器中可以有該意義存在。這也表示行為主義具有宇宙性的面向，適用於目的論所通常蘊含的時間及空間廣闊的遠景。

這幾位作者加強說明這些涵義，他們指出目的論淪於科學的貶譽，是因為假定了一個「最終目標」，存在於它假設會發生的效用**之後**。他們所謂的目的論規避了這個問題；它不依靠亞里斯多德式（Aristotelian）的任何一種因果關係，而只是有目的地朝向目標而行動。他們表示，目的論的相反，不是決定性的因果關係，而是非目的論，亦即非目標導向的隨機行為。因此，他們將歷經幾世紀古老的

牛頓因果關係及基督教目的論的爭論轉變成新的研究領域。現在重要的緊張關係不是介於科學和上帝間，而是介於目標和隨機性之間。透過負向反饋而達成目的之方式，是用尋找目標的方法來處理機率宇宙。這也暗示著，適合目的論機制運作的宇宙背景，既非充滿基督徒所想像充滿神聖旨意的宇宙，亦非如拉普拉斯所夢想的有無限可預測性的世界，而是具有機率相關和熵衰退的吉普斯式宇宙。透過種種改寫和類比聯結，控制學在其他意義上變成了哲學。

　　年輕哲學家理查‧泰勒（Richard Taylor）接受控制宣言所拋下的挑戰。七年後，他在同一本期刊《科學的哲學》（*Philosophy of Science*）中發表了評論，想證明「目的」已深遠地延展，以至於可以適用於任何行為，不然就是被用來偷偷夾帶屬於機器行為的各種推論，這些推論恰好已經在人類觀察者身上產生。[25] 他試圖要論證「黑盒子」工程的修辭已暗自打開了這些盒子，將該分析產生的特質放置到盒內，視其為未打開的黑盒子來分析。

　　據他們所反駁，維納和羅森布魯斯明白表示，他們訴諸科學家的言論社群，認為他們比哲學家卓越。他們區分了稱之為「微不足道與貧乏的」語言分析，和由「科學的」考量所激發的分析，來建構這個社群。[26] 含蓄地將或許會引起科學家興趣的語言模糊性，與科學上重大的考量兩相對照，被泰勒的「信念」和他們再三使用「科學」和「科學性的」來形容其計畫（一篇短文用了十一次）之間的對照所強調。泰勒使用好幾個例子來闡明「目的」，如他們所定義的，可被用在非目的論的機械裝置（在除夕夜故障的鐘、一艘潛艇跟隨著用纜繩綁著它的小船）。維納和羅森布魯斯立刻反駁說，這些例子可使用負向反饋，從真實的伺服機械裝置（servomechanisms）很容易地分辨出來。但是，若要證明這點，需要討論這些機械裝置的內部結構——這正是他們原先的論文中主張的行為主義方法不想採取的立場。他們的

反駁是有效的，然而只有在用一種分析達到能補充嚴謹的行為主義方法的程度，這分析和行為主義原則**正好相反**，使用內部結構中的差異來將行為歸納為不同類別。

　　這交互聚焦在行為和內部結構，類似傑弗瑞・鮑克（Geoffrey Bowker）在文章中分析控制論如何構成普世科學的修辭策略。[27] 鮑克指出，控制論同時以一種後設科學（metascience）及一種讓任何其他科學皆可使用的工具的姿態出現。它提供橫跨學門的辭彙，適用於各種學科的目的，自我呈現為無內容的外觀，並且同步提供豐富內容的實踐，讓控制論的機制在此實踐中，可被分析、形塑及偶爾被建構。在這兩個不同層次上運作時，控制論言談可滲透進到其他學科中，同時也能保有其作為學科典範的範圍。根據維納和羅森布魯斯對泰勒所舉的反證，無結構和有豐富結構的控制論兩者之間的交替，可產生類似的修辭效果。在無結構的外表下，控制論可以透過去除內部結構而將人和機器聯繫在一起；在豐富結構的形式下，將信息串流和負向反饋視為重要的結構元素。沃倫・麥卡洛克在他和漢斯・托伊伯的辯論中使用類似的修辭策略並非偶然，這在第三章已討論過了。正如在無內容和豐富內容的控制論之間交替轉換，可容許更深入地進入學科所在的場域，行為和結構間的交替轉換，容許言談同時吸收生物有機體和機器成為相同的種類，並且和一般普通的機械系統有所區別。

　　在他的反駁中，泰勒未利用機會來指出，維納和羅森布魯斯二人的分析焦點是在行為和結構之間交替轉換。[28] 相反地，他選擇去追問類似於他原先文章中一連串的問題，再一次試圖呈現，若只依靠行為者的外在觀察，「目的」無法可靠地從機會或隨機事件中區分出來。在爭論何者屬於「目的」時，他想否認行為學者的方法，對於產生他們的系統，至關重要的區別（區分有目的的行為和隨機的行為間的差異）。他感受到**行為**已經被定義，以至於讓意圖和意願可被歸因

於機器上。但他忽略了重要的一點，亦即行為學者的假設被有選擇性
地用來完成政治議題，這是包含在類別被建構的方式。對維納而言，
這議題包含建構一個涵蓋自動控制機器和人類的類別，它們被放在一
起，因為共享使用機率方法以控制隨機性的能力，以及其他非自動控
制機器系統的類別。這些邊界標記隱含了更大量的有關宇宙性質的假
設（隨機性的而非決定性的），是關於有效地處理這個宇宙（透過負
向反饋來控制隨機性）的策略及有關具有道德內涵及實用價值的一種
系統階級（使用負向迴饋的彈性系統，會比不使用迴饋的機械裝置更
好）。除了定義「目的」外，這些更大量的銘寫使得〈行為、目的和
目的論〉一文成為控制論奠定基礎的文件。

　　在這段期間，控制論最常招致的批評之一，就是這並非真的是
門新科學，僅僅是延展的類比（人類就像機器）。維納太常聽聞這
類攻擊，以致最後決定正面迎擊的時機已到。他在 1950 年一篇題
為〈類比的本質〉手稿片段中，強力地為類比辯護，將論點推向更
新、更具說服力的境地。[29] 雖然簡短，〈類比的本質〉（"The Nature of
Analogy"）這篇文章依然廣泛地思考了類比在科學、數學、語言和概
念上的意義。此文主張那些說反對維納推動的類比措施的人，是因為
抱持現實主義假說卻經不起嚴格的檢視。在維納的想像中，控制學為
一種關係，而非本質。因此，這類比關係所建立的不只是修辭上的外
觀，而是可啟動一些系統，對於我們身為有感知的、有限的、而無法
通向無中介現實的生物，是唯一具有重要意義的。

　　維納首先指出，語言都是類比的，意思是這裡提出的命題就是
聽眾必須依他們自身的經驗做詮釋，這些經驗和說話者的從來都不
相同。這觀察預告了邁克爾・阿比卜（Michal Arbib）和瑪麗・赫
斯（Mary Hess）所主張的意義透過建立類別而產生的論點，而非透
過亞里斯多德式本質的溝通而產生。[30] 像他們一樣，維納也否認語言

溝通為一種亞里斯多德式本質。這論點之集合會指向他對信息的定義和斐迪南・德・索緒爾（Ferdinand de Saussure）對語言的定義，或語言即為系統等等這些定義彼此的相似之處。在兩個例子中，溝通透過從一些有可能的選項領域中做選擇，而非透過內在固有的參考直接表達來進行。如同索緒爾式（Sanssuian）語言學和解構理論相關聯，這些理論透露出參考的不確定性，並揭示了語言無法立基於本身，因此維納的控制論視溝通為機率性宇宙的機率性行為，在此，初始條件永遠無法完全確知，且訊息只透過本身和可能已被送出的其他訊息的關聯性來表示。對維納而言，無異於索緒爾所主張的，意義和關係有關，而與世界這個事物本身無關。[31]

在此背景下，信息相關的模式（如第二章所見）顯得至為重要。維納對感知的看法將這點說明得很清楚。感知並非直接反映真實，但是依靠轉變，此轉變透過多重感知模式和神經界面而保存了一個模式。表述透過這些轉變和原始刺激間的類比關聯而產生。在這方面，感知就像數學和邏輯，這兩者也都「顯著地處理除內容之外的模式」。[32] 行為主義者的方法很適合這種關係的認識論，因為專注在傳送模式而非本質的溝通。考量二次大戰期間，維納和朱利安・畢格羅所合作開發的防空預報器，[33] 輸入就是預報員所收到的追蹤數據資料（例如跟蹤一架飛機的雷達），然後輸出這架飛機動向的預測。統計分析是用來發現這些數據資料的模式，而這些數據資料是和世界事件有類比相關的模式。因此，感知、數學和信息，都聚焦在模式上而非內容。隨著數據資料在各個介面間移動，類比關係即是允許模式從一個形式到另一個形式被保存的連結。因此類比被建構為允許信息跨越邊界移動的通用交換系統。這是一個世界的通用語（lingua franca），是透過關聯，而非本質的理解所（重新）建構成的。

透過類比而實現的跨越邊界，包括肉體和世界（感官知覺）的分

離、學科和學科間的變遷（例如從研究活體生物的生理學到研究自動控制機器的電機工程），以及具體化經驗轉變，將有誤差的噪音轉變成為數學模式的純淨抽象。即使是維納設計的義肢，也可被視為透過類比來運行，因為他們把訊息從一種模式轉變成另一種模式。[34] 例如「聽覺手套」（hearing glove）是一個將聲音（聽覺信號）轉變成為觸覺（觸覺信號）的裝置，透過將聲音頻率的類比轉換電磁震動器，以刺激聲障者的手指。對維納而言，類比就是溝通，而溝通就是類比。對他而言，反對控制論是「僅僅是類比」的說法，就如同在說自動控制論「僅僅是有關我們如何來認識這世界」。

此方法的問題，比較不是在於維納在生物和機械系統間建構的類比關係，而是在他傾向於抹去各種具體化物質彼此極為真實的差異性，使之看不見，此差異是類比未表達的。面對這兩種情況，他更加傾向於輕鬆快速地移向抽象的層面，在此層面上，模式間的相似性變明顯了，而不再保持關注各個情況獨一無二的特殊性。無疑地，他本身缺乏深入參與實驗室基本的工作，這是導致他忽略實體化物質的原因。他注意到自己對生物實驗室中精確的程序感到無耐性。「這無耐性大半是因為我的心思敏捷及身體行動遲緩的結果。我早早預見成果，遠遠在自己透過操控階段的努力而達到那裡之前就能。」[35] 這問題嚴重到迫使他放棄取得生物博士學位的希望。後來他和羅森布魯斯等人進行專業合作時，他讓其他人做實驗工作。同仁憶起他會漫步到羅森布魯斯的實驗室，對正在進行中的實驗做一點筆記、並問幾個問題，然後回到自己的辦公室，研究出以數學類比來表達該物質實體的狀況。當維納和他的合作者寫下「我們切斷肌肉上的附著物」這類句子時，如同馬薩尼在他精闢的維納傳中指出，這裡的複數形的「我們」純粹是名義上的。[36] 其他同事指出，不善於實驗室工作使他較不關注實際的類神經生理結構的獨特性。沃爾特・羅森布里斯（Walter

Rosenblith）和傑羅姆・維斯納（Jerome Wiesner）在他過世後的追悼文中寫道：「比起工程學，在某些領域上維納的直覺不是後天學習而來的，他常對實驗的細節感到無耐性，例如：他似乎不願意去了解大腦並未如他所預期的方式運作。」[37] 對維納而言，強調類比與疏離肉體是緊密相關的。在這方面，他和麥卡洛克很明顯成為對比。麥卡洛克是非常認真的實驗主義者，相較於維納所不敏感的充分具體化和缺乏抽象二者間的張力，麥卡洛克比較敏感。

　　如我們所見，維納想將控制論寫入一個更大規模的戲劇中，以強化自由人本主義的主體。考慮到他傾向於吉普斯式宇宙的概念，這部戲劇的焦點在於機率上。除了運作亞原子粒子的微尺度和控制電路的宏觀尺度之外，機率也在宇宙層面上進行普遍的消散和衰減的運作。將機率與信息關聯起來，使得維納將控制論主題編寫成一部有關混亂和秩序的宇宙戲劇。就是在這個宇宙層面上，他籌劃在能加強自主性自由主體的良善的控制系統，以及暗中侵蝕或破壞的自主性主體的邪惡機器間做道德區分。在這場巨大的善惡鬥爭中的一個要角就是熵，它是個富有複雜歷史的千變萬化的概念。

熵作為文化傳播：從熱引擎到信息

　　我們可以馬克・塞爾策（Mark Seltzer）在《身體和機器》（*Bodies and Machines*）中所追蹤的一系列變換，來開始探究熵。塞爾策專注研究十九世紀晚期自然主義的社會結構，發現自然主義的核心是一種雙重且似乎矛盾的驅力：一方面，「堅持人、表現和行動的**物質性或實體性**」；另一方面，「堅持將人、身體和行動**抽象化**為模型數字、地圖、圖表和圖示表現」。塞爾策稱這種雙重驅力所產生的意識型態為「去物質化的唯物主義」，他舉這現象為人類行為的各種統計表示的出現，以

及人類對人體工程學重新再感興趣的例證。[38] 有一方聚焦於被抽象化而成為整套統計數據資料的行為，另一方則關注於能量耗損和消散的物質過程。他們闡明了身體的構造是同時為物質物體和機率分布的。

塞爾策認為這二元性產生於十九世紀文化中，並持續進入二十世紀，隨統計熱力學與信息理論合併而有了更新的力量。這次合併最主要的場域之一就是控制論。強調模式將身體建構為如同非物質的信息流；對於結構的交替強調，認識到這些「黑盒子」深具物質性。這兩個指標之間的複雜結合，建立了生物有機體和機器之間一系列的交換。為了看看這些結合如何演進，且讓我們從熱力學所建立的交流來著手，並跟著這些前進到控制論。

熱力學的第一定律陳述了能量既不增也不滅，指向一個無能量會損失的世界。第二定律指出，熵在封閉系統中總是傾向於增加，預示了一個持續消失中的宇宙。在第一和第二定律之間、穩定與退化之間的緊張狀況，就像一個透過世紀末文化形成的主題。根據塞爾策所言，這緊張狀態本身就像是一個熱力學轉換器，能允許不相容的術語，如生產和複製、機器和身體等，能相提並論。身體就像是一個熱力引擎，因為它將能量循環成為不同的形態，並在過程中將其消解；但身體又不像熱力引擎，因為它可以利用能量來自我修復及再生。在某方面而言，這個比較建構了身體和機器間的差異；在另一方面而言，它像交換器般運作，會允許身體和熱力引擎連接在一起。通過這類的比較，塞爾策主張：「逐漸闡明了一個在『對立』和矛盾的指標之間轉變及替換的、或多或少有效率、有功用的系統。」這些模糊的連結被加強了，因為熱力學本身被認為是在保存和消耗這兩個不同的指標間中運作。因此，他對熱力學所下的結論是，在科學權威的籠罩之下同時包裹了保存的穩定性和消耗的衰敗，「為新的機械力學和生物力學提供了一個新的運作模型。」[39]

　　當路德維希‧波茲曼（Ludwig Boltzmann）定義熵為一個機率函數，而為熵制定更普遍的公式，熱力學已成為文化中的一種交換系統，並演進成為「去物質化的唯物主義」。在這種「非物質化」建構中，熵被解釋為隨機性的測量。然後，第二定律被重新公式化，用來陳述封閉系統往往會從有序朝向隨機性而移動。除了包含熵的早期定義，波茲曼的公式還增加了新的東西，能允許熵與一些無關熱力引擎的系統可相聯繫。

　　當熵與信息相關聯起來後，會進一步實行去物質化。早在1929年，此透過利奧‧西拉德（Leo Szilard）對「馬克斯威爾的惡魔」（Maxwell's Demon）的解釋[40]實現了此聯結。這是由詹姆士‧克拉克‧馬克斯威爾（James Clerk Maxwell）於1871年在一個思想實驗提出的神話生物。惡魔透過排序分子以獲得能量。西拉德和萊昂‧布里淵（Leon Brillouin）等人指出，為了排序分子，惡魔需要有和他們相關的信息。[41]魔鬼所在的容器被想像為一個「黑體」（這個術語指輻射是均勻分散的），因此惡魔無法「看見」分子。布里淵計算出，魔鬼欲獲得有關分子信息所需耗費的能量，大於排序過程中其可以獲得的能量。最直接的結果是拯救了第二定律，這在任何情況下都是根深蒂固以致於無庸置疑的。更重要的含意是熵和信息是互為反比關係的。信息越多，熵越小；出現的熵越大，信息越少。因此布里淵提出信息可被認為是反面的熵或是負熵。「馬克斯威爾的惡魔」是中繼點之一，透過這些中繼點可建立熵和信息之間的關係。

　　如同布里淵和他那一代的其他人一樣，維納接受了熵是信息的相反這個觀點。他覺得這反比關係會有道理，是因為認為信息與結構有相關，並且熵與隨機性、消散和死亡也有關聯。「隨著熵增加，」他寫道，「宇宙和宇宙中所有的封閉系統，自然而然地傾向衰退並失去其差異性，從最小的可能性變動為最有可能的狀態，從有組織和有區

別的狀態，亦即差異和形式存在，變為一個混亂和無差異的狀態。在吉布斯的宇宙觀中，最不可能有秩序，而最有可能混亂。」從這觀點看，生命是一片無序汪洋中的一座負熵之島。「有一些區域性的飛地（enclaves），❸它們的方向似乎與宇宙的方向徹底相反，在這其中，組織會傾向於做有限及暫時的增加。生命在這些飛地中某處找到了家。」（HU，第 12 頁）在一個相關的隱喻上，他想像活生物有機體，是逆著熵的潮汐向上游的一個信息系統。

在十九世紀熱力學的情境下來看，這種關於熵的觀點是有道理的。但此非信息的必要含意，因為信息是技術面上所定義的。克勞德・夏農持相反的觀點，並將信息和熵視為相同的，而非相反的。[42] 由於符號的選擇是照傳統習慣的，這種公式化也是一種可能性。很有啟發性地，夏農的選擇可被解釋為一個訊息越是意料之外的（或越是隨機的），它所傳達的信息便越多。[43] 這種符號變化並不影響熵已經歷了的去物質化，卻反轉了熵的價值，這轉變超過數學上的意義。如今回顧起來，視熵等同於信息的想法，可以被視為一個關鍵的交叉點，因為允許熵被重新概念化成為驅動系統朝向自我組織的熱力學原動力，而不是驅動宇宙朝向普遍的熱寂（universal heat death）的熱力引擎。此處篇幅不足以允許我講述這種逆轉的故事，並且無論如何，它已在別處被記述了。[44] 這裡只消說其結果是，混沌從在維多利亞時代意義中放縱生活和胡亂浪費與消散有所關聯，轉而變成增加複雜性及新生活的新正向意義與消散有所關聯。

維納幾近做了這項跨越。有一次，在他驚人的類比式的跳躍時，他在惡魔排序分子時所需要的「光」和植物光合作用時所使用的光之間看到了關聯性。他主張，植物行光合作用時，猶如葉子上佈滿了

---

❸ 在一國境內但隸屬於他國的領土。

「馬克斯威爾的惡魔」，將分子做排列，以允許植物向上增加複雜性，而不是向下走向死亡。[45] 但他並未超越這個孤立的理解，而未能達到更大的領悟，即大量生產的熵可推動系統增加複雜性。最後，他仍然處於這種區分的負面上，視生命和恆定狀態為與眾不同的島嶼，雖然可能維持一段時間，但是最終必然會被熵潮淹沒。

維納非常堅定地立基於此觀點，好幾次幾乎說出熵衰變是邪惡的。維納看到它和信息傳遞所依賴的微分機率分布對抗時，對他而言，熵在道德上就變成是負面的。回想看看，格雷戈里‧貝特森將信息定義為可以製造差異的一種差異，如果沒有差異，也就沒有信息。由於熵往往傾向於增加著，終將導致如此一個宇宙，其中所有機率分布都處在它們最有可能的狀態，並且普遍有著同質性。想像在一個寒冷的房間內，齊瓦哥（Zhivago）醫生坐在他的書桌前，正要發電報傳一個信息給他心愛的勞拉（Laura），同時，在背景中勞拉的主題曲撥放著而熵持續不斷地增加。他的手指和電報鍵上垂掛著冰；他試著要打出「我愛你」這幾個字，卻有困難。他不僅因熱寂（heat death）而凍僵了，❹而且也被信息死亡所困住。無論他敲下什麼，出來的信息都是相同的字母「eeeeeee」（或說俄語的任何字中最為常見的字母）。這個怪誕的情景闡明了維納為什麼將熵與壓抑、死板和死亡關聯起來。如他所提出的，可以將溝通視為兩個人（或機器）對抗噪音的一個遊戲。[46] 太過死板不可避免地會使人輸掉遊戲，因為死板會將玩家交付給機械式地重複的訊息，當噪音介入時只能隨時間而磨損。只有當允許創造式地玩遊戲時，如果機械裝置能夠自由地調適變化中的信息，那麼面對持續的熵衰退壓力時，即使是暫時的，也可以維持

---

❹ 根據英國物理學家威廉‧湯姆森（William Thompson）在 1851 年提出的熱力學第二定律，推想宇宙終極命運的假說。宇宙為一個孤立系統，其中的熵隨著時間而增加到最大值時，能量已全數轉化為熱能，所有物質溫度達到熱平衡。

恆定狀態。

在生命與熵和噪音對抗的戰役中的「去物質化的唯物主義」，即身體不再被視為主要的物質體，而是被視為一種信息的模式。然而，這戰役是介於試圖保持此模式完整無缺的戰略家，和試圖瓦解擾亂其喧鬧的敵手（或者說噪音本身即是敵手）二者之間。在 1940 年代和 1950 年代，維納成為根據這些考量而演出的控制論機制和噪音間這場宇宙論的戲劇陣容中重要聲音之一。在《人類為人類所用》中，他主張人類與其說不只是骨骼和血液、神經和突觸，倒不如說是組織的模式。他指出，在一生中，構成人類的細胞會歷經許多次的改變。因此，身分無法存在於肉體的延續中。「活著的時候，我們的組織會改變：我們所吃的食物和所呼吸的空氣變成了我們的血肉和骨骼，我們的血肉骨骼的暫時性元素每天會連同排泄物一起排出。我們只是一條流動不歇的河流中的漩渦，我們不是耐久的材料，而是永恆的模式本身。」（*HU*，第 96 頁）因此，欲理解人類，就需要理解人們所體現的信息模式，是如何創建、組織、儲存和檢索的。一旦了解了這些機制，便可以利用它們來創造控制論機器。如果人類的記憶是從環境轉移到大腦信息模式的轉換，便可建造出機器來達成同樣的轉移。假如認為感情並非「只是一種無用的神經活動的附帶現象」（*HU*，第 72 頁），而是掌管學習的控制機制，即便是情感也可由機器造成。[47] 控制機器被視為是信息模式，和人可以一起達成抵抗噪音和熵的破壞力的共同目標。

從這些推測所浮現的情景顯示，控制論的生物體 —— 人類或機械 —— 對不斷變化的情況靈活地反應，從過去中學習，並自由地調整其行為以便適應新環境，甚至在已徹底改變的環境下，且能成功地保持恆定式的穩定性。敏捷是這場奮戰中的一項基本必要的武器，因為不用心思和機械性地重複，會不可避免地讓噪音勝出。噪音是最有機

會來對抗機械性重複的，一旦開始運作立即會導入隨機性。但是，一個行為上已經是不可預測的系統，是無法如此輕易被顛覆的。如果吉普斯式宇宙意味著信息終將滅絕，那麼它也意味著在一個宇宙中，欲成功的最佳嘗試就是有彈性和有豁然性的行為。控制論這個詞的希臘字根是「操縱者」（steersman），恰好描述了控制論的人類－機器裝置：腳步輕盈，對變化很敏銳，本身既是一個流動波，也知道如何隨波流動的一個生物。

　　邊界的工作是將自由人本主義主體和控制機器融入了同一特權空間的邊界，而維納對好機器和壞機器所做的區別強化了這項邊界工作。在《人類為人類所用》一書中，機器是邪惡的，通常是因為它們變得死板和無彈性。而控制機器在人身邊，並肩成為兄弟和同儕時，這隱喻聚集圍繞在死板的機器，以控制和吞噬的比喻來描繪它。終極恐懼是死板的機器會併吞人類，吸收了人類與生俱來的彈性。「當微小的人類原子被編到一個使用它們的組織時，不再是具有全部權利的負責任人類，而是像齒輪、槓桿和棒子等零件，他們的原始材質是肉體和血液不甚重要，機器中所使用的元件，實際上就是機器元件。」（HU，第185頁）在此，人類和機器之間的類比映射變成是惡意的，會使人類陷入那剝奪他們自主權的剛硬障壁。這段文字顯示，對維納而言，建構控制論機器的邊界是如此地重要，它可以強化而非威脅自主性的自我。當邊界變刻板了或吞噬了人類使之失去作用，機器不再是自動控制的，而是變得簡單而且壓迫性的機械式的。

　　高壓專制的機器和控制系統展開彼此對抗的宇宙論舞臺就是——毫不奇怪的——吉布森式的宇宙，其中機率占有至高無上的統治支配優勢。「機器的大弱點——也是挽救我們免於被它控制的弱點，在於它還不能考慮到人類環境中特有的廣大範圍的機率。」在這裡，使得通信有可能的機率差異，會被吸收同化到人類和好的機

器中，使得壞的機器在太過多變以致無法評估的機率中，慌亂地掙扎著。競爭的規則是由熱力學第二定律所設定的，這允許了自動控制的人類－機器裝置可以在其中運作的餘地，因為它仍然啟動了已滅亡的引擎。「機器的主導地位預定是一個社會，在熵不斷增加的最後階段，在此處機率是可被忽略的，而個體之間統計上的差異為零。很幸運地，我們尚未達到此境地。」（*HU*，第 181 頁）最後，當宇宙停止表露出各種不同的機率時，並且成為一成不變時，控制、通信和控制論──更別說生命了──都將終止。同一時間，人和控制論機器將肩並肩建築起堤防，以暫時地擋開熵的浪潮。

連接控制機器和人類的邊界工作，可能會達到最複雜的接合，即是維納對信奉奧古斯丁（Augustinian）主義者和他們信奉摩尼教（Manichean）的對手所做的區分，❺此區分所爭論的是，其中一個對手「很光明正大地」競賽，亦即遵守不變的規則，另一個對手試圖透過操控規則來取勝，這兩者間的差異。對維納而言，奧古斯丁對手的典型是自然。自然──包括噪音──有時可能使試圖控制它的科學家感受到挫敗，但它並未有意識地試圖操控其對手。摩尼教對手的典型是下棋者，包括下棋的機器。有別於自然，下棋者會迂迴行動，而且儘可能巧妙地操控。當下棋者與科學家對比時，幾乎總是對下棋者不利。維納指出，自然不會試圖欺騙科學家，據他觀察，一名奧古斯丁對手，意味著科學家有時間深思並改正他或她的戰略，因為無人會試圖利用科學家的錯誤。科學家因此能處於他們最好的狀態，而下棋者卻是在他們最糟糕的狀態（*HU*，第 36 頁）。

彼得・蓋里森在〈敵人的本體論：諾伯特・維納和控制論的願景〉（"The Ontology of the Enemy: Norbert Wiener and the Cybernetic

---

❺ 奧古斯丁是天主教著名的神學家和哲學家，原信仰摩尼教，他的神學影響基督教，強調神的恩典，死後封聖。

Vision"）一文中，主張控制論（連同遊戲理論和運算研究）應該被稱為「摩尼主義的科學」。[48] 在他對維納與朱利安・畢格羅在二次大戰期間合作發展的地對空武器精密的分析中，蓋里森出色地顯示了維納所建構的「敵人」，與戰爭宣傳或甚至在其他技術報告中所描繪的敵人明顯不同。維納不是從傳統上的人類（或者宣傳中的次類人〔subhuman〕）的方面來看敵人，而是將敵人——例如試圖逃避地對空射擊的戰鬥機飛行員——模擬成如同一個機率系統，可以使用控制論模型來有效地反擊。不像從機率模型中推導出固定規則的射擊系統，維納所想像的發射機，可以基於先前的觀察而演化出新的規則——也就是說，它能學習。因此，此發射系統將演化成如它所面對的摩尼教的敵人一般。蓋里森主張，這策略啟用了一系列替代和識別，將敵方飛行員映射到伺服控制器上，最後映射到伺服控制器後面的盟軍作戰人員。維納和畢格羅在《論證摘要報告》（"Summary Report for Demonstration"）中寫道：「我們理解了飛機路徑的『隨機性』或不規則性是由飛行員所採用的；當試圖強迫他的動力飛機執行一個有用的操縱時……飛行員的*行為表現就像一個伺服機制*。」（引自蓋里森，第 236 頁）因此，本身透過類比所建造的控制論，會透過理論和人造物，將人類結合機器、德國結合美國，而創造了更進一步的類比。通過此中繼系統，敵人將變得像我們一樣，而我們也變成像敵人一樣：敵人是我自己。❻如果這些類比映射防止敵軍飛行員被妖魔化，他們也使控制論機器（並且，可擴展到控制論本身）參與血腥

---

❻ 原文「Enemy mine」一般可做兩種解釋：一是梵語諺語「敵人的敵人是朋友」（"The enemy of my enemy is my friend."）的簡寫，指原為敵人但卻為共同目標（例如打擊主要敵人）而結盟，貝瑞・朗伊爾（Barry Longyear）著名的短篇故事亦改編成電影《第五惑星》（*Enemy Mine*, 1979）即取此意；但也可單純是指「my enemy」（我的敵人），但為發音之故將形容詞 my 變形為代名詞 mine。此處翻譯取前面的解釋。

的鬥爭，其中摩尼主義的戰術被雙方用來殺戮儘可能眾多的人類。

　　部分是為了對軍隊吸納控制論有所反應，維納在戰爭結束五年後，寫了著名的《人類為人類所用》一書。[49]雖然維納在戰爭期間，竭盡全力將控制論推動成為一個「摩尼主義科學」，他在戰後的作品中透露出他對摩尼主義戰略所隱含的操縱深感厭惡。從他的自傳可以看出，顯然他對於被操控這件事很敏感，或許這是有好理由的。當他初成為數學家時，父親試圖讓維納利用人脈來提出他自己的歷史語言學思想──這個操縱的例子，使維納越發擔心他人可能會試圖利用他的聰明才智和影響力以達成他們自己的目的。他把會操控的下棋機器與軍事計畫關聯在一起並不意外，在原子彈炸死了成千上萬日本平民後，他毅然決然地離開軍事計畫。對於夏農所提議下棋機的軍事潛能的觀點，他評論說：「夏農先生談到發展軍事戰術時，他不是胡言亂語，而是在談論一個最迫在眉梢與危險無比的可能情況。」（HU，第178頁）當然，問題在於控制論太容易運用於摩尼主義的戰術，使這些致命的遊戲更容易生效。

　　維納的戰爭研究，結合他戰後所持的反戰立場，極為明晰地闡明了控制論對他而言，讓他同時感到既是強烈自豪、也是強烈焦慮的根源。這種緊張關係，通常表現為想將控制論限制在範圍內的焦慮欲望，當他考量身體邊界的問題時，採取不相同但又有相關的形式，永遠是一個高度緊張的問題。當人類形體的實體邊界安全了，他歡迎信息流通過生物體。然而，當邊界因操縱或吞噬而不再定義本身為自主性的自我時，這一切都會改變。在下一節中，我們將會看到在他1948年的《控制論》一書中，這種焦慮如何在關鍵點爆發，導致他從自己創始的學科所隱含的更加顛覆的可能性中撤離出來。情色的隱喻被用來傳達此論證的驅動力並非偶然的。就像控制論一般，情色密切關注著身體邊界的問題。性高潮被稱為「小死亡」，或者從薩德侯

爵（Marquis de Sade）到詹姆士‧巴拉德（J. G. Ballard）的作者們都沉迷情色和穿透及打開身體關聯起來，是很有理由的。維納考量了在情色言談關鍵時刻，不該接觸的部位間彼此交合的快樂和危險，亦即主體的身體可能多麼廣泛地被控制論這知識體滲透甚至解散。在此處和任何其他地方，維納對保護自由主義的關注，和他同樣強烈渴望推動的控制論目標之間，產生了緊張關係。誠如我們將看到的，只有透過撤離才得以解決，並指向一個未來，在那裡，控制論主體最終不能被納入自由人本主義的假定中。

獨立性爭議：保持主體的邊界

在《自動控制論》中，這篇被改編為《人類為人類所用》的技術文本中，維納詳細察看人機合體人的鏡像，但隨後又撤退。[50] 他建構了執行並證明這種撤退的一些情景，暗示性地指出情色焦慮在控制論的敘述中所扮演的角色。在我的分析中，我將聚焦於〈信息、語言和社會〉（"Information, Language, and Society"）這章節。在此維納懷抱一種可能性，亦即控制論提供了如此豐富的思考方式，將能使社會科學和自然科學合一，成為偉大研究領域。然而，最終他卻對這個可觸及的欲望對象感到猶豫不決了。假設他和大多數其他科學家一樣有帝國主義專制思想，認為自己已發明出新的典範，為什麼他寧願讓本身的發現保持智識的獨身呢？我主張，其決策的核心，是透過重構邊界來表達和控制焦慮的一個幻想場景。這幻想產生了一系列情色式編碼的隱喻，出現在焦慮變得尖銳時。這些隱喻也有字面上的意義，揭示了如何將實體的和概念的、色情的與控制論的混合在一起。隨著分離的姿勢令人不安地轉變為結合，主體的控制論和控制論的主體相互貫穿滲透了。

維納藉由指出有許多組織的部分，本身即是小組織，因而逐步發展他的幻想。霍布斯的利維坦（Leviathan）是一個由人類組成的人類國度（Man-State）；一艘葡萄牙軍艦是以縮小版的方式映照珊瑚蟲而組成的；一個人是由細胞組成的有機生物體，在某些方面細胞也像生物體一樣地發揮功能。這條思路引導維納追問這些「身體政治」是如何運作的。「很顯然，祕密就在於其成員彼此間的相互溝通。」因此，信息流被引介以作為原則，來解釋組織如何在多個階層級別上出現。為了說明，他舉了各種物種暗自分泌「性吸引力物質」，以確保兩性將會聚在一起的例子（*HU*，第 156 頁）。例如：引導昆蟲繁殖的費洛蒙是普遍的和全方位的，就像在體內分泌的荷爾蒙能起作用一般。這類比意味著，體外荷爾蒙將體內荷爾蒙組織起來，使得人類有機體變成一種有效用的滲透膜，而荷爾蒙信息通過此膜而滲透流動。在這一點上，我們遇到了他首要的顧慮。「我不想在這件事上發表意見」，介紹了之後，他相當自負地宣布，寧願「視它為一個有趣的想法」（*HU*，第 157 頁）。

我認為這個想法是左傾的，因它既令人不安，而且也是臆測性的。這意味著個人身分和自主意志只是幻覺，掩蓋了控制的真實。假如我們的身體表面是信息所流通過的膜，那麼我們是誰？是對刺激有所反應的細胞嗎？或是更大的集合體？我們這集合體的行動是個別成員組合而成的嗎？或者，正如理查·道金斯（Richard Dawkins）後來用控制論的觀點所宣稱的，我們是宿主生物體，因為我們被內在的自私基因所控制而會有性行為？[51] 他所選的例子強調了情慾，但這是一種沒有情慾的性行為。他暗示自主性自我為色情歡愉的來源所解構暗示，規避了構成性遊戲的贊同、反對、強化、延遲和實現的發生。當維納面對這種無性的性行為時，他的第一個衝動即是撤離：中

斷性交。

他的第二個衝動是透過偽裝的情色幻想，將自己重建為一個自由主體，如此允許他控制信息的流動，而非被它所控制。類似的幻想在美國文學中處處可見，從納提・邦波（Natty Bumppo）和欽加哥（Chingachgook），到以實瑪利（Ishmael）和魁魁格（Queequeg）。❼它們無所不在，因為關乎男性自主和控制的美國價值觀，關乎在一個恐同的、種族歧視和仇視女性的社會中被耽誤的男人之間的親密關係。這個幻想是什麼？除了美國男人想像自己單獨在樹林中，有個「有智慧的野人」（intelligent savage）允許自己全心託付給人類所追求的種種，大家在一起卻又很孤獨，還能剩下什麼其他的想像呢（*HU*，第157頁）？

幻想表面上的目的在於顯示維納和他的野人同伴可以有親密關係，即使兩人未有接觸也未有共通的語言。維納想像自己「對那些〔野人〕表現出情感或興趣的跡象的時刻感到警覺」，在這些時刻留意著他關注些什麼。一段時間後，野人學會了以「挑選我特別積極關注的時刻」來回報，因此彼此間創造了「一種語言，正如我們兩個人所能夠涵蓋的印象範圍一樣，有各種不同的可能性」（*HU*，第157頁）。一起孤獨地處在樹林裡，兩個男人透過目光相交而建構了一個物件的世界（world of objects），在過程中，他們也將自己重新建構為自主性的主體，透過窺探，他們參與了彼此的感情和「特別、積極的關注」以達成親密的行為。當然，他們之間還有個必然的差異。維納可以從這個幻想，轉移到他的其他論點，而「有智慧的野人」卻只有當

---

❼ 納提・邦波和欽加哥是《皮襪子故事集》（*Leatherstocking Tales*）裡的角色，前者原是白種人卻被印第安人撫養長大，成為森林中勇士；後者為北美印第安族孤獨酋長。以實瑪利是《白鯨記》（*Moby-Dick; or, The Whale*）中敘事者的敘事者，和食人族的王子魁魁格成為好友，同登捕鯨船。

維納方便喚起的時候，才會在自己的話語中再現。這段話以縮影的方式揭示了自由人本主義主體，是如何使用複數，以挪用次級的他者的聲音，如果他們能為自己發言，所說的可能會極為不同。

維納確保本身的親密、自主和控制之後，返回到「身體政治」的問題，聚焦在這令人深感警覺的那種缺乏恆定的情形。與他和他野人友伴間有規律的、有序的交流形成了對比，身體政治是由惡人和愚人兩者之間的輪流交換所掌控的，而以「背叛、變節和欺騙」為當時的秩序（HU，第 59 頁）。這個社會的經濟是一清二楚的：愚人渴望著；惡人操縱了他們的欲望。經濟被統計學家、社會學家和經濟學家所強化，他們為惡人作賤自己，幫他們精確找出如何計算出欲望最大化的方法。唯一可暫緩這種無情的操縱是在少數的、自治的族群，在那裡恆定依然發揮功效，無論是在「高度文化修養的社群⋯⋯或是原始野蠻人的村莊」（HU，第 160 頁）。在這裡，野人的再次出現是意義重大的，因為對欲望被操縱的焦慮感已到達頂峰。無疑地，這種再現對維納的想像力具有舒緩的效果，因為這提醒他終究不必再被操縱了。

現在我們來到爭論的關鍵點。從維納的角度來看，控制論的危險，在於它具有可消滅作為控制來源之自由主體的潛在可能性。在微觀的尺度上，個人僅僅只是包含更小的單元在其中，這些小單位支配著動作和欲望；在宏觀的尺度上，這些欲望使得個人成為一個被奸人所操控的愚人。在控制論典範下，這兩個組織規模將彼此連結在一起。如此一來，有什麼機會能和一個有智慧的野人獨處在樹林裡，而有親密的溝通？沒有，儘管「有希望能有一些⋯⋯朋友，懷抱著這本書可能包含任何新思考方式的社會功效的希望」，維納發現自己無法將「太多的價值歸因於這類型一廂情願的想法」（HU，第 162 頁）。很諷刺的是，控制科學的擴展遠超過跨學科領域，可能會剝奪其先驅的控制，毫無疑問地，這也是對他而言最有吸引力的特徵之一。

　　維納得到這個結論後，再度展現引起此結論的焦慮。透過一系列互動的隱喻，他將幻想與焦慮聯繫起來，宣稱「假設物理學和社會科學可以結合在一起」，這是一個「對所有科學成就之本質的誤解」（HU，第 162 頁）。他們必須保持分開，因其允許科學家和自己所感興趣的對象之間有不同程度的配對。精確的科學「用我們正在研究的現象，達成足夠鬆散的配對，來（允許我們）大規模地總體描述這種配對結合」。並非完全缺乏情色興趣，因為「結合可能不夠寬鬆，以致讓我們無法完全忽略它」（HU，第 163 頁）。然而，維納實踐的限制性科學與社會科學有所不同，其中配對結合更緊密且更強烈。此對比顯示了自主自我的概念對於維納所想像的控制論有多麼地重要。

　　野人最後一次出現是在維納焦慮地思考著科學家如何緊密地與他的對象結合，而不失去自己的客觀性。為了說明緊密結合的危險，維納看出，原始社會經常被觀察它們的人類學家所改變。他特別用語言的角度來說明這一點：「許多傳教士已經在把一種原始語言簡化為文字書寫的過程中，將自己的誤解固定為永恆不變的法則。」（HU，第 63 頁）與這種違反形成含蓄對比的，是維納與他的野人同伴間所發生的純樸而親密的關係，沒有任何誤解會破壞他們的凝視所產生的完美同理心。

　　維納總結：「我們和我們所調查對象太過和諧一致，以致於無法好好地探究。」他勸告說，控制論最好留在物理科學界，因將其帶入人文科學領域，只會築起「誇大的期望」（HU，第 164 頁）。這結論的背後，有如此完整的一個互相滲透的願景，將內部的一些小單位連接到更大的、未包含的那些社會單位內，從而將個人簡化為一個連接膜，既無法控制欲望，也沒有能力從這些欲望獲得快樂。不僅情色，而且是性器官本身都會消失在此建構中。因此，維納決定，不管滲

透到其他學科邊界的願景有多麼地誘人，控制論還是保持「獨身」較好。

　　維納文本中，情色的焦慮與智慧臆測兩相結合，意味著控制論無法被充分地理解為單純只是信息理論在理論上和技術上的延伸。他的思想中非常重要的類比，不僅透過抽象形式（例如機率比例和統計分析）之間的相似性，而且也透過深植物理性的複雜生命世界所構成，亦即自然語言通過它的隱喻共鳴來表達和喚起。自然語言對於理解維納思想的全盤複雜性並非是無關係的，誠如他的數學傳記作者佩西‧馬薩尼，在將數學的無形抽象與「（自然語言的）長篇大論，那種官僚式詭辯和假勞動的標誌」互相對照時所暗示的。[52] 相反地，具體化語言的隱喻，對於理解維納建構的自動控制主體和控制論主體，這兩種既賦與自主的人本主義主體特權、又危害它的方式，是很至關重要的。

　　從歷史的角度來看，維納並未成功地將控制論納入自由人本主義設定的範圍之內。只有在 1940 年代和 1950 年代後期相對極短暫的一段時間內，控制論和自由主體之間才得以維持一種動態張力——那對維納往往是不安和焦慮的所在。到 1960 年代，自由人本主義和自我調節之間的聯繫，早在十八世紀建立的，已經變得很薄弱了；到了 1980 年代，這聯繫被大人地打斷了。一切得要歸功於維納，他試圖製作一種版本的控制論，能增強而非顛覆人類的自由。但是，當它透過文化以各式各樣的混雜結合而來傳播時，沒有人可以——即使是一門學科之父也不能——獨自掌控控制論的涵義。即使當控制論失去了成為一種普世科學的動力時，啟動它的前提是在其他處發生突變和複製。談論人機合體人的各種聲音並非同一種，而其所講的各種故事和維納所奮力認可的敘事極不相同。

第五章

從連字符號到拼接：《地獄邊境》（*Limbo*）中的控制論句法

　　伯納德・沃爾夫於 1952 年出版的小說《地獄邊境》已成為地下經典，對於邊界焦慮感變得越來越劇烈。他就像影響他很大的諾伯特・維納一樣，認知到自動控制論重組身體的革命性潛能。他也像維納，未能成功地接納這潛能，而是擔心過度發展將有可能威脅（男性）自由主體的自主權。《地獄邊境》是惱人、粗暴、挑釁、令人挫折地厭惡著女性的，但偶爾也很出色，幾乎不讓讀者保持中立。大衛・山慕森（David Samuelson）將其和《美麗新世界》（*Brave New World*）及《一九八四》（*1984*）並列為本世紀三部最偉大的「反面烏托邦」小說。[1] 在另一端是讀者群（包含我的一些學生們），他們主要因為此書有極端性別歧視及偏見言論，反而視之為非凡之作，不論人們認為《地獄邊境》文學價值如何，很明顯這本書有力地記錄了轉向二次大戰後信息和擬像相關的自動控制經濟結構。

　　《地獄邊境》出現在美國歷史上關鍵的時刻，就在當速度和通訊的改變正在迫使控制技術進行重組，進而導致電腦革命時，而且就在冷戰漸漸浮現、擴大在國家民族意識中的時候。在這種氛圍下，自動控制論開始改變所謂「人類」這東西。如同我們在前面的章節中已見的，控制論把人類建構成為信息處理系統，他們的邊界依照信息流而決定。當文化也普遍對於共產主義者滲透身體而感到焦慮的同時，控制論使身體界線形成問題。此時機正適合有一種文本出現，來討論經控制論重建的人類身體，將覆蓋美國地理政治身體，且（考慮沃爾夫

對厭惡女性的觀念）覆蓋成為受質疑的性別身體領域。《地獄邊境》
創造了一個想像的地理，瀰漫著噩夢般的催眠力量。作為一種概念小
說，本書展示了一些通往自動控制觀念之道，控制論概念透過它們開
始在美國文化中流傳，並連結了當代的政治焦慮。作為一本概念小
說，它是一本重要的文學文獻紀錄，上演了文學形式與文本所呈現的
身體之間的接觸。這文本語料庫，不亞於其描繪的世界，負載著刻劃
在其實體的控制論範例的印記。

　　戰爭，是公認及隱藏著的壓抑的創傷，預示著要在書中爆發開
來。但這是戰爭的變形，是混合了新皮質的（neocortical）襲擊和自
動控制的重新設計，作戰的戰場包含神經突觸和迴路，以及檢查站
和邊境等。雖然小說場景設在 1990 年，沃爾夫在後記中聲稱「任何
人『描繪』著未來都是在開玩笑——他只是幻想在現在或過去中某些
事物，而非繪製未來的藍圖。這類作品實質上是諷刺的（以今日為中
心），而非烏托邦的（以明日為中心）」。[2] 他強調小說的意圖是有助益
的，提醒人們《地獄邊境》是透過歇斯底里的譴責，和因冷戰引起的
國家突然失常，來反射出對自動控制的擔憂。在《純粹戰爭》（Pure
War）中，保羅・維希留主張，後現代科技，特別是全球資訊網路和
超音波交通運輸，已改變了軍隊組織如何構思敵人的方式。[3] 過去假
設的國家邊界能有效區分國民和外國人，但是在二次大戰後停止用相
同方法來區別內外。軍隊不再視其任務為保護政治主體、抵抗外界的
敵人，而是部署軍隊的資源來對抗自己國家的人民，如拉丁美洲「行
刑隊」一般。[1] 維希留聲稱，這類軍事行動並非脫離常軌的，而是穿
透後人類文化，從殖民地外部深度轉移到殖民地內部的前兆，雖然他
的論點有些誇張，無疑地也提供了對美國麥卡錫（McCarthy）時期

---

❶ 拉丁美洲國家內右派組織，專門謀殺左派或自由分子。

有用的洞察，在麥卡錫主義流行期間，對於無法區分國人和外國人、「忠貞美國人」和共產黨間諜而產生的偏執妄想達到了頂峰。[2]在麥卡錫時代，不少美國人被指為共產黨人或同情共產主義者，被迫在政府或私營部門、委員會等地接受不恰當的調查和審問。被懷疑的主要對象是政府雇員、好萊塢娛樂界從業人士、教育界、工會成員。雖然沒有足夠證據能證明任何事實，但嫌疑人依然被定罪，依據維希留之說，我稱為內部殖民的情景，可見於《地獄邊境》中，政治和地理的重劃和自動控制向內部的爆破結合在一起。

　　如唐娜‧哈洛威指出的，人機合體人同時是實體和象徵、活體生物和敘事結構。[4]這科技和敘事的交集是很關鍵性的。[5]假如人機合體人只是一個論述的產物，它可能被貶為科幻小說，僅科幻迷感興趣而無關乎文化。若只是技術實踐，也許只會被侷限在仿生學（bionics）、醫學補體術（prostheses）及虛擬實境等技術領域。當它同時顯現為技術體和言談的形式，享有了想像以及真實技術的力量。人機合體人確實存在著。就技術層面的意義而言，預估目前美國約有百分之十的人口是人機合體人，包括那些裝有電子心律調整器、人工關節、眼角膜晶體植入、人造皮膚的人們。有更高比率的民眾投入的職場，會使他們成為象徵性的人機合體人，包括將螢幕接上控制電路的電腦鍵盤手，在手術中利用光纖顯微鏡來引導的神經外科醫師、在地方上電玩遊樂場出沒的青少年遊戲玩家。史考特‧巴克特曼（Scott Bukatman）將此狀態取名為「終極身分」，稱其為「明確無誤的雙重表達」，不僅

---

[2] 約瑟夫‧雷蒙德‧麥卡錫（Joseph Raymond McCarthy, 1908-1957），美國共和黨政治家。冷戰時期指稱有大量的共產黨員、蘇聯間諜窩藏在美國聯邦政府和其他地方，而使用莫須有戰術公開攻擊政敵和他人。「麥卡錫主義」是指美國約於 1947 ～ 1956 年第二次紅色恐怖時期，麥卡錫政治思想對廣泛的社會和文化所造成的影響。引申為未有充分證據卻指控他人不忠、顛覆、叛國等罪，或使用不公正方式斷言、調查方式，打擊異議分子。

意指傳統身分概念的結束,甚至指向產生新主體概念的自動控制論迴圈。[6]

《地獄邊境》令人不安地朝向主體性移動,但持某些明顯的保留態度。本作品想像相反的兩極間以連字符號、而非以電路相接:人－機器、男人－女人、文本－旁注標注。連字符號和電路不同處在於配對結合的緊密度(回想維納有關鬆散結合的優點之論點),以及被連結主體在變成自動控制主體後變形的程度。這連字符號在換喻的張力下接起相反的兩個極端,這張力可視為讓各個極端維持本身的身分,而電路意味著一種更加反身性和變形的結合。當身體被整合併入自動控制電路中時,電路的修改必然也會修改意識。當心靈以多重反饋迴路連接其設計之對象時,心靈也成為設計之對象。在《地獄邊境》中,連字符號的意識型態受到更極端的自動控制拼接的影響威脅。如同諾伯特‧維納般,沃爾夫這位《地獄邊境》的守護神,對此威脅做出焦慮的回應。欲知這焦慮如何同時產生了文本,卻未能包含控制論的顛覆性含意,現在且讓我們來考量這個幻想的敘事。

《地獄邊境》是以馬丁醫生的筆記的形式呈現,他是神經外科醫生,第三次世界大戰時大膽地離開了他的醫學崗位,逃亡至一個未知的太平洋小島上。他發現,島民曼都尼族(Mandunji)施行了原始形式的腦葉白質切除術,以斷絕反社會化人民的「肌肉強直彈力」(tonus)。[7] 故此文本重新刻劃梅西會議期間恆定狀態的特權狀態,也一窺維納在 1948 年《自動控制論》和 1950 年《人類為人類所用》作品中,對腦葉切除術的毀滅性批評。[8] 維納對腦葉切除術的關注展現在他的短篇小說〈腦〉("The Brain")中,沃爾夫對此文也許已經很熟悉。這篇故事收錄於 1950 年出版的科幻小說選集中,以顯而易見的筆名「維‧諾伯特」發表,編輯清楚認定是諾伯特‧維納之作品。

在這故事中,一名精神病患者去就醫,醫生將該病人以客人身分

帶去參加「一小群科學家」知性的晚餐聚會。[9] 餐桌上的聊天對話讓
人想起梅西會議的討論。席間，這位患有失憶症的病人昏倒了。當他
服藥後醒來，開始憶起導致他得失憶症的心理創傷。他記起本身原來
也是一位醫生，妻子在一場車禍當中受了致命傷，小孩成了植物人，
肇事者逃走了，他是個名叫「腦」的、聰明卻像惡魔般殘暴的歹徒。
後來，命運將這歹徒送到這醫生手中，因為他頭部中彈，醫生緊急被
召來為他動急救手術，在手術中默默地對他施行腦葉切除術。後來這
歹徒變愚笨了因而被逮捕。

　　正如〈腦〉的主角般，《地獄邊境》中的馬丁醫生亦為了社會正
義而施行腦葉切除術，將此合理化，解釋為與其讓人死於感染或糟糕
的工作，倒不如好好地動此手術。他利用此手術進行腦部－功能對應
的神經研究，發現不管切多深入，某些特徵始終會成對出現。摘除
雙胞胎之一就不得不犧牲掉另一半。去除侵略行為，同時也會去除性
慾。當暴力向外科醫生的刀屈服的同時，創造力也跟著消失了。馬丁
將他的觀察擴展為人性的理論。他聲稱人類在本質上是帶有某些連字
符號的生物，如創造的－毀滅的、和平性的－攻擊性的。出現在「酷
肢」（queer limbs）島上的人類，四肢被截掉了，改裝上原子能的塑
膠義肢，將馬丁的連字符號哲學和拼接、新語切割、重接合、重環繞
並列起來，使一個「自動／控制／生物」（cyb/ erneticorg/ anism）成
為人機合體人。在情節上，人機合體人的入侵給了馬丁一個離開島嶼
家庭的藉口，以尋找如何形成戰後的世界。

　　這島嶼／大陸的二分法是不斷增殖中一系列分裂的第一步。其產
生遵循一種特有的模式。首先該敘事呈現看起來是個團結整體（島嶼
住民；人類心靈），但終將分裂為二（陸地居民來到島上；內心有兩
個衝動）。這分裂引發了焦慮，其文本呈現試圖以後設變形的方式，
通常是截斷或截肢，再次達成統一（馬丁及敘事離開小島而聚集到陸

地上，自認為團結的一體；島上民眾接受腦葉切除術後，再次成為「整體的」國民）。在邏輯上，這意味著假如部分要重組成為整體的話，截斷是必要的。最好使分裂形式化，且使其不可逆轉，故生命可按照構成整體的新定義而進展下去。若不截斷，不論有多痛苦，部分注定會如殘餘物存在。但截肢終會被證明是無用的，因為截斷的部分又再度一分為二，並且無情地持續發展下去。

透過狂亂且野蠻的雙關語，文本發展出想像的地理變化。美國已被轟炸而退至內陸地帶，海岸地區現在幾乎是無人居住的荒地。一個國家被截斷的景象，外在末端被炸毀，證明是預言的，因為統治的政治意識型態是「不動」，❸其所信奉的口號如「不固定就不解散」以及「和平主義即被動」。保羅‧維希留引述拿破崙（Napoleon）的話寫道：「戰爭的能力即活動的能力。」[10]「不動」重界定了此論點，且顛倒其含義，推論終止戰爭唯一的方法是消除活動能力。真正的信徒變成了「自願－截肢人」（vol-amps），亦即那些自願接受截斷四肢的人。社會流動性很矛盾地轉變成為身體固定不動。向上升遷移動的行政主管完成整套治療而成了四肢截肢人（quadroamp）；警衛作單截肢（uniamp）即可；女人和黑人被貶到未經修改的身體的地獄邊境。但正如之前的建構一樣，「不動」意識型態也一分為二。多數黨發覺其追隨者不安地躺在四周無所事事，透過同意裝強力的義肢（或「pros」）取代失去的肢體來增強活動力，並使安裝義肢者能做未經改造的身體所無法從事的體育技能。這些人機合體人稱為「贊同義肢者」（Pro-pros，此為試圖將人機合體人包含在連字符號下的雙關

---

❸「不動」（Immob）見本書第一章文中解釋，這是想像一個戰後社會的意識型態，將侵略視同為移動能力，宣揚「和平主義等於被動」。信徒透過自願截肢來去除行動性，此種截肢被視為是社會權力和影響力的示意符號，使一個強而有力的控制論工業逐漸成長取代原本的四肢。

語）。這連字符號的邏輯意味著「贊同義肢者」所對應相反的是「反義肢者」，這些反對者相信人機合體主義是被曲解的「不動哲學」。「反義肢者」成天宣傳志願截肢的主張，所使用的麥克風就掛在嬰兒籃上，大小剛剛好能裝下無四肢的人類軀幹，這項細節後續會變得很重要。

　　統一、分裂、截斷、更進一步分裂──《地獄邊境》呈現了這些與地理政治學和控制論內在殖民對立相反的事物。截肢是為了阻止雙增殖所做的努力，也使情節向下一階段的週期循環發展。因為他們懷舊地試著恢復那空前的團結一體。沃爾夫很清楚地看到這點。但他較不清楚的是如何將各個部位重新組裝起來這日益急迫的問題：是透過連字符號或電路嗎？如我先前所言，人機合體人推翻了馬丁（及沃爾夫）的連字符號理論，因意味著相連的兩極無法保持身分不改變。雖然敘事者未能明確認可這可能性，但已經被編碼至文本中，因截肢原本是為了保證和平主義不可撤銷，卻反而確保了人和機器間的分界永遠不撤銷。雖然「贊同義肢者」指出「贊同」可被拆下，而為使用義肢辯護，但是，許多改變（例如永久安裝生物插座以讓義肢裝入）已成為有機生物體不可或缺的部分。更廣義而言，此等改裝已在社會和經濟的基礎建設上有了影響深遠的改變，因而不可能返回到控制論以前的狀態。無論是被截肢者或是裝有義肢的運動員，《地獄邊境》世界裡的公民被拼接到控制論的電路中，以不可逆轉的方式將他的身體連接到那已被截斷的、軍事工業的地獄邊境的世界。在人機合體人所建構的隱喻性交換電路中，敘事者發現越來越難維持用連字符號相連的分離，這分離使沃爾夫批評了資本主義社會，同時堅持著他自己的性別歧視和保持他技術上的假設原封不動。當連字符號不再足以維持身體、性別和政治類別彼此分離時，瓦解故障就發生了。

　　我將進一步從沃爾夫的背景及他與自動控制論的關聯，來探索此

種瓦解。他並非是個隱瞞出處的人，附加的後序中列出影響他的書。若有人錯過而未看到他經常對維納的引用，該後序清楚表明維納是開創性的人物。沃爾夫引用的是維納 1948 年的《自動控制論》。我在前文提到，人機合體人既是科技主體、亦是言談的構造。維納書中的章節描述說明言談如何結合科技以創造人機合體人。維納所想像的轉變是遠比人類簡單許多的結構機制，但是他的解釋有如修辭軟體（套用理查・道爾〔 Richard Doyle 〕的說法），[11] 將結論擴展至複雜的人類行為。我們在梅西會議的討論中已見過這類游移。以下為其在維納文本中如何具代表性地發生。首先，留意到一個行為——是一次有意的顫動、一下肌肉收縮、一個對刺激的恐懼或嗜好的反應。接著，提出可產生相同行為的電子或數學模型。這模型有時用來建構，可以透過實驗測試的控制論裝置。不論是否有真正建造，或者是還停留在思考實驗中的想法，已主張了人類建構機制雖然未知，也有可能和模型中體現的機制一樣。因此推論實驗室的「白盒子」為等同於人類的「黑盒子」，結果是人類現在也是一個「白盒子」，也就是說，一種有已知運作方式的伺服機制。一旦建立了關聯性，自動控制學不只可用來修正功能障礙，也可改善正常功能的運作。結果，人機合體人意味著某種東西超越了翻新改良過的人類，指向一種改良過的混雜物種，有能力成為人類進化的後繼者。誠如我們在第四章所見，維納所面對的問題是如何抑制控制論的這個革命性潛力，才不會威脅深植在其思想中的自由人本主義。

〈自畫像〉（"Self Portrait"）這篇短篇小說，早在《地獄邊境》之前數月出版，亦關注類似的主題。沃爾夫指出他理解維納方法同時具有限制及潛力。敘事者說：「自動控制學只是一門科學，基於我們已知的生物溝通和控制的系統，來建造可以複製和改善動物器官和功能的機器。」但他承認「一切都取決於你所要複製的功能有**多少**，你要

更換的器官數量有**多少**」。[12] 他負責管理一間自動控制實驗室，決定將肌肉的運動和神經的功能分開。他可以合理地確定能創造出像真人的腳一樣活動的人工義肢，但是將它連結至身體的感覺——神經迴路又是另外一回事。[13] 他的猶豫顯示維納的許多主張，是多麼地純推測性。它們不只是一種技術，而且有意識型態的功能。即使未提到沃爾夫，道格拉斯・諾伯（Douglas D. Noble）在〈心靈軍備：美國教育中的學習和智慧軍事化〉（"Mental Materiel: The Militarization of Learning and Intelligence in U. S. Education"）一文中，主張控制論的典範事實上促進了美國社會、經濟、教育基礎建設的大規模轉變，正如沃爾夫所預測的那樣。[14] 諾伯認為這些轉變主要是由美國軍方所驅動的。諾伯堅信人機合體人不只是科幻小說的幻想，而且正是現代美國士兵的形象，包括連線至「智慧駕駛座艙」的飛行員、連結電腦導航系統的砲兵，以及地面的攻擊可在全球電視上即時傳播的步兵。他的分析和「新大腦皮質戰爭」（neocortical warfare）的軍事策略主張，以及克里斯・葛雷（Chris Gray）所描繪的人機合體人的軍事利益一致，[15] 這些都表示出維納反軍事的立場不足以防止戰爭和控制論的結合，這是他既懼怕卻又協助開啟的結合。

　　《地獄邊境》採用了〈自畫像〉所抗拒的，想像在戰爭的刺激下，機器零件不再受限於模仿著有機體四肢，而是連接到人類的神經系統，而形成一個整合的自動控制電路。《地獄邊境》透過運動的比喻，來描述這種朝向拼接的移動。在此沃爾夫追隨著維納的引導，因為維納大部分的例子聚焦在運動的功能障礙上。意圖震顫刺激（intention tremor）以使維納得到一些最初的成功實驗。透過複製意圖震顫行為的機制，維納診斷問題就在於反饋的不恰當正向擴大，他也顯示了治療的方法。其他運動功能障礙在 1984 年的《控制論》中同樣被診斷出來。即便和運動技能沒有明顯相關的現象，也被描繪

成是各種運動的寫照。例如：思考被描繪為跨越神經突觸的運動，神經分裂症被描繪為認知－神經迴路中的反饋問題。維納強調運動，意味著治療了運動的功能障礙，便能治療患者不論是肌肉、神經或是心理的任何病痛。在此情境下，還有什麼比將戰爭建構為運動的功能障礙更像是自動控制的呢？在這個意義上，《地獄邊境》依循著維納在《控制論》書中詳細計畫的思路，一直跟進到沃爾夫挪用的特殊用詞。因為沃爾夫在許多方面都緊緊跟隨著維納，較為顯著的區別在於他堅決主張印刷的連字號、而非自動控制的拼接。最後，無論如何，他對這拼接的抗拒，還是無法抑制控制論更加駭人的意涵的影響，正如同維納雖抗拒自動控制對邊界的滲透，仍無法避免自由人本主義主體的崩潰一般。

　　當連字符號再也不足以遏制人機合體人宣洩所壓抑的暴力時，沃爾夫使用「連字符號」（hyphenation）理論出現故障或許是可預見的（怪異的是，文本的運作像是沃爾夫正無意識地重演著，從維納戰爭相關作品對防空設備的研究，將敵人映射到自己身上）。在《地獄邊境》的世界中，戰爭已經由資產主義的內陸地帶和共產主義的東方聯盟間的超級奧運所取代，這比賽設計為將致命的暴力昇華為健康的競爭。但在 1990 年奧運會上，有如承認維納無法避免自動控制在二次大戰後和軍事研究雜亂地結合般，人機合體人的競賽，舊詞新義式地、不知不覺地陷入戰爭，而非轉喻式地取代了戰爭。兩方運動員是自願截肢者，獲得的勝利同時歸功於為他們設計義肢的技術人員及他們自己展現的運動能力。傳統上，有卓越的技術的內陸地帶獨霸奧運。東方聯盟領袖毗濕奴（Vishinu），❹宣布這年將有所不同。他的人

---

❹ 毗濕奴（梵文विष्णु），其他稱號有訶利（Hari）、幻感天王、那羅延等，印度教三相神之一，主掌「維護」之神，被視為眾生的保護神，性溫和，好施予恩惠，常化身各種形象拯救危難的世界。

民已厭倦了內陸地帶帝國主義的得意自滿，並將證明他們並非二等殖民，而是優秀的控制論者。東方聯盟人機合體人開始橫掃競賽，在每個項目中大獲全勝。

　　比賽開始數週以前，毗濕奴曾生氣地暗示兩國日益分裂中。雙方都仰賴建造義肢必須使用的稀有金屬鈳（columbium），[5]而東方聯盟指控內陸地帶一直試圖囤積世界上鈳的供應。在最後的典禮儀式上，毗濕奴不是確認東方聯盟的控制論者將會與內陸地帶分享技術（依照慣例），反而向東方聯盟運動員示意，要他們顯露出最新創新發明的義肢：終端是槍的人工手臂。根據西方自己的邏輯，毗濕奴諷刺地辯論說，東方聯盟在控制論上的勝利，意味贏得了全世界的鈳的權利。當馬丁在遙遠的山間隱居，不敢置信地看著電視時，東方聯盟人機合體人朝向內陸地帶官員所坐的觀眾席開火。戰爭的裝備向內爆炸，和肉體及骨幹接合起來。這個自動控制拼接的結果是，戰爭從身體內部向外輻射開來。

　　在最後一役，當 EMSIAC 電腦無意中將馬丁的飛機開返基地──幾乎確定這是讓他回去送死──馬丁拆下電路纜線，毀掉通訊控制箱。但因殖民化在人和政治體內進展頗深，使他不再只消拆下電纜就能使電路失能。他並未逃到邊界，反而匆忙來到市中心，返回首都，並要求和毗濕奴在西部的敵手海德（Helder）會面。他使用名片上祕密的暗示──暗示一件只有他和海德知道的事件，透過人機合體人電路激發了的焦慮的網路。這被壓抑的焦慮返回來，以拒絕被埋葬的屍體的形式現身，在敘事中出沒。遍及在馬丁的記事本中，都以雙關語和半閃現的回憶浮現來提及。最後，戰爭爆發了，壓抑的記憶

───────────────

❺ 鈳為鈮（Niobium）之舊稱，是一種延展性高的質軟金屬，用於製作合金，最重要的應用在特殊鋼材使具有高溫穩定性，適用於鑄造錢幣和首飾、焊接、核工業、電子和光學儀器等。

全數迸發而和盤托出，這屍體名為羅絲瑪莉（Rosemary），是海德帶去大學和平集會的一個護士。他發表了激昂的演講後，和她返回她的公寓，想要和她發生關係。被她拒絕後，他竟殘忍地強暴了她。他離開後，她割腕自殺。馬丁在這事件中扮演的角色，是很勉為其難地為室友海德提供不在場證明，讓他逃避因強暴殺人罪而被起訴。馬丁對此事件的回憶，及利用此來處理政治危機，暗示身體政治和身體政治學，就像義肢和身軀一樣，在積體電路中拼接在一起。

　　貫穿在整個文本中，敘述者——以及在他背後的作者——對女性表現了深刻的矛盾感。這種矛盾，就像沃爾夫的控制論小說中的其他事物一樣，都是透過運動的比喻來描述的。抵達內陸地帶不久，馬丁向下面公寓的陽臺上看，看見有個四肢截肢者躺在躺椅上看書。有一個妙齡女子試圖色誘他，並開始解下他的義肢。他沒興趣，推開她，繼續閱讀著。這事件闡明了性政治在「不動」的情況下如何運作。女性被禁止成為自願截肢，而在性邂逅時採取主動。她們拒絕與穿義肢的男性做愛，這是因為生物體和裝置之間接合的界面不完美，在壓力或緊張時刻義肢易於晃動失控，而粉碎在附近的任何東西。女性與那被截肢而能不動的男人為伴，已經使她以優勢體位而施展完美技術，不需要男性的動作就能得到滿足。當來訪的東方聯盟藝術家妮恩（Neen）勾引著他時，馬丁得到第一手示範。對馬丁而言，男人在性愛期間不動是淫穢的觀念，因為他相信，對女性而言，唯一正常的性經驗是以男性在上的優勢位置而讓她達到的「陰道」性高潮。像他的維多利亞先人般，馬丁返祖地督導婦女在性行為中做哪些動作才適當，必要時甚至用暴力來強制執行。為了報復妮恩，並確保自己在她「陰蒂」高潮後不會被去勢，所以強暴了她並強迫她有陰道高潮，這段文字向我們擔保她不管自己怎樣也很享受。在這裡，強暴事件發生在沃爾夫主控動態的情況下，反映了他自己深深厭惡女性的觀點。儘

管如此，敘述向前發展，直到回想起另一件強暴的時刻，以及當敘述者所陷入的人機合體人電路系統使他的控制變得較不確定的時候。

在結構的層面上，文本透過建構男人和女人之間的類別和階級差異，來維持男性身分意識型態的純潔。男人具有真正的陰莖，女人有影子代理，被敘述者稱之為「幽靈陰莖」；男人是主動的，女人是被動的；男人具有確實無疑的單一性高潮，而女人的性高潮則是口是心非以及雙重性的。男人對性侵犯有所反應，但（敘述者堅稱）性暴力是女人先開始的，即使是她被強暴。這本小說讀來就像一本魔鬼的性別歧視信仰字典，即使以 1950 年代的標準來看，像是新石器時代的（Neolithic）產物。但在這同時，這文本也漸漸地形成一種無法明確表達的領悟。如同人和機器一樣，男性和女性在一個反饋電路上拼接在一起，這使他們得要彼此互相決定。不亞於地理政治意識型態，性別意識型態也被自動控制典範所顛覆和重組了。

沃爾夫異常驚人的性別歧視觀點呼應了影響他頗深的精神分析師愛德蒙・伯格勒（Edmund Bergler）的觀點。[16] 伯格勒承認有些女性在男性處於優越地位下難以達到高潮，但他仍然堅稱，對女性而言，唯有男性居這地位和「陰道」高潮才是正常的。《地獄邊境》刻劃這觀點，書中女人一般的（遠非「正常的」）狀態是冷感。馬丁隨意地用這標籤形容除了他的島民妻子歐達（Ooda）以外，每一個和他親近的女人。冷感可用來指太激進好鬥的女人（像妮恩），以及和馬丁發生性關係、但得不到滿足感的女人（例如他第一任妻子愛寧〔 Irene 〕，名字和馬丁押韻，意味著兩人的關聯）。他從未認為他本身及對女性的觀點有所失衡，他這盲點令人驚訝。此文本致力於認可敘事者的這盲點，但是也產生了超越敘事者甚至於沃爾夫的控制的模糊不明。

沃爾夫所想像的那一類人機合體人，將自動控制的拼接並置於附屬肢體連接軀幹之交接處。此拼接的位置暗示小說中性別政治繞著

象徵性的或真實的去勢恐懼，顯現出控制及支配問題極度的焦慮。沃爾夫，被他的傳記作家形容為留著大鬍子、叼著雪茄的矮小男人，在「不動」思想中，創造對男性肢體因技術延展而擁有超自然能力的幻想。[17] 但是在做愛時，這些延展部分被擺一邊，只有截肢的身體仍在。人工義肢增大成了非自然的強效，隱含的代價是萎縮的四肢，套用美國俚語，即第三隻腿或短臂。當馬丁發現他二十年未謀面的兒子湯姆（Tom）成為反義肢（Anti-pro）運動的激進分子時，這關聯變得很清楚。湯姆是個四足截肢者，無四肢的身軀成天乘著嬰兒籃四處傳播。戰爭爆發時，他原已截肢的身體又被炸碎的玻璃所切斷。馬丁在街上發現他，掀開蓋著他軀幹的毯子，看見他被去勢的痕跡以及受傷的軀幹。於是他向湯姆開槍，表面上是要讓他解脫痛苦，也許也是為了驅除他所代表的去勢幽靈。

從許多意義上解釋，《地獄邊境》是一部男性幻想的書，透過投射機制和女人互相關聯。此外，這幻想聚焦在男性青春期。「不動」思想在嬰兒的依賴和成人性能力之間搖擺，每當男人脫掉義肢做愛時，就重新創造動態的男性青少年典型機能。穿戴上義肢後，自願截肢（vol-amp）者英勇無比，甚至有連辛普森（O. J. Simpson）和麥克‧泰森（Mike Tyson）都稱羨的本領。脫下義肢，將退化為依賴女性的嬰兒。這變成為自願截肢者所追尋的整體性，藉由體驗到他內部如同超人象徵性去勢的嬰孩的分裂經驗而證實為謊言。女性以相對矛盾的方法建構而成——作為一個對男性暴力心甘情願的犧牲者、一個將兒子當作嬰兒來養育的母親，或一個極願意在男人象徵性的去勢中尋歡作樂的跋扈性伴侶。她不穩固的主體地位和男性青春期模糊不明的特徵是一致的。敘述者改寫的文章、用雙關語的偏好，以及對女性的敵意，令人憶起永遠的青春少男，他學會用馬丁所謂的「文字螢

幕」來和其他男性競爭，以及自我隔絕而不和女人涉入感情。

　　若《地獄邊境》這部小說只有這些內容，那只會令人感到挫折，而非令人感覺既挫折又很生動出色。使其如此動人的原因是，不但描寫自身的侷限，且有批判的能力。想想馬丁所解釋的「不動」思想為何會如此成功之故。作者在「不動」迷所使用的嬰兒籃上有個廣義的暗示。改編自伯格勒書中所探討的自戀理論，沃爾夫使他的敘事者表明截肢所造成的自戀傷痕是從男嬰和母親的分離而來的，然後憤怒地發現自己的身體和世界並非是共存的。[18] 截肢讓男人回到戀母情結前期（pre-Oedipal）的狀態，他的需求將能得到關愛並養育他的女性的照料。找出戀母情結三角關係以前創傷的時刻，沃爾夫重執行拉岡修正佛洛伊德時所做的事。❻佛洛伊德認定男孩去勢恐懼即為他看到女性生殖器且構思為本身所缺乏的當下，沃爾夫（隨著伯格勒）將焦慮的時刻定在更早期，就是在當嬰兒經歷和母親這最初愛的對象有一連串「分裂」和分離的時刻。[19] 考慮到此情景，女性所欠缺的並非焦慮的催化劑，而是嬰兒和母親間模糊不明的界線。母親是投射憤怒的對象，有兩個互相矛盾但又似是而非的強化原因。當她離開嬰兒，會使他受創；若不離開就會吞噬他。誰該為自戀創傷及其後果負責，正是《地獄邊境》焦急欲考量的問題——這也預設了違反邊界對建立男性

---

❻ 佛洛伊德所提出的人格發展論分為五期：口腔期、肛門期、性器期、潛伏期、兩性期，其中，處於第三期性器期的男孩會有戀母情節和閹割恐懼。相對於佛洛伊德的「泛性論」，雅各－馬利－艾彌爾・拉岡（Jacques-Marie-Émile Lacan）提出小孩在一歲半開始的鏡像階段，自我的概念形成，有能力分辨在鏡像中，被母親抱著的小孩和母親身體是分開的兩個獨立個體，這種分離也帶來最原始的痛苦。這種生理上的分離狀態和心理上離開母親的痛苦，即是創傷。參見史帝芬・米契爾、瑪格麗特・布萊克合著的《超越佛洛伊德：精神分析的歷史》（Stephen A. Mitchell and Margaret J. Black, *Freud and Beyond: a History of Modern Psychoanalytic Thought*, New York: Basic Books, 1995）。

主體性是核心的問題。在展現「分裂」的創傷時刻，文本對於該如何回答問題猶豫不定。似乎女性時常讓男嬰進入她的體內；但在其他時刻，這截肢的男人存心強迫女性扮演她們寧可逃避的養育者角色。事實上，一旦男女雙方開始接上自動控制的電路，起源問題就變得無關緊要了。每個個體構成另一個個體，在達到這認知的過程中，文本探索著人機合體人主體性，不管是多麼嘗試性的，因而超越了性別政治基礎的前提假設。

　　這過程的關鍵處在於文本實體的轉變，這轉變重演及呈現「不動」思想的文本動態性。文本實體起源係由馬丁的筆記「編號二號」（mark ii）自我塑造而來，以現在式敘事所寫成。馬丁留意到「不動」的口號聽起來令人不安，特別是一個人將被一臺蒸氣壓路機輾過的圖像（旨在象徵「不動」思想以前的科技，但對敘述者和讀者而言，正好描繪了「不動」的特徵）。只有當戰爭爆發了，馬丁方才明瞭為何這蒸氣壓路機如此怪異地熟悉。在他二十多年前寫的筆記本「編號一號」（mark i）中，使用了蒸氣壓路機作為諷刺戰爭機器的標誌。同一本筆記中，他以同樣諷刺的風格，書寫有關一個社會的諷刺幻想，那裡的人們自願砍斷自己的四肢，以預先制止戰爭殘暴的行為。馬丁離棄並駕飛機改道至島嶼上，海德在馬丁的工具中發現那本筆記，決定用此諷刺作品作為戰後真實社會的藍圖。海德以直接了當、自顧自的評語圍繞在馬丁尖酸的玩笑上，用口技發聲說出馬丁的話語，但卻說出了他自己想要說的訊息、而非馬丁的原意。因此馬丁的筆記的功用，就像是一個棄兒（正如他逃走時拋棄的兒子湯姆），從此變成了馬丁最害怕的事物（就如湯姆般）。此時的敘事記載於「編號二號」筆記本。這顯示了「不動」聖經其實就是馬丁被盜用的「編號一號」筆記的事實，證明文本實體也遭受到同樣的分裂、截斷以及再分裂，這些標記了文本內所呈現的身體。

　　雖然馬丁試著修復分裂的敘事，拋棄第一本筆記，並毀壞第二本，但是敘事仍然持續斷裂。這破碎片斷的形式是有意義的，因是根據「不動」思想的布局而進行的。文本分裂為軀幹及義肢延展，軀幹是主要敘事，義肢延展是透過繪畫在字裡行間加標點，以及在主體終結處頁面所塗的線條。義肢和軀幹以雙關語連結起來，像人機合體人電路系統般運作，拼接文章的有機身體和延展的義肢，而在默聲邊緣處運作。義肢（pros）不但是雙關語，而且巧妙地和帶有連字符號的贊成義肢者（Pros-pros）相連，也和較具危險性及電路的人機合體人（pros/e）相連，這截斷／拼接的名詞，即是文本實體文（prose）的名字，也是附屬在其上、且呈現在其中的義肢名稱。

　　沃爾夫不是唯一將寫作和義肢互相關聯起來的作者。在《義肢》一書中，大衛・威爾斯（David Wills）探討他父親的木製義肢和兒子有如選擇義肢般所採用的語言二者之間的相關性。軀幹和義肢，身體和寫作，都一樣有限制，且和超越這些限制的東西有相關性。「義肢就是如同一種寫作限制的自我寫作」，威爾斯質問他的文章本體和文本中他的（他父親的）身體之間的邊界和拼接處時，做此解釋。「沒有簡單的名詞，可稱這一段用身體談論而非從身體中發布而來的話語，同時了解無其他言談──非翻譯、轉換或關聯等其他意義──無其他概念，只有這是一種使身體平衡的行動，一種在身體和外表間的轉移或轉換。」[20]威爾斯在這困難而敏感的段落中書寫合併（conflation），❼指出這是一個文本實體和文中建構的身體的重疊。寫作是作者身體向外界延展的方法；在此意義上，寫作的功能就像技術上的輔助，與他的思想及神經線路緊密連結，如同義肢般地運作。同時，作品自身設法接受擁有義肢的意義，特別是這義肢是否該合併至主體身分識別中（在此

---

❼ 書寫合併（conflation）意指異文合成，如校勘不同版本而將異文合併。

情況下他就變成人機合體人），或應該保持在外部（義肢必然是自己以外的異物，而非人可使用的具有「天然的」靈巧性的東西）。對沃爾夫而言，這無法以明確或不含糊的方式來選擇。他既不能欣然接受變成文本人機合體人所意味的轉變，亦不能滿足於那活動範圍受限制的截斷文本。故他為文本製造義肢延展，同時也禁止文本將義肢視為自己本身。如同義肢／散文（pros/e）使自然人類身體概念不穩定一樣，故其使文本的概念只包含及體現實體印刷標記，且變得不穩定。義肢／散文意味一個文本拼接至一個控制電路中，超越了實體書的印刷排版，而成為它認可及否定的各種圖形和符號的義肢。

不意外地，《地獄邊境》文集中的電子義肢／散文（pros/e），意味一個分散的主體性。當訴說著文本軀幹（亦從其中發出）的聲音很清楚地描繪為馬丁時，生產義肢旁注和被其產生的主體更加難以識別。哪一個聲音發自哪個文本主體的問題，是沃爾夫寫作生涯上複雜的議題。為增加收入，他曾有一段時間為比利·羅斯（Bill Rose）報業聯盟專欄代筆。在此，他的話語是以簽署著別人名字的印刷體出版。他也為包含《麥肯尼斯畫報》（*Mechanix Illustrated*）的科普雜誌寫文章，經常以別人的署名投稿。此外，他還和人合寫初級科普書籍。其中，《塑料大眾需知》（*Plastics, What Everyone Should Know*）這本以沃爾夫之名出版，但卻是他人所寫的。[21] 雖然這是二次大戰時成熟的合成化學產品，及沃爾夫想像是義肢所選擇的物質，就像是他的文集的義肢般作用，透過別人用口技發聲的印刷品來延展他的名字。

欲探討馬丁的語音敘述和繪圖之間複雜的運轉、非言語的線條，以及像文本主體的義肢的雙關語新詞，我想更加詳細地考慮其中一張圖的細節。這圖顯示一個裸體女人有三條義肢——這是「不動」的標誌——從她的乳頭凸出。[22] 她戴著眼鏡，攜帶一支巨大的皮下注射針

筒，脖子上繞著一串連續的小圓環，代表 1950 年代流行的被稱「項圈」（choker）的短項鍊。在她身體的右邊是一個醜怪、包尿布的男性身軀，缺手缺腳，不穩地暫歇在四輪馬車上，車子配備著「不動」義肢而非輪子。他張口無聲地吶喊著，也許因為這女人正拿針對著他。就在緊接這插圖之前的文本中，提到羅絲瑪莉。雖然截短了的文本未提到此圖，似乎的確未留意到其存在，但羅絲瑪莉的名字就在鄰近，顯示這是她所畫的，而針筒可能意味著她的職業是護士。

　　更廣義而言，此圖描繪了「不動」的女性。有聲敘述以口技使她的身體能說話，說出她讓男性遭受的不公不義，構思她為一個人機合體人，養育人機合體的兒子並將他去勢。她所揮動的針和從乳頭長出來的腿，表示她過分的暴行，導致愛人及兒子有所欠缺。在這深深厭惡女性的書寫中，出現女性被強暴是因她自己要求如此的謬論，並不令人驚訝。女性暴行被描寫為激發鼓舞了男性暴力，而強暴是男性文學式的復仇，以報復女性對年幼無法自我保護的男性所施加的暴力，這敘述的聲音，努力找出女性體內殘酷無情的分裂，和截斷動力的來源。根據本文軀體，女性身體拒絕尊重本身和其他人適當的分界線，開啟了向下螺旋狀的截肢及終極大屠殺。

　　相對於這敘事的建構有以繪圖、非語言的線條、雙關語、敘事缺乏的連貫等等所授予的其他不同詮釋。從這些被朱莉·克里斯多芙（Julia Kristeva）和女性關聯起來的符號學空間，那用以建造男女性特徵的階級分類敘事[23]，產生了倒置和瓦解。羅絲瑪莉在文本世界中被寫成自殺而不存在，返回繪圖的義肢空間，且要求被認可。在許多層面上，這繪圖解構了敘事的性別分類。在所呈現的世界中，不允許女性成為人機合體人，但女性形體比起任何男性卻有更多的義肢（pros）附加在身體上，在此世界中，女人的位階排在男人之後，但因女性身體在左邊，故被「閱讀」為在男人身體之前。最重要的

是，在所呈現的世界中，男女是分開的而且互相有別，但在這空間中，男性身體的部位依附在女性身上。發聲的敘述面對這些分裂瓦解，被迫承認其並非明確地掌控文本空間。符號干擾對書寫世界的整體化主張提出了質疑。

敘事內部的矛盾反映出挑戰，將符號斷裂的暗示轉譯為義肢／散文（pros/e）。當表達的敘述試圖解決這些矛盾時，它自動循環到更接近於理解到男女性的階級分類已內爆入同一空間。馬丁施行的腦葉切斷術暗示了這崩解的深度。欲除去顛覆性（女性的）因素的心理（在《地獄邊境》中編碼的男性），必須截肢。有一段時間，截肢是有效的，使得男性在裝上有新效力的義肢後性能力會增強。但最後這些會被蛻去，且再度面對女性。潛在下面無聲的女性和其所沒有的義肢者合併，再重新啟動一個新的暴力和截肢的循環週期。不論切割多深，他們不會切除纏繞和建構後人類和後印刷體的曖昧不明。《地獄邊境》想像控制論為寫作科技，將人機合體人性別不確定的電路系統，銘刻在傳統性別的階級種類上。

沃爾夫這位 1950 年代早期白人男性作家，意識到性別政治的一些關聯性正在開始轉變。敘述者幾度提及「婦女解放」，以問號及作者的輕蔑嘲笑作為區隔，但是，即使是他也難逃內在的女性。在第一本筆記的最後，他整頁大大寫了一個「不」（NO）字，在第二本筆記最後，敘述者以同樣激烈的「是」（YES）作為結尾，意思是對人類使用連字特性的肯定。他母親的本名「諾伊是」（Noyes，讀音像 No-yes），隱約感受到母系繼承和他所追尋的肯定之間的關聯。但連字符號和拼接不同。他將 Noyes 寫為 No-yes，以求畫出一條界線，而保存連字符號每個半邊不同的實體。他對性別政治發聲表達的讓步，同樣侷限於了解到女性不全然是妖怪。對他而言，真正的權力關係在性別歧視關係危急關頭時，依然不透明而令人費解。如同連接至控制電

路所具有的深層含意一樣。

　　《地獄邊境》超越了其所能訴說的，即由敘述者用「文字螢幕」的意象寫進文本的矛盾之處，隱藏了他不知道的一些事。從頭到尾，有一些頓悟閃現超越他的構想，也未能被他的理論化充分說明解釋。最終結果是有另一個聲音試圖浮現出來，未必是沃爾夫本人所寫的，反而是他能想像但無法完整闡述說明的自動控制迴路。正如馬丁第一本筆記被海德用口技發聲一般，敘述整體被一個能量的聚集用口技發聲，使它可談及未來；其中連字符號讓位給拼接的義肢／散文（pros/e），而成為名副其實的人機合體人。若義肢所意指的作品擁有權不清楚，那麼，這模糊是恰當的，因為這顯示自動控制迴路的控制權，不是一個局部化的功能，而是一種新興的特性。非完全能掌控，亦非完全失控，《地獄邊境》在重要辨識的邊界上搖擺不定。

　　在某種意義上，《地獄邊境》的主體是住在想像的「不動」世界中的人機合體人。在另一層更加字面的意義上，此書的本體橫跨書頁的鉛字建構而成。通常，一般讀者會注意到其所呈現的世界，只是略為注意到文本的實體。但是當《地獄邊境》書中義肢／散文變成人機合體人時，符號的想像世界和印刷品實體被拼接起來。在文學中，文本實體形式和其呈現的世界相互的平行由來已久，自十七世紀喬治‧赫伯（George Herbert）的圖像詩（iconographic poems），到凱西‧阿克（Kathy Acker）書頁上充滿地圖、刺青和身體書寫的當代小說。沃爾夫所使用的相關性極有特色之處，在於建議文本中的身體和文本的實體不只是呈現、也創造了一個人機合體人，新邏輯的接合運作著，將文字形體和想像意義加在一起。在這整合了的電路上，文本的實體和文本中所呈現的身體朝向後人類、後印刷的未來演進，人和智慧機器共同拼接到一個積體電路上，主體性被解散了，發聲沒有區域性，印刷品的本體以義肢作為標點，且許多東西的邊界被動搖了。

《地獄邊境》不只是一個管道,讓控制論概念通過它,在 1950 年代更廣泛的美國文化中沸沸騰騰,也上演人機合體人和文字實體間複雜的動態關係。如此一來,證明二者相遇後不會保持依然不變。

第六章

自動控制學第二波：
從反身性到自我組織

　　一切就是從一隻青蛙開始的。梅西群組核心人物──包括沃倫‧麥卡洛克、瓦爾特‧皮茨、傑羅姆‧萊特文等人，在他們的一篇經典文章〈青蛙的眼睛告知其大腦什麼〉（"What the Frog's Eye Tells the Frog's Brain"）中，進行了青蛙視覺系統的創新研究，他們簡潔精確地證明了與其說青蛙的視覺系統**表現**真實性，不如說它**建構**真實性。[1] 對青蛙而言是如此，對人類亦是如此，因為無理由相信人類神經系統是特別建構來顯示這世界「真正的」情況。這研究群組中，並非人人對於這研究潛在激進的認識論涵義有興趣。例如：麥卡洛克始終忠於現實主義認識論的想法。但是有一位從智利來的年輕神經生理學家胡貝托‧馬圖拉納，也是研究群組之一員，以此為躍向未知事物的跳板。他擴展傳統科學客觀性，開發新方法來探討生命以及描述著生命系統的觀察者的角色。他從三方面著手結合了他所開啟的認識論革命，這是我們一直以來所追蹤的三個故事：信息的具體化（reification information）、機器人文化和技術的建構，以及從人類變為後人類的轉變。如此一來，因為有馬圖拉納和他的合作者法蘭西斯科‧凡瑞拉的研究成果，使這三方面在 1960 ～ 1985 年，自動控制論第二波期間，有了決定性的轉變。本章節循兩人走過的途徑，他們深度探究──承認觀察者正如同那隻青蛙，並非只是察覺預先存在的系統，而是透過觀察行為而創造了這系統──這件事的意義為何。

　　第一波和第二波發展一串連續改變的核心，是反身性困難且變化

多端的概念。誠如本書第三章中所見,梅西會議與會者努力地解決反身性問題,卻不太成功。這特殊的狀況——將反身性嵌入精神分析論述中、庫比人格令人嫌惡之處、反身概念的不可量化——操控著反身性而影響後續的發展。[2] 格雷戈里·貝特森在 1968 年研討會表明說,納入觀察者時產生的問題,只有當大量重寫現實主義認識論時方才被處理。貝特森直覺地跳到結論,認為主觀經驗的內在世界是外在世界的隱喻,始終是瞬間的領悟,而非像麥卡洛克這般實驗主義者所贊同、可靠的量化推論。問題在於如何使新的認識論能結合實驗程式而運作,用經驗數據資料取代直覺。

這一系列演變著的事件中所爭議不斷的,是有關信息、人機合體人和後人類的科技概念等非常關鍵的議題。如同諾伯特·維納一般,馬圖拉納緊跟隨著自由人本主義思想。對他而言,關鍵點在於要如何才能保有自主性和個體性的核心樣貌,縱使仍然將這些從笛卡兒式(Cartesian)❶的和啟蒙的架構深處扭轉出來。雖然奮力想「說些新鮮事」,他的研究複製了第一波的假說,同時也徹底修正了其他人的研究。[3] 我們在海因茲·馮·福斯特的文章中,可見到這種初期的奮鬥形式,他是一位溫和卻關係良好的奧地利流亡者,身為第一波和第二波自動控制論過渡時期的人物。從這點出發,我們將開始追蹤由馬圖拉納所挑起的認識論革命,描繪此革命與前述三個故事的關聯,最後探討一些不同的假說,使馬圖拉納與他的合作者凡瑞拉因持這些不同的假說,而朝向新的方向發展。

❶ 十七世紀及十八世紀歐洲地區發生的啟蒙運動,相信理性和知識,用理性、經驗或科學解決問題,破除迷信和神祕主義。笛卡兒是法國啟蒙時代哲學家、理性主義的代表人物,主張心靈物質二元存在。

回顧反身性

　　馮‧福斯特於 1948 年離開奧地利，二次大戰期間為德國做了微波電子學研究，這是應用在雷達方面的重要研究（他 1949 年的履歷表將許多此等研究列為「機密」）。[4] 1949 年春天，他去函給向來以慷慨大方幫助年輕人著稱的麥卡洛克，請他幫忙在北美找工作。[5] 麥卡洛克為這個奧地利人覓得伊利諾大學一個職務，亦介紹他進入梅西群組。不久之後，麥卡洛克和米德問他是否願意擔任出版會議紀錄的主編。原先他因為英語非本身的母語而有些疑慮，但最後還是同意接受。既然名字出現在標題頁上，因此他和其他人一樣，與這份會議紀錄出版品密切相關。

　　直到梅西會議結束，馮‧福斯特方才試著更完整地發展將觀察者納入而視之為系統的一部分的認識論涵義。他作品集的書名《觀察系統》語帶雙關，宣稱反身性為核心主題。「觀察」是（人類）系統所為；從另一個意義看，（人類）系統本身可被觀察。最早的一篇文章〈論自我組織系統和環境〉（"On Self-Organizing Systems and their Environments"）是從 1960 年發表的報告而來，顯示福斯特視反身性為循環動態，可用來解決唯我論（solipsism）的問題。他問道：如何得知其他人的存在？因為他就在想像中「體驗」到他們。此體驗使他相信，其他人也同樣地在想像中體驗到他的存在。「假如我是唯一真實的，結果我在某人的想像中，此人反過來也假設他是唯一真實的。」[6] 在交叉的唯我論循環上，我以想像力來構思某人，然後在這個人的想像中，發現反映出我自己。[7] 因此我不只確保了這人的存在，還有我自己的存在。儘管這論點很動人，但在邏輯上卻是不通的，因為並未保證他人想像中有我，如同我所想像的他們般。也許我正在想著的不是馮‧福斯特，而是大麥克漢堡。即使初出茅廬的哲學家也能粉碎

這番論點，但這也許有些離題。馮‧福斯特本身似乎認知這論點在哲學上等同於「從帽子中拉出一隻兔子」的魔術般突然獻出絕招，因為他透過宣稱他所要證實的，就是真實的存在，最後終於「解出」圍繞在唯我論想像的矛盾問題。

　　雖然他的論點非常不嚴謹，但所提出的想法很有趣。它的一些涵義可用一幅插畫來解釋（是戈登‧帕斯克應馮‧福斯特要求所畫的）❷：有一個人戴著圓頂硬禮帽，他頭腦中有另一個人，頭上也同樣戴著這頂圓帽，而這人頭腦中又有一個戴圓帽的男人。[8] 這些頭戴圓帽的人的無限回歸（infinite regress），不僅創造了一個觀察者透過觀察他人來觀察自己的意象，更在視覺上區別了觀察者為更大的生物系統中的一個獨立分離的系統。梅西會議之後留下的問題，其中和反身性相關的核心問題是如何討論它，卻不至於落入唯我論或訴諸心理分析。梅西會議的訊息很清楚：若反身性要變得可靠，需和主觀性隔離，並且呈現的語境至少為形式嚴謹（最好是數學公式）的可能性。正如諾伯特‧維納後來所宣稱的：「控制論若非是數學上的，就會什麼都不是。」[9] 將觀察者視為從生物體區分出來的一個系統，這是使反身性較易於管理的一種方法，可將觀察者的問題簡化為系統之間的溝通問題。

　　整個 1960 年代間，馮‧福斯特始終相信反身性的重要，並實驗了各種方式來制定它的規範。就在 1969 年有了突破，當時他邀請馬圖拉納至伊利諾大學研討會議上演說，在那裡馬圖拉納揭露了「認

❷「戴圓頂禮帽的紳士」（The Gentleman with the Bowler Hat）這幅插畫用以解釋「自我指稱自我中的自我」（self-referential selves within selves），是經典的唯我論者（solipsist），表示人們所知覺的一切存在他們心中，故他們是唯一真實存在的。參見以下網頁的附圖：http://www.mediaarchitecture.at/architekturtheorie/bikini_bottom/2011_bikini_bottom_en.shtml。

知是一種生物現象」的想法。[10] 馬圖拉納理論的力量想必深深地影響了馮‧福斯特，因為從此之後，他所深思的反身性在複雜度上向前躍進了一大步。加深的複雜度出現於他 1970 年的文章〈分子動物行為學：一種用於語義澄清的不正常提案〉（"Molecular Ethology: An Immodest Proposal for Semantic Clarification"），文中他將焦點從觀察轉移回到觀察者本身，以此反身移動來批評行為主義。他認為行為主義並未證明，動物是給予既定輸入便能有可預測的輸出的黑箱子。相反地，行為主義顯示使動物能有如此的表現，是因為實驗者的聰明和力量。「我們並非要在環境中尋找能將有機生物體轉化為微小機器的機制，而是必須找到有機生物體內能將所處環境轉變成微小機器的機制。」[11] 在這裡，反身性從戴帽的男人轉變為開始對客觀主義認識論的強烈批判上。直到 1972 年為止，馮‧福斯特已經徹底被馬圖拉納的理論所說服，故在《觀察系統》書中最新發表的文章〈關於生活事物認識論的注解〉（原文 258-71 頁），他以一套有編號的準數學命題的循環集合形式，重寫馬圖拉納的理論，其中最後一個命題重複了最開始的命題。

　　為追溯馬圖拉納認識論的演變，現在且讓我們看看他那篇開創性的論文〈青蛙的眼睛告知其大腦什麼〉。文中，馬圖拉納和他的合著者們證明，青蛙的感覺器以一種深度處理過的和物種特有的語言對著大腦說話。欲得此結論，他們在青蛙的視覺皮層中植入微電極，用以測量對各種刺激的神經反應的強度。此時，青蛙的大腦成了控制電路的一部分，一種重配置以產生科學知識的生物裝置。嚴格說來，青蛙的大腦不再僅僅屬於青蛙本身了。因此，我將不再使用所有格，而是隨這些作者們，將青蛙的大腦簡稱為「大腦」（這個短語很怪異地呼應了本書第五章已討論過的諾伯特‧維納短篇小說的標題）。研究人員從這加裝了線路的大腦發現，快速但不規律運動中的小物體會

引起最大反應，而動作緩慢的大物體卻引起很少的反應或全無反應。
從青蛙的角度來看，很容易了解這規律感知的設備是如何適應的，因
為它讓青蛙能感知到蒼蠅，而忽略其他青蛙所不感興趣的現象。結果
意味著青蛙的感知系統紀錄的現實，反而不如牠**建構**的真實來得多。
正如作者們所指出的，他們的研究「顯示〔青蛙的〕眼睛用一種高度
組織過和詮釋過的語言對著大腦說話，而非將或多或少複製準確的光
線分布傳送到接受器上。」[12] 這研究致使馬圖拉納得到他認識論的基
本準則：「一切言說都是由觀察者所言（"Everything said is said by an
observer."）」（*AC*，第 xxii 頁）。難怪本文很快被視為經典，因為將現
實主義的認識論炸開了一個青蛙大小的洞。

　　儘管這篇文章的**內容**有潛在激進的意義，但它的**形式**重寫了以
傳統現實主義所假設的科學論述。結果以一種客觀主義者的言詞來報
告，掩飾了他們透過實體研究者所感知和認知的界面來詮釋，他們的
感知至少像青蛙的知覺一樣會改變。多年以後，馬圖拉納回憶他和萊
特文持續在客觀主義架構下研究，即便這架構也被他們本身的研究所
質疑。在《自我生成與認知：體現生命》（*Autopoiesis and Cognition:
The Realization of the Living*）書中序言，馬圖拉納回憶道：「當傑羅
姆・萊特文和我寫了數篇有關青蛙視覺的文章……我們用隱含的假設
來處理一個明確定義的認知情況：有一個客觀的（絕對）的真實，
在動物之外且是獨立分開的（非由它決定的），可以被動物感知（認
知）……但即使如此，引導我們思想和寫作的認識論，是獨立於觀察
者之外的客觀真實。」（*AC*，第 xiv 頁）面對這種前後矛盾，馬圖拉
納做了一個選擇。他可以繼續在科學客觀性的普遍假設下研究，或者
設計一個新的認識論以建構一個世界觀，其符合他所認為的實驗性研
究結果。

　　他的突破是在研究其他動物的色覺上，包括鳥類和靈長類動物。

他和他的合作者們（這次不是梅西集團成員）發現，他們無法將可見的有顏色的世界，映射到神經系統的活動上。[13] 在感知和世界之間，並不存在一對一的關聯性。但是，他們可將動物視網膜中的活動與其對顏色的**經驗**關聯起來。若我們認為感覺接受器構成了外部和內部間的邊界，這意味著視網膜在組織上是和內部、而非外部配對起來。馬圖拉納從這研究和其他相關研究中得出結論，即感知並非從根本上是可再度表現的。他主張，有一個客觀存在的世界這樣的說法是誤導的，因為一個世界的想法就是意味著有一個領域，已經先於觀察者所做的建構而早已存在。當然有一些東西就「在那裡」，會用這詞是因為我們缺乏更好的術語來稱呼「真實」。但是，它為了我們和所有生物而存在，**只透過完全由生物本身的組織所決定的互動過程。**「描述絕對的真實是不可能的」，他和凡瑞拉在《自生系統和認知》中如此寫道，因為此種描述「需要和被描述的絕對事物彼此互動，但是從這互動中產生的呈現，必須被觀察者的自生組織所決定……因此，它產生的認知真實將不可避免地和觀察者是有相關的」（*AC*，第 121 頁）。因此，他被引導到理論基礎的前提假設：生命系統在自我封閉且置世界於身外的組織邊界內運作。

　　馬圖拉納與凡瑞拉在《自生系統和認知》一書中發展出這深刻的理解。他在導論中解釋，之所以推導出這理論，是他決定看待「神經系統的活動，是由神經系統本身決定，而非由外部世界決定；因此，外部世界在釋放內部決定的神經系統活動中，只有驅動的角色」（*AC*，第 xv 頁）。他的關鍵見解是認知到如果神經系統的行動是由其組織所決定，那麼，結果是循環的和自我反身的動態。生命系統的組織導致產生了某些產物，例如核酸（nucleic acids）。這些產物反過來再產生該生物系統的組織特性。為描述這種循環性，他創造術語「**自生系統**」（autopoiesis）或自我製造（self-making）。「它的組織循

環性，使一個生命系統成為互動的單位，」他和凡瑞拉在《自生系統和認知》中寫下，「它必須維持這種循環，以維護生存的系統，並透過不同的互動來保有身分。」（*AC*，第 9 頁）建立在這種自生封閉的前提上，馬圖拉納對我們如何認知這世界，發展出一個有所不同的嶄新、驚人解釋。[14]

　　這個解釋是什麼呢？進入其中的一個途徑，是將他的解釋視為企圖透過清楚區分兩個描述的領域，來抵抗擬人化的投射（anthropomorphic projection）。一方面，可以說他們本身有所謂自生過程的循環性，需注意除了他們所展現的以外，不要將任何東西都歸因於他們。另一方面，觀察者可做一些推論，是將自生系統置於某種環境情境下所導出的。觀察者在一段時間內，同時看到系統和媒介，於是建立了因和果、過去和未來之間的關聯。但這些都是觀察者的推論，而非自生過程原有的。假設說，我看到一隻藍松鴉掠過樹林，棲在鳥澡盆上。我也許會想：「哦，牠要喝水。」其他物種若缺乏顏色視覺，將會被這件事激發，而做出不同的反應。青蛙可能會注意到快速的、飄忽不定的飛行，但未察覺棲息著的藍松鴉。每個生命系統因此透過用其自生組織造成有可能的「互動領域」，而構成牠自身的環境。存在領域外部的就不存在系統中。馬圖拉納意識到，他正在與深植日常語言中有悠久傳統的現實主義許多的假設搏鬥，開發了一種精心設計的辭彙，預防擬人論不知不覺再回來。在 1968 年 5 月發生於智利的學生革命期間，他更加深刻了解到，需要一種新語言來陳述他的理論。就在那時候，他在《自生系統和認知》一書中寫道，他發現「語言是一個陷阱，但整體經驗是一所美好的學校，在那裡可發現人是何等沉默、聾啞和盲目……當一個人開始傾聽，他的語言便開始改變；然後，也就只有在那當下，新事物才得以被訴說出來」（*AC*，第 xvi 頁）。

我們馬上分析馬圖拉納就像梅西會議參與者一樣，似乎無法逃脫陷入自我反身的語言這個「柏油寶寶」❸的泥沼。現在，就讓我們探討他試圖想表達的「新事物」。無庸置疑地，他笨拙的──許多人甚至毫不猶豫地稱之為折磨人的──言語，直接就出現在讀者面前。[15] 但是，在嚴厲評斷之前，我們應該要記得，馬圖拉納就是試圖對我們如何認識這個世界的方式，做不同解釋。由於人類部分透過語言，來為他們自己形成世界，他不可能「拎自己鞋帶把自己提起來」般地完全只依靠自己，❹只有試著透過使用唯一可用的語言來談論新語言，很早就確定了的這通用語（*lingua franca*）的意義，已和他試圖想像的非常不同。

現在，我們可從觀察者這個有問題的結構開始看。從馬圖拉納的觀點來看，「觀察者所執行的基本認知運作就是區別的運作」（*AC*，第 xxii 頁）。受到斯賓賽－布朗（G. Spencer-Brown）的影響，[16] 馬圖拉納（甚至凡瑞拉在他的作品《生物自主性原則》〔*Principles of Biological Autonomy*〕更加受此影響）將分辨視為標記空間的運作，將未被分辨的物質區分成內部的和外部的，或用馬圖拉納的術語來說，區分成一個個體和這個個體所嵌入的媒介。由觀察者所區分的個體可分為兩種類型：簡單的和複合的。簡單的個體「只具有透過辨別而使其與背景分離的屬性」。相反地，複合的個體具有「結構和組織」（*AC*，第 xx 頁），馬圖拉納把這兩個術語用在特殊意義上，這有需進一步解釋。

複合個體的組織是所有可能關係形成的複雜網絡，當這些關係互動時，可以透過彼此的自生過程來體現。當馬圖拉納談到系統組織

---

❸ 見第三章，譯注 。

❹ 原文為 pulling himself up by his own boot straps，直譯「拉自己的鞋帶以把自己拉起來」，我們將此成語意譯為「依靠自己」。

時，並非指這關係網絡如何以抽象的形式來描述。他反而想要以**組織**來表示，用自生個體的循環過程來舉實例說明的關係。對比之下，結構是複合單位在特定時刻所產生的特定實例。例如：當女人出生時，她有某種結構；進入青春期，有另一種結構；如果生病了，她仍保有另一種結構。終其一生，她的組織保持不變：那是人類生命的特徵。唯有當死亡來臨時，她的組織才會改變。據馬圖拉納所言，生物組織保存他們的自生組織的能力，這能力被視為生命系統的充分必要條件。所有生命系統都是自生的，所有物理系統，如果是自生的，也可說是活著的（*AC*，第 82 頁）。因此，生命和自生系統為彼此共同延展的。這裡展現馬圖拉納的術語所闡述的主張。「生物組織是一個循環組織，保障生命元件的生產或維護，明確說明了其運作功能的產物，就是產生它們的同一個組織。」（*AC*，第 48 頁）

　　為了解釋系統在環境中的嵌入性（embeddedness），馬圖拉納使用了結構配對結合的概念。所有活的生物體必須在結構上與其環境結合以持續生活著；例如：人類必須呼吸空氣、喝水、吃食物（*AC*，第 x-xi 頁）。此外，系統也可以在結構上彼此配對結合。例如：我體內的細胞本身可以視為是一個系統，但它要持續存在端賴本身與我的身體在結構上結合為一體。此處觀察者的角色再度變得很重要，因為馬圖拉納小心地分辨，媒介中的事件對和其結合的系統的影響，以及當觀察者感知系統和環境互動時，在他們心中所建構的因果關係二者之間的不同。當我的捕鳥獵犬看見一隻鴿子時，我可能會想：「哦，牠正在瞄準，因為看到那隻鳥了。」但按照馬圖拉納的說法，這是我自己在人類觀察者的「描述性領域」的立場所得到的推論（*AG*，第 121 頁）。從自生過程的觀點來看，當它們繼續實現自生系統，只有這些過程的交互循環，這循環總是在當下運作，並且總是生產著也能產生它們的組織。因此，時間和因果關係並非這過程本身固有的，而是觀察者推

斷出來的概念。「現在是互動發生所需的時間間隔，」馬圖拉納和凡瑞拉寫道，「過去、未來和時間，只為了觀察者而存在。」（AC，第 18 頁）

　　信息、編碼和目的論同樣是由觀察者推斷出來的，而非自生過程內在原有的特質。在自生的解釋中，沒有在反饋循環中流通的訊息，甚至也沒有任何基因碼。這些是觀察者用來解釋看見什麼所發明的抽象概念；它們存在於觀察者的「互動領域」中，而非自生系統本身。「遺傳基因系統和神經系統對環境信息進行編碼，並在他們的功能組織中表現它，這是站不住腳的。」據馬圖拉納和凡瑞拉指出：「遺傳基因和神經系統的編碼過程，指明了一系列從初始狀態開始進行的轉變，只能透過它們實際執行來解碼，而不是觀察者對在*他*的認知領域外的環境的*描述*。」（AC，第 53 頁）同樣地，「信息的概念指的是，觀察者在他所定義的替代領域內行為的不確定性程度，因此信息的概念只適用在他的認知領域內」（AC，第 54 頁）。這概念也適用於目的論。「一個生命系統並非一個目標導向的系統；就像神經系統一樣，是一個穩定且狀態已決定好的和嚴格確定的系統，本身可自我封閉，且被非特定的互動行為所調節，然而，這些調控只有對於從外部觀察生物體或神經系統的觀察者而言，是明顯的調控，從他本身的**概念（描述性的）**觀點，如同是位於環境中以及他的互動領域中的要素。」（AC，第 50 頁）

　　忽視因果關係的一個涵義是：系統總是按照它們自己應有的方式運行，也就是說不管其結構為何，總是按照結構來運作。在馬圖拉納的世界裡，我的汽車總是運作著，無論發不發得動，因為它只能符合其當時的結構而運作。我身為一個觀察者，判定我的車將不會運作，因為它未被發動。這種「間斷」，正如馬圖拉納和凡瑞拉所稱的，是屬於「觀察者的領域」（AC，第 55-56 頁）。因它們外在於自生過程，故也外在於馬圖拉納探討生命和認知的生物學的描述。馬圖拉納

在〈語言生物學〉（"Biology of Language"）這篇重要的文章中談到，
「結構所決定的系統運作必然是完美的：亦即，它遵循一個只由結構
中的鄰近關係決定的程序。在參考領域中，例如行為領域，當觀察者
期望未得到滿足時，可以宣稱系統發生了錯誤。」[17]

　　為評估自生觀察所導致的改變，現在且讓我們比較一下這種生命
系統的論點，和第一波控制論的論點。為比較這兩種理論，有一個方
便的聚焦點，就是自由人本主義，在這點上，它們對建構主體性的涵
義將變得很明顯。追蹤了這些涵義後，我們將考慮第二波控制論，對
我們一直密切關注的幾個糾結故事所造成的影響，即信息的具體化、
人機合體人的建構，以及人類成為後人類的轉變。

重新配置自由人本主體

　　如我們在第四章中所見，諾伯特‧維納與自由人本主義主體有
著複雜的關聯。這位理論之父將人類和機器放在相同的類別，但仍
然致力於創造一個自動控制論，將能保持自主性和個體性。他的噩
夢是人類退化為僵硬機器中的一個齒輪，失去了彈性和自主性的功
能，也就是維納視為自動控制生物體的生命權。這種控制論傳統的迴
聲持續縈繞著，在馬圖拉納將複合個體視為「自生機器」的描述中
呼應著（AC，第82頁）。馬圖拉納充分意識到稱呼自主系統為「機
器」的涵義，他清楚地表明他的理論絕未禁止人造系統成為自生的個
體。他和凡瑞拉指出「如果生命系統是機器，他們就可以被人所製
造」（AC，第83頁）。他們對於生命不能或不應該由人類所創造的那
種想法，感到輕蔑。「似乎有一種熟悉的恐懼是，如果一個生命系統
不僅可被人類複製，而且被人類所設計，那麼，對生命和生存的敬畏
將會消失。這真是胡說。生命之美好並非在於它是我們難以理解的天

賦。」（*AC*，第83頁）當馬圖拉納反對將生物特性賦予機器的第一波計畫時，他的評論探討了如何定義生命，而非機器也可以有生命的想法。例如：他批評約翰・馮・紐曼建造一個自我繁殖機器的提議，主張馮・紐曼模擬的只是生物學家的描述，而非他們本身的自生過程。馮・紐曼所建立的推論模型，是有關「發生在細胞中的信息內容、程式和編碼，透過模擬這些描述中所表達的過程，而產生了一臺機器，可以製造另一臺機器，但他並未模擬細胞繁殖、遺傳和遺傳學這些發生在生物系統中的現象」。[18]

　　這個批評點出了從馬圖拉納的立場到維納及他共同作者們的控制論宣言的立場，這兩者之間重要的改變。後者主張，重要的是系統的**行為**，但馬圖拉納卻認為，重要的是**自生過程產生的行為**。如我們所見，第一波研究者專注於建造能表現出控制論機制的人造物：約翰・馮・紐曼的能自我繁殖的機器、克勞德・夏農的電子鼠和羅斯・艾許比的恆定調節器。相反地，馬圖拉納和其他人，在第二波思潮中展望可作為自生系統的實例化過程。例如：恆定調節器可能表現自動控制的行為，但它不算是自生系統的機器，是因為它並未產生能夠生產其組織的零件。也許因為強調過程，自生理論已證實為很容易適用在分析社會系統。在自生系統理論中，比較值得注意的機器也許是一種狀態，而非「機器戰警」或「魔鬼終結者」。[19]

　　在第一波控制論中，邊界形成的問題對於建構主體性是極為重要的。邊界問題在自生理論中也很重要。維納的焦慮反覆出現，他討論當一個自生個體被封裝在更大的自生個體的邊界內時，例如細胞成為較大機器而運作時，會發生什麼狀況。細胞是否可以繼續如自主個體發揮作用？或者必須附屬於更大的個體而運作？為了區分這兩種狀況，馬圖拉納介紹了術語**他生的**（allopoietic）。雖然自生個體的唯一目標是持續生產自生系統，但是他生的個體除了生產他們的組織

以外，還有其他的目標。當我開車時，它是依照我所設定的目標來運作。例如：除了活塞不用他們的能量來修護自己以外，他們用自己的能量來轉動傳動軸，讓我能抵達商店。我以自生的方式來運作，但汽車是以他生的方式而運作。

在第四章中我們已見，控制論邊界問題每每涉及深度的倫理和心理問題，例如當維納想到自由主義解體時便會感到困擾的那些問題。在自生理論中，自生系統的主要影響之一，就是確保生命系統的自主性和個體性關鍵性質。因此，邊界問題經常出現在討論中，如自生系統將為自己保留多少自主性，以及它們將從其結構性結合的系統要求多少自主性等問題。他生和自生之間的區別，給了馬圖拉納一種談論社會中權力鬥爭的方式。在自生理論中，相當於維納所懼怕的人被迫如同機器中的齒輪般運作，是一種能夠自生卻被迫特別為人類而進行他生運作的系統。馬圖拉納理想中的人類社會，人在其中會「視所有的人類和自己等同，並愛他們……不要求他們大幅地放棄個體性和自主性，而是在整合成為觀察者時，接受自己願意接受的程度」（*AC*，第 xxix 頁）。他補充說明，這個社會「在本質上是一個無政府主義的社會，一個由觀察者為了自己所創造的社會，不會將放棄觀察者他們本身的條件作為對社會自由和相互尊重的唯一主張」（*AC*，第 xxx 頁）。在這修辭中，我們可以很容易地聽到自由人本主義價值觀的重新定義，即使馬圖拉納所倡導的認識論，與引發啟蒙主義主體的認識論大不相同。

然而，若是認為馬圖拉納的激進主義能輕易挽回自由主義的主體性，那就錯了。當客觀性問題出現後，他的立場和自由主義哲學間的分歧變明顯了。試想，他堅持道德不能從科學探究分開，便是一例。他不接受科學家只報告他或她所見到的，且在這個意義上仍避開了道德考量的假設，馬圖拉納於是想像自生理論作為重新連結道德與科學

的方法。自生系統強調自主性總是發生在結構進行結合的情境下，拒絕了會損害科學家－觀察者和被觀察世界間的關係的客觀主義。對馬圖拉納而言，觀察並不意味著觀察者與所觀察的事物保持分離；相反地，觀察者能觀察只因為觀察者與他所看到的現象在結構上結合了。擴大到社會倫理道德，這意味著「人是社會的動物……所有的行為，儘管是個人的喜好或抗拒的表達，都會結構性地影響了其他人類的生命，如此一來就會具有倫理意義」。結構上的結合需要人類「作為社會的構成元素，有必要實現個人的世界並有助於他人決定他們個人的世界」（AC，第 xxvi 頁）。

　　雖然馬圖拉納遵循了像維納這樣的控制論學者的自由傳統，賦予自主的個體很高的評價，但自主性的意義已經發生重大改變。馬圖拉納設想自主性和自由放任資本主義不一致，這和「個人自掃門前雪，莫管他人瓦上霜」❺的想法有所不同，也和科學家可以只執行研究計畫而不用擔心研究結果將如何運用的道德立場不一致。在這些方面，馬圖拉納所倡導的個人主義和自主性，挑戰了自由主義的主體性中所體現的前提，至少以同樣的程度也重寫了這些前提。

　　欲進一步探討自由主義主體性在自生理論中是如何同時被爭議和重述的，且讓我們來看看馬圖拉納對觀察者的解釋。馬圖拉納最明顯有別於第一波控制論哲學之處，在於他堅持認為必須考慮觀察者。**「觀察者是一個生命系統，任何理解認知為生物現象的概念，必然會考慮到觀察者及其身處其中扮演的角色。」**（AC，第 48 頁）觀察的行為必然導致反身性，因為觀察者所能描述的系統之一，就是身為自生系統的觀察者本身。但是反身性如馬圖拉納所設想的，與羅倫斯・庫

---

❺ 這段原文 each person is out for himself and devil take the hind most 直譯為「為了自己出來，落後者吃虧」，但更適合意譯，並借用中文成語將此句子在地化為「個人自掃門前雪，莫管他人瓦上霜」。

比在梅西會議上（見第三章）所介紹的精神分析的反身性大不相同。
對照庫比所強調的無意識象徵主義，馬圖拉納的觀察者沒有心理上的
深度或明確性。相反地，他的觀察者更像亞伯特・愛因斯坦（Albert
Einstein）在他特殊的相對論理論中所假定的觀察者。觀看的那個人
總是被簡稱為「觀察者」，而無進一步詳細的說明，意味任何物種的
個體若占據了該位置，將或多或少看到相同的東西。雖然觀察者的感
知建構了真實，而非被動地察覺，但對於馬圖拉納而言，這種建構取
決於位置（positionality）而非個性（personality）。在自生理論中，
與客觀論相反的並非主觀論（subjectivism），而是相對論（relativism）。

　　對馬圖拉納而言，若意識和無意識過程之間的相互作用不重要，
那麼觀察者是如何產生的？觀察者起先是個自生個體，因所有生命系
統均被視為如此。身為特定種類的觀察者的自生個體，這可以產生對
本身互動的表述。當系統與這些表述遞迴地互動時，它變成觀察者。
然後，系統遞迴地產生這些表述的表述且與他們互動，好比觀察者想
著：「我是觀察自己正在觀察中的觀察系統。」這種反身盤旋的每一次
扭轉迴繞，都會增加額外的複雜性，擴大了互動的領域，而指定了自
生個體的世界。馬圖拉納和凡瑞拉在《自生和認知》對這情況下結論
說：「我們透過遞迴性地產生對於我們互動的表述，因而成為**觀察者**，
並且透過與幾個表述同時互動，以生成我們與表述的關聯，於是我們
可以遞迴地與其互動著並且重複該過程，而保持在始終大於所表述的
互動領域中。」（*AC*，第14頁）反身性在馬圖拉納的解釋中是十分重
要的，不僅因為一個個體的自生運作為本身指定了一個世界，也因為
系統的反身性重複地返回自己的表述，而產生作為觀察者的人類主體。

　　意識又是怎樣的情形呢？馬圖拉納很少用這個字眼，寧願談論
「思維」（thinking）和「自知」（self-consciousness）。思維發生在神
經系統已決定的狀態，當神經生理過程可以與「自己的如同獨立實

體的內部狀態」互動，這種遞迴的循環「和我們所謂的思維是一致的」（*AC*，第 29 頁）。據馬圖拉納所言，從「思維」到「自知」需要語言。感知以相同的方式，但不由從環境傳遞到生物體的信息構成，因此語言也不由提供信息給他者所構成。反而是當觀察者使用語言時，這行動刺激了觀察者的對話者，使對話者能在他或她的互動範圍內建立一種意向（orientation），也就是類似於說話者的意向。只有當兩個實體具有大量重疊範圍時——例如：當他們都是有相似的文化和信仰的人類時——才有可能得到他們彼此溝通的錯覺。

　　從這敘述中，明顯可見馬圖拉納單純地將他用來解釋感知的觀念和術語，擴展到語言領域來解釋語言——該解釋，依我看，無法解釋語言某些獨特的特徵。我們很快有機會批判性地來看這種語言觀點。此處，它暫時允許我們了解馬圖拉納的自我意識的觀點。當觀察者「透過定向〔語言〕行為，可以使自己朝向本身意向，然後產生溝通性的*描述*，這描述又使他朝向這種自我定向的*描述*」。然後，當他不斷地描述自己正在描述著自己時，觀察者產生自知。「因此，透過溝通性*描述*的話語，產生了自我描述的明顯矛盾：*自知*，是一個新的互動領域。」（*AC*，第 29 頁）因為馬圖拉納完全以語言學字眼來理解自知，視之為一種從自生過程出現的現象，當它們與自身遞迴式地互動時，對他而言，意識成了一種現象，而非人類身為自生實體的定義的特徵。大腦思考的活動只代表了整個自生過程的一小部分，而自知則代表大腦思考的一小部分。因此，理論暗示性地賦予意識一個比自主性和個人主義更次要的角色。有關這點，自生系統理論指向後人類，即使它重寫了自由主體的自主性和個體性特徵。

　　若問這個理論如何試圖為自我建立一個基礎時，自生理論與自由人本主義的複雜關係變得更加明顯了。誠如在第一章中所見，自由人本主義（依麥克費爾森對其的解讀）的理論本身，就是建立於占有

式的個人主義概念的基礎上，即主體首先是個人的概念，因為他們擁有自己。自生理論中，相同基礎的前提概念是：生命系統是活存的，因為他們體現了組織的封閉性。正因這種封閉性概念，保證了主體將如自主的個體般運作。但是，馬圖拉納（或任何其他人）又如何知道組織會有封閉性的呢？是宣稱自生封閉是生命系統**本質上的**特徵呢？還是人類觀察者如何**感知**生命系統以及其本身呢？此問題圍繞著自生理論中的腦幹，透過區分自生過程內在固有的特性和觀察者賦予的特性，分層成為其演進的歷史。如果理論提到觀察者透過描繪差異來建造系統，那麼就冒著破壞組織封閉性的本體論至高地位的風險。若說自生過程是真實的基本特徵，那它就冒著可能破壞認識論激進主義的風險。面對這種吞噬人的斯庫拉（Scylla）海妖和卡律布狄斯（Charybdis）漩渦般進退兩難的情況，❻馬圖拉納首先朝向相對主義而去，然後，當危險越來越逼近時，就改變方向，並朝向在現實中自生過程的絕對主義而去。

如此一來，在《自生和認知》書裡較早的一篇論文〈認知生物學〉（"Biology of Cognition"）中，馬圖拉納經常寫道，觀察者的行動似乎從其背景或媒介區別了自生個體。「雖然觀察者所做的區別是認知的區別，且嚴格地說，這特定的個體存在於他的認知領域而成為一種描述，**觀察者在他的話語中**指定一個描述的後設領域（metadomain），從他的角度建立了一個參考，使他如個體般發言……如分離的實體般存在。」（*AC*，第 xxii 頁，粗體字強調是被加上去的）這意味著自生個體是由觀察者來區別，而非是在無觀察者的情況下存在的實體。但在〈自生系統：生命的組織〉（"Autopoiesis: The Organization of the Living"）一文中，這是在《自生和認知》書

❻ 斯庫拉為希臘神話中吞食過往水手之女海妖；卡律布狄斯為斯庫拉對面的大漩渦，會吞噬過往水手、船隻。

中第二章的晚期文章，馬圖拉納和凡瑞拉寫道，一個自生個體彷彿有能力建構本身，並且獨立於觀察者之外。自生機器透過「**它們的互動和轉變……不斷地重新產生和實現產生它們的過程（關係）的網絡**」，在該過程中建構自己「**成為空間中的具體個體它們（組件）的存在，是以具體指明〔自生機器的〕實現此網絡的拓撲範疇**」（*AC*，第79頁）。在此，自生主體本身的運作——而非觀察者描繪的區別——創造了主體存在的空間。更確切的主張是，個體性來自過程本身，而非觀察者的行動。「自生機器具有個體性；也就是說，它們透過持續生產維持組織不變，積極地保持身分，這身分不依賴與觀察者的互動。」（*AC*，第80頁）

這個問題在自生理論中持續爭議著，這一點兒也不意外，因為沒有容易的解答。馬圖拉納想在某些事物上尋找到自生系統，而不只是觀察者的區別，我們可以看到他試圖擺脫自己反身性語言的困境。攸關著我們目的的，並非是找到這困境的解答（好像可能有明確的解答般！）或證明該理論的建立使自己容易受到解構性的批評。相反地，此處的重點在於建立主體的自主性和個體性的基礎，這基礎已從擁有自我——這包含其意味著自由主體與工業資本主義的重疊——而發生轉變。取而代之的是，這些特許的屬性基於組織的封閉性（系統自行關閉），或是基於系統反身性遞迴式地運作在自我表述上（觀察者的區別把系統關閉）。於是，封閉性和遞迴性扮演了自生理論中的基本角色，就如同自我擁有在古典自由主義理論中所扮演的基本角色一般。對封閉性的強調在電腦模擬中看起來是很明顯的，被稱為曲面細分自動機（tessellation automata），這是凡瑞拉創造來解釋自生動力學的名詞。和第九章將要討論的人工生命程式正好相反，曲面細分模擬的重點是找出邊界如何自我封閉、與其他曲面細分自動機互動時如何維持本身，以及邊界會如何在何時崩潰，而這形同自生理論中的死

亡等種種問題。我們在此描述中看到，自生系統並非傾向工業資本主義（這是馬圖拉納經常撻伐的），而是傾向烏托邦無政府狀態。自主性之所以重要，並非因為本身市場關係（矛盾的）基礎，而是因為它為個人建立了存在的領域，一個讓主體可以很理想地學習尊重其他類似本身的自生系統主體所界定的邊界。強調封閉性、自主性和個體性也改變了原先的考量。當世界的存在與觀察者聯繫在一起時，迫切的問題圍繞在如何保持邊界完好無缺，同時，無論我們視它為何，仍可和這個強大而持續存在的世界保持聯繫。

　　自由人本主義的改變，帶來了與第一波控制論截然不同的諸多限制。第一波控制論哲學傾向於模糊了實體化和觀察者的重要性，自生系統理論正巧從強調這些屬性而增強效力。相較之下，它的致命弱點❼解釋了生命系統進行爆炸性轉變的潛力。就是這封閉性給予了自生理論它那認識論的力量，但也限制了此理論，使之產生困難，這引起了動態互動不能在其功效中循環。依我看，有個典型的例子是馬圖拉納處理語言那種迴繞的、有所疑問的方式。就如他一向強調循環性般，他寧可不談論語言本身，而是談「言說著的」（languaging），這是一個過程，觀察者只在自身的互動領域內行動，提供一些刺激物，幫助其他觀察者在本身的領域內自我定位。自生理論視這種交換為兩個獨立實體之間的配對結合，每個獨立實體僅由不斷進行中的自生過程形成。如這描述所顯示的，此理論經常有唯我論（solipsism）的危險，這是同時承認這危險，而又試圖聲稱其非唯我論以避免的一種危險。理論引用來證明其為非唯我論的主要原因，在於它承認「結構性結合配對」，用這術語來表示生物體與環境的互動。即使我們同意此

---

❼ 原文 Achilles' heel 是從希臘神話故事而來的成語，據荷馬史詩所載，阿基里斯除了女神母親抓著的腳跟沒有沾到斯提克斯河（Styx）河水以外，全身刀槍不入。「阿基里斯的腳跟」引申義為弱點、致命傷。

舉把理論從唯我論中救出來，此理論仍然嚴重低估了語言所具有的可轉變人類主體的效果。我們只需回想起馬圖拉納採用的術語來稱呼使用語言的主體──「觀察者」──便可看出他對語言的觀點，有多麼怪異地呆滯和自我封閉。

　　馬圖拉納的解釋中所遺漏的，是語言互動的**主動**性質。自尚・皮亞傑（Jean Piaget）已降的研究者均驗證，兒童的神經器官在出生後，會結合他們所在的語言和社會環境而持續發展。依據這研究，透過語言談論主動活躍地塑造的過程，只是簡單在環境刺激的幫助下為自我「引導」的主體，這其實是一種誤導。欲了解此過程有多麼主動活躍，可以看看已經發生短路的情況，兒童因而無法正常發展的例子。西蒙・巴倫－科恩（Simon Baron-Cohen）在《心盲：關於自閉症和心智理論》（*Mindblindness: An Essay on Autism and Theory of Mind*）一書中，主張這情形就發生在自閉症兒童身上。[20] 從某方面而言，這塑形機制無法指引神經發育，結果孩子無法創造一個內部情境來解釋他人的行為。巴倫－科恩認為，這種兒童的社交互動世界是混亂、難以預料的，因為他們患有「心盲」，而無法想像他們自己的情感和感覺。自生理論熱切地建構了自我封閉個體的自主行動領域，很諷刺的是，比起描述正常反應的普通人，更能精確地描述自閉症個體。對於自閉症人士，環境確實只是激發他們封閉自我，而讓世界留在他們身外的過程。

　　在下一節中，我們將轉而討論自生理論如何看待演化的議題。如同語言般，演化代表另一個領域，這是馬圖拉納的自生理論版本中，無法解釋在生命系統與其環境間互動所具有的動態和轉變特性的範疇。我們將從那裡探索馬圖拉納和凡瑞拉分道揚鑣而發展出來的不同派系。雖然馬圖拉納繼續複述他最初的理論構想，但凡瑞拉和其他人對於改變理論以便使其更能說明解釋動態互動益發感興趣。凡瑞拉保留了許多自生理論的中心思想，同時也添加了新題材，並重訂我們在

其他研究所見、創新和複製的序列模式的一些假設。這些改變產生的影響之一，是讓自生理論的元素被整合至當代認知科學中，特別是人工生命，這是我在第九章中將要討論第三波控制論時的焦點。

有關此點，總結自生理論如何有助於我們發展以下這些故事，或許是有益的：(1) 信息的具體化，(2) 人機合體人的建構，和 (3) 人類轉變成為後人類。首先，雖然第一波控制論在信息從身體脫離出來這上面，扮演了重要的角色，但是自生理論關注了一個事實，即「信息」是抽象的，在構成所有生命體的實體化過程中並沒有基礎。因此，自生系統偏離了從第三章和第四章中所探究的信息的軌跡，強調信息是觀察者所下的推斷，除此之外，無實體的信息不存在。第二，第一波控制論認為人機合體人主要是生物體和機械之間的混合體，自生理論以其擴展出來的生命定義來推斷社會系統是否有生命。用於自生系統範型的人機合體人是一種狀態，而非伯納德‧沃爾夫或菲利普‧狄克所想像的那種機械人。第三，自生理論保存了自由人本主義中的自主性和個體性特徵，但它視思維為自生實體與自我表現互動時才出現的次要結果。自知是思維的子集合，被貶為單純的語言效應。個體性的基礎假設，從擁有自我轉變為封閉組織，且系統的反身性遞迴地在自我表現上運作。

再來是狀態報告：信息的實體仍然備受爭論，人機合體人的帝國依然擴張著，自由主體雖然前所未見地成為一個獨立自主的個體，實際上卻失去了身分辨識所在的心靈。

自生系統和演化

對自生理論而言，演化是它的痛處並非偶然，因為馬圖拉納和凡瑞拉認為生命特徵的定義過度強調演化和繁殖，而該理論是設計來修

正該定義的。他們再三主張，演化和繁殖於邏輯上和實務上都附屬於自生系統。「繁殖和演化並非生物組織的本質」，他們在《自生系統和認知》中如此聲明（AC，第 11 頁），甚至更加反對以遺傳碼來定義生物組織。凡瑞拉有一次在回顧性的評論中明白表示，他和馬圖拉納意識到想提出生命的另一番解釋，並**不需要**依靠基因代碼概念的任何重要方式。「提倡自生系統的概念……想要修正我們對生命組織的理解中，似乎有基本的不平衡之處。」在修正這種不平衡時，他們抱持兩個相關的目標。除了創造一種生命理論，駁斥現今強調去氧核糖核酸（DNA）為生命「主分子」的概念之外，他們還希望堅持生命系統的整體性質（holistic nature）。[21]

　　凡瑞拉願意承認，也許他們錯在過度強調自生而犧牲了遺傳學。相反地，馬圖拉納隨時間推移，更加堅定他的反對立場。許多評論家，包括理查德・萊維廷（Richard Lewontin）、伊夫林・福克斯・凱勒（Evelyn Fox Keller）、莉莉・凱（Lily Kay）、理查德・多伊爾（Richard Doyle）等人，都評論了現代生物學中過分強調對 DNA 所造成的曲解，[22] 但很少人反對至馬圖拉納這般程度。他在 1980 年的〈自生：繁殖，遺傳和進化〉（"Autopoiesis: Reproduction, Heredity, and Evolution"）這篇有關自生理論的概述文章中寫道：「我主張核酸不能決定生命系統中的遺傳和基因現象，並且它們如所有其他細胞成分般參與其中，根據特定方式和生命細胞的結構整合在一起，來參與自我生成的實現。」[23] 假設我們同意現代生物學過度強調了 DNA 的角色，並且如馬圖拉納這段話指出的，DNA 只是眾多參與再生的成分之一。是否他因為堅持一切都附屬於自生，而在另一方面說得太過分？

　　視一切事物為隸屬於自生系統所產生的問題，可看《知識樹》（*The Tree of Knowledge*）一書，這是為普羅大眾所寫有關自生系統的闡述。[24] 如首篇圖解所示，馬圖拉納和凡瑞拉想像每個章節引導

了下一章，最後一章再回到最開始的首章，因此本書的形式重現了自生理論的循環論證。「我們將嚴格遵循概念性的路線，」他們在導論中宣稱，「每個概念建立在前一個概念的基礎上，直到整體成為不可分離的網路。」（原文第 9 頁）在《自生和認知》中，馬圖拉納評論說，他和凡瑞拉對如何將理論情境化這方面，無法達成共識，所以他獨自寫了導論。七年後的此刻，凡瑞拉不再是他的學生，自己更是有一番成就的人物。這是兩人合寫的最後一部作品，凡瑞拉已經開始朝不同方向而去。他們的觀點分歧之處，落在一個巧妙的視覺裝置。這是將某些關鍵想法從文本分離開來，並放入一些盒子。每個盒子有一個卡通人物代表它的發言人。馬圖拉納的畫像戴著厚厚的眼鏡，顯然比凡瑞拉更年長，所以容易分辨兩人。有時以馬圖拉納的畫像認可置入盒內的評論，有時是凡瑞拉的，有時是他們兩人一起。即使未有盒子，不難發現凡瑞拉在《知識樹》的聲音比在《自生和認知》中更大。

我認為凡瑞拉的佛家傾向，是這兩位作者宣稱的中心思想背後的靈感，「一切所為皆知之，一切所知皆為之」（all doing is knowing and all knowing is doing，原文 27 頁）。他們透過將該書建構為一個循環來解說這概念：首先討論單細胞生物體（一階系統），然後發展成有神經系統的多細胞生物體（二階系統），最後是有認知感、可透過語言互動的人類（三階系統）。他們指出人類則是由細胞組成的，因此將自生系統的運作加上自我認知的生物，透過將一階和二階系統嵌入第三階系統中來封閉這循環。自生系統是連接各層系統的主導思想，從單細胞到最為複雜且能思考的生物。「他們以自生組織定義〔生命系統〕，在這種自生組織成為真實，同時也具體指明他們自身。」（原文 48 頁）越過這途徑，讀者的「作為」（doing）──閱讀時線性式地翻頁──將成為一種「知道」（knowing），亦即讀者透過循環回到本身的文本結構，來體驗自生系統的組織特性。

　　當兩位作者們試圖明確表達這個循環結構與演化譜系的同時，問題浮現了。在演化中，家系具有連續性（足以遠遠追溯所有生命起源於單細胞生物）和定性變化（不同的譜系彼此分支出去，並循各自的演化途徑）的意義。而在自生系統中，強調循環互動，在演化中，物種透過例如基因多樣性和繁殖成功率的差異等機制形成，族系的路線因而增殖更多。演化衍生的族系和自生循環間的張力，明顯可見於作者的聲明，亦即當生物演化時，自生系統在每一個點上都被保存。為了描述所發生的改變，作者使用「自然漂移」（natural drift）這術語。然而，「自然漂移」這詞似乎存在有自然的漂移，但是，在後面的段落中「自然漂移」變成了「結構漂移」。如果結構改變了，那保存自生系統是指什麼呢？此處他們退回到早在《自生和認知》一書中就已使用的結構／組織區分法。「**組織**表示那些必定存在於系統的成分間的關係，以成為特定種類的一員。**結構**表示實際構成特定個體，並使其組織成形的成分和關係。」（原文 47 頁）有趣的是，他們使用機械的、而非生物的比喻來描繪這區別。一個廁所的各部分零件可以由木材或塑膠建造而成，這些不同的材質相當於組織上的不同。然而，不管使用何種材料，只要具有廁所的組織，廁所就是廁所。對於生物學而言，這個比擬很唐突。所有生命建立在四種相同的核甘酸的基礎上，因此對於生物組織，並非材料改變，而是組織材料的方式有所改變。

　　那麼，自生系統被保存的意思為何呢？根據兩位作者所言，這意味著組織被保存。組織是什麼呢？組織是「系統的各個組成部分之間必須存在的關係，可使之成為特定種類的一員」（原文 47 頁）。這些定義迫使人在兩難之間做選擇。想想一個變形蟲和一個人類的例子。若變形蟲和人類都具有相同組織，此可使他們成為相同類別，而此情況會使演化譜系消失，因為所有生命系統具有相同的組織；或說變形蟲和人類具有不同的組織，在此情況下組織——從此是自生

系統——必定不能被保存在演化路線上的某處（或者許多地方）。這個兩難顯示了自生系統的保存循環和演化推進的路線間存在的緊張狀況。若非保存了組織而抹去了演化的改變，就是改變了組織而抹去了自生系統。

試圖以演化來說明自生系統的壓力，也許在未說明的部分最為明顯。分子生物學幾乎很少被提及，而只有將其重要性輕描淡寫的情境中才提——此選擇符合馬圖拉納遺傳不依賴核酸的主張。論及分子生物學還有個附帶的問題，因為任何有關 DNA 編碼的討論，將馬上顯露出結構和組織之間的區別無法是絕對的——而且若是做這種區別，自生系統不再保存於演化過程中。因為如果組織被推斷為以物種的生物類別來表示，則很顯然組織隨著物種的形成而改變。如果組織是指其他東西而不是物種，那麼組織便停止區分不同種類的物種，而變成只是任何生命系統的特性。保存組織意味著保存生命，這事實也許足以使自生系統具備成為生命系統的資格，但對於用演化的改變來明確表達自生系統，這就沒有什麼作用。

在這裡關鍵問題並非主要在定義上，雖然這問題在文本中顯示是在這些地方，因為定義用於固定論點的，否則會逐漸漂移，而變成諸如「自然漂移」這類模糊的字眼。相反地，會出現困難是因為馬圖拉納熱切渴望保存某些東西在持續變化的模糊不清之中。若不考慮他解釋結構和組織時的問題，也就是說，一個基本上是自立的、永續保存的系統，該系統在運作時對環境是封閉的。在馬圖拉納的形而上學中，系統自我封閉，把歷史偶發事件排除在外。即使他擔心演化的線性分支結構，也把這種線性轉變成循環，並試圖賦予其必然性的意義。作為一種文本技術，《知識樹》是一具生產知識的引擎，透過在彼此環環相扣的假設空間中持續地循環著，以使偶發性蒸發不見了。[25]

從 1980 年以來，凡瑞拉和馬圖拉納間的分歧在此處最為清楚。

雖然凡瑞拉繼續討論其他問題和其他思考這些問題的方式，但馬圖拉納仍繼續站在相同的基本立場，並使用在《自生系統和認知》中相同的語言。顯然，馬圖拉納比凡瑞拉對自生系統原始構想，有著更強烈和長久的承諾。並非偶然地，馬圖拉納自認理論之父，而他認為凡瑞拉的角色較為次要。在 1991 年一篇題為〈自生系統理論的起源〉（"The Origin of the Theory of Autopoietic Systems"）的文章中，他自譽為理論創始者，並稱凡瑞拉為合作者，在基本概念皆已制定後方才出現。「嚴格說來，法蘭西斯科・凡瑞拉對自生系統概念的發展並無貢獻，」馬圖拉納寫道，「這個概念於 1960 年至 1968 年間發展出來。法蘭西斯科是 1966 年和 1967 年間我在聖地亞哥的大學部學生，然後，1968 年到 1970 年間他去哈佛，當他回到智利，才開始和當時在聖地亞哥科學院實驗室的我一起合作研究。」雖然凡瑞拉的《生物自主性原則》清楚地顯示，凡瑞拉做了大部分實際電腦上的研究，來創建細分曲面自動機（tessellation automata），但是馬圖拉納聲稱這概念也是他自己的。他寫道：「在 1972 年間，我提議有朝一日要寫一套電腦程式，能在圖形空間中產生自生系統，作為在該空間產生某些像分子般元素的結果。」[26] 在《生物自主性原則》書中，凡瑞拉承認馬圖拉納是那些「全面性地影響著這本書的人們」其中之一，這些人的思想交織其間，但他也在 1981 年〈描述生命的邏輯〉（"Describing the Logic of the Living"）這篇對自生系統回顧性的自評中寫道，「自生系統的概念是由胡貝托・馬圖拉納*和我本人*提出來的」[27] 這種對地位之爭，特別是當一個理論已被證明具有歷史的重要性時，幾乎在各個領域都很常見，尤其是在科學社群中，身為首位發現者會倍受重視。我在此提到並非絲毫想要削減馬圖拉納或凡瑞拉的貢獻之意，而是想將事實放置於當時的情境來看，亦即凡瑞拉轉向用其他方法思考自生系統，而馬圖拉納則持續沿著他初起步時相同的脈絡來書寫。

他者的聲音：凡瑞拉和實體化

繼《知識樹》一書之後，凡瑞拉越來越遠離依然為自生系統獨特特徵的封閉性。此改變可在〈描述生命的邏輯：自生系統理念的充分性和侷限性〉中見到，這是收錄在米蘭・澤萊茲尼（Milan Zeleny）於 1981 年所編輯的重要文集《自生系統論：生命組織理論》（*Autopoiesis: A Theory of Living Organization*）中。他一方面強調自己依然重視自生系統論的價值，因為它「指出對於**自主性**這個作為生命個體的基本條件的輕忽」，凡瑞拉一方面也批評自生系統談得太遠、同時卻又不夠遠（第 37 頁）。在他看來，談得太遠是因為它變成一種不僅是生物有機體、也是社會系統的典範。他堅稱自生系統不應與一般組織的封閉性混淆，指出「自生系統論的定義有某些精準度，因為是以**生產**組成成分為基礎的想法，這種生產概念無法無限延伸而不會失去本身全部的力量」（原文 37-38 頁）。雖然細胞和動物的身體很清楚地生產將組織實體化的組成成分，但社會系統卻未如此生產。在這觀點上，凡瑞拉和馬圖拉納分道揚鑣，凡瑞拉將自生系統嚴格限制在他認為最為適用的「細胞和動物的領域」（原文 38 頁）。

自生系統並未深遠到足以將其方法，和第一波所強調的信息流、目的論和行為等概念橋接起來。他寫道：「我們並未充分地使用我們的批評，以**恢復**信息概念在描述生命現象時，那種非天真和有用處的角色。」他勉予承認信息、編碼和訊息也許可以是「有效的解釋術語」，並暗示它們可以作為描述自生系統的補充模式（原文 39 頁）。雖然持續主張欲得一個完整的解釋，自生系統在邏輯上是有**必要**的，但可能無法「有效地在邏輯和認知的基礎上，對生命**現象**做出令人滿意的解釋」（原文 44 頁）。「很顯然地，〔在《自生系統論》中〕有過度強調被忽視的那個極端的需要。」（原文 39 頁）若欲在文學中假設

比擬的情況，想像嘗試從細胞組成過程的描述，開始解釋如何閱讀一首莎士比亞十四行詩。那導致閱讀十四行詩的行為，必定從細胞組成過程開始，在邏輯上的確如此，但是一個人不需要是教文學的老師，也能理解那「厚實的」、更高層次的描寫會更有用的道理。

最後，凡瑞拉主張一個雙重的解釋系統。實務操作的解釋強調了實際過程中物理的具體性；象徵性的或系統理論的解釋，強調更多抽象的概念，有助於建構更高水平的、普遍性的系統。即便如此，這種「解釋的雙重性」應該「保持全面性的看法」，矯正電腦科學和系統工程領域的人誤認象徵性描述為實務操作的描述，例如認為「信息和信息的處理，與物質和能量屬於同一類別」。在這方面，凡瑞拉對自生系統依然是極度忠心耿耿的。「工程領域是由設計所規範的，在此程度上，這種認識論的錯誤依然可行。但是，當從規範領域的輸出轉移到描述自然系統的領域時，這錯誤變得難以忍受和毫無用處……在這些領域中，假設信息是被傳輸的某個**東西**，那麼象徵符號就是可以視為以具表面價值而判斷的**東西**，或者系統本身會清楚表達的目的或目標，這些在我看來，都是廢話……信息，**嚴格說來**，並不存在。此外，自然法則也不存在。」（原文 45 頁）

在更晚近的研究中，凡瑞拉和他的共同作者們為這種去實體化信息的評論，提供了正向的視角。他們以一些超越了自生系統論的重要方式，探討實體化的**建設性**角色（constructive role）。雖然自生理論在強調實際生物過程時，暗示性地偏好實體化，但是卻很少談到關於實體化行為是生物體發展中的一個動態的力量。就是在這點上，凡瑞拉和他的共同作者在「體現行動」（enaction）概念上有豐富詳盡的闡述。[28] 體現行動視生物體積極參與環境為其發展的基礎。體現行動和自生系統論這兩種理論各自有不同強調之處，這是基於這兩種理論如何理解感知的方式。自生理論視感知為系統對周圍環境中刺激性事

件的反應。相反地,體現行動則強調感知是透過由感知所引導的行為
所構成的,因此在環境中的運動,對生物的發展而言是非常具決定性
的。正如凡瑞拉在〈使之具體:在故障以前、期間和以後〉("Making
It Concrete: Before, During, and After Break-down")一文中進一步解
釋,體現和自生系統論共同堅決主張,不能以「預先既定的、不依賴
感知者的世界」的觀點來理解感知。然而,自生理論強調循環過程的
封閉性,體現視生物體積極地參與其周圍環境為更加開放式、更加變
化的行為。類似的差異表達了兩種理論中的認知觀點。對於自生系統
論而言,認知從系統的遞迴運作中出現,表現出其本身的自我表現。
相反地,體現行動視認知結構為從「遞迴性的感知-運動模式」中出
現。[29] 因此,體現的行動不強調自生過程的循環性,而是強調神經系
統和感知表層的種種聯繫,以及將生物和環境連結起來的各種能力。

　　深植在體現行動的想法又是另當別論,這關乎意識的意義,
和自生理論所傳達的故事不同。在《體現心靈:認知科學和人類經
驗》(The Embodied Mind: Cognitive Science and Human Experience)
一書中,凡瑞拉和他的合作者採用被佛教所啟發的觀點,亦即「自
我」是一個意識告訴自己的故事,這是當人類意識到沒有基本的自我
時,用這故事來阻絕恐懼和驚慌的產生。相對於虛假的統一個體和理
解意識的自我呈現,就是真正的覺悟。真正的覺悟是基於在心靈內實
現了個人持續前進過程的具體體現。我們看到自生理論訴諸「觀察者
的領域」為其方法,用以結合常識感知與理論的認識論激進主義的一
種方法,這種行動最終在某些方面將自由人本主義主體解構,卻又在
其他方面恢復它。相反地,在體現行動中,意識被視為是人類終將認
識他們生存的真本質時,必定會爆破的認知氣球。《體現心靈》推動
了顯示認知科學已朝這個方向前進,並在佛教哲理的空和無我的架構
中,詮釋了這個軌跡的意義。在此處,自由主體的邊界並非被滲透、

延展或分解，而是被揭示為始終就是一個幻影。與維納和馬圖拉納面對失去自由主體時所表達的焦慮和懷舊正好相反，凡瑞拉以一種和他的老師兼導師不同的聲音來說話，反而頌揚拋棄自我及將意識擴展到覺悟真本性的當下。不再是維納一片熵海（a sea of entropy）中的生命之島，或是馬圖拉納的自主性循環，意識覺悟到自我本身是屬於一個更大的整體——無限、虛空和寧靜的一部分。

這種覺悟不是神祕的幻想，凡瑞拉堅稱，西方認知科學最先進的研究，亦指向相同的結論。參考了雷·傑肯多夫（R. Jackendoff）的《意識和計算心智》（*Consciousness and the Computational Mind*）以及馬文·閔斯基《心靈社會》（*Society of Mind*）等研究（有關這點我們將在第九章中聽聞更多），凡瑞拉和他的共同作者們表示，當代的認知模式，藉由證明認知可透過分離和半自主的代理人來模仿，暗示性地解構了統一的自我概念。每個代理執行一個模組程式，設計來完成特定的活動，不依賴其他程式而獨立運作。只有當代理之間發生衝突時，裁決程式才介入解決問題。在這個模型中，意識如同一個附帶現象（epiphenomenon）出現，它扮演的角色，在於訴說正發生了什麼的一個連貫的故事，即使這個故事或許與按照過程所發生的事關係不大。這些模型假定了心靈，凡瑞拉寫道，「不是統一的、也不是同質的實體，甚至不是一些主體的集合，而是**不合為一體的、異質的、過程的集合**」（《體現心靈》，100 頁）。

在〈使之具體化〉一文中，凡瑞拉擴充這思想路線，展現閔斯基的「心靈社會」模型如何結合非線性動力學，以闡明行動中的生命系統。他持續堅稱具體和體現的重要性。「具體並非邁向一切事情的一步：它是我們該如何抵達和置身的處所。」回想自生理論的主張，過程總是會發生，且只在現在，他談到「具體實物實際活在當下」（原文 98 頁）。為顯示閔斯基模型的不完備，他指出：「它不是神

經網路或社會的一個模型；它是認知結構的模型，從神經細節抽象化出來（再次地！），因而是從生物和生活經驗的網路抽象化而來的。」他接著說：「這裡缺少的是，這些能動者和化身透過感知和行動結合的詳細聯結，這是生命認知的基本需要。」（原文 99 頁）

他所提出的問題是：心智如何順利地從一個處理其程式的代理、移動到另一個執行不同程式的代理。為了滿意地回答此問題，他建議，我們需連結這些抽象和具體化過程。他提出這在實際上構成了微身分（microidentity）的「行動準備」（readiness to action）。想像一個人走在街上，凡瑞拉描繪和微身分相關的行為。突然間，此人意識到他把皮夾遺留在他造訪的上一家商店裡。馬上，一種不同的微身分進入了，開始啟動尋找的動作，而不再是悠閒地漫步在街頭。如何從「漫步」的微身分到「強度搜尋」的微身分呢？凡瑞拉推測，答案涉及混沌和快速的動力學，可使緊急的自我組織結構形成而出現。當他將自我組織結構的動力學與微身分聯結起來，凡瑞拉依循了澤萊茲尼和其他人所極力追尋的思路，他想將自生理論和自我組織系統動力學加在一起。[30] 這個想法是要來補充自生理論，使其能更充分解釋變化和轉變，並且也具體指出，透過那些機制和動態性使自生系統從目前的時刻進展到下一個時刻。這些修訂旨在從反覆不斷的循環中喚起自生理論，將一個生物有機體想像為快速、敏感、有彈性和自我組織的系統，能夠時時不斷地自我更新，有時以新的方式再創造自我。在轉向新的和意想不到的方向時，自生理論開始不像是第一波的恆定狀態，而是更像是自我演化的程式，這是本書第九章將討論的第三波控制論的範例。

隨著自生理論持續進化，馬圖拉納原先制定的自生系統，有可能繼續貢獻什麼？依我之見，必定包括以下幾項：強調實體化過程的具體性和獨特性；堅持必須考慮到觀察者，以及這些科學客觀主義的所

有涵義；區別他生系統和自生系統，與做此區別所密切相關的倫理涵義；以及就字面涵義而言，理解到透過生活在世界中，我們為自己創造了一個世界。

在更極端的時候，馬圖拉納會用這自生系統論的理解來推動一個構想，這構想去除情境，而且聽起來確實是相當唯我論的：「我們無視於我們所見不到的東西，而我們見不到的東西便不存在。」[31] 在此情境中，他總是小心翼翼地修飾這明顯的唯我論，透過指出那位觀察者領域之外的世界，很可能為他人而存在，正如同當我看到一隻青蛙所無法感知到的一個大型的靜止物般。如此一來，世界的存在是以修正的觀念來復原——並非作者客觀存在的真實，反而是作為一個持續擴大的領域，如同自我意識的（科學的）觀察者，遞迴地在他們的表現上運作，以產生新的表現和領悟。倘若這不全然是「對新知識科學的追求」，則仍然容許是個具有科學進步的願景。

但是，如果「觀察者」停止被建構為一個普通的標記，且是變成被賦予了一種特定心理特點，包括高度獨特的、並且很可能有一些精神病的傾向呢？有自我意識的觀察者領域將無法穩定住外部的真實嗎？於是，不確定性將超越認識論的問題，而變成本體論的問題嗎？「我們見不到的東西就不存在」，這觀察將會深陷入真實結構中，不只破壞我們知的能力，也破壞未來世界存在的能力嗎？接受了這些假設就是進入世界，如同在菲利普・狄克的文學想像所建構一樣。雖是他與馬圖拉納同時期所寫的，顯然他並沒有自生理論知識，狄克為許多這類問題所著迷。從馬圖拉納激進的認識論轉向狄克極端的本體論，我們將遵循著不斷演化的故事，從信息具體化、人機合體人的建構，到後人類出現，而後人類就出現在一個變幻不定的領域，只要觀察者認為存在就存在。看看狄克的角色會變成怎樣的觀察者吧！

第七章

將真實內外、左右翻轉：
菲利普・狄克六○年代中期小說中
的邊界研究

　　就像他同世代的許多文學作品般，菲利普・狄克的小說使自動控制論技術逐步深入世界的結構。對於那些被著名的**銀翼殺手**（改編自他最著名的小說，《機器人會夢見電子羊嗎？》）中種種的人工生命形式所著迷的大眾而言，他的作品展示機器人在二十世紀後期如何有效地成為文化挪用的對象。在他的小說中，機器人習慣性地連結了自我和世界之間不穩定的邊界。此種連結所採取的形式也許是很特異的，但他文本所表達的焦慮卻非如此地不尋常。如我們在本書第四章所見，諾伯特・維納 1948 年的《自動控制論》文本中，已出現了對於控制典範下主體的完整性隱隱的憂慮。當系統邊界以信息流和反饋迴路、而非表層所定義時，主體變成了被組裝和拆卸的系統，而非假設為具有有機的完整性實體。

　　對於胡貝托・馬圖拉納而言，系統定義的問題，可以透過假定一個循環動態來解決，生物以此持續地產生和複製建構其組織的關聯性。實際上，他把第一波控制論內外**翻轉**了。他不將系統視為一個黑盒子，也不聚焦系統和環境間的反饋循環，反而視環境為一個黑盒子，並聚焦在使系統能如此地產生自我的反身過程。他發展了自生理論的政治涵義，建議權力鬥爭往往採取自生系統的形式，迫使另一個系統變成他生的，因此較弱的系統以服務較強者為目標，而非追求系統自身的統一性。

　　幾可確定地說，狄克與馬圖拉納和凡瑞拉兩人的研究並非是直接影響的關係。反而是狄克和自生系統創造者們，對於將觀察者納入系統的問題皆有所回應，結果是他們都實驗了多少有些激進的認識論。狄克未使用自生的術語（的確，沒有證據證明他是知道的），但卻探討了人機互動的政治層面，他的觀點與馬圖拉納分析是一致的。在《機器人會夢見電子羊嗎？》一書中，羅伊・貝提（Roy Baty）充分了解機器人未被應允生物之地位，被迫如奴隸般服務，而非如同他們有能力可成為的自生系統般地運作。欲達成自生狀態的鬥爭可被解釋為一種邊界爭執，人們試圖聲稱其本體居於特權的「外部」位置，這不但定義了自身目標，同時也迫使對手處於「內在」位置，而成為更大系統的他生成分。沿著明顯獨立的思路寫作，狄克了解邊界是如何構成的，這將決定二十世紀後期用以判斷何謂生命的核心議題。

　　這些想法在他 1962 年至 1966 年間寫的小說尤其表露出來，當時他瘋狂地吸食安非他命，釋放能量至他生產的驚人大量的創作中（單單一年內就有十一部小說！），包括一系列重要作品，企圖將人類和人工生命形式相提並論的方式來定義人類。[1] 依據有關控制論的科學文獻，狄克的敘事擴大他探究的範圍，聯繫了控制論和各種擔憂，包括對資本主義破壞性的批評，這是一種結合女性和機器人的性別關係觀點、在熵和精神分裂性妄想間特殊的連結，以及持續懷疑我們周遭的物體——連同真實本身——全是偽造的。

　　在此控制論的文化、科學和心理意義間極端複雜的交流的中心，即是我所謂的「精神分裂的機器人」，一個暗示著分裂、組合和重組的多重雙關語，而狄克的寫作透過它來表現這些複雜度。在狄克的小說中，精神分裂有如自閉症般。典型性別化的女性常被描繪為一個聰明、冷酷、情感疏離的女人。她的角色被刻劃為情感平淡、無法產生同理心，就像她的同類般，無法了解他人。這樣的造物是否應該被稱

為人類，或是適切歸類為機器人的「物件」（things），這是再三迴響在狄克小說和散文中的問題。然後，在此問題其中一種呈現中，精神分裂機器人代表著像機器般行動的人類，同時照字面將此人解釋為一部機器。但是，在其他的情況下，機器人被置放在精神分裂者的反面。如果有人類可以像機器人一樣無情，某些機器人會變得比人類更有感情，這混淆情況賦予《機器人會夢見電子羊嗎？》這本書異常的深度和複雜度。機器人富有同情、溫暖和人道判斷的能力，很諷刺地緩和了無情的精神分裂女人。如果**甚至是一個機器人**可以為他人哭泣、為失去夥伴而哀傷，還有什麼比無感情的人類更缺乏同情心呢？機器人並非一個固定的符號，而是一個意符，既體現了又意味著精神分裂者，分裂成人類和非人類兩相對立及互斥的主體地位。

　　人類和機器人的邊界之爭是狄克六〇年代中期小說中的情景。通常，這些是高度商業化的空間，其中自主個體和技術人造物間的邊界變得越來越容易滲透。在它們之間流通的不僅是像智慧機器人這般的高端產品，而且也是一種較為普遍的技術動畫的景象：嗡嗡飛繞在喋喋不休的廣告周圍的人造昆蟲，需投硬幣才會開始濾煮的咖啡壺；房客輸入證明確認身分後才會開門的恆定公寓大門。個人對市場關係的徵詢如此徹底地定義這些小說的角色，以至於無法把他們與所納入的經濟制度分開考量，從小家族公司到跨國企業都是。此外，公司進行的合併有多重意義，經常聘僱不只按照他們的經濟和社會身分特性來聘僱員工，也按照定義其物理性主體的肉體形貌，從植入的器官、肥大的腦，乃至於完全是人造的身體。若有了這動態關係，為自由而奮鬥經常表現在試圖達成這種企業封裝❶的「外部」而做的努力，這並不足為奇。個體最大的恐懼，就是一直被困在其他生物為了本身利益

---

❶ 物件導向程式設計的方法。指將細部包裝、隱藏起來，確保無法任意改變以維護加強安全。

所建構的世界「內部」。

　　機器人的角色讓狄克將他對公司合併政治的嚴厲批評，以及試著斷定誰才是合格的「正宗的」人類的種種心理複雜度結合起來。性別動態就是這些複雜度的核心關鍵，因為當精神分裂的女人被帶到一個男性角色附近時，他會體驗到界定他和他的世界的邊界變得急劇地不穩定，來應對她的人格中的機器人主義（androidism）。❷至於其他人「內部」的「外部」為何，這個問題已經增加了心理壓力和政治緊張局勢，這些進一步將資本主義與機器人主義、人類與非人類、技術與本體論連結在一起——也就是說，將控制論與定義自由主體的社會、政治、經濟和心理的結構牽連在一起。為了解釋這些複雜度，並將它們與 1960 年代中期的小說關聯起來，且讓我們先從狄克的文章和傳記中，找尋構成這些重組小說的遺傳基因元素。

精神分裂症的女人與黑髮女孩

　　在他寫於 1978 年並於 1985 年首度出版的講稿〈如何建構一個兩天後不會垮下來的宇宙〉（"How To Build a Universe That Doesn't Fall Apart Two Days Later"）中，狄克將「正宗的人類」與「真實的」關聯起來，這意味著相反的一面。「偽造的現實將創造出偽造的人類。或者說，偽造的人類將產生偽造的現實，然後將這些偽造的現實出售給其他人類，最終將他們再轉變成偽造的自己。」[2] 人類的本體論和世界的本體論彼此相互建構。當一方是偽造的，另一方也會被那偽造的汙染；當一方是真實的，另一方即使無法保證，至少也有很大的真實性。

　　這麼多倚靠「正宗的」的人類，定義其性質便具有特殊意義。真

---

❷ 本書中機器人主義（androidism）這個字出現五次，狹義指對人形機器人的迷戀崇拜，如科幻小說出現的情節；廣義而言，指機器人的特性所做出的反應。

實性並非取決於所討論的生物是否由血肉或電子電路所製造或生產出來的。這問題無法用生理學上的標準來決定。在這點上，狄克同意馬圖拉納和凡瑞拉的見解，主張人工創造的系統必定具備成為生命的條件。然而，不同於馬圖拉納，尤其不像凡瑞拉的是，他跳過了實體的重要性。他的小說呈現了相同的傾向，因為對智慧型機器是如何建構的幾乎沒興趣，只用幾個空洞的字眼「解釋」恆定機制，來打發這個問題。狄克的重點並非在於如何建構智慧型機器，而是這種機器能被建構。身體的描述（除了對女性的描述是以身體作為性別的標記以外）也很少出現在狄克的小說中。重點幾乎全落在感知和思考上。沒有實體來穩定他的認識論的懷疑主義，他在知覺者的知識中打開的裂縫，成為世界結構的裂痕。

　　他的本體論懷疑主義和自生穩定性間的差異，可以從他的小說如何制定（enact）人類，和他在文章中如何定義（define）人類，這二者間的差異看出來。在他一個明顯令人聯想起馬圖拉納和凡瑞拉的構想中，狄克主張人類是可以創造自己的目標的。他繼續發展他認為可區別人類和機器人的其它各種特性：獨特的、行為難以預測、能體驗情感、充滿著活力和存在感的。這個清單看起來像是自由人本主義主體該有的特質概要。但是，清單上的每個項目都被狄克小說中的人類和機器人所質疑。人類角色經常在內心感受到死亡，所以視周圍世界為死寂的。許多人無能力愛人或同情其他人類。從機器人這端看，邊界的混亂同樣也很顯著。狄克小說中的機器人和擬像，包括富有同情心、個性叛逆、對自己目標有堅定決心的角色，如同與他們共享這世界的人類一樣，具有強烈的個性。這樣混淆的狀況意味著什麼呢？

　　在此，我想描繪狄克的生平和他小說中的女性角色之間的關聯，這主題在狄克的作品中顯然很重要，但卻在眾多對他的作品的評論中闕如，算是奇恥大辱。[3] 在〈致命之愛的演化〉（"The Evolution of a

Vital Love"）中，狄克記錄了他對某特定類型女人的迷戀：苗條、輕柔和年輕（他越年老越喜歡更年輕的），並留著長長的黑髮。在他的生命中，他一再被這類型的女人所吸引，並在小說中描繪她們。他稱這類型角色為「黑髮女孩」。[4] 雖然依舊是這種身體類型，但在〈致命之愛的演化〉中，他寫到對於這些女人自身的持續發展，以及他和她們的關係的看法。雖然他第一種類型的女人（是虛構的也是真實的）是精神分裂症、殘酷的及冷酷無情的——簡單地說，即是他所定義的機器人，後來和他相遇且發生關係的女人，雖然都符合這種類型，卻是更加溫暖、更支持鼓勵著他和他追求的人生目標。對於狄克而言，黑髮女孩從精神分裂症發展到富有同情心，這對於定義人類，以及以暗示的方法來定義真實，是至關重要的。「若你在乎人類的話，定義何為真實的，就是定義何為人類。若不在乎人類，你就是精神分裂症者，或像帕里斯(Paris，他的小說《我們能建造你》中的角色）一樣，依我看，就是機器人，亦即不是人類，故也不真實。」[5] 因此，在狄克對他人生的解讀中，黑髮女孩起初是與機器人有連結的，但隨著時間的推移，她變得極端反對機器人，持續和與機器人永遠連結的虛構想像形成對照。

不消說，我想狄克視自己為人類。為什麼他一再將黑髮女孩對他的吸引力歸因於一種程式化的「向性」（tropism）呢？這個詞是他從諾伯特・維納有關控制論創造的描述中學得的，如在「飛蛾」內部建立一種向光性。若程式化的行為標記著人類和機器人間的差異，狄克對於黑髮女孩的向性使他處在矛盾的處境，並表現出如機器般的行為，當他一再尋覓他稱之為「已進化的」、表現得像正宗人類的女人。黑頭髮的女孩、機器行為和男性主體性的建構間祕密的連結，在小說中反覆地被探索，透過配置聯結了在那個迷人黑髮女人身上的機器人特性，與一個男性主體「內部」、「外部」間邊界徹底的混淆。這

種聯結也有女性主體性的意義。複製，這個機器的標記，被注入在黑髮女孩身上，即使在假設她已經演化且超越機器人特性後，因為男性主體的「向性」而將她變成一系列或一連串同時既是不同的、也是完全相同的黑髮女人之一──因此，狄克為她們建構了多重模糊曖昧的描述符號：「那個黑髮女孩」。這個詞同時指出了她們的獨特性（每位都有定冠詞）以及彼此的相似處。每位都是獨一無二的，並且讓狄克單獨牢記著，但他也記得是重複系列中的一位，可反向延伸回到他早期的性生活。

　　許多批評家探討狄克對於資本主義的批評時，蔑視心理的解釋，彷彿這是微不足道的、或說與狄克對經濟剝削的諷刺觀點毫不相干。[6] 但在狄克的小說世界中，心理學貫穿了社會結構。社會結構中的矛盾本身呈現了異常心理，而異常心理又具有社會的意義。欲理解狄克的人生與他的小說結構間的關係，不需要將他的社會批判歸納為個人的精神官能症。相反地，這關係闡明了他如何塑造一種綜合體，正好可破壞讓個體保持在淨化的領域中，構成個體的社會、政治和經濟的結構分離出來的特徵。

　　若要尋找對狄克向性的心理解釋，不難找到起源。他六歲時父母離異，由母親桃樂絲‧金德爾得‧狄克（Dorothy Kindred Dick，他的中間名從她而來）獨力撫養長大。無論她實際上為何，狄克視她為天生聰慧但是情感冷淡的女人，未曾給予他溫暖和愛。然而，他也極度依賴她，並保持著一種親近，強烈到幾近亂倫的情感。正如他的傳記作家勞倫斯‧蘇丁（Lawrence Sutin）巧妙且敏銳地指出，極度的愛的需求，混合了極端懼怕被拒絕的心理，都顯現在他的成人關係，特別是與女人的關係。[7]

　　狄克對母親桃樂絲的焦慮感聚集在他的雙胞胎姊妹珍的身上，她六週大即夭々，因為母親的奶水不足以同時餵養兩個嬰兒，並且她缺

乏常識，不知道先天體重不足的雙胞胎，若是營養不良有可能致命。
「不知怎的，我喝盡全部的母奶。」狄克這樣告訴友人。[8] 珍的死成
了家族傳說。據狄克描述，桃樂絲幾度和他討論時，試圖解釋說在當
時的環境下，她已盡了最大的努力。很諷刺的是，她的解釋卻適得其
反，反而將珍的存在鮮明地烙印在他的意識中，使她具有強烈的情感
意義。當狄克還年輕時，得了懼食症，不敢在公共場所進食，好似吃
是一種奇恥大辱的行為。[9]

不管桃樂絲如何解釋，狄克為珍之死而怪罪母親，視此為她在
身體和情感上都無力照顧孩子的證據。責備越來越深，因為他必然感
受到在某種程度上，自己是個共犯，奪走了珍生存所需的母奶。他幻
想著，假如珍活下來，可能會是個可愛的黑髮女孩。他進而相信她是
個女同性戀者，這性傾向反映在《警察說，流吧我的淚》（*Flow My
Tears, the Policeman Said*）中的角色艾莉斯（Alys）身上。[10] 他憑直
覺知道，在某種意義上，自己的身體內繼續攜帶著這個「他者」的影
子，這個角色的塑造反映出除了珍只是他對她的想像以外，她不再擁
有自主性存在這個事實。雖然她自己沒有過錯，卻注定占據次要的
「內部」地位，而他這倖存的雙胞胎，擁有了「外部」主體地位，因
而成為被世界所認可的人。[11]

珍是他的第一位黑髮女孩（與桃樂絲混合在一起，兩人在狄克心
中幾乎難以分割），不難看出為何這個角色被賦予這麼多矛盾衝突的
情感特質。像桃樂絲般，狄克小說中描繪的黑髮女孩具有聰明才智，
但是情感冷淡，能讓周遭男人心碎，而本身卻感到若無其事。他描述
生命中的幾位女性時，指出他能夠脫離這種類型的女人，然後找到另
一種富有同情心的「黑髮女孩」。他打算和這些女人結盟，以幫助他
打敗機器人。但他最糟的噩夢就是那個機器人，正好就是黑髮女孩。
敵人即是盟友，盟友即是敵人：敵人就是我自己。[12] 難怪在他的幾篇

文章中，有關人類和機器人的敘述似乎經常是自相矛盾的。對於這種糾葛的複雜性，他需要——並且也利用——小說來充分表達。

狄克所具有的作家的獨特天賦，在於他結合了精神分裂女人／黑髮女孩外貌的個人特性、與之糾結著的內部／外部的混亂，以及那更廣泛的社會質問，質疑結合眾多生物所造成的市場資本主義其內／外部的混亂，這是藉由把人類變成物件，同時將物件施工使其做出像人類般的行為而來的。為了進一步探討個人、政治與經濟之間的複雜關係，現在就讓我們談談狄克的小說。

資本主義和精神分裂的機器人

卡爾‧弗里德曼（Carl Freedman）有一篇出色的論文，闡明了狄克的小說和資本主義之間的關聯性，主張狄克的小說手法重新刻劃了此議題的後馬克思主義的主體觀點。[13] 弗里德曼指出，拉岡、德勒茲、瓜塔里和其他人將精神分裂主體理論化，演化成為介於疏離的「我」和疏離中的「非我」間的交互作用。這些理論家主張，在資本主義底下，精神分裂症並非心理的失常，而是主體的正常狀態。弗里德曼進一步表明，偏執狂和陰謀論這兩個狄克最偏愛的主題，是社會結構內原有的，其中霸權公司在幕後操作產生影響，使民眾相信這是民主程序的結果。公司暗中行動，同時維持表面上的民主，趨向施加陰謀詭計，若懷疑和抗拒者就會被視為是偏執的。

狄克的小說《擬像》（The Simulacra）似乎是以量身訂做的方式，來說明弗里德曼的觀點，認為資本主義和偏執狂精神分裂症間是相輔相成的關係。這本小說場景設在 USEA（歐美聯邦共和國），描寫一個資本主義社會，包含德國為其中最強大的一州。雖仍然有全民普選，但是總統「耆老」（der Alte）已降為有名無實名義上的首領。

這個國家看上去像是由第一夫人妮可‧蒂博德（Nicole Thibodeaux）管理的，每四年一度總統選舉，不論選民選出哪個男人，即成為她的丈夫。選民有所不知，「耆老」其實是虛擬幻像。妮可被揭露為是個長得像妮可的人，在幾年前妮可去世後，接續由一些女演員扮演。妮可的背後是個影子委員會，她服從他們的指令，即使她自己也從未見過這些委員。因此，整個政府可說是假冒的，真正的機構隱藏在妮可美麗的臉龐背後。總統的擬像，遠非異常現象，可說是整個政治過程的暗喻。社會階層分為 Ge 級（高階層）和 Be 級（低階層）。產生階層的意符是祕密（Geheimnis）。誰知道這祕密——亦即政府已變成了狄克所謂巨大的機器人、而非人類結構——誰就是保密者（Geheimnistrager），他們與僅僅執行指令者（Befahaltrager）形成對照。因此，當建構了一個系統，使每件事物一起被放入龐大的系統來解釋時，經濟差異與那種偏執的精神分裂症所想像的社會結構，可以無縫接軌。

　　偏執型精神分裂症由理查德‧孔羅西安（Richard Kongrosian）所扮演的角色最為戲劇化，這個超能鋼琴家不需觸摸琴鍵即可彈奏樂器。情緒不穩定的他，得知「耆老」是一個擬像後，便得到精神分裂症。此消息動搖了他對妮可的信心，她曾經是他在真實生活中的精神支柱（如同「黑髮女孩」經常在狄克男性小說人物心中所發揮的功能般）。他懷疑妮可已被她服務的機器人政府汙染了（這正是狄克文章中常出沒的那種恐懼感），而這種機器人主義的干擾觸動他原本脆弱的心理，而導致他精神錯亂。「**可怕的事正發生在我的身上，**」他如此警告妮可，「我再也無法將自己和環境保持分離。」當她眼看著他使桌上的花瓶從空中飛過而進入他體內，並告訴她說：「『我吸收了它。**現在它就是我，而且——**』他指著桌子說：『我就是它！』」這個過程也可以反向操作。在花瓶原來所在的地方，妮可看到「一個有機

物複雜纏結交織在一起，正在形成密度、質量和顏色，以及平滑的紅色管子，和好似內分泌系統的部位……不論是何種器官，都規律地脈動著；它活著和動著……『**我把內部翻轉成外部了！**』孔羅西安嗚咽地哭著說：『若再繼續下去，很快地必會將整個宇宙和宇宙中的一切都包進來，而唯一在我體外的東西將是我的內臟，然後我可能就要死了！』」[14]

　　這一幕結合了機器人主義、精神分裂症以及「內部」與「外部」的大混亂，不純然是巧合。孔羅西安體現了邊界的混淆，就像是商品的拜物主義（commodity fetishism）。弗里德曼為讀者回想了馬克思對資本主義下商品變成拜物主義的看法。一旦物件被灌輸了交換價值，它們似乎吸收了創造它們成為商品的那種人際關係的活力。弗里德曼提醒我們，具體化的一種定義是將社會關係投射到物件的關係。發生了孔羅西安的內外轉換的情事，意味著機器人怪物以某種方式**導致**這怪異現象。事實上，機器人在狄克的小說中執行了極端複雜的具體化行動。一方面，它是一種商品，一種由人類創造出來、為了金錢而販售的。外觀上，它可以用類似於任何可被買賣的具體物件其具體化的方式而被具體化：就像在《機器人會夢見電子羊嗎？》一書中的高等動物，擁有人類主人所擁有的崇高地位，或者像《擬像》中的「耆老」，他身為物件唯一的功能是作為民主程序的意符，這程序也和他一樣是偽造的。但是，從另一方面的涵義看，「耆老」是狄克的機器人中的一個異類，因為其他大多數機器人——瑞秋‧羅森（Rachael Rosen）、亞伯拉罕‧林肯（Abraham Lincoln）、愛德溫‧史坦頓（Edwin M. Stanton）等——都出現在使他們與人類幾乎無法區別的場景中。他們能思考、會生氣，能與同儕團結在一起。有了這些能力，他們應該能夠參與進入人際關係的社會領域中，但在像《機器人會夢見電子羊嗎？》這樣的文本中，卻只能以物件的身分而

行動（而且是合法地）。從這觀點，他們並非是如同社會生物般，被
不當對待的物件，而是被如物件般不當地對待的社會生物。對他們而
言，具體化的箭頭痛苦地指向兩個方向。

　　孔羅西安內外翻轉的場景也顯露在另外一方面，證明了本身像
誇大狂般地膨脹擴張，這是偏執狂精神分裂症患者在瘋狂的精神錯亂
時刻所體驗的。偏執狂覺得，他們非得解釋周邊所有的神祕符號，將
它們安排成前後連貫的系統。從此處進行要對這些符號負責任的一小
步驟。如果所發生的每件事都是偏執狂的責任，接著就很容易相信是
該偏執狂導致了這些事件。當孔羅西安陳述「我必須包住整個宇宙及
其中的一切」時，他的行動可以從字面來解釋觀點。他因天賦或是說
被詛咒而有心靈傳動（telekinesis）的超能力，只需用想的就能使事
情發生在世界上，從這點他進一步相信能對宇宙下命令；然後再進一
步幻想他本身就是宇宙。狄克天天發動的游擊戰，有部分就是要穩定
這些觀點，讓它們成為其他角色親身所見證到的，或是敘事者報告為
「實際」發生的事件。如此一來，讀者的感知經歷了一個類似於孔羅
西安的轉變，因為我們與角色的關係被內外翻轉了。並非他的世界存
在於我們心中，而是文本世界使得我們的感知如同他們內心世界的一
部分般地運作著。

　　在狄克的小說中，為佔據相對於其他角色「外在」位置的戰爭，
以不同的樣貌一遍又一遍地發動著。風險很高，因為如果自我無法擴
展成誇大狂的比例，則有可能收縮成僅僅是地平線上一個小點、一個
原子在寒冷、無情、無生氣的景象，由因果的致命力量所形成，並且
對人類的欲望全無反應。這是墳墓世界，由熵控制著的景象。自我如
鐘擺經常在膨脹的危險和極度縮小間擺動，而從來不會穩定地處在日
常真實生活的中庸位置。

　　斯科特‧達勒姆（Scott Durham）敏銳地指出，在自我擴張和

自我收縮間的這種交替，與資本主義下主體性的構造密切相關。[15] 資本主義鼓勵欲望的膨脹，以權力幻想誘惑消費者以便行銷產品。但是，當知覺到這只不過是一個資本主義的計謀，主體成反比收縮至先前膨脹的比例。因此，在狄克的小說《帕爾默‧艾德里奇的三個烙印》（*The Three Stigmata of Palmer Eldritch*）中，透過口號「**上帝應允永生；我們可遞送**」，[16] 連結全知全能的主張來行銷產品「Chew-Z」。當主體消費產品時（象徵性且字面上的吸收），他發現自己處於一個世界，在那裡帕爾默‧艾德里奇（Palmer Eldritch）制定所有的規則。並非把產品放進他內部，而是他被拘禁在產品裡面。他很快發現，無論自己建造或發明了何種逃生出口，帕爾默‧艾德里奇依舊處在他真實的外部，決定其運作，並且當其他角色開始顯露艾德里奇的警報標誌烙印時，便會閃現。這裡傳遞的永恆，並非神話那能夠自由自在地思想和行動的自主性主體，而是在資本主義的遊戲中，主體彷彿人質，被監禁在宇宙中永生永世，而這宇宙是由一個恐怖和有威脅性的外星人他者為增加自己的利益而創造的。

　　克羅地亞邊界的不穩定性，生動地描繪了狄克六〇年代中期小說中反覆出現的場景。在此戲劇版本中，〔男性〕主體膨脹和收縮著，在妄自尊大和受害犧牲之間痛苦地舞蹈著，這舞蹈和搖擺在精神分裂和黑髮女孩間迷人的女性角色，是密切相關的。在不同的主體地位所允許的雜交中，機器人成為模糊的條件，同時將自由主體併入機器中，並挑戰其肉體的建構。為了進一步發展精神分裂的機器人所意指的複雜關聯和分裂，我現在要再談談精神分裂女人／黑頭髮女孩的那條脈絡。

精神分裂女人所建構的男性主體

　　帕特里夏‧沃里克（Patricia Warrick）頗有洞見地主張，狄克的小說是由一系列反轉顛倒所構成的，旨在打破讀者有可能發現「真實的」情況的那種期望。[17] 基於她的論點且加以修改，我想要證明這顛倒並非隨意的，而是依循其內在的邏輯。我將以《我們能建造你》為範本，這有部分是因為沃里克順便提到的兩個主題──機器人的建構和男性角色對精神分裂症女人的迷戀──彼此並無關聯，她視此為美學上的敗筆。我將論證，雖然這些主題未被統整好，卻透過精神分裂機器人的角色而深刻地結合了。

　　正如狄克在〈致命之愛的演化〉中所承認的，精神分裂女人的原型就是小說《我們能建造你》中的帕里斯。矮小的小說主角路易斯‧羅森（Louis Rosen）發現，帕里斯雖迷人卻可怕。她最明顯的特徵是所謂的「空虛死亡中心」，無法表現同情心也幾乎沒有任何情感。[18] 帕里斯才華洋溢、富創造力且極為聰慧，她在高中時曾患了神經衰弱症（就和狄克本身一樣）。當她搭上富有的企業家薩姆‧巴羅斯（Sam Barrows），她放棄家族企業而進入了富貴名流金光閃閃的世界中，路易斯對她的迷戀變成一種強迫性。這個黑髮女孩／精神分裂女人離他越遠，他越加渴望得到她，最後，想與她在一起的癡迷，變得比任何其他事物、甚至他的家族企業更為重要。「好個女人，多麼可愛的尤物！」他在心中想，在一次結合時，他清楚地表明，在帕里斯這精神分裂的女人身上，感覺到超過機器人主義的意味。「對我來說，帕里斯好似生命本身──以及一種反生命，死亡、殘酷、切割和撕裂，還有存在的精神本身。」（原文 155 頁）如同她的新名字「帕里斯女性」所暗示的，她是一個獨一無二的角色，狄克指定來象徵他生命中那些亮麗、冷酷、傷人的女性，特別是他的母親桃樂絲，和

他（已離婚的）第四任妻子南希（Nancy）。帕里斯不只聯繫著他的人生，也是路易斯真實人生中的支柱，就像小說《擬像》中，妮可對於孔羅西安所代表的意義一樣。同時，路易斯也經歷帕里斯的「反人生」（anti-life），這在後期小說中形成了墳墓世界。沃里克注意到狄克文本中的翻轉是具有內在邏輯性的，使男性角色不能沒有黑髮女孩／精神分裂女人，即使他將她視為一個強大的汙染源而造成了他精神錯亂，亦是如此。

　　路易斯和帕里斯在汽車旅館幽會很是失敗，因為他們都不放棄貓抓老鼠的遊戲，以至於無足夠的時間體驗身體親密的接觸。在如癡如醉中，他陷入一種錯覺，幻想著正在和她做愛，雖然他自己與父親及兄弟同處一間臥室，而他的「愛情」發生時，他們茫然地觀看著。小說末尾，他追蹤帕里斯到她再次入住的精神病院，他自己也成了病患。經過數月的藥物治療，他產生了兩人戀愛、結婚並生有一子的幻想，最後，他終於有機會和她說話。她卻告訴他說，很快就會離開，並建議他如何申請出院。他獲得了出院許可，卻發覺帕里斯欺騙了他。「我對你說謊，路易斯，」她告訴他，「我還不適合獲釋；我病得太重了，得留在這裡久一點，也許直到永遠。」（原文 252 頁）對於路易斯而言，精神正常意味著失去她，與她在一起而有生命的活力，可視為是一種精神疾病，但擁有她卻又意味著另一種精神疾病。

　　最終一幕，帕里斯的動機不明——她欺騙了路易斯，是因為不希望他在身邊呢？或是希望他活出自己的人生？——這意味著即使女主角是個精神分裂的女人，那富於同情心的黑髮女孩依然乍現。在《機器人會夢見電子羊嗎？》一書中，這些女性的主體地位不穩定性被加劇了，因為精神分裂症的女人分裂成一對雙胞胎角色，瑞秋・羅森和帕里斯・斯特拉頓（Pris Stratton）。她倆同是模型 Nexus-6 的機器人，所以外型一模一樣，但在情節中卻扮演著非常不同的角色。瑞秋成為

德卡德（Deckard）特別矛盾版本的黑髮女孩。[19] 當他在低潮時，她走向他，最後上床發生關係，這是帕里斯和路易斯無法做到的。在這一幕和接下來的場景中，她的角色刻劃，在有魅力、富同情心的伴侶，和冷酷算計的操控者之間激烈地擺盪著。這些場景細節值得細看，因為展現了男性角色的動態，他們體驗了分裂成為機器人（正是瑞秋）和黑髮女孩的精神分裂女人。

　　德卡德召喚瑞秋，是因為她幫助他，促使逃脫的 Nexus-6 型機器人「退休」。他給她看打擊的名單時，她臉色發白，因為其中一個機器人（暱稱「安弟們」，Andys），帕里斯，就是和她同一個模型。當天較早的時候，里克在菲爾·雷希的協助下，共同殺死了逃脫的機器人露芭·羅夫（Luba Loft），她也是一名優秀的歌劇演員。當德卡德對露芭的死亡表示遺憾，雷希（Resch，他被刻劃為冷血殺手，與德卡德不同，對露芭或他所殺的任何機器人絲毫不具同情心）將德卡德的遺憾解釋為性慾。嚴格而言，人類機器人間的性愛是非法的，但是，他承認自己曾經愛上一個女機器人，並建議德卡德與其先殺死機器人、然後才想要她，不如先和她上床，然後再殺死她。此時，德卡德與瑞秋同在酒店房間內，德卡德想起他一不小心差點就要照著雷希的建議做，想要和瑞秋上床後再殺死帕里斯。但這知覺動搖了他，故拒絕與瑞秋做愛。最後她試圖勾引他，說她愛他時，他仍然拒絕了，她提議自己可殺死帕里斯。她解釋說：「我難以忍受和她如此接近，然後又……」（原文 170 頁）

　　發生關係後，瑞秋顯然覺得能自由地揭露她的動機。她告訴德卡德說，他身為賞金獵人的職業生涯已結束了，因為無人能和她上床後，可以再下手殺死任何機器人。她平靜地解釋說自己和幾個賞金獵人做愛過，屢屢奏效。唯一的例外是「非常憤世嫉俗的男人，菲爾·雷希」（原文 174 頁）。德卡德用來描述殺死機器人的委婉字

眼——讓他們「退休」——諷刺性地在這個女性機器人使賞金獵人「退休」上逆轉了。[20] 瑞秋的策略意味著她同情其他機器人同伴，故對政府部門說謊，說機器人彼此之間並沒有忠誠度。如果她能關懷其他機器人同伴，我們也許會納悶地問道，她是否也會關心德卡德，尤其當她曾對他說她愛他。

德卡德被她所吐露的、已經讓他「退休」的真相所激怒，故試圖要殺她，卻下不了手，因此她怪他愛那隻賞金買來的努比亞（Nubian）山羊比愛她還多——這反應產生許多層面的效果。這也暗示了一個諷刺性的事實，亦即人類尊重動物的生命，卻隨意殺死有智慧的機器人生命，同時也暗示了雖然瑞秋為自己的政治目的而利用了德卡德，仍然關心他是否在乎她。在德卡德成功地殺死最後三個安弟兒機器人後，回到家，發現瑞秋把山羊從屋頂推下，這行為結合了她對山羊的嫉妒，以及她對他殺死她的朋友們的報復。瑞秋的反應混合了人類熱情和冷酷算計，顯示她身上結合了黑髮女孩和機器人的特質。有越接近的親密關係，這些主體間的立場振盪得越大，在德卡德心中引發不同的情緒波動：在絕望和增強權力間、在自我收縮和膨脹間擺盪。**彷彿她對德卡德的吸引力正在動搖著現實本身。**

這種可能性就潛伏在德卡德與瑞秋兩人的關係上，從約翰・伊西多爾（J. R. Isidore）的觀點看得很明顯。德卡德對瑞秋的渴望正式反映在伊西多爾對她的雙胞胎帕里斯的慾望上。瑞秋這角色，在自己身體內分裂再分裂，成為瑞秋和帕里斯，在這區分中，瑞秋更接近黑髮女孩，而帕里斯則是接近精神分裂的女人。相對於瑞秋對德卡德微妙的的操控，帕里斯對伊西多爾的操控則是不加掩飾和冷酷的。雖然伊西多爾幻想他們或許可能會發生關係，帕里斯從未表示對他有任何感覺，而且顯然他們不可能發生性關係。在《我們能建造你》一書中，路易斯把帕里斯比作一隻蜘蛛，視她為外星人，逕

自做自己的事，而無視於對他人的影響。這意象出現在《機器人會夢見電子羊嗎？》中的一幕，伊西多爾發現帕里斯和伊姆加德・巴蒂（Irmgard Baty）窩在伊西多爾的公寓，她們切斷那隻伊西多爾找到的蜘蛛的腿，以便得知它在去掉多少條腿，仍然可以前行。作為一個「蠢蛋」（chickenhead，社會上稱心智退化者的用語），伊西多爾缺乏德卡德的分析能力，且經常直觀地表達己見，例如當他短暫地幻想著羅伊・巴蒂（Roy Baty）是由齒輪和線圈而非由血肉所造成的。當美世（Mercer）的教令——一切生命皆是神聖的——遭受到褻瀆時，伊西多爾察覺到「基伯爾」（kipple）的威力（這是狄克用來形容熵衰毀、正一點一點地啃噬掉公寓大樓的新詞），會突然變成一場毀壞性崩塌。椅子粉碎了，桌子融化歪了，牆壁上出現許多裂縫孔洞。從帕里斯的驚呼聲中，讀者得知伊西多爾瘋了，並且正在毀滅自己。也許沒有別的比這一幕更能顯現狄克合併了對自動控制的擔憂和特殊的心理狀態。維納想像可以透過控制論，預先阻止的熵衰毀以超自然方式加速進行，直到在景觀中顯而易見，而這種能見度也有指標作用，表示系統邊界已經變得極端不穩定。此刻是一段精心呈現的書寫，在情境中產生自動控制邊界爭端，明白顯示男性角色對女性機器人／精神分裂女性的依戀。結果是邊界內部和外部間深刻的混淆。

　　面對帕里斯對蜘蛛的折磨，這意味著她多麼無情冷酷，伊西多爾察覺到房間有熱能湧出，彷彿房間實體衰毀是直接源自於她所欠缺的同情心。如同這內部／外部合併所展現的，他對本身與外面世界之間界限的感知，已經嚴重扭曲。從狄克一再運用這情境，可清楚得知他心理的動態。（男性的）自我渴望在結合的當下向外擴展，一旦女性機器人／精神分裂女人拒絕他時，結果會是毀滅性的不穩定性，在其中他很難或不可能在自己和世界間建立穩定堅固的界限。路易斯・羅森被帕里斯女性拒絕後，將他對她的幻想投射到一個幻想中的愛情伴

侶身上。伊西多爾為帕里斯對蜘蛛殘酷的行為感到震驚，認為自己的暴怒是「基伯爾」的非人性勢力在發揮作用。狄克的小說中，內部／外部的區隔乍然崩潰，這通常是男性主體陷入精神錯亂的徵兆。這個動力發生的地點之一，就在墳墓世界。現在，就讓我們開始仔細檢視這超現實的景象，以探索其與精神分裂機器人彼此間的關聯。

墳墓世界中浪費的時光

　　在《機器人會夢見電子羊嗎？》一書中有個官方意識型態的強力「證據」，證明機器人本體的分類與人類的有所不同，就是無法和美世融合，他是準宗教人物，當人類抓住移情箱（empathy box）的把手時就會出現。機器人無法體驗這種融合，被判定為缺乏同理心，此為體驗「正宗」人類的試金石。《機器人會夢見電子羊嗎？》昭示了「人類」的本質從理性轉變為情感，展現人類歷史上機器人可和人類匹敵，或者超越人類智慧的那一刻。動物若能喚起主人的情感，並且能有自己的感情，即可占據生物同胞的特權地位，而牠們的生命如人類一樣是神聖的，但是，理性機器人的生命狀態卻被否定了。當非人類的動物迅速絕種，對人類優越統治已不再造成任何威脅時，這變化即發生了。因為，現今真正的威脅來自機器人，這定義的轉變絕非偶然。狄克擴展地評論，強調動物的資本主義行銷，是被美世主義下擁有動物的宗教意義所激發的一種產業。正如某種形式的清教徒主義，美世主義與資本主義聯合，共同創造了一個系統，其中財政特權與聖化的宗教無縫接軌。

　　縱使有這個尖銳的諷刺，狄克對於美世主義的處理，依舊是全然含糊不清的。文本拒絕「非此即彼」的選擇，暗示美世主義既是在政治上的討價還價（hucksterism），又是一種真正有意義的經驗。巴斯

特・費蘭德利（Buster Friendly）這位廣播談話性節目脫口秀主持人是機器人，他的報導揭發了美世其實是個騙子，他原是酒鬼，被不知名團體僱用來在廉價場地演出一些受辱和贖罪的老套戲碼。然而美世也是個鼓舞人心的角色，神祕地現身並告訴德卡德說，殺死機器人既是錯誤的，卻也是必須做的，正如美世承認他同時是虛假的、也是真實的一樣。

當伊西多爾已經在幻覺和真實間的邊界上運作，這些多重混亂再度體現，當基伯爾的潮汐吞噬他的公寓後，他衝向了移情箱。當他抓住手柄，演出了美世反覆的內部和外部世界間浮現的模糊景觀。就像薛西弗斯（Sisyphus）般，美世注定爬上塵土飛揚的山丘，有看不見的折磨者對他扔石頭，剛要抵達山頂時又滑下來。但他不只是倒退到底，而是一路墜入墳墓世界，一個只有他活著的無人煙世界，一個滿布腐朽的骨骸和腐爛的動物屍體的世界。在墳墓世界中，時間或靜止或緩緩推移，慢得感覺不到時間流逝。人唯一能做的只有被動地等待無數年的絕然荒涼，被包圍在死亡和腐朽中，直到萬物慢慢開始再復活起來，才有可能爬出去。

狄克在〈精神分裂症和《變化之書》〉（"Schizophrenia and the *Book of Change*"）一文中分析精神分裂症時，提出有關墳墓世界心理意義的線索。[21] 高中時，狄克曾罹患陌生環境恐慌症，嚴重到他必須在家裡請家教自學。年輕時他有各種神經病的強迫性行為，包括飲食失調，歷經了三次神經崩潰及多次自殺未遂。因此，當他談到精神疾病的經驗時，我們可假設他明白自己在說些什麼。書寫此作品，時值隆納・萊恩（R. D. Laing）正在呼籲重新評估精神分裂症，狄克附和甚至讚美萊恩對精神分裂症的同情心。[22] 在給帕特里夏・沃里克的信中，他寫道想在神經質精神分裂症（neurotic schizoid）和精神病精神分裂症（psychotic schizophrenic）間明顯「劃分一條界線」。前者是

神經質精神分裂症者，為了追求超越他人的權力，並在本質上冷酷的人；後者過度瘋狂，除了對自己以外，對其他人無法構成威脅。[23] 對照狄克對那些把情感從世界中撤回的神經質精神分裂症者所做的嚴苛控訴，他視精神病分裂症患者為投射過多的情感到世界而受苦的人。

他的同情心在《機器人和人類》（*The Android and the Human*）中很明顯，他觀察到對精神分裂症者而言，時間是靜止的，因為沒有任何新事物發生。[24] 自我已經變得如此膨脹、如此自傲，以至於遮蔽了一切。因為自我被視為有需負責解釋一切、使一切井然有序，不能有所意外。對偏執狂精神分裂症者（paranoid schizophrenic）而言，新的、莫名的、神祕的和無法解釋的事物並不存在。墳墓世界對於經歷過它的人的角度來看，是文學和虛構所呈現的狀態。陰鬱、絕望、時間靜止，感覺除了等待外別無其他事可做，內心的死寂投射到外部景觀——這些都是狄克所描述的精神極度痛苦的標記。墳墓世界出現在狄克六〇年代中期的幾部小說中，總是和內部／外部邊界的深刻混淆互相關聯。

內部／外部的混亂將精神分裂症和機器人連結起來。就像精神分裂症一樣，機器人也是一種混合人——一半是人、一半是機器——其存在引人對邊界問題產生質疑。機器人的行動總是能預測的——機器人具有「絕大多數」可預測性的特徵，狄克在《機器人與人類》中寫道（第 191 頁）——對於偏執型精神分裂症者，世界的活動總是能預測的。在第一個例子中，可預測性被理解為來自機器人的內部程式，在第二個例子中，可預測性被視為源自外部世界。然而，這種分野在墳墓世界中是假設性的，因為內部和外部在其模糊的景觀中合併了。當然，不意外地，狄克在六〇年代中期的小說中，墳墓世界明顯的特色是出現機器人的角色。

狄克在他的文章中所描寫的機器人，代表了喪失活動自由、創造

力和最重要的生命力——簡而言之，即是作家為了創新的需求，使過多的迷戀超越了彈性和同情心。然而，正如我們已見的，狄克小說中的機器人比起此種描繪更加複雜許多。我們可以透過悖論來理解這種對比：簡易版的機器人代表失去生命力，因而無法書寫，但這種機器人主義的觀點正是狄克寫作的源起。機器人主義同時消滅寫作，也促成寫作。這種矛盾，透過它在自我和其他人之間產生模糊性，而被寫進美世主義中。當人類抓住移情箱時，他的意識與未知的無名人士融合在一起。他既是孤獨的，也是有同伴的，與周圍環境隔絕，但又能與其他人類做情感溝通。總之，他帶有不穩定性，身為男性主體，他在與精神分裂型女人／機器人／黑髮女孩所構成的女性角色產生關係時感覺到這不穩定性。他經歷了自我膨脹，雖然若是發展為誇大狂，可能會極度危險，但是，在移情箱中仍然相對泰然自若，也相對和善。

　　即便如此，自我膨脹的缺點也不容忽視。移情箱將主體私人的妄想嵌入到一個共有的意識型態中，將他獨特的經驗寫入具有宗教、政治和社會意義的腳本。如同吉爾・加爾文（Jill Galvin）所指出的，有跡象暗示了政府在面對這個世界變得越來越不宜人類居住，而人口快速下降中時，鼓勵使用移情箱來保持公民的靜默和馴服。[25] 在移情箱中，公民感受到被授權，但是在所展現無止境的情景中很清楚明白，他們實際上是無能為力的，這正是狄克透過書寫有關墳墓世界的絕望和機器人主義，而增強能力的一個更加潛伏性的矛盾。不管背後的動機，巴斯特・費蘭德利問聽眾的問題點出了重點：「它就是美世主義的作用，好吧，若我們相信它有許多實踐者，經驗會融合……男人和女人在整個火星系統中形成單一主體。但是，這是可以透過所謂『美世』的心靈感應而聲控的主體。一個懷抱政治野心、自許為希特勒的主體將可能……」[26]

　　儘管明顯地利用了美世主義的潛能，狄克同時堅信除了偽造，也可能存在真正的贖罪和救贖，他把這可能性寫進《機器人會夢見電子羊嗎？》中，使美世的干預拯救了德卡德的生命。如果美世在某種意義上既真實又虛假，那麼墳墓世界也必定同時既是錯覺、也是必要的淨化。欲了解其神祕的雙重性，關鍵就在於那精神分裂的女人／黑髮女孩的結構。如我們已見的，當男性角色越接近她，黑髮女孩和精神分裂女人間的振盪變得越明顯。男性角色對她懷抱著強烈的矛盾情懷，既渴望又害怕和她親近。因為狄克建構她本質中的多樣性特質，使她成為投射這種矛盾心理完美的銀幕，一方面，她代表一種不可避免和絕對的拒絕，並非因為源自男性的缺陷，假使這是他能修正的，而是源自她本身無法與任何人有所聯繫。另一方面，她代表一切男性所渴望的和至關重要的東西，所以，對他而言，和她斷絕關係等於不再生活著。若她拒絕他，意味著他不算真正地活著，因此僅僅是個機器人。若是她接受了他，代表他將被她所束縛，從此受到他最懼怕的冷酷對待。無論哪種方式，因為接受她帶有點使人性向機器人主義妥協的感覺，這個可能性在《機器人會夢見電子羊嗎？》中，透過暗示德卡德本身也可能是機器人，而完美地實現了。墳墓世界承認有這種汙染並且試圖彌補。

　　偶爾，男性角色時常會有被捲入精神分裂機器人所引發的矛盾衝動的混亂中的危機，而報復那個吸引他們的女人，這想必是作者所同意的。敘事者（和他背後的狄克）降臨在當精神分裂女人的暴力行為，出現在《帕爾默‧艾德里奇的三個烙印》的那幕場景中，利奧‧布魯羅（Leo Bulero）對他迷人的助理羅尼‧富蓋特（Roni Fugate）求愛，這角色和他過去寫的精神分裂女人不只有些許相似。當她拒絕他，利奧懷恨地希望她變老，超過一百歲。利奧已經消耗了「Chew-Z」（並且被消耗），所以從未真正離開帕爾默‧艾德里奇所制

定規則的空間。當他記起在這個錯覺的世界，他的思想與顯見的真實景觀處在共同的空間，但為時已晚。他轉身看見「一個蜘蛛網，由一絲又一絲灰色的菌絲互相纏繞，形成一個脆弱的圓柱擺動著……他看到頭，臉頰下陷，眼睛像軟軟的、呆滯的黏膠狀白點，滲出黏稠而緩緩流下的眼淚」。驚恐中，他希望她再度復活起來。灰色的一團變成一窪水，「逐漸向外流，然後顫動著退縮回來；在正中心，硬硬的灰色物質的碎片浮游著，凝聚成一個大約像球狀之物，纏繞糾結的髮絲浮在其皇冠上。無表情的眼窩，空洞地形成了；它正在變成了頭顱，但屬於某種即將成形的生命：他潛意識對她的渴望，體驗了進化最可怕之處，就像變魔術般將這種怪物變成生物。」[27]

　　這事件出現了兩個教訓。首先，精神分裂的女人和墳墓世界之間的聯繫，在男性視自己為受到她的侮辱而報復她，讓她成為墳墓世界動態變化的犧牲者時，便很明確地表現出來。雖然，他把世界看作是一個垃圾堆，而可能會受到懲罰，他降臨在她身上的懲罰更是極端的暴力，將墳墓世界異常加速的熵衰退併入她的體內。第二個教訓是某種難以逃避的景觀中，主體的「內部」與世界的「外部」合併起來。時間可再度進入生命，但不能逆轉回到精神病發作以前。對利奧而言是如此，對羅尼更是如此。利奧明瞭了一個人能爬出墳墓世界，正如美世最終所做的一樣，但是一旦掉進墳墓世界，它就永遠不會消失。它就停留在那裡、等待著，直到分離內部和外部的邊界再度變得如此不穩定時，使得主體再陷進去，如傑克・伯赫倫（Jack Bohlen）在狄克小說《火星時光倒轉》（*Martian Time-Slip*）中所遭遇到的那樣。

　　考慮這些複雜性，狄克的小說如何解決問題？精神分裂機器人那不間斷而繁雜的分裂和重組，如何能夠穩定到足以達成終結呢？為回答這問題，我現在轉而看看他的小說《血腥錢博士》中精神分裂機器人的演出。

在《血腥錢博士》中翻轉出正面的一邊

在他一篇很出色的論文〈世界末日後：《血腥錢博士》的角色系統〉（"After Armageddon: Character Systems in *Dr. Bloodmoney*"）中，弗雷德里克・詹明信使用符號學的四方形來闡明《血腥錢博士》小說人物間的關係。[28] 他的分析假設「生物的」和「機械的」間有個主座標軸，這兩個術語間存在彼此對立的關係。這個軸出現幾乎不令人訝異，因為人類與機械間的對立是狄克小說顯著的主題。較不明顯的是標記為矛盾的軸，其中這些術語並不與第一軸的術語相反，而是存在較為微妙的關係，包含了被第一術語所排除的範圍。右下的位置被「非生物」占據著，詹明信解釋為缺乏器官，即形同死人，左下位置由「既非機械也非生物」占據，他將這些指派給擁有非凡或超自然力量的角色，例如會說話的動物和具有超能力的人類。大多數主要角色處在於綜合這四個基本術語的位置。從這個分析中可以清楚地看出，人物角色是根據他們使用語言或事物的能力來安排的，這結論在這些小說中具有重要意義，其中言詞是用來揭露事物的非真實性，而事物則是用來展現言詞的不穩定性。

依我看，詹明信論證中唯一無法令人信服之處，在於他用來開啟分析的假設。他指出，《血腥錢博士》顯示其他六〇年代中期的其他小說假設的事件，但卻未加以描述：核子大屠殺毀壞了環境，永遠地改變了人類與地球的關係。他主張炸彈需要一個「直接了當的**是**或**否**」，因此擊敗了狄克創造不確定性真實的美學標準，以及需要新的技術。[29] 他建議角色系統就是這種新技術，雖然他一直未解釋清楚如何運作以解決問題。但是狄克對呈現炸彈的真實性沒有問題（我們很快可以見到），所以從這觀點來看，人物角色系統具有過度的殺傷力。我想建議的恰好相反，就是該角色系統可以用不同解釋問題的關

係，更適切地來理解，我相信對《血腥錢博士》的敘事動態性是核心的問題是：將角色內外翻轉、並將正面翻轉出來的邊界工作。

炸彈首度出現時，敘事清楚地表明這事件「實際地」發生了，很顯然透過布魯諾‧布魯斯基爾德（Bruno Bluthgeld）的眼睛去看（標題為《血腥錢博士》），[❸]他是一個理論物理學家，說服人們說高空核測試是安全的。事實證明他的計算是悲劇性的錯誤，結果生出一整個世代的畸形兒童。九年後的今天，他以「樹先生」（Mr. Tree）的名字現身，幻想皮膚下大面積的毀容疤痕標記會使知道的人認出他來，且相信有大規模想要謀殺他的陰謀正進行著。他找精神科醫師諮商以擺脫他的「傳染病」（他用生理上的解釋，但讀者不難認出是偏執型精神分裂症），他走出來看到舊金山街道突然向下沉並向左傾斜。他將此種現象歸因於他眼睛的散光。「感知的數據資料是如此重要，他想。不只是你感知到什麼，而是如何感知……也許我已患有輕微的內耳迷路炎（labyrinthitis），這是一種內耳的病毒感染。」[30]輕微的耳部感染和核子大屠殺之間怪異的不可通約性，這顯示布魯斯基爾德的感知多麼地不正常。如同狄克的小說中其他精神分裂症患者般，他也經歷了極端自我膨脹，以至於相信他自己該為每一件發生的事負責任。在精神錯亂中，他將大屠殺解釋為一種自我防禦的措施，而「被迫」需要懲罰那些密謀反叛他的人。

對照第一幕，第二次大屠殺比真實更加黑暗。布魯斯基爾德、亦即現在的「樹先生」，他住在馬林岬角的後核戰社會中，當斯圖亞特‧麥克康奇（Stuart McConchie）來到他的社區時，怪誕地判斷，那個反對他的密謀再度被人重啟了。（在《血腥錢博士》後記中，狄克確認麥克康奇是非裔美國人，代表這部小說中他自己的觀點。）警

---

❸ 布魯斯基爾德（Bluthgeld）在德文（Bluth Geld）中是殺人的贖罪金、血錢之意，作為對被害者家人的賠償。

覺到這幻想的密謀，布魯斯基爾德／樹先生聚焦在重啟將要投擲炸彈的毀壞力。大約在第二次，我們還是很難判斷這炸彈的本體論狀態。因為樹先生許多其他的幻想顯然都行不通，讀者可能會被誘導，乃至於認為他調用炸彈僅是私人的妄想而不以為意。但其他人物證實，某種版本的核子攻擊正在發生，雖然其確切的意義尚不清楚。這些確證中最重要的是華德・丹杰菲爾德（Walt Dangerfield）的觀點，他是戰爭爆發後，被困在一個衛星中自稱火星移民者。他從地球上空看到地平線上一個身影，認出在九年前大屠殺中曾相遇過。「幾秒過去了，不再繼續爆炸。他看過那個人，特別朦朧不清，瀰漫著似乎莫名的不真實、彷彿純粹又是想像的身影。」（第 230 頁）。因此，狄克用他其他小說中大約相似的多焦點敘事技術來構思事件，使其停留在內部幻想和外部證據之間。無論角色系統的目的為何，其目的並非以本體論不確定性來引起大屠殺，因為狄克以其他方法來實現這件事。

　　因此，角色系統要達成什麼呢？正如先前所提議的，我相信這是針對如何脫逃，以免被困在一個強烈瘋狂的權力幻想的「內部」的問題，以及如何再度讓世界正面的那邊翻轉出來。詹明信很正確地留意到狄克遇上的問題，就是當他試圖使用以暴制暴時，這特效處方竟變得比疾病更糟。這個問題正巧出現在《血腥錢博士》中。當樹先生發瘋了，並再次投擲炸彈，出現了「厚皮」（Hoppy）這個「海豹肢畸形兒」（phocomelus），他出生沒有腿，以蹼為手臂，用他駭人的心靈致動力，殺了樹先生以拯救自己（連同拯救了整個城鎮），他用念力把樹先生高高扔上空中。但厚皮又像布魯斯基爾德，有日漸膨脹的誇大狂症（megalomania），醉心於權力後，對任何人都沒有同理心，如此自我膨脹，以至於對他而言，只有他個人的需求和欲望才是真實的。他的權力範圍甚至超越了這城市，準備成為世界獨裁者，用念力殺死華德・丹杰菲爾德，並接管他的衛星廣播，直到那時為止，這廣

播一直在提供另類黑暗世界一點光亮。就像樹先生一樣，厚皮欲將其他人置入他幻想的「內部」中，並安排一切，讓其他人被迫按照他的意思在那裡生活。

這解決方法全然來自另一個方向。伊迪·凱勒（Edie Keller）對抗厚皮和樹先生，她是一個年輕的女孩，懷著的胎兒是在她體內形成的雙胞胎兄弟比爾，當他倆在子宮時，他能以心靈感應和她溝通。無疑地，她這角色反映了狄克相信自己的體內也懷著珍的精神；伊迪和比爾就是將狄克和珍由內向外翻轉的體現。樹先生和厚皮是徹底自戀的，而比爾和伊迪所經歷的邊界混淆包括對彼此真心關懷。比爾最大的願望是離開伊迪的身體以獨立生活，而非透過她告知的代理方式。雖然伊迪不為他人著想，而且殘忍無比，她也熱心地試著為他尋覓合適的家。聽到樹先生已發瘋了，她急忙走向他，推斷比爾可好好利用樹先生的身體。但在她抵達他那裡之前，厚皮已殺死樹先生。她下一個計畫是欺騙厚皮，好讓她接近他，以便使比爾能奪取厚皮的身體。但是厚皮具有念力以及心靈致動力，在她能夠把手伸到海豹肢症的身體之前，厚皮已從她身體中取出比爾；他把比爾的小小畸形的身體扔到空中，就像他對布魯斯基爾德所做的一樣。

然而，比爾卻擁有布魯斯基爾德所缺乏的資源。狄克半開玩笑地運用「天外救兵的結局」（avis ex rnachina）來搶救比爾。厚皮侏儒般矮小身體死亡之前幾秒鐘，比爾成功地和他交換身體。與厚皮的誇大狂對照，比爾的願望很卑微。雖然厚皮的身體嚴重畸形，但比起來還是較比爾先前的身體還要好，所以他很滿意，因為現在他能自己看、能自己聽了。因此，內部／外部的混亂以兩種方式解決了。布魯斯基爾德和厚皮都被殺害了，這兩個角色威脅要不斷擴張，直到他人被判處住進他們可怕的心靈世界「內部」為止，而比爾和伊迪是無辜的，他們不是因為犯錯，卻陷入了一個悲劇性、威脅性命的封裝，最

後被從正面翻轉出來。圓滿的結局扭轉了狄克和珍這對雙胞胎的悲劇結尾。雙胞胎中的那個女孩死後，並非兩個孩子合而為一，而是男孩脫離孿生姊妹的身體而獨立生存，所以是一個小孩變成兩個。

　　為什麼可以在《血腥錢博士》中實現這個大和解，而避開了其他六〇年代中期小說中那種更黑暗的結局呢？這個「極有希望的小說」（套句狄克後記的句子，第 300 頁）的核心關鍵，就是邦尼・凱勒這個人物刻劃，她大多仍然留在詹明信的人物四方格的空間之外。邦尼被刻劃為美麗的女人，狄克的小說中極少數具有吸引力的女性之一，既不像黑髮女孩被盲目崇拜，也不像精神分裂的女人般可怕。她深深地擁護著生命，儘可能全面、誠實且快樂地生活。投下炸彈的那天，她直接的反應是與第一個前來的男人安德魯・吉爾（Andrew Gill）做愛，彷彿是要確認生命依然可以延續下去。結果，她懷了伊迪和比爾這兩個孩子。她的下一個反應是為所有死於這個城市的人哭泣，彷彿為了證明她是重視及肯定生命的。

　　值得注意的是，邦尼的關鍵時刻到了，這是當她拒絕再為布魯斯基爾德的瘋狂負責。多年以來，她一直盡力保護他，甚至規勸他，但是當他的瘋狂再度發作時，她讓他承擔自己的錯。當厚皮開始威嚇小鎮時，她也做出類似的反應。她打算儘可能遠離，而非和他戰鬥。某種程度上，她擺脫掉這些自找的責任，和自認應做的正確的事情，即使這意味著拋棄她自己的孩子。與斯托克韋爾（Stockwell）博士談話後，比爾揣想當他母親意識到她的孩子是雙胞胎而不是獨子時，會怎麼想。但是他和他妹妹從未發現，因為邦妮已經和安德魯・吉爾私奔了。一個無法好好照顧孩子的母親、一對身陷災難人生的雙胞胎，以及因為男性角色既愛又怕的黑髮女孩／精神分裂型女人，形成了惡性循環，這種種複雜糾結而形成難解之死結（Gordiam Knot），很容易地被像利刃般清楚地切割了。❹實際上該這麼說：「這混亂不是我的責

任。我要過自己的人生。」

詹明信說，角色系統服務的目的之一，就是「更新」這個世界，過去曾被認為是理所當然的商品化產品，現在成為自製的奢侈品，給消費者的生活帶來愉悅歡樂。這資本主義的救贖，拒絕了黑髮女孩／精神分裂的女人的雙重約束，毀壞那些狼吞虎嚥以強迫將他人封進於他們的「內部」者、將被悲劇籠罩著的雙胞胎男孩和女孩從正面的那邊翻轉出來、從選擇生命而非無益地自找不利於己的責任——這些是角色系統詳盡的文本機制，都是設計來處理種種交織的複雜性。比起同時期的其他文本（除了《火星時間滑動》〔 Martian Time-Slip 〕之外），《血腥錢博士》更成功地克服了精神分裂機器人的種種糾結牽連。

離開了六〇年代中期，狄克的小說中出現黑髮女孩／精神分裂的女人的頻率減少了。寫於 1966 年的《尤比克》（ Ubik ），屬於這時期外圍的、功能有趣的過渡時期文本，因為它暗示狄克能夠透過寫作，來解決黑髮女孩／精神分裂女人結構深度含糊不明的問題。被建構成為一系列的揭露，其中每一次都暴露其前身是表象的、而非正宗的真實，《尤比克》使用這種狄克最喜歡的手法，來暗示黑頭髮的女孩／精神分裂女性的結構，本身只是一個更深刻的真實所構成的表象。欲了解狄克如何實踐這種心理解析，現在讓我們來看看這個複雜反身性的文本。

---

❹ 原文 Gordiam Knot 直譯「戈耳狄俄斯之結」，傳說中幸運的農夫戈耳狄俄斯有一日獲神諭，巧遇美麗的女祭司，求婚後兩人同坐著車經過弗里吉亞國，其國王過世後國人得到神諭，說未來的國王與王后將坐著牛車而來。戈耳狄俄斯感激之餘，將牛車獻給宙斯，並打上繩結防盜。後來亞歷山大大帝來到弗里吉亞後，以劍將這個繩結劈為兩半，解開了這個難題。這詞一般比喻「用非常規的方法來解開那無法解決的難題」。

黑髮女孩／精神分裂女人表象：底下的真實

在《尤比克》書中，為占據一個相對於他人「內部」的「外部」所做的奮鬥，可發生在多個層面上。這本小說中的小人物喬・奇普（Joe Chip），是格倫・蘭斯特（Glen Runciter）的員工，蘭斯特是一個「審查組織」的負責人，專長為「反私人保安信息系統」（anti-psis），具有能摧毀心靈感應、預知未來之類的超能力。他被商業競爭對手露娜（Luna）引誘，蘭斯特、奇普和一批「反私人保安信息系統」者被炸彈擊中。眾所周知，後來發生了什麼情況不明。有好一段時間，喬相信格倫已經受到致命傷，和隊友急忙衝回地球，把格倫放在低溫懸浮液中，在那裡，殘存的小小生命力可以延展成數年暫停狀態的「半生命」，這新詞指人處在半生半死的閾（liminal）的臨界狀態，❺因為他們懸浮在生死之間。然而，喬一回到地球上，即發現周遭的世界異常快速地衰毀了。不像早期那些主角們接受墳墓世界就是真實的世界，喬對於內部和外部之間的邊界該在何處深感困惑。「這不是被埋葬的宇宙，」他想，「所有一切都在我內部，但是我似乎看到它在我的外面……難道整個世界都在我的內部嗎？都被我的身體包圍吞沒了嗎？」[31] 當他接收到各種媒體的訊息時，這個謎團似乎變清楚了——電話答錄、火柴蓋、停車證、浴室塗鴉——都暗示他和隊友在爆炸中受到致命傷。在這個真實的版本中，蘭斯特就在暫停中的「外部」，他嘗試和那些處在作著夢的、半生命的世界「內部」者溝通。

雖然這說明也許可以解釋這些訊息，但是喬不明白它是如何與衰毀和退化有關，這些很快將攻擊人們和事物。溫娣・賴特（Wendy Wright），這位他渴望結婚的女人，一開始看起來如此「耐久堅固」，

---

❺ 閾（liminal）狀態，指不前不後中間的部分，是脫離原有的卻又未達到後面，處在臨界點的狀態。

以至於他無法想像她會衰老——「她對自己和外在真實過度地控制」（第55頁）——後來，他發現在他的衣櫃裡，有個「蜷縮的、脫水的、幾乎像木乃伊似乾縮一團的東西」（第90頁）。他懷疑就是帕特·康利（Pat Conley），使那個熵的墳墓世界災難性地侵入了他的「真實」的罪犯，一個傾國傾城、撫媚動人的女人，她有柔軟輕盈的身體、會說話的深色眼睛和長長的黑髮（第31頁）。帕特尤其很危險，因為她能改變過去所發生的事，從而創造一個不同的現在——甚至是一個別人所不理解的、與自己剛才過的生活完全不同的現在。喬的幾個黨羽變成枯骨堆之後，他開始朽爛。英雄般地奮力爬上樓梯到他自己的房間，以便於能像樣地在隱私中死去。帕特幸災樂禍地嘲笑他將死亡，暴露她是一個精神分裂的女人特別惡毒的例證。「我們稱作帕特的這個東西，」在這對決的時刻，喬語意深長地如此稱呼她（第159頁）。然而，這個黑髮女孩的署名是一個機器人、一個景象，在早期的文本中已證實為如此異常地引人入勝，以至於情節脫軌（《我們能建造你》可為證），這裡顯示的僅是表面、背後有更「正宗的」真實。喬發現，真正的罪魁禍首不是帕特，而是青少年喬里（Jory），主要特徵為**對生命有貪婪的欲望**。被判為半生命時，他仍然是青少年，靠著食用比他更虛弱的半生命，來滋養他野性卻充滿生氣的生命力。「我吃了他們的生命，吃他們剩下的，」當他的行為曝光後，喬里告訴奇普說，「我需要很多，曾經，我會等到他們先過一陣子半生命的生活，但是現在，我必須立刻吃掉他們。」（第174頁）

狄克對精神分裂女人／黑髮女孩的迷戀，有部分來自於他對珍的死亡的罪惡感，喬里揭露了黑髮女孩／精神分裂機器人配置的糾結複雜，他讓我們看到，小孩做出了吃掉別人賴以為生的食物的幻想行動。喬里的食人欲望引起徹底的恐懼，使人想起狄克自己青少年時期，怕在公眾面前進食的恐懼症。當喬聽到喬里吃掉受害者時，他嚇

得後退。「『你說的**吃**是指什麼意思？』是指確實吃嗎？他很納悶，身體因反感而起伏波動著；噁心感襲捲而來、吞噬著他，彷彿他的身體想縮起來」（第 173 頁），當喬里向他跳躍而來時，他直接知道這個年輕人所做的事。雖然察覺這必是象徵性而非確實的行動，（在半生命中，每個人都低溫地懸浮在自己的容器中，所以不可能有肢體攻擊），但所描述的攻擊活生生是獸性和恐怖的。「喬里咆哮著、咬住他。大大的鑽齒緊咬著喬的右手。他們彼此纏著不放，同時，喬里抬起頭，用他的下顎咬起喬的手；喬里目不轉睛盯著他看，哼著濕濕的鼻息，試著闔起下巴」。（第 175-76 頁）

　　狄克強烈的反感，是無庸置疑的。但是，喬里發現了一個赦罪的方法，如狄克所認識到的，喬里純粹只是為了生存而必須這麼做。愛拉・蘭斯特（Ella Runciter）是格倫的妻子，二十二歲時進入半生命期，被描述為「漂亮」、「皮膚白皙」、有邦尼・凱勒所遺傳的藍眼睛，扮演了狄克心目中一直期望的母親的樣子。她堅持說：「上帝知道我憎惡喬里。」但她也接受喬里和他同類是一種生命的狀態，視他對別人的掠奪為「我們這類人生的一種事實、一種規則」。她慫恿喬接受喬里的掠食，堅稱搬離到新地方不會有所幫助，因為「喬里出現在每一個暫停之處」。當喬堅持「打擊」喬里時，她警告說：「我懷疑能否能真正毀滅他——換句話說，就是消耗他——就像他在暫停中對他周遭的半生命所為的一樣。」（第 183 頁）。這話說明了吃掉捕食者並非最終的解決方案，因為實現這種虛幻終結的唯一方法，就是將捕食者帶入自己的「內部」，因此象徵性地確實變成了掠食者本身。

　　如同狄克此時期的其他小說一樣，心理貫穿社會和經濟。因此，毫不意外地，喬里的食欲也與無情的資本主義關聯在一起，這資本主義在每個章節的前面都會先有尤比克的廣告。當喬問愛拉，為何不能簡單地將喬里從他捕食的半生命鄰近地區移除？她回答說：「喬里的

家屬每年都支付給赫伯特（生命暫停器的所有者）一大筆錢，來保持他和其他人在一起，並想為這做法想出合理的理由。」（第 183 頁）在章節的廣告題詞中，尤比克意味著各種資本主義掠奪的方式，從二手車到食品，伴隨著可怕不祥的免責聲明「照說明使用以策安全」。正如《血腥錢博士》書中寫的，解除個人危機與資本主義的救贖，很神祕地連結在一起，儘管經濟領域的解決方法在情節中未符合邏輯地被激發。

　　因此，當喬里被揭露並接受為不可避免的，尤比克的意義同時也神祕地改變了。在最後的題詞中，我們發現如下的宣言：「我是尤比克，有宇宙之前，我已存在……我創造了生命和他們的居所；我把他們遷移到這裡、放置到那裡，我說怎麼做，他們就怎麼做……我叫尤比克，但這不是我的名。我就是我，我永遠都是。」（第 190 頁）[6]當喬‧奇普發現愛拉是對抗喬里的力量時，他深思「我已得到了最後的一些相關實體」，她譏諷地回答說：「我不認為自己是一個『實體』。我通常認為自己是愛拉‧蘭斯特。」（第 182 頁）此時，不知何方傳來唸著題詞的聲音，似乎自我揭露為「終極實體」。據我所知，沒有人嘗試解釋，為何尤比克從意指最糟的過度資本主義，改變為代表一個無所不在的上帝。許多批評者甚至主張，尤比克自始至終或許「的確」就是上帝，我主張的正好相反，尤比克突然的變形，是無法理解的，除非這是和真相有關，即帕特的背後是喬里，而喬里背後是他獸性的食慾。只有承認這種食慾（必須被理解為在多個層面上運作，意味著「消耗」）後，作者方可在資本主義過剩無用的許多表相上，領悟到這世界中的聖神——並且暗示，就在他自己身上。

---

[6] 這獨白類似詩人拜倫反派英雄的口吻。「我就是我」（"I am I"）和拜倫詩句 "wonder not that I/ Am what I am, but that I/ ever was,/ or having been…"（*Mnfred*, Act III, scene 1）可為對照。

　　若尤比克旨在表示一個終極「正宗的」真實，則只有從**文本內部**的角度方可如此實現。在文本之外（讓我們假設還是德希達，儘管我們可想像其有這優越地位），尤比克正是菲利普‧狄克本人。最終，狄克「創造了生命和居所（供角色人物居住）」，他在文本中寫道他「把他們放那裡」。不解尤比克來自何方，喬里首先假設蘭斯特已經將它私運到他身上，但是喬里堅持認為，除了**話語**以外，沒有**物件**可以從外面進入半生命的世界。在這裡，他將話語和事物之間的差異，編碼至《血腥錢博士》的角色系統中，來提醒我們，在小説世界的解決方案，和現實世界的解決方案，兩者間是有差異的。在小説世界中，書寫僅僅在象徵行為的表現場域中有功效；現實世界中，事物的物質性常常頑強抗拒言語干涉。這種話語和事物間的分裂，映射了狄克人生中的過去與現在間的分裂，沉澱在心理的結構和目前積極行為的意圖間的分裂。如果他以書寫的方式來解決生命中深層的矛盾，他可以透過語言，因為語言與那些長駐他心中的鬼魂，有著中介的和不確定的關係。身為一位作家，他透過小説向自己內心黑暗深處傳遞訊息，希望以某種方式可以證明它們是有效的。在文本的世界裡，半生命們從「外部」世界聽到的喃喃低語可以比喻這種情況，因為除了**文字**之外，沒有**物體**可以在「內部」和「外部」之間傳遞。從他的觀點來看半生命，喬‧奇普似乎在批評狄克作品中的這個面向：「我們被生物鬼魅服務……它們說話以及寫作，都傳達到我們的新環境。從全生命世界的角度來看聰明而有形體的鬼魅，它們的元素已經成為一種物質，侵入性的卻又和諧的物質碎片，就像從前的心臟一樣悸動。」（第188-89頁）

　　尤比克的特殊成就在於**同時**表現了語言的實現能力，和語言與物質世界不確定的間接關係，同時還將這種差異映射到「內部」－「外部」邊界，暗示了自我和他者之間有意識及無意溝通的複雜性。尤比

克所抱持的夢想中，雖然邊界爭紛絕不會消失，但內部和外部可以透過作品的媒介來互相接觸，書寫對於讓我們的世界接受所有認識論和實體論的不穩定性影響上，依然有價值。

打斷反思性的無窮回歸

　　如同馬圖拉納和凡瑞拉一樣，狄克是個系統建構者。他嚴肅地看待他們所建議的概念（隨斯賓賽－布朗之後）：即觀察者透過區分內部和外部差異來建造一個系統。對於馬圖拉納和凡瑞拉而言，此舉將某種不穩定性導入他們的系統基礎，這是他們試圖將系統邊界的形式，定位在實境中以解決不穩定性。對於狄克而言，此種不穩定性具有潛在致命性的後果，因為主體奮力地界定邊界，「外部」的邊界相對於是他人的「內部」。與他們在生物科學的基礎點一致，馬圖拉納和凡瑞拉傾向於假設理性的觀察者。他們所假定的觀察者，就是那種在實驗室中觀看儀表盤的觀察者。賦予觀察者建設性的權力，就認識論而言可能是極端的，但不一定是政治或心理上的極端，因為理性觀察者可被假設為自我克制的。狄克未做這樣的假設。他的結論更加黑暗，有更複雜的心理情結，因為他的確敏銳地察覺到觀察心理的穩定是無法假設的，特別是當創造世界的行為，可能刺激業已貪得無厭的權力欲和自我擴張的行為。因此，狄克納入觀察者以和其對立。當馬圖拉納和凡瑞拉使用「觀察者的領域」來恢復例如像因果關係的日常概念，狄克反而使用它來進一步疏離了有所共識的真實。

　　同樣地，狄克與第二波控制論共同都強調了反思性，雖然改變了其用途和意圖。馬圖拉納從無限回歸中挽救自生系統中固有的反身性，他主張：「我們看不到所看不到的東西，而我們看不到的東西就不存在。」[32] 觀察者觀察其他觀察者的無限回歸因而被控制了，因

為反身性螺旋不會持續越過觀察者的邊界。和馬圖拉納對系統的熱衷一樣，狄克運用了不同的策略。他不將「真實」包圍起來，而是轉向創造更有包容性的系統。他最有野心的嘗試在於創造系統，這源自於他在 1974 年 2 月和 3 月的一連串幻覺經驗，他把這日期縮寫為 2-3-74。為了解釋這些經歷，他寫了一部名為《釋經》（*Exegesis*）的厚厚的小冊子（tract），文長超過三千頁，部分選集已經出版。

對於 2-3-74 的幻覺，有個可能的生理上的解釋，狄克的傳記作者勞倫斯・蘇丁半信半疑地考量這個解釋，而且被其他人欣然接受。[33] 八年之內，狄克就將死於嚴重的中風，在這段晚年，他患有極度嚴重的高血壓。他的幻覺經驗與大腦輕度中風的人的症狀一致，這刺激了聽覺中心而引起幻覺。狄克本身對這些幻覺抱持懷疑態度，並接受了許多相關假設。就好像實現馬圖拉納所主張的，對於經歷幻覺的人來說，幻覺和真實間並無不同。[34] 狄克最終下結論說，最有可能的解釋是自己被一個外星人聯繫上，他稱之為巨大活動生命智慧活動系統（Vast Active Living Intelligent System）或是 VALIS，這是最後一部三部曲、也是他最出色的小說。1980 年 11 月 17 日那天，他又經歷了另一個幻覺經驗，相信這是上帝直接聯絡他。對於狄克而言，這次聯絡解決了不可避免困擾著反身性建構的無限回歸問題。無論回歸出現何處，總有聲音宣稱狄克遇上了無窮的無限大，因此這是聖神、也就是上帝。以下是狄克對此經驗的描述，就記錄在《釋經》（*Exegesis*）中。

〔上帝〕說：「我就是無限大，我將證明給你看。我在那裡，那裡就是無限大。無限大在哪裡，我就在哪裡。建構這推理路線可幫助你理解 1974 年的經驗。我會進入違反它們這些變動性質的場域。你以為他們是合乎邏輯的，但卻不是；他們有無限大的創造力。」

　　我這樣想，於是一個無限回歸的論證及反論證就成形了。上帝
說：「我在這裡，無限大就在這裡。」我想到另一個解釋；一系
列無限大的想法在辯證對立的互動中再次分裂。上帝說：「無限
大在這裡；我就在這裡。」[35]

　　對於狄克而言，建構觀察者終究不能與建構真實做區分。兩者結束
在同一點上，亦即無限回歸中，基於神祕的理由，他選擇呼求上帝，
而非仍然在人類所知範圍以外的馬圖拉納式的真實。以此方式，狄克
建構了一個外部，授與了上帝之名，並透過持續成為無限大而不會受
侵害，這個外部很安全，沒有被吸收和強迫變成「內部」的危險。當
然，很諷刺的是這構造本身，也許是因他大腦內的生理情況所引起
的。

　　對照狄克回應 2-3-74 的幻覺而建造的野心的系統，他六〇年代
中期的小說傾向於不同的論斷，這是我覺得更加吸引人的。這可以
《機器人會夢見電子羊嗎？》故事的結尾來說明。德卡德成功殺死名
單上最後三個機器人後，回到家中，發現瑞秋將他心愛的山羊推下屋
頂。他是如此疲憊沮喪，來到舊金山北方荒涼的國度，「那兒是凡生
物都不會想去的地方，除非它覺得末日已經來了。」[36] 在那裡他又看
到幻覺。就在距離政府所設的移情箱數百英里之外，他站在死寂的山
頂上時，感覺有一顆岩石打中他，彷彿正上演著美世無止境的場景。
驚慌失措的他從車上打電話回辦公室，告訴祕書說：「我是威爾·美
世，我已和他永遠融合了，無法再分離。」（原文 207 頁）在這裡，
自我的擴張並非源起於自大狂，而是來自於痛苦和內在的矛盾，一種
德卡德對於機器人逐漸感到同情的結果。他在心理上、而非理智上，
拒絕了使機器人成為賞金獵人追逐對象的區別。只有當他發現一隻蟾
蜍，這是美世神聖的動物，半埋在無生命的塵土中，融合的經驗方才

結束。他對這發現感到敬畏，視之為繼續活下去的徵兆。

　　當他回到家，給他的妻子依朗（Iran）看那隻蟾蜍，她發現它的肚子裡藏著一個活門。它是電動的，就像那隻他用來騙鄰居的人造綿羊。徵兆是個錯覺；奇蹟是偽造的。但諷刺尚未完全結束。他告訴依朗有這種錯覺沒關係：「電子物件也有他們自己的生命，不論是多麼微不足道。」（214 頁）當依朗告訴他在情緒器官上調至「應享平安」時，他答應她，但尚未這樣做就睡著了，不需要控制論賜福便找到了平安。她隨即訂購人工蒼蠅給電動蟾蜍吃，展現對丈夫的溫柔，這是在小說的開頭所沒有的。雖然未發生任何事件可解釋她如何從尖酸刻薄變成溫柔多情，這就好像德卡德與精神分裂機器人之間的鬥爭般，已經用某種方式解決了他們的緊張關係。這象徵性的解決方法，強調了它在此並未解決大問題。只達到一個溫和的調整，充滿著多重諷刺，強調生存和人類混合的狀態，當他們對共享這個星球的生物性和機械性生物，都表現出寬容和感情時，就是人類的最佳狀態了。人們不如接受這是對第二波控制論所提出的種種深層認識論和倫理問題所下的一個合適結論，卻未能決定性地解決那些問題。

第八章

信息的重要性

　　每個時代皆有信仰，被當代人廣泛接受，但後世也許覺得很稀奇古怪。有關這點，新歷史主義就做了研究——以很好的理由，為了理解那些明顯怪異信仰下的習俗，其實踐、隱喻和假設所彙集的群集，打開一個朝向某種文化意識型態之窗。一個可能使後世驚愕的信仰的後現代正統觀念，就是當代認為身體即使非全部、也會是最重要的語言和言談結構。控制論的發展是從身體剝奪了信息，同時發展了人文學科的言談分析，尤其是米歇爾・傅柯（Michel Foucault）所開創的知識考古學，視身體為一個言談系統的遊戲。雖然物理和人類科學研究者以不同方法承認物質性的重要性，但仍然共同創造了後現代的意識型態，視身體的物質性次於其由邏輯或符號編碼的結構。

　　不難發現，許多在文化理論不亞於控制論，也支持脫離形體這意識型態的言論。想想以下例子的主張。「人體、我們的身體，在其恰當的廣闊範圍中，以及在其器官、組織和功能的複雜性及多樣性中，似乎是多餘的，因為如今所有一切都集中在大腦和遺傳基因密碼，身體只概括了存在的運作定義。」這是尚・布希亞（Jean Baudrillard）在《溝通的狂喜》（*The Ecstasy of Communication*）中所寫的。[1] 在《身體入侵者：性恐慌在美國》（*Body Invaders: Panic Sex in America*）書中的亞瑟・克羅格和馬露易絲・克羅格（Marilouise Kroker），可說是出自布希亞的布希亞，想像「二階擬像」和「浮動的身體部位」，預告身體消失成為一種流動改變的符號的表現。「假如，現今對身體的命運能有如此強烈的迷戀，難道這不是因為身體不再存在了嗎？」他們會提問這顯然相信的事情，這是修辭上的問題。他們細數身體正逐

漸消失的種種方式：就意識型態而言，這變成時尚的標誌；就認識論而言，笛卡兒意識保證它存在的身體瓦解了（即「主體性嚴重錯誤的感覺」）；就符號學而言，成為紋身和浮水印；就技術面而言，成為「超級廢物」和「超級機能」。[2] 哈迪森（O. B. Hardison）將身體寫入電腦而終結他的消失行為。他有所憂思地觀察，「不論採取何種預防措施，不論身體有多麼幸運，終將背叛自己。」他附和漢斯·莫拉維克所言，想像「碳人（carbon man）和他創造的矽裝置間的關係」，就像「毛毛蟲和它將不知不覺蛻變成的有翅絢爛生物之間的關係」。[3]

　　該如何解釋這些狂言和胡思亂想呢？誠如我在第一章和第二章中所建議的，我相信他們應被視為並非證明了身體已消失，而是證明了某種主體性的出現。這種主體性是信息的物質性與非物質性交叉建構成的，[4] 強調身體正在消失最力的理論家們，也在物質和文化環境中進行理論操作，使他們對於身體消失的主張變得看似合理。以複雜及高度明確的方式，使身體的去物質化，取決於非物質化意識型態即將要遮掩具體的情境。挖掘這些關聯，需要一種談論身體的方式，對於其作為言談信息的建構做出反應，而不困在其中。本章建議一個新的、更有彈性的架構，在其中思考虛擬時代的具體體現。此架構包括兩個動態互動的極端（Polarities）。第一個極端呈現出身體是文化構造與個人在文化中，感覺和表達的具體經驗彼此間的相互作用。第二個極端可以視為在銘寫和合併兩種實踐間的互動。由於身體和具體體現、銘寫和合併不斷地互動著，形成這些極端的差異是啟發式的（heuristic），而非絕對的。然而，他們在理解無形的意識型態和可產生意識型態的物質條件間的聯繫上，扮演了重要的角色。

　　因此，本章的目標之一就是開發一個理論架構，以整合抽象和實體這兩個陣營，這兩個陣營在我討論了梅西會議後，已不安地坐在一起。第二個目標是要證明這架構對於閱讀文本的功用。我舉威廉·柏

洛茲的《爆炸的車票》（*The Ticket That Exploded*）為例，部分原因是因為柏洛茲逆轉了那些宣揚去實體化的論調。在《爆炸的車票》一書中，他不讓話語使身體去物質化，而是讓身體將話語物質化。我將本文放在磁帶錄音的高科技（在當時）背景，來論證如何用理論架構來強調實體化，同時仍然留意到代表性代碼（representational codes）的複雜度。為準備立下這類討論的基礎，現在且讓我們概要地回顧傅柯的考古學如何看待實體化。

傅柯的考古學和具體化的消除

　　雖然傅柯承認環形全景式監獄（Panopticon）從未被建造起來，但仍然主張它「不能被視為一座幻想的建築物；它是一種權力機制的圖表，被簡化成理想的形式；它從任何障礙、抵抗或摩擦中抽象出來的功能，必須呈現為純粹是建築的和光學的系統；實際上，它是一個政治技術的物體，可能並且必須脫離任何特定的用途。」[5]一方面，抽象的全景監獄超越「任何障礙、抗拒或摩擦」，進入分散在整個社會紀律的系統，賦予傅柯的分析力量和普遍性。另一方面，它將注意力從具有文化和物理特性的實際身體，從其如何強制實行、結合和抗拒合併他所描述的物質實踐轉移開來。

　　環形全景監獄將紀律執行者的身體的力量抽象化，而成為一個普遍、無形的凝視，這絕非偶然。相反地，此舉動正好賦予全景監獄力量，因為當守紀執行者的身體似乎消失在技術之內，肉體存在的限制於是被隱藏起來。雖然傅柯認為守紀律者的身體不會消失，但他們的形體的特殊性也消失在技術中，成為普遍化的形體，以監督技術和實踐的制式化方式運作著。考量有具體化代理涉及的實際狀況時，只有當全景監獄被視為抽象機制時，隱藏的限制便出現了。無法認知這些

限制，傅柯的分析重寫且同時挑戰了全景監獄社會的前提假設。傅柯因此參與和解構將圓形監獄去實體化的行動。他的分析暴露了全景社會背後的假設，戀物癖式地重新建構它們，透過合成言談形式和物質實踐來構成的身體，刪除了實體化必須制定的情境法規。[6] 對抗這觀點有個有效的解決方案，亦即伊萊恩·斯卡里（Elaine Scarry）的《痛苦中的身體：世界的形成和毀滅》（*The Body in Pain: The Making and Unmaking of the World*）一書中對酷刑的研究。[7] 和傅柯一樣，斯卡里質問使施行酷刑背後的文化假設和政治目的；她也像傅柯一樣，在談論對身體的攻擊時，使用呈現的方法，將它們帶至言談的領域（還有什麼別的選擇呢？）但與傅柯的討論不同之處，在於她所設計呈現的表述，強調身體的實踐有一個實體的真實性，永遠無法完全被吸收同化到言談中。

雖然將吸收實體到言談中，賦予傅柯解釋的能力，但也明顯地限制了他的分析。許多評論家批評了傅柯式身體的普遍性；這種普遍性聚焦在言談，而非具體實現的直接結果。[8] 沿著階級、性別、種族和特權的線索分歧開來，即使當描述這些做法的言談形式都均勻地分散在整個社會中時，具體的實踐創造了各式各樣的空間。傅柯描繪了當有形肉體的懲罰被監視所取代時所發生的轉變，但是驅動這些轉變的動力仍然是模糊不明的。聚焦在實體上將有助於闡明變革的機制，因為它將不斷變化的技術環境，與案例法規連接起來，這案例法規在物質性和言談之間創造了反饋循環。基於傅柯的研究且又超越它，需要理解實體化如何與銘寫、技術和意識型態一起行動。這分析關注了言談結構，還檢視人類如何與他們所處的各種物質條件互動。

伊麗莎白·格羅斯（Elizabeth Grosz）在她很有價值的研究《易變的身體：走向肉身的女權主義》（*Volatile Bodies: Toward a Corporeal Feminism*）有個很好的起始。[9] 她主張，在西方傳統中普

遍存在的心靈／身體的分裂，與哲學思想有相當密切的關係，以至於從字面上看，哲學不能想像自己為擁有一個實體。「哲學總是視本身為一個主要或專門的思想、概念、理性和判斷的學科——亦即由心智概念清楚地塑造的術語、邊緣化或排除對身體考量的術語。」（第4頁）正如格羅斯研討一系列理論家時所指出的，包括梅洛－龐蒂（Merleau-Ponty）、佛洛伊德、拉岡、尼采（Nietzsche）、傅柯、德勒茲和瓜塔里等人，即使是這些認真考量具體化的哲學家，也傾向於未深思熟慮地以男性身體為基準。她閱讀這些男性作家，來為一位女性主義者尋找資源，用以理解具體化，並提供莫比烏斯帶（M bius）模型，[●]在此模型中，外部變成內部，又再變成外部。這模型對她的吸引力，在於它會透過使個體轉變成另外的他者的方式，來削弱二分法。所以她寫書的結構就是，首先顯示心理模型如何產生身體，即為「由內向外」，然後身體如何產生心理，即為「由外向內」。

　　進行這項分析時，她做了重要的觀察：「的確，沒有這樣的身體，只有一些身體——男性或女性、黑色、棕色、白色、大或小——以及中間階段性變化。身體不可表示或解釋為實體本身或單純是線性的連續體，其兩端是男性和女性身體……而是作為一個領域，一個二度空間連續體，其中種族（甚至有可能是階級、地位或宗教）形成身體的特殊性。」（原文19頁）雖然我完全支持格羅斯的方案，但如她所認定的，莫比烏斯帶模型有其限制（原文209-210頁）。尤其是內部／外部無法察覺的轉變，使得難以在連續體內繪製變化程度。對我而言，似乎身體形成的「場域」，可能以兩條相交的軸之間相互作用來助其呈現。定義軸的兩端的極性，確認了二分法的歷史重

[●] 莫比烏斯帶（M bius）模型是一種拓撲學結構，它只有一個面（表面），和一個邊界。其結構為僅一側的連續封閉表面，將一端旋轉半圈（180度）並與另一端連接而成。

要性，但場域本身是由這兩端之間的相互作用產生的。

　　欲描述這個領域，且讓我先澄清所謂的**實體化**的意義，這是個領悟和格羅斯的評論相同：「沒有像這樣的身體；只有各種**身體**。」實體化與身體的概念不同之處，在於身體總是和一些標準，具有規範上的相關性。例如：欲探討文藝復興時期醫學論述中如何建構身體，得調查用於構成特定類型的社會和言談概念的規範性假設。正規化（Normalization）也和某人特殊具體實現的經驗共同發生，將異質的感知流轉變成為具體化的穩定物體。例如：正子斷層掃描攝影術（PET）的當代視覺科技中，通過成像技術將具體實現轉換成身體，創造了正規化的建構，平均分散在許多數據點上，以賦予討論對象理想的版本。[10] 相對於身體，實體是情境的，嵌入在特殊的地點、時間、生理和文化中，共同構成規範。實體絕不會正巧與「身體」一致，不論如何理解標準化概念。身體是一種理想化的形式，暗指柏拉圖式的真實，這是從差異的噪音中所產生的特殊實例。相對於身體，實體是他者，處在別處，同時是無限變動、特殊性和異乎尋常中的過多以及不足。

　　在指定的任何期間內，具體化的體驗與身體的構造持續互動著。例如：考量二十世紀初期，跨越一連串文化的所在地，從佛洛伊德精神分析到大衛・赫伯特・勞倫斯（David Herbert Lawrence）小說，對陰道性高潮的強調。婦女的具體實現經驗以各種方式與此概念互動。一些女人訓練經驗，使她們和這個概念一致；其他人表示她們的經驗是有缺陷的，因為並不是那種概念；有人更因為不符合個人的經驗而對這個概念抱持懷疑態度。具體實現的經驗，遠離文化而存在於外，已重疊在其內。然而，因為實體化是以單獨個體來表達的，和霸權文化結構間至少有著最初的那種緊張關係。因此，具體實現相對於身體而言，內部原本是不穩定的，因為在任何時候，這種張力能擴大到可

察覺到的差異。

　　傅柯關注身體而非體現，不算是個例外。大多數書寫關於肉體存在的理論家亦做了相同的選擇，因為理論天生試圖清楚表達一般的模式和整體趨勢，而非個別的許多實例。理論就像數字般，需要某種程度的抽象和一般性的表述才能作用。一個未能一般化的理論，就像豪爾赫‧路易斯‧波赫士在〈博聞強記的富內斯〉（"Funes the Memorious"）中想像的數字方案般。[11] 主角富內斯的頭部受傷是福也是禍，這使他能夠記住每一種感覺的所有細節和特殊之處，他建議為每個號碼分配一個獨一無二的、非系統化的名稱，這名稱與前後的數字無關。如果實體可以與身體分別談論——有幾個原因使之成為不可能，不僅是因為發音系統化和命名行為的常態經驗——它將像富內斯的數字，以互相不關聯的話語，指出連續的和無限的差異活動。

　　然而，有一些理論家，就抽象化和一般性地堅決主張特殊的重要性。例如：米歇爾‧德‧塞都（Michel de Certeau）就對傅柯提出了有用的修正，他指出個人文化表述的重要。[12] 實體化和表述類似之處，在於內部原有的執行力，受限於個別的法規，因此在某種程度上總是即興的。身體可以消失而成為信息，且幾無反對的雜音，但實體不能，因為它依賴場合和人的情況。一旦承認了實體，環形全景監獄的抽象，就瓦解成特定情境中體現的特殊的人們。伴隨這些特殊性的，有抵抗和顛覆、超越和偏離這些附帶的策略。

　　在文化中被納入的主要是身體；體現僅透過與身體概念的互動，而被納入為其次。因此，當理論家發現意識型態基礎被納入時，他們讓身體而非實體不被納入。誠如傅柯的例子所描述的，有可能解構抽象的**內容**，同時仍然保留抽象的**機制**原封不動。搬離無摩擦衝突和無形的抽象領域，需要將實體和身體共同表達清楚。如何達成此種表達，而不會只是將實體吸收回到身體之內呢？

　　一種可能的方法是使體現和身體間的張力更複雜、更豐富，以此張力和另一個二進制差異並列——即銘寫和合併起來——從其中半收斂且半發散。我想像這兩個雙峰彼此在複雜的切分（syncopation）方式進行，[❷]如同兩個正弦波以不同的頻率和不同的重複週期運動著。銘寫／合併的結合如何與身體／實體相關聯？像身體一樣，銘寫是正規化的和抽象的，其意義通常被認為是獨立於任何特定表徵以外所運作的符號系統。在傅柯對林奈（Linnaeus）生物分類學所做的分析中，不論最初是以哥德式（Gothic）還是羅馬式來印刷都無妨；他們的意義來自於所表達的概念，而非他們出現的媒介。當概念從一個媒介傳送到另一個時，例如傅柯在文本中引用，並且以不同字體來印刷的，原始媒介便從眼前消失了。此外，即使注意到原始媒介已經消失，這知覺也被林奈的話那精確複製之隱含假設所消除了。此種寫作慣用的做法很常見，我們通常不會留意到。現在我強調他們是印刻文字而構成概念的抽象，而非實例化的物質。

　　和銘寫相反的是合併。例如揮手再見的合併實踐，無法從其體現的媒介中分離開來，因為它僅當特定的手做出特定手勢時的舉例說明才存在。當然，有可能從具體化的手勢抽象而得出一種符號，在不同的媒介中表示出來，例如在紙上繪製格式化的手的輪廓，並用波浪形線條表示手的動作。但是，在此情況下，手勢不再是合併的實踐。相反地，它已被精確地轉成銘寫，具有不倚賴任何特定實例的功能。

　　這條思路導向以下的同源性（homology）：銘寫之於合併是同源的，如同身體之於實體，也是同源的。就像實體化與身體不斷地相互影響一樣，合併實踐，與將實踐抽象化為符號的銘寫，彼此不斷地相互影響。當焦點放在身體時，實體化的特性傾向於從視線中消失；同

---

❷ 切分（syncopation）指省略中間的字母或音節。

樣的，當焦點放在銘寫時，合併的特殊性也傾向於從視線中消失。反過來說，當焦點轉向實體化時，特定的物質經驗從身體的抽象中出現，正如合併實踐的特殊性會從銘寫的抽象中出現般。若無物質結構，這是以某種程度地偏離出來的抽象呈現，則實體化無法存在；若無實體化的生物來執行它，那麼合併的實踐不可能存在，具體的生物在某種程度上總是偏離規範。於是進一步理解實體化和身體間關係的一條途徑，就是探索銘寫和合併實踐間的關聯。

合併實踐和具體化的知識

對於合併和銘寫實踐之間的差異，莫里斯・梅洛－龐蒂（Maurice Merleau-Ponty）在《感知現象學》（*Phenomenology of Perception*）有所暗示，[13] 這是保羅・康納頓（Pual Connerton）在《社會如何記憶》（*How Societies Remember*）更進一步所推展的。繼康納頓之後，我所謂**合併實踐**（incorporating practice），就是指透過重複的表現，來編碼身體的記憶，直到變成習慣性的行為。正如康納頓和梅洛－龐蒂所觀察的，學習打字就是一種整合實踐。當我們說有人會打字時，並非指那人能以認知的方式找到字鍵的位置，或者可以理解產生標記的機制。相反地，我們指的是這個人已經重複地執行某些動作，直到這些按鍵似乎已成他或她手指的延展。有人會打字，但不知道如何閱讀所打出來的文字，例如打字員可以將其所不諳的語言所寫的手稿打字一樣；反過來說，正如有人不會打字，卻能讀打字稿一樣。身體的能力和技能不同於言談，雖然在某些情境下，他們可以產生話語或可以用言語來讀。這是康納頓的觀點，他留意到身體實踐的意義「無法被簡化為身體行為的直接範圍外，存在於一個分離『層次』的符號。習慣是一種知識、一種雙手和身體的記憶；習慣的培養，即是我們的

身體正在『理解』」。[14]

　　區分銘寫實踐和合併實踐時，我並非指合併實踐在某種意義上，比起任何銘寫更「自然」、更普遍或更少表現出文化。身體是透過這兩種實踐而適應文化的。坐著、打手勢、行走和移動的特徵，是有文化特色的，就像說話和寫作的方式有其特色一樣。此外，文化不僅源自環境再進入身體，而且也從身體散發至環境。當文化產生身體的同時，身體也產生文化。姿勢和肢體延伸至身體周圍的空間，例如：向兒童傳達了男女處在空間的性別方式。這些非語言學習經常透過口頭來強化；「男孩不是這樣走路的」，或「女孩坐著時腿不可張開」。很重要的是，口頭命令通常以否定的形式，如在以上這些實例中，因為透過實踐了合併、而非銘寫，較能有效地傳達肯定的內容。向某人顯示如何站立是很容易的，但用語言描述所期望的姿勢的細微差別，卻是困難的。合併實踐執行了身體內容；銘寫實踐修正和調整其表現。因此，合併和銘寫實踐共同創造文化結構。性別，是這些例子的焦點，不僅是由性別化語言產生和維持，而且是由性別化身體實踐產生和維持，這些實踐用於訓練並整合身體至複雜的意義和表現中，以構成特定文化的性別。[15]

　　合併實踐總是表現的和舉例說明的，所以必然包含特殊情境中的即興元素。在某些程度上，姿勢可以一般化的，但它們的制定也取決於具體化個體的特殊性：肢體和軀幹的確切長度，連接腱和關節確切的肌肉組織，形成肌肉緊繃和力量的身體經驗沉積的歷史。合併來自於身體和實體化之間的合作，在抽象模型和模型被實例化的特定情境之間出現。一旦執行了，可從一個情境轉換到另一個情境。和銘寫相反地，合併則永遠不能完全地從其情境中切除。如我們將見到的，合併的情境成分賦予它與那些銘文截然不同的特質。

　　正如合併實踐不一定比銘寫實踐更為「自然」一般，實體

也不比身體更加必要。的確，在實體化的情境中很難看出本質主義（essentialism）的意義。本質主義的推進力是規範的，表示所有人類共有的本質或屬性。雖然所有人類都享有實體是真的，但是體現的經驗分散在各種不同的可能性中。哪些可能性被啟動，取決於執行的情境，因此沒有哪個位置比任何其他位置更加重要。基於類似的理由，實體化並不意味著本質主義的自我。正如法蘭西斯科·凡瑞拉、埃文·湯普森（Evan Thompson）和埃莉諾·羅許（Eleanor Rosch）在《實體化心靈》（*The Embodied Mind*）一書中所主張的，一致性的、連續的和基本的自我既不必要，也不足以解釋實體化的經驗。[16] 凡瑞拉和他的合著者們相信，越接近實體的變遷，越多人能意識到一致性的自我是從驚慌和恐懼中所創造出來的虛構。從這個觀點看，實體化顛覆性地暗中破壞本質主義，而非加強它。

如果實體化不是本質性的，那麼它也不是演算性的。此結論對於討論思考和學習的具體體現有何差異，具有重要的意義。在《電腦不能做什麼》（*What Computers Can't Do*）一書中，休伯特·德萊弗斯（Hubert Dreyfus）主張，許多人類的行為無法被數位電腦的啟發式程式所公式化，因為這些行為被實體化。對於德萊弗斯而言，實體化意味著人類可以有一種學習的模式，因此也是理解的模式，不同於僅僅從深思而得到。他舉了小孩學習拿起杯子為例。小孩子不需要對這個動作中牽涉的運動反應和動力學做分析式的理解，只需要胡亂揮動直到可以連接上。然後，為了學會能夠隨意執行這動作，孩子也只需重複之前的動作，不需要將動作分解為一些組成要件或明確的指令。

此種學習的優點在於一切都不需要事先指定。況且，學習可以建構成複雜的關係，而不需要正規地認可這關係的存在。德萊弗斯參考了莫里斯·梅洛－龐蒂、卡爾·波拉尼（Karl Polanyi）、尚·皮亞傑

和其他一些現象學家的見解，描繪出了有具體化學習特色、且不存在於電腦程式中的三種功能：一個是「內部範圍」，由部分確定、部分開放的預期情境所構成；預期的總體特色，關係著其他相關的情境，並以流動、移動的模式和這些情境連結起來；以及預期從一種感覺換到另一種感覺形式的可行性。[17] 這種具體化學習觀點的一個涵義，就是人類所知的比起他們自己所知覺到的多更多。另一個涵義是，這種實體化知識也許不全然是可公式化的，因為範圍領域的開放性允許了無法編寫程式到明確決策過程中的模糊和新排列。正如我們將在第九章所見的，這為移動機器人的研究者，例如：羅德尼‧布魯克斯（Rodney Brooks）提出了移動（實體）機器人優於電腦程式的主張，因電腦程式沒有能力四處活動和探索環境。以德萊弗斯並未預料到的方式，人工生命研究者已經更接近他的立場，而非他所反對的人工智慧的研究程式。

皮埃爾‧布迪厄（Pierre Bourdieu）發展了與環境具體互動的進一步涵義。他主張，即使一個人成功地將部分具體知識降低到分析種類和明確程序，這人已在過程中改變了其知識原本的種類，因為曾賦予流動的、情境的相互聯繫，定義了具體化互動的開放領域，已固定成為分離的實體和連續的指令。他提出這論點——透過分析綱要表達具體化知識時，這論點被大大地忽視了，而且未確認的改變發生了——他所討論的住在阿爾及利亞和突尼西亞的一群柏柏人（Berber）部落，卡拜爾族（Kabyle）的季節性儀式。卡拜爾人根據即興執行的具體實踐制訂的日曆，與人類學家從提供消息者所提供的資訊中，以概要圖的形式所萃取出來的日曆並不相同。人類學家的概要圖表將顯示土地、房子和根據冷和熱、男性與女性等二元性所排列的日曆，但是對於卡拜爾而言，這種知識並非如抽象存在的，而是作為日常生活的模式而存在，通過實踐行為學習，直到成為習慣。因此，抽象不僅

影響人如何描述學習，而且也改變所學的知識的解釋。

布迪厄的研究說明了具體化的知識，如何能在結構上很複雜，在概念上是一致的，並且持久地設置著，而不必被認知以及確認是如此。透過觀察和重複，孩童達到「實際掌握分類綱要，絕非意味著象徵性的掌握」。透過轉變對稱關係的詞語，孩童能夠理解布迪厄所說的「習性」（habitus）的原理（這是以回憶具體化行動的習慣特性而創造的詞），被定義為「受調控的即興創作其持久設置的生成原則」。[18] 透過具體實踐學習，永續性和已改變的習性不該被認為是規則的集合，而應是一系列的配置和趨勢，都受環境的限制，且夠耐久而能代代相傳。當身體橫越過文化空間並經歷時間的韻律時，便透過了身體的方向和移動來傳達習性。對於卡拜爾人而言，家庭、村莊和土地的空間安排，以二分法實例說明，成了習性所定義的、受控制的交換中即興刺激的生成原則。生活在這些空間裡並參與他們的組織，以有特色的方式構成了身體，進而提供了思想和行動的變換排列的基質。

以此方式看思想就是將笛卡兒顛倒過來。中心前提並非深思的心靈只能確定自我表現的能力，而是身體存在於空間和時間中，並且透過與環境互動來定義參數，在其中深思的心靈可以達到「確定性」，這並非巧合，該確定性不包括產生思想界限的各種基本同源性。知識的定義也被徹底修正，因為，意識的思考成為相當於身體所提供的現象基礎的附帶現象。

在〈眼睛和心靈〉（"Eye and Mind"）一文中，梅洛－龐蒂闡明了類似於布迪厄的洞察，訴說身體並不是「一大塊空間或一大堆功能」，而是「一種視覺和運動的交織」。[19] 笛卡兒在幾何學中所推崇的，並試圖在哲學中模仿的因果思維，透過將經驗抽象為一般化的模式來消除情境，實體化透過將實例說明的行動和環境條件連接起來，以創造情境。標記從基礎到流通的轉變，實體化強調情境對於人類認

知的重要性。在此處，從另一個關鍵線索但相反的方向，我們重新看見信息去形體和去情境化的歷程。正如去實體化要求消除情境一般，記住實體化意味著將情境放回背景中。

當學習改變了，文化傳播亦是如此。保羅・康納頓在《社會如何記憶》中聯結了實體與記憶。他指出，儀式、紀念慶典、和其他身體實踐具有表演的部分，這是內容分析所無法理解的。像施行性（performative）的語言一樣，施行性的儀式必須被執行才會發生。例如：一個禮拜儀式（liturgy）「是一種語言行為，這種行為只發生在這些發聲被施行時；如果不施行，就無儀式。」雖然聖餐禮儀主要是口語的，但它們並非僅僅如此。除了透過說和聽創造出的感覺資料之外，手勢和動作也伴隨著話語。超越（更好、低於）語言的觀點，是透過感知反應、運動控制和本身感受的合併。因為這些儀式都是具體的實踐，所以施行它們就是在某種意義上接受它們，無論這人所意識到的信仰為何。「我們或可假設他人所持有的神聖信仰只是他們想像中的，」康納頓寫道，「但是，要求違背他們實際表達，絕不是一件小事……讓愛國者侮辱他們的旗幟，或強迫異教徒受洗，就是褻瀆他們。」[20]

身體的實踐有一種力量，因為已沉澱在習慣性的行動和運動中，且沉到意識知覺之下。在此層次上，他們達成一種慣性，能驚人地抗拒有意識的修正或改變的意圖。根據他們的特性，習慣並不占據有意識的思想；能成為精確的慣性的原因，正是因為它們或多或少是自動形成的，彷彿知道如何施行動作的知識，就在人的指尖或身體的活動，而非在心靈中。這種習慣的屬性具有政治意義。當一個新政權接管時，會大力地攻擊舊習慣，因為這是抗拒變革最頑強之所在。布迪厄評論，所有想要創造「新人」的社會，都該透過聚焦在身體實踐的「去除文化」（deculturation）和「重建文化」（reculturation）的過程

來著手。因此，革命非常強調「看似最微不足道的**服裝**、**舉止**、身體和言語的**習慣**等等細節」，因為「他們委託給〔身體〕縮寫的和實用的形式，例如有助記憶力的形式，這就是文化變化多端內容的基本原則」。[21]

布迪厄似乎有點誇大了這例子，因他主張「以這種方式實體化的原則被放置於超越了意識所能理解的，因此不能被自願的、故意的**轉變**所影響」（第 94 頁），但是，他很正確地強調此實踐對思考的抗拒。同時，他也很正確地認定這些實踐對教育和紀律的重要性。「教學上推理的整個竅門，」據他觀察，「正是在迫取最基本的本質時，似乎仍然在不重要的地方有所要求；在於獲得對形式的尊重，和尊重的形式，這形成是最有能見度的，同時也是對既定秩序的服從隱藏得最好（因為最『自然的』）的表現……**禮貌**的讓步總是包含著**政治的**讓步。」（第 94-95 頁）沿著類似的思路，康納頓寫道：「每個團體都會將他們最急切想要保存的價值觀和類別委託給身體的自動作用。他們會知道如何把習慣性記憶沉積在身體內，以便能將過去好好地保持在心裡。」[22]

總而言之：討論至此，出現了透過合併實踐獲得知識的四個顯著特徵。首先，合併的知識保留了即興的元素，使其與情境相關而非抽象化，保持它和例證的情況互相連結。第二，被合併的知識深深地沉積在身體內，並且大力抗拒改變。第三，所合併的知識有部分是從有意識的觀察中篩選出來，因為這是慣性的。第四，因為是根據情境的、抗拒變化的，且對深思心靈有所隱藏的，所以，它有權力界定邊界，而有意識的思想產生於其內。除了這四個特點之外，我想加上第五點。當合併實踐產生變化時，常常是和影響人們如何使用身體及體驗空間和時間的新技術有所關聯。實體化在它創造技術的同時由技術形成，它透過創造新的經驗架構在技術和言談間進行調解，此架構被

用於創造對應的言談系統的邊界標記。在技術創新和話語實踐之間的反饋循環中，合併是一個關鍵的連結。

在區分了合併和銘寫實踐後，我想探討它們彼此間的關聯。為了完成持續建構中的模型，我現在著手馬克‧強森的《心靈中的身體》（*The Body in the Mind*）。[23] 在當代理論中，話語書寫身體已是老生常談；強森描繪身體如何書寫話語。他指出，身體在時間和空間中的方向，源自於共同經驗，例如向前直走，並且找到比水平姿勢更有利於移動的垂直姿勢，因此開創了透過普遍的隱喻網路，將經驗的知識編碼成語言的經驗知識庫。例如：考慮與垂直（verticality）相關的隱喻。我們說某人就道德或倫理上而言是「正直的」（upright）人，說那些「在頂端的」（at the top）人們和一些「高檔的」（upscale）生活方式。令人沮喪的事件是一個「低谷」（downer），在經濟衰退中，人們「運氣慘跌」（down on their luck），入門者從「階梯底部」（bottom of the ladder）開始爬起。強森主張，透過這些隱喻的表達和構成階級的結構，有了身體經驗的基礎，能強化和重新描述其社會和語言含意。其他常見的身體體驗產生大量的隱喻網路，包括入／出，前／後，和包含／不包含。強森將這種綱要模式，視為預先命題（prepropositional）的特徵。他探討的重點是表明這些編碼的經驗，都不停冒出在命題陳述的語言中，例如「他情緒高亢」（He got high），以及在與命題的真實性或美善相關的後設命題（metapropositional）的陳述，例如「該陳述表達了更高的真理」（higher truth）。一個明顯的含意是，如果我們的身體有明顯不同的生理結構，例如外骨骼而不是內骨骼，或單邊而非雙邊對稱的，構成隱喻網路基礎的模式也將徹底改變。

此處所討論的理論家之中，強森也許啟動了對客觀主義（objectivism）最嚴厲的攻擊。因此，很諷刺的是，他重新刻劃了一個

客觀主義的前提假定，設想一個沒有標記性別、種族、身體障礙或文化的一般性身體。他堅持身體是情境重要的一部分，而語言從其中出現，去除了實體化所提供的特定情境。這種清除的後果，可以在他對《男人談強暴》（*Men on Rape*）中一段文字的討論看到，有一位法律書記員講述為何強暴在他看來有時是有理由的。強森表明，這位職員的推理是基於一系列相互關聯的命題，就從「身體的吸引力就是一種身體暴力」的想法開始。該職員將女性身體的吸引力構思為對男人所施行的一種侵略，並且他們有時會以（聲稱報復性的）暴力來回應。

　　在某些方面，強森的分析顯然是非常敏銳的，因為展現了如何將實體化的性別經驗編碼成為隱性的命題。然而，他很驚人地保持沉默，從未談論如此明顯地由這一系列命題所強調的性別政治，將此例子視為性別和文化上中立的。被我要求閱讀強森著作的研究生，不只一位因為對這一點感到厭惡而揚棄它，他們假設無視於性別的任何分析，對她而言，都沒什麼特別有意義的事好說。雖然我同情這種反應，但是這是錯誤的，因為一般的觀點，透過隱喻網路編碼成語言的實體化會被加強，而不會被堅持身體的多樣性和差異標記的特殊性所暗中破壞。誠如我可以想像的，模式將為不同的生理變化而有不同，所以我可以想像隱喻也會不同，以回應那些由不同的歷史定位和文化建構的身體，所創造出來的不同的具體化經驗。從這些考慮中出現了豐富的評價：亦即銘寫和合併實踐如何共同運作，以創造後現代技術和文化各式各樣的空間。

　　雖然強森未詳盡闡述這種涵義，但是他的分析指出，當人們開始以顯著不同的方式來使用身體時，不論因技術創新或其他文化的改變，都將會不斷冒出改變的實體化經驗至語言中，影響了隱喻網路在文化內的運作。同時，言談結構也會影響身體如何通過空間和時間運動，影響那些技術開發，並幫助建構身體和技術間的界面。透過聚焦

新技術，形成並且在文化中傳播的一段期間，人們應該能夠在合併、銘寫和技術實體三角關係間進行測量，以獲得這些反饋迴路更為完整的描述，而非只產生單純的言談分析。為了開發此種分析，在以下段落中，我將聚焦在討論信息技術的歷史時期，特別是從 1900 年代早期到 1962 年，也就是柏洛茲出版的《爆炸的車票》那一年，那段使用磁帶錄音技術的期間。第九章和第十章繼續分析一系列當代虛擬技術。現在，且讓我們返回較早期那個驚人的發現，當人們開始知道一個人的聲音可以從其身體取出，並放入機器中，而且可被操控並說出講話者前所未聞的事物的時候。

錄音帶和其文化利基

加勒特・斯圖爾（Garrett Stewart）在他具開創性的作品《閱讀聲音：文學和有聲文本》（*Reading Voices: Literature and the Phonotext*）一書中，並不問我們如何閱讀，或者為什麼而讀，而是問在何處讀。[24] 他斷定我們在身體內閱讀，特別是在默讀（silent reading）時產生靜聲默讀（subvocalization）的發音裝置。他主張，這種靜聲默讀對於產生文學語言是不可或缺的。對斯圖爾而言，語言是文學性的，當語言無法被其他話語充分取代時，亦即當該特定語言對達到語言效果是不可或缺之時，就會變成文學。文學語言透過用一串虛擬聲音和同音異義的（homophonic）變體來圍繞著它的發言，這是對實際印刷在書頁上的文字建議了替代閱讀方法。靜聲默讀在身體中實現這些可能性，並可用於詮釋。這個論點產生了幾個有趣的結果。首先，在閱讀過程中，抑制聲音在身體化的實行上扮演了核心的角色。第二，閱讀類似於我們所參與的內心的獨白，除非提供另一則故事，通常，這是比出自我們自我意識靜聲默讀的聲音流動更為有趣的故事。第三，被靜聲

默讀的聲音產生物，對於主體性，也許和它對文學語言一樣是重要的。[25]

現在我們可以考慮磁帶錄音方式對某些文學作品的意義。錄音帶開啟了可以將聲音從身體中取出，並放入機器中的可能性。如果生產默讀聲音是閱讀文學文本的必要條件，一旦這個聲音不再位於身體，而是在機器中，那麼我們告訴自己的故事會發生什麼事？技術和文學的歷史，經常視技術為文本世界中所呈現出來的主題或主體。我想採取不同的方法，聚焦於改變聲音和身體關係的錄音機的技術質量，柏洛茲在《爆炸的車票》中，將這改變與所生產新的主體性聯繫起來。此書突變和變形的身體中，可看見後人類身體的先驅，這在接下來的章節，將做充分的闡述。這些突變與內部獨白密切聯繫，從柏洛茲的觀點而言，就寄居在身體內。但我繼續說我的故事。首先，我們需要追蹤音響技術的發展，他曾用此技術來產生一個將言談視為身體感染的驚人觀點。

出生於二十世紀初，一直到二戰結束後，錄音帶可能已經來到末期，因為被光碟、電腦超媒體之類的所取代，正逐漸從市場上消失。錄音帶在美國和歐洲消費文化中發揮重要影響的時期，可能只限於 1950 ～ 1990 年間的四十多年。在 1950 年代晚期和 1960 年代，柏洛茲書寫他的控制論三部曲——《爆炸的車票》、《軟機器》（*The Soft Machine*）和《新星快車》（*Nova Express*）——這已接近視錄音帶開始成為有著革命力量的技術。在寫作將出現和銘寫分開之後許久，聲音持續暗指了一個在當時和在該肉體上出現的主體。錄音帶當然不是第一個挑戰這個假設的技術，它所做的文化工作，可從聲音技術，特別是電話、收音機和留聲機的相關情境中獲得到最佳的體認。

電話和收音機打破了在場（presence）和聲音間的連結，可以遠距離傳輸語音。[26] 然而，即使早於錄音帶和留聲機出現以前，電話和

收音機截至目前為止仍在使用。講者和聽者的身體雖然是分開的，但必須在時間上共享同一個時刻。因此，電話和收音機透過它們的同時性（simultaneity），繼續參與存在的現象學，亦即它們產生了同時性，而這同時性也產生它們。從這個意義來看，電話和收音機更像彼此，而非各自都像留聲機。相較之下，留聲機主要是作為一種銘寫技術，透過硬式磁盤複製而再現聲音，既沒有電話的互動自發性（interactive spontaneity），也沒有收音機的短暫性（ephemerality）。

　　錄音帶所有的利基（niche），透過更早的音響技術間互相鎖定的特性來配置，過程中，弗里德里希·奇特勒適切地稱之為「媒體生態學」（第二章中已簡要討論）。[27] 像留聲機般，錄音帶也是一種銘寫技術，但具有關鍵性的差異，容許消除和重寫。早在 1888 年，奧伯林·史密斯（Oberlin Smith）任美國機械工程師協會主席時，在會議中曾提議，聲音可以透過磁化鐵鑄粒子黏附到一個載體而記錄下來。[28] 他太忙碌，因而無法實現這想法，然而，這球傳到年輕的丹麥工程師瓦爾德馬爾·波爾森（Valdemar Poulsen）手中，他無意中發現，一個磁化的音叉可側面追蹤到的模式，把叉子浸入鐵粉時就可以看見該模式。當叉子被消磁後，模式也被消除了。透過這些模式的印記和消除，他看到了使用鐵電線來作為載體，這是有可能用來記錄聲音的裝置。他想像這裝置最直接的商業用途，在於提供電話交談的實體紀錄。他稱此裝置為「錄音電話機」（Telegraphone），依他的理解，是指「書寫遠端的聲音」。在 1900 年巴黎博覽會上，他的發明贏得了大獎（Grand Prix）。[29] 儘管廣泛宣傳，但他無法在歐洲籌措到所需的資金來開發。到 1903 年為止，專利轉讓給美國電報公司（ATC），以出售股票的方式籌集了巨額的資金（5,000,000 美元）。五年後，ATC 的業主仍未建造出任何一臺機器。事實上，他們主要的業務是為機器募集資金，而非實際生產該機器。1911 年，他們終於推出了

一些操作設備，請著名的模特兒菲比・斯諾（Phoebe Snow）來廣告這些口授機器（dictation machines），但聲音質量非常差，以至於杜邦（Dupont）公司將這些機器安裝在中央聽寫系統後，告上法院。第一次世界大戰期間，這臺機器受到質疑的情形更加劇，美國德律風根公司（Telefunken Company of America）被控使用它們編碼並傳送機密信息到德國。打從一開始，錄音帶就被標上國際資本主義和政治的印記，就像它的聲音印記一樣。

　　到了 1932 年，鋼帶（steel tape）已經成為高端機器（high-end machines）的首選載體，英國廣播公司（BBC）開始積極關注鋼帶的開發，利用它傳送國王喬治五世當年度的聖誕演說。膠帶在 1935 年出現，用氧化鐵塗在銅版紙或塑料膠帶上而做成，並透過環形頭來傳送[30]。膠帶最大的優點在於可以很容易地拼接，但是在最初時，它的聲音品質很差，根本無法與鋼帶競爭。在 1938 年透過引進高頻偏壓（high-frequency bias）技術，部分解決了如何在聲頻和膠帶的模式間建立良好對應的問題（亦即控制磁滯現象）。[31] 直到 1941 年，膠帶的音質得到了很大的改善，而能與鋼磁帶在錄音的工作上互相競爭。在消費市場上，使用具有電線的機器依然很普遍。直到第二次世界大戰後，進行了系統的研究方才找到膠帶的最佳塗料，並且僅在 1948 年，美國才核發第一個使用膠帶和環形頭的磁性錄音機的專利。然後，膠帶的使用迅速推廣，十年內使得鋼帶過時，膠帶用於消費市場以及專業錄音室。

　　到了五〇年代後期，磁帶已有了目前的品質，於現今文化形態中賦予其矛盾的力量。這是一種可以同時持久的和易變的聲音的銘寫模式，既可以精確地重複過去的時刻，但也允許現在干預，徹底地改變其形式和意義。此外，這些干預可以經由任何有適當設備的人在家中完成。然而，留聲機產生的物件，只能以所製造的形式來消費，磁帶

允許消費者同時是製作人。開關活化了既強大又矛盾的技術概念上的行動者，有重複和突變、存在和不存在，被掌握在大眾手裡，至少那些負擔得起設備的人們。

在 1950 年代後期，磁帶被認為已經具備自相矛盾的特質，羅伊・沃克（Roy Walker）強力地表達了這點，在這段時間內他參與為 BBC 製作磁帶錄音。「任何一個曾在 BBC 錄音且參與編輯過程的人，都可能會產生無法再稱本身是屬於自己的感覺。切割和調換是可行的，並且確實做到了。不同的時間說的半個句子可以合併，讓說話者聽到他說出與他認為自己所說的相反的話。聽到自己說了些話，並且接著說半小時前已說的話，特別令人感到不安，你也許會感覺到，若是快速步出錄音室，可能會追上正走進來的自己。」[32] 他的語言將令人不安的效果，定位在時間延遲（「在不同時間說出的句子可以合併」）和在聲音和存在的分裂（「不能再稱他是他自己的」）之處。當這些錄音帶的特質在文學作品中體現時，就會在表現性代碼和技術的特殊性之間，建立複雜的交互作用。當聲音被轉移到磁帶上時，身體便以轉喻的方式，參與了聲音在這媒介中所經歷的變換。在 1950 年以後的某些文章中，身體變成了一臺錄音機。

柏洛茲寫作《爆炸的車票》時，認真地考慮了錄音機和身體間的轉喻相等的可能性。[33] 他推論，如果身體可以成為一臺錄音機，那麼聲音可被理解為不是一個聲音和存在的自然結合，而是作為一個機械生產所具備的可怕能力，挪用身體的發音裝置，將它用在和本身有差異的目標上。「話語（word）現在是一種病毒」（TTE，第 49 頁），敘述者用這句受佛教思想所啟發的話，透過內部獨白來表達一個人的自我意識，這就是用以確保自己存在而自我訴說的故事。[34] 交織在這獨白的內容，是社會希望其成員相信的故事；這獨白可以啟動自律和自我創造。柏洛茲建議停止內部獨白，記錄在磁帶上，並可進行各種操

作，使其成為外部的和機械性的。「在我們能阻止它之前，需要先完整且有意識的溝通」，該敘述者如此斷言（*TTE*，第 51 頁）。然而，拼接磁帶（splicing tape）遠非無害的。一旦人的聲音和身體的聲音和別人的拼接起來，這些效果可以反饋進入到身體內，引發大規模的突變。磁帶錄音機同時是這些突變的比喻，也是產生它們的工具。磁帶體可在垂直的「分界線」上分離，怪異地變成半個此人及半個他人，就好像是縱向拼接的磁帶。就令人不安的字面意義而言，錄音機成為一把雙刃劍，切穿過身體，也切穿了控制和紀律他們的程式。

　　在《爆炸的車票》一書中，身體成為許多層次上的爭論和抵抗之所在，例如作為隱喻、實體實現、語言結構，以及最後、但絕非最不重要的磁帶錄音機。磁帶錄音機是理解柏洛茲關於選舉政治（politics of co-optation）如何運作的觀點的核心。交織在人類肉體的是「預錄音」的功能，如同寄生蟲般，已準備接管生物體。這些「預錄音」可以被視為是社會的條件，例如「美國上層的中產階級受到中西部女家長強加了莫大的性挫折和侮辱的教養」（*TTE*，第 139 頁），這不符合柏洛茲本身的經驗。文本中滲透著對性強烈的噁心感，且性徵（sexuality）是預錄的另一種體現。敘事者週期性地重寫柏拉圖的《饗宴》（*Symposium*）中球形生物被切成兩個半人類的寓言，他斷言：「所有人類的性都是此種不衛生的安排，兩個主體試圖占據相同的三度空間座標點，引發了骯髒的廁所嘩嘩聲……很容易理解，要將這罐髒汙之水如同永恆、歡愉的花園和*愛情*般地銷售出，一個有系統的挫折程式是必要的。」（*TTE*，第 52 頁）

　　兩個實體試圖占據相同空間的想法，更進一步被穿過身體的垂直「劃分線」強化，這是骨骼、肌肉和皮膚中的身體標記線，一個月大胎兒的神經管在此閉合，以創造最初的軀幹。[35] 早期「分界線」印在人類肉體上的點顯示，這預先紀錄深深包含在生物體內，將其社會

化為社區規範。有一幕是敘事者看到自己身體「在手術檯上，由上至下從中間分裂」，而一個「醫生用鑷子從他的大腦和脊椎取出蟹寄生蟲，並從分離的肉中擠出綠色的魚寄生蟲」。「天哪！真是一團糟，」醫生嘆了口氣，「棘手的是那兩個半邊——其他寄生蟲遲早將會入侵……護士，把他縫起來！」（*TTE*，第 85 頁）正如醫生所暗示的，身體總是準備倒下。自身內分裂而不是個有機個體，很容易遭受到包括文化和身體上各種形式的寄生和剝奪。

這些寄生形式中的最主要的是「話語」。在當代理論中，言談型態（discursive formation）在實體世界中產生物質效應，這是老生常談。柏洛茲在未讀過傅柯和德希達，比他們早十年以前，就已得出了類似的結論；想像「話語」為身體的「另一半」。他讓敘事者說：「話語是一種生物。『另一半』是一個存在的獨立有機體，從空中一連串的話詞依附在你的神經系統上，現在可以透過實驗來證明。」敘述者所指的實驗由約翰・坎寧安・立利（John Cunningham Lilly）等人執行，他在二十世紀的五〇年代和六〇年代，曾使用隔離池來測試人類感知的可塑性。[36] 實驗要求受試者進入黑暗的水池中，切斷所有的感知輸入，在保持和體溫一樣的水中漂浮。敘事者提到，在感官撤退中的主體的共同「幻覺」，就是「另一個身體以某種角度，通過主體的身體而蔓延的感覺」（*TTE* 第 49 頁）。「就是那個角度」，敘事者諷刺地說，並將此感知視為是主體對他的「另一半」的感覺，話語病毒侵入有機體，直到它看起來像身體本身的骨肉一樣。

對於敘述者而言，這種寄生入侵和感染是我們都經歷過的內部獨白。「現代人已經失去了沉默的選項，」他斷言，「試試十秒鐘的內心沉默，你會遇到一個不停反抗的生物，**強迫你說話**。那個生物就是話語。」（*TTE*，第 49-50 頁）柏洛茲的計畫是為讀者提供他可能想像的許多方法，來停止獨白、重寫或刪除「預錄音」，並將主體從

寄生入侵的「另一半」中解脫出來。磁帶錄音機是這個計畫的核心；「一切都是用錄音機所完成的」，敘述者論道（*TTE*，第 162 頁）。一個策略是「將對話外部化」，讓它「從你的大腦出來，然後進入機器中」（*TTE*，第 163 頁）。他建議讀者記錄自己和男朋友或女朋友的最後一次爭吵，將讀者這方的論點錄在一臺錄音機上，將朋友的放在另一臺。然後兩臺錄音機便可以彼此互相爭論，讓人類參與者能自由地停止或重播腦中的對話，然後繼續過他們的生活。敘述者還建議在第三臺機器上隨機錄下聲音，比如說新聞廣播的小片段，然後也將它們混合在一起。隨機元素的侵入是重要的；其目的不僅讓讀者從個人的痴迷妄想逃脫出來，也從由聲音和文字所構成文化外殼的周遭環境中逃脫出來。「維根斯坦（Wittgenstein）說：『沒有命題可將自身納入爭論中。』」敘述者的解釋如下：「在預先記錄的宇宙（prerecorded universe）中，唯一未被預先記錄的事情就是預錄本身，也就是說**任何包含隨機因素的錄音**。」（*TTE*，第 166 頁）

　　隨機性的侵入在另一方面上也是非常重要的，因為柏洛茲敏銳地察覺到，透過他的話語，可能會有傳播他正極力打擊的病毒感染的危險。因此，很重要的是破壞性的技術在文本自身的語言中被實例化。這些技術的範圍，從他所使用的著名的「切割」（up-up）方法，也就是實體上割斷事先寫下的敘述，並任意地將它們拼接在一起，到其他更微妙的方法，例如：在不同的語言紀錄器之間轉換，而沒有過渡期的轉變或解釋。[37] 也許唯一最重要的方法就是堅持採用字面上的隱喻——或是換言之，消除話語和事物間的差異。語言不僅像（like）一種病毒；它**就是**（is）一種病毒，透過宿主複製而變成肉眼可見，有如寄生在肉體中的綠色魚類和在脊柱和大腦底部分裂的蟹寄生蟲一樣都會複製。在柏洛茲的研究中，語言的物質效應不需要透過實體紀律居中調解，來重新形成身體，例如透過在十八世紀和十九世紀，用來教

授書法所規定的姿勢和手勢。有了作家被特許的自由，他讓語言直接爆發進入身體。而且，這身體本身被視為如同實體上的錄音機，由它管理複製、消除和重新配置磁帶的原則來調節。在這裡，在文本所代表的世界中，銘寫的技巧和合併的實踐，在深具爆炸性潛力的人機合體人配置上結合了。這種潛力的雙面刃不難理解，因為話語的具體化和感染力，只能透過其他話語來拆解，這些詞語能總是對抗他們的主人，並且反而變得有感染力。病毒如何感染和疫苗如何殺菌，同時就是使文字成為肉體。在任一種情況下，肉體都不可能持續不改變。

　　在文字敘述部分的壓力可見於小說部分，其使用科幻小說的傳統手法，來描繪話語的入侵就像實體的運作（先前由敘述者宣布「我正在閱讀一本書名為《爆炸的車票》的科幻小說」〔 *TTE*，第 5 頁〕）。在這條軌道上，地球已經被新星（Nova）的外星人暴民所侵入，如此稱呼，是因為他們的戰略，就是迫使地球變成極端的混亂或「新星」。這些暴民包括來自天王星的重金屬癮者、來自金星的性癮者，和其他可占據人類身軀的寄生生物組織。「新星罪犯並非三度空間的生物——（雖然我們將會看到，他們的確是生物組織）——但需要三度空間的人類代理人來操作。」（*TTE*，第 57 頁）單獨一位寄生外星人可以占據數百個人類，將這些宿主串在一起，形成許多排的「座標點」，類似於印刷字串或透過文法和語法而排列其下的音素（phoneme）。[3]被稱為暴民領袖的，恰如其名是一個雙形態的生物，有不同稱呼，如「布拉德先生馬丁先生」，或「D 先生和夫人」，或只是「醜陋的精靈」。在將「另一半」體現時，這個詞語本身從中間一分為二。

　　新星警察一直進行著反侵略活動，他們的武器包括無線電靜電

---

[3] 音素（Phoneme），又譯音位，指人類語言中能區別意義的最小聲音單位。

干擾的「相機槍」，透過以超音波速振動來使影像不穩定，當然還有磁帶錄音機。聘任「李先生」（這個柏洛茲常用的筆名，也是他母親婚前的名字）時，區域主管告訴他將收到指示，「從書籍、路牌、電影而來，在某些情況下自稱為代理人或確實是組織的成員。一切都不確定，那些需要確定感的人對這部門沒興趣。事實上，就一個非組織機構而言，其目的在使我們的代理人免於恐懼絕望和死亡，我們打算打破生死的週期循環。」（*TTE*，第 10 頁）該部門尋找的罪犯之一是強尼・顏（Johnny Yen），[❹]他的名字暗示著性慾。「死亡是性高潮、是重生、是高潮中的死亡、是他們不衛生的金星人的花招、是行動完整的生死週期。」敘述者如此解釋。他顯然生氣地接著說，以便更清楚表達觀點。「你懂了嗎？現在知道強尼・顏是誰了嗎？性挫折感的『男－女半人他者』（Boy-Girl Other Half）脫衣舞神——他就是從死亡創傷而來的男僮僕。」（*TTE*，第 53 頁）

　　在這歷程中，情節可以解讀為是新星暴民和警察間的身體競爭，例如當來自明洛德（Minraud）的一個經驗豐富的警察將一個暴民蟹守衛（mob crab guard）打擊粉碎。但是，如果這個話語是具有物質功效的寄生蟲，那麼，隱喻和現實之間、表現和真實之間的差異則無實際意義。因此，另一種抗拒的戰略是「重寫室」（Rewrite Room），就是上述強尼・顏出現的空間。強尼不是被殺死的，而是被改寫成一個相當迷人的綠色魚類男孩、一個兩棲生命體（和善的雙形態生物）。住在河道中，並和在非人類生命週期中的街頭男孩阿里（Ali）交往，其週期破壞身體、生命和死亡所構成的人類的意義。此種突變的危機，是認識到模式總會一直瀰漫著隨機性，在這裡與一種實體化的形式產生關聯，像魚游過水般很輕易地穿過噪音而移動。

---

❹《爆炸的車票》中的角色人物。

　　然而，對於人類主體而言，這種不穩定性必定有威脅性，而非只是解放，因為敘述試著讓所有界定人類主體性的邊界都產生效果。身體邊界經常照字面意義被解體，例如透過性別皮膚（Sex Skin），這是一個生物用第二層皮膚包圍其受害者們，給予其受害者們強烈的性愉悅感，而同時溶解和吸收他們。和這種性神經錯亂的明顯威脅相反的是磁帶錄音機，有解放的潛能，但也不是全無危險性。記錄一個人的身體聲音，並且將他們和別人接合，可以免於產生錯覺，誤以為除了內部獨白外的身體聲音無法存在。但正如柏洛茲的話語，若非自我中斷，可以變成寄生式的，這些聲音也有可能反過來構成一種寄生性的獨白。根據敘述者所說的，拼接產生了強烈的色情反應。如果在實際的性接觸中表達，「它有春藥的功效……僅是如此……但是，當一個多情易感的主體被和某個**不在場**的人拼接起來，就如破壞性病毒般產生作用」，諷刺地成為它要對抗的現象（*TTE*，第20頁）。

　　除了可聽得見的干擾的話語外，柏洛茲希望創造 —— 或者揭露 —— 來自媒體本身底層的新詞語。他描述了基於「微動磁帶」（inching tape）的實驗，以不斷變化的速度，手動地在磁頭上來回摩擦磁帶。「這樣的練習，讓你從舊關係的枷鎖解脫出來……你會聽到不存在原先的錄音，而是由機器造出的新詞，不同的人當然會『摩擦』出不同的字詞，但有些字詞相當明顯在那裡。」該技術為馬歇爾·麥克盧漢的格言「媒體是訊息」，提供了新的意義，因為它是「有如這些字詞本身已被審問，並強迫展現其隱藏的意義，逐字地記錄這些由機器本身所造出來的字詞，相當有趣」（*TTE*，第206頁）。在這裡，柏洛茲所想像的合併實踐，不用意識的調解，就可以產生銘寫文字。

　　他確實進行了從1950年代末到1970年代末期間所描述的錄音機實驗。他緩慢地移動磁帶，一邊聽一邊創造新字；他錄製了無線電廣播，拼接磁帶以達成聽覺上的「切割」；他把麥克風拿到喉嚨下方，試

圖記錄自己的默讀音。就如同基督教基本教義派們會聽到隱藏在記錄和磁帶中撒旦的訊息（無疑地，這些人的敏感性是他所樂於激怒的），他也朗讀自己的書，包括《新星快車》和《爆炸的車票》，並拼接倒著播放的音樂。錄音已保存，這些檔案資料收錄在一張題為「此時此地唯有錄音」（"Nothing Here Now but the Recordings"）的留聲機唱片（phonograph album）中。[38] 有一天深夜，我前往加州大學聖地亞哥的音樂圖書館聆聽該唱片。即使坐在幾乎空無一人的高科技設備中，杜絕了外部的聲音，聽著柏洛茲聲稱存在的話語，一些顯然只是有關歷史的段落，這經驗有詭異的傳導性。特別是所記錄到的默讀語音的部分，實際上是無法理解的模式化聲音。也許是很矛盾的，我發現要證實柏洛茲的理論，該錄音比起他的寫作較為無力。對我而言，他的文章的聲音，比它所描述和舉例的機器產物，能引起更大的反應。

　　寫作的力量在《爆炸的車票》書中的章節〈書寫機器〉（"writing machine"）內可看得很明顯。敘事者描寫一個「展覽」，其中包括「在閃爍的藍光和臭氧氣味下，有著金屬牆的磁性移動式的房間」（*TTE*，第 62 頁）。當然，房間就坐落在錄音機內部。敘事小說通常會跳躍產生它的技術（印刷機、紙張、墨水），代表外在世界，就如同這種有代表性的行為不需要物質的基礎。柏洛茲將此慣例由內**翻轉**為外，將「外部的」世界定位在技術人造物**內部**。這種移動在小說與生產它的物質手法之間建立了一種完全不同的關係，構成了技術成為敘述行動演化出來的基礎。此手法暗示了技術不僅僅是一種表現已存在的思想的媒介，而且本身能夠**產生**其所描述的思想的動態互動。因此，爭論點在於這個技術不僅是一個主題，而且是能夠產生新主體性的表述。

　　在展覽中重要的錄音性質是雙重的、且是銘寫和突變間的矛盾力量。不像紙上的標記，這種寫作容易被消除，和以其他形式重寫。

當觀眾通過展覽的十字轉門而使其發出響聲時,「大片磁性彩色印刷品,在冷礦物般的沉默中碎裂,如同文字灰塵從消磁的模型上掉落下來般」(*TTE*,第 62 頁)。這描述直指錄音機對柏洛茲的那種吸引力。聲音不像印刷品,除非持續更新,否則會消失。它的短暫性召喚一種雙重反應,在技術上找到物質的表達。一方面,磁帶允許聲音可以長時間保存;在這方面,它將聲音轉換為銘寫,來抵抗聲音的短暫性。在另一方面,銘寫文很容易可以被消除或重新配置;在這意義上,它再現了聲音的暫時性。柏洛茲被這兩方面技術所吸引。將聲音銘寫在持久的媒介中,這適用於他相信文字是物質性的,而聲音的延展性意味著干預是有可能的,干預可以徹底改變或消除紀錄。

在展覽會上,語言透過從牆壁上落下的「文字塵埃」(word dust)而被刻寫,猶如來自洛杉磯天空的煙霧粒子般普遍。柏洛茲預期錄影帶時,想像「圖像塵埃」(picture dust)也從牆上落下來。「襯著鐵的照片碎片黏在圖案模式上,並落入與顏色灰塵混合的漩渦中,形成新的圖案模式,閃爍著、降落下來、被磁化、被消磁為閃爍的藍色圓柱體、脈動著的霓虹管和地體。」(*TTE*,第 62-63 頁)當新星警察反侵略地球時,「落下」這詞語持續出現,彷彿是廣播中一遍又一遍讀的新聞快報:「文字落下—圖片落下—時間落下—攻進灰色房間」;「更換語言—割掉字行—震動觀光客—打開入口—打鋼彈至街道—文字落下—照片落下—攻進灰色房間—向高塔開火」(*TTE*,第 104 頁);「割斷所有膠帶」;「攻進灰色房間—『愛』正在落下—性話語正在落下—毀掉圖片—移動那些半邊的身體」(*TTE*,第 105 頁)。「灰色房間」顯然指暴民的通訊和控制中心,也許是「會議室」,這是敘述者所說的跨國公司準備占領的外部和內在空間。

和「灰色房間」線性的集中控制相反的,是展覽的混亂遞迴性。在這裡,行為人和行為接受者之間,並無明確的界限。通過房間的

交通流動被建構成像一個遞迴的循環。當觀眾經過時，他們會被錄音，「由一套錄音帶在傳送帶、軌道和電纜車上移動，做著錄音和倒帶，當錄音機從一個展示品到另一個時，交談、金屬音樂噴泉和演說就散落出來。」敘事者附帶地說：「由於展覽的錄音機和電影不斷地運作著，很容易看到，任何觀眾遲早都會出現在屏幕上，如果不是今天，那麼就是昨天或明天。」（*TTE*，第 64 頁）因此，觀眾在房間內移動，聽取和觀看自己的錄影紀錄，因為機器也沿著傳送帶移動並且重播著錄影。他們聽和看錄影時的反應，也依次被其他的機器記錄下來，創造了一個無限的遞迴，其中身體和磁帶、紀錄和聲音、圖像和視覺，不停地重現複製彼此。在這個世界上，有了一種奇怪的感覺，它使身體的變化變得像拼接膠帶一樣容易，因為現實和呈現間的差異大半已被解構了。「人物角色進進出出螢幕，不同的影片也在螢幕上閃現和消失」（*TTE*，第 64 頁）；身體從縱向被分成兩半；螢幕同時放映兩部影片，一半在一邊，另一半在另一邊；寫字機「通過傳送帶分到頁面邊框，移動更換一個文本到半邊、另一個文本到另外半邊」（*TTE*，第 65 頁）。銘寫文字、身體、聲音和影像都遵循相同的動力和相同的拼接邏輯，縱向地創造了突變的後人類形式，既表述、也致力脫離使他們成為分裂生物的條件情況。

在一個奇妙的矛盾語言中，柏洛茲將文化產生複製的聲音和影像的軌跡之處稱為「實境工作室」（reality studio）。「顯然沒有預示令人興奮的重大事件即將發生。」敘事者說，含蓄地嘲笑他自己為太空外星人的情節劇。「你將很容易理解為何人們會到了想要進入電影、讓任何老電影片段覆蓋自己的地步……任何可以避免自己陷於只知是何人和身在何方，那種絕望困境的恐懼：在一個注定毀滅的星球上漸漸死去的動物。」將資本主義的金融與文化產物（彷彿記起美國電報公司）連接起來，他接著說：「現在發行的那些電影甚至不值得用

明膠底片來製作。沒有什麼支援它。電影庫存是空的。為了隱瞞實境工作室已破產,很基本必要的是,無人應該再度創立另一組真實⋯⋯為實境工作室而工作吧,否則你會發覺被排除在**電影外面**的感受是如何。」(*TTE*,第 151 頁)

　　文本將結束時,敘事者引導讀者關注到,實境工作室也許確實有即將會關閉的可能性,並且讀者因此也很快將會置身電影之外,而停止錄影。不同的媒介也傳出類似的訊息,在倒數第二節結束之處,印刷的文本被幾行草寫的腳本中斷,英語交雜著阿拉伯語。每一行透過一個「無聲說再見」的排列,隨著頁面向下,逐漸變得更隨機和無法解讀(*TTE*,第 203 頁)。也許柏洛茲正試著讓讀者預備恐慌將開始,就在內部獨白被打斷,並在生平第一次聽到的是沉默無聲而非語言。不管原因為何,此時期的作品中,他都極為小心地達成一種非比尋常感覺的結局。與《裸體午餐》相比,此正式結局的形式很精巧,且有主題明確的結論。

　　應和著《暴風雨》(*The Tempest*),文本中莎士比亞戲劇的對話,拼接了當代技術的想像。「我預言你們全是幽靈,看著電視節目—終端的電子聲音結束了—我們這些演員們切入—幾秒鐘後,你們融化在空中—抹擦去我們永生的詩人的許諾—布拉德先生、馬丁先生,我們五度召喚—無任何避難所可去。」(*TTE*,第 174 頁)這拼接邀請讀者梳理出兩個作品間的共鳴。雖然昆蟲的意象在《裸體午餐》中占主要地位,但在《爆炸的車票》中,非人類生命形式通常是水生的或兩棲動物,回想卡利班(Caliban)被刻劃為「魚腥味怪獸」(fishy monster)的角色。普羅斯彼羅(Prospero)從空中召喚出精靈,但他的魔法具有可怕的物質性;據說他可以讓死者屍體起身復活。最重要的是,他是一流的技術人員,能將錯覺與真實巧妙地混合起來,因此他的藝術可以影響真實世界中的變化。柏洛茲的目的無他,就是

為了使用語言來破壞話語的病毒性力量，創造錄音以停止重播，這重播會將我們的未來，禁錮在過去的聲音中。正如保羅・鮑爾斯（Paul Boules）所聲稱的，如果錄音機是「上帝的小玩具」，那《爆炸的車票》就是揭露這「神－機器」（god-machine）有改變生命之可能性的磁帶（*TTE*，第 166 頁，引用自鮑爾斯）。

「我們所看見的是受我們所聽聞的命令支配」，《爆炸的車票》的敘事者斷言（*TTE*，第 168 頁）。有相當多的軼事證據支持他的主張，視覺總是聚焦的、尖銳的和描繪性的，而聲音卻圍繞著身體，彷彿是一個可體驗的氛圍，而非將被剖析的對象。也許這就是為什麼研究人員發現，在虛擬實境中，聲音比視覺能更有效地傳遞情感音調到他們模擬的世界中。[39] 他們的經驗指出，聲音與存在互相關聯，不僅因為來自身體內部，而且也因為傳達了有關主體的新信息，這是比任何分析的思想或有意識目的更深刻的信息。透過磁帶錄音機操控聲音，因此成為一種新方法，以產生新的主體性，可觸及最深層的感知。如果我們要追蹤這裡提議的軌跡，直到這段由錄音帶占主導地位時間結束時，將會導致如卡洛琳・雀瑞（C. J. Cherryh）的《賽汀》（*Cyteen*）三部曲的文本，在這些文本中，身體已成為一個由「錄音帶」塑造而成的共同的產品，也就是說，聽著以主體「心靈」為基礎的調控錄音帶。柏洛茲預言了雀瑞所暗示的含意，亦即從錄音機發出的聲音終究不太像是後現代，反而更像是後人類。

希望存在《爆炸的車票》中，人類突變就像魚類男孩一樣，其流動性也許是一種適應噪音的主體性，而非虛假自我的穩定性，過著超越我們所知的人類意識的具體的生活。但這只是猜想，因為魚類男孩的內在生命的任何表現，只能用話語來完成，這恰好會感染及破壞了它們試圖描述的轉變。對於柏洛茲而言，重點仍在顛覆和破壞，而非創造性的重新表述。甚至顛覆都可能有被病毒式話語吸收和接管的風

險；只有繼續瓦解一切，包括本身先前的寫作，它才有可能成功。

　　在這章節中，我已考量了柏洛茲的小說不僅是後人類的預言，更直接是身體／實體、銘寫／結合彼此持續不停地互動之所在。如我們已見，在展覽中，銘寫文從牆上落下，變成有形體的「話語塵」（word dust），透過影音的記錄設備，合併轉化為銘寫；身體被視為規範性和本質性的主體，重寫成為特殊的實體化經驗；而實體化的體驗又透過磁帶錄音的銘寫，轉變回「話語」的本質的表現。將銘寫與合併、身體與實體相互糾結的遞迴性，都招致我們視這些極性為非靜態固定的概念，而是彼此互相變換成突變中的表面，很像是格羅斯為她自己「反覆無常的身體」所想像的莫比烏斯地帶一樣。從強調極性的模型開始，然後我們已朝向一種互動的想像，既愉悅又危險，既是創造性的動態，也是爆炸性的轉變。

　　毫不意外地，遞迴循環和反身策略在這些轉變中扮演非常重要的角色，因為柏洛茲和胡貝托‧馬圖拉納及菲利普‧狄克都贊同反思性為可以強而有力地動搖客觀主義的假設。馬圖拉納在生物過程中定位反身性，而狄克將其置於心理動力學中，但柏洛茲則將之定位在融合語言和技術的控制。突變中的病毒性字詞進出錄音機，重新配置磁帶錄音機，使之成為能夠徹底轉變身體和主體性的控制論技術。至於「外部」世界，明確地將觀察者與系統、人類與技術人造物區分開來，馬圖拉納、狄克和柏洛茲都同意（雖然為著不同的原因）無法安慰地說「沒事了、沒事了」（there is no there there）。不管作品有怎樣的限制，他們都共同體認到觀察者無法脫離被觀察的系統。在探索如何將觀察者和世界融合為統一的互動領域時，他們也明瞭了自由人本主義不能再繼續占有著統治支配的地位。誠如諾伯特‧維納努力容納的後人類主義潮流不能被抑制般，信息學技術的進展也同樣難以阻擋，這進展很快將以第三波取代第二波所關注的議題。

第九章

人工生命的故事

　　和胡貝托・馬圖拉納的自生系統論的循環過程相反，能將第三波描述得最貼切的圖像是螺旋形。相對於第二波的特徵是在於試圖將觀察者納入系統功能中，第三波強調的重點是使系統朝新方向演化。自我組織已不足夠了。第三波想要賦予自我組織過程的遞迴循環向上的張力，就像壓縮彈簧然後突然放開般，過程突破了自我組織的循環模式，而向外跳躍到新的模式。

　　如同海因茲・馮・福斯特是第一波和第二波之間的過渡期人物般，法蘭西斯科・凡瑞拉是連接了第二波和第三波間的橋接人物。在第六章中我們已看到，馬圖拉納和凡瑞拉將生命的定義擴展到包含人工系統。兩人合寫《實體化的心靈》一書之後，[1] 凡瑞拉開始研究所謂人工生命（Artificial Life）的新領域，並且合編了該領域在歐洲第一屆會議的論文集。在該冊會議論文集《朝向自主系統的實踐》（*Toward a Practice of Autonomous Systems*）的引言中，他和合著者保羅・布吉恩（Paul Bourgine）寫下他們定義什麼是人工生命的看法。他們把起源定位在控制論，提及威廉・葛萊・華特的電子烏龜和羅斯・艾許比的自我調節器。雖然自生系統論的一些特性在人工生命的後續領域中被重寫了，尤其是系統在運作時是封閉的那想法，但其他都是新的特徵。這種變化被標記在凡瑞拉對自主性巧妙地重新概念化了。他和他的合著者寫道：「在此情境中，自主性是指〔生物的〕基礎和基本生存的能力，以維護他們存在，並提出一個重要相關的、而不被預先整理過的世界。因此，生物自主性的解釋，就是考量行動和創造世界意義的方式。這種概念探索和自主代理人設計及構造都密切相關，並且提

出了從細胞到社會所有大小尺度的龐大的應用範圍。」[2] 對於馬圖拉納而言，「塑造一個有意義的世界」意味著感知主要聯繫著內部過程，而非外部刺激。[3] 我們已經看到了他處理進化時的困難，因為他試圖轉而強調有機生物體的完體性和自生循環性。當凡瑞拉和合著者們談到「塑造一個有意義的世界」時，對他們而言重要的事是，該系統的組織絕非持續不變，而是可以透過新出現的行為來轉變自己。但是，此變化並非是絕對的突破，而是在於重點的轉移，和在對該研究計畫提出問題，以及回答這些問題的新策略相對應的轉變。因此，第三波與第二波控制的關係，也是一系列的複製和創新互相重疊的模式。

　　問題和方法的轉變當然不是中性的。和那些如同凡瑞拉般來自自生系統論者有所不同，對於那些從認知科學和電腦科學背景來的研究者而言，這些基礎的假設太容易使他們重新銘寫一個去實體化信息的概念。但是凡瑞拉出現在該領域，代表並非此領域中的每個人都認同無實體化的「生物」是建構人工生命的最佳方式。正如在梅西會議中互相競爭的陣營般——一方主張信息去實體化，另一方主張情境實體化，所以在人工生命領域中，有些研究者聚焦在模擬，堅稱實體化並非是必要的，而另外一些人則主張只有具體的形式，可以充分捕捉生物體與環境的互動的豐富性。我們的老朋友觀察者，就在馬圖拉納引發的認識論革命的核心，在第三波控制論中撤退到邊緣，隨之喪失馬圖拉納賦予認識論問題的複雜性。但是，觀察者並未完全消失，而是繼續做人工生命故事的敘述者和聽眾。為了檢視觀察者的出現如何有助於建立領域，現在讓我們想想人工生命世界中奇異的動植物。

人工生命的本質和技巧

　　1994 年夏季第四屆人工生命研討會上，演化生物學家托馬

斯·雷（Thomas S. Ray）提出兩個議案。[4] 第一個是在哥斯大黎加雨林中保護生物多樣性的計畫；第二個是將他那可在電腦內創造人工生命形式的軟體程式「地球」（Tierra）發布在網路，以便在世界各地電腦上「繁殖」出各種不同的物種。雷視這兩個議案為互補的。第一個目的在於擴大以蛋白質為基礎的生命形式的生物多樣性，第二個在尋求以矽為基礎的生命形式的多樣性。二者的並列，戲劇性地說明了人工生命領域中自然的重建，實踐者熱切地稱之為 AL。雷最近寫道，「AL 實例化的目的，是將生命的*自然*形式和過程引進*人工*媒介中。」[5] 此思路令人驚訝。在雷的修辭中，組成這些「生物」的電腦程式編碼變成了自然的生命形式；只有媒介是人工的。

　　到了二十世紀後期，為何能夠相信或至少宣稱相信電腦程式的代碼是有生命的——不僅是有生命的，而且是自然的？此問題難以直接回答，因為涉及未具有明確闡述的假設。此外，這些預先的假設不是獨立存在的，而是與整個文化中循環的其他規範和想法產生動態的互動。考量此複雜性，這主題最好透過間接的方式來處理，不僅要看程式的科學內容，還要看他們本身所述說的或透過他們所述說的故事。我將論證這些故事構成了由隱喻和物質轉換交替的多層次系統，透過它們重新定義「生命」、「自然」和「人類」。

　　我所考量的第一層故事是雷所寫的「地球」（Tierra）程式以及其他人所寫的各種程式的表述。在這些表述中，作者的意圖、擬人的詮釋和程式的操作是交織在一起的，彼此不可能分開。因此，程式在想像中運行，如同在電腦中一樣。第二層故事著重於當 AL 實踐者，在試圖將人工生命定位為理論生物學中有效的研究領域時，所使用的論證和修辭策略。這涉及講述關於此領域的狀態和 AL 所能做出的貢獻。誠如我們將看到，第二層故事很快將超越了純專業考量，而引發了有關地球上已經出現及正在出現各種生命那更大規模的故事。有關

地球演化的現在和未來的故事形成了第三層故事。這是透過思索人類
與他們的矽表兄弟、那居住在電腦內的「生物」的關係而構成的。在
這第三個層面上，觀察者的含意在所有三個故事的建構中變得更加明
確。為了探究這個複雜敘事領域是如何起始、發展、和被其他文化敘
事添加改寫的，且讓我們從第一層面開始來解釋「地球」程式。

　　一般而言，人工生命分成三個研究陣線。*濕體*（*Wetware*）嘗試
透過類似在試管中建構單細胞生物體成分的技術，來創造人工的生物
生命。**硬體**（Hardware）建構機器人和其他具體化的生命形式。**軟
體**（Software）創造電腦程式來舉例說明新出現的或進化的過程。雖
然每個領域都有其獨特的重點和研究項目，但是他們都有從「自下而
上」建構生命的觀念。在我所關注的軟體部分，概念是從一些簡單的
局部規則而生，然後透過高度遞迴的結構，讓複雜性自動出現。出
現（emergence）是指單獨出現的屬性或程式，通常是以創造模擬的
那人所無法預料的方式來發展的。會導致出現的結構通常牽涉到複雜
的反饋環路，其中系統的輸出不斷重複地反饋成為輸入。當遞迴循環
不斷繼續下去，小偏差迅速被放大，導致了與出現相關的複雜的互動
和不可預測的演化。[6]

　　即使允許出現，從電腦內複製的程式到活的生物體仍是一大躍
進。這中間差距主要透過一些敘述，將程式對映到傳統上與生物行為
有相關的進化場景來彌補。敘述將電腦代碼的運作，轉譯成能理解程
式邏輯的生物類比物（biological analogues）。過程中，敘述改變了二
元運作，這在物理層面上等同於改變電子極性的運作，將二元操作轉
變為達爾文式為生存和繁殖而奮鬥的一場好戲。欲知這個運作中的轉
變，請參考以下有關「地球」程式的說明。這是從托馬斯・雷已出版
發表的文章、尚未出版而仍在進行中的論文、我與他討論這程式的對
談，以及從他針對該主題的公開演講等各種資料所彙整而來的。[7]

　　當我前往聖塔菲（Santa Fe）研究所拜訪雷時，他談到了「地球」程式的起源。他對自然進化緩慢速度感到挫敗，想知道是否有可能透過在電腦內創造可演化的人工生物的方式，以加快演化的速度。他面臨的第一個挑戰是，所設計的程式需強健（robust）到足以承受突變而不會崩解。為了導入強健性（robustness），他構思在常規電腦（regular computer）內建立一種由軟體構成的「虛擬電腦」（virtual computer）。常規電腦使用記憶體位址來尋找數據資料和執行指令，而虛擬電腦使用雷所謂「透過模板位址」（address by template）的技術。從去氧核醣核酸鹼基（DNA bases）的拓撲配對（topological matching）中，取得提示（cue），即一個鹼基（base）透過培養基（medium）而擴散，直到透過合適的表面可以找到另一個鹼基，就像一個鑰匙開一個鎖一樣，透過模板位址尋找到其二進制互補碼（binary inverse），將一段代碼（code segment）匹配另一段代碼，依此找到合適的配對。例如：如果指令是以二進制代碼 1001 所編寫的，則虛擬電腦在附近的記憶體搜尋具有代碼 0110 的配對段。該策略具有創造一個可以保存生物體的容器之優點，並且使得它們無法在虛擬電腦外複製，因透過模板操作的位址只能在虛擬電腦內發生。一般電腦以諸如 0110 的字符串呈現，會將其解讀為數據資料，而非用以複製的指令。

　　物種透過突變而進行多樣化和演化。為了導入突變，雷使程式在每一萬個執行指令中將一個位元的極性翻轉（flip）一次，以創造宇宙射線的等效物。此外，在每一千到兩千五百個指令複製中，會發生一次複製錯誤，以此導入另一個突變的來源。其他差異從雷稱為「鬆散繁殖」（sloppy reproduction）的效應中出現，類似於當細菌吸附了在附近死亡生物體的碎片時所發生的基因混合。為了控制生物的數量，雷介紹了他稱為「收割者」（reaper）的程式。「收割者」監測生

物人口數量，並消除最老的和那些「有缺陷的」生物，亦即那些在執行程式中最常見出錯的生物。如果一個生物發現能更有效複製的方式，就會被獎勵，在收割者的排隊行列中向下移動，因此而變得「更年輕」。

虛擬電腦透過分配一塊雷稱之為「湯」（soup）的記憶體，來啟動進化過程，這是類似地球上生命最初始的混沌。釋放在「湯」裡的是自我複製的程式，通常從稱為「祖先」（ancestor）的單一 80 位元組生物開始。祖先包括三段（segments）。第一段計算指令數，以調查出祖先的長度（此過程確保長度可以改變，而不會丟棄複製繁殖的過程）；第二段在鄰近的記憶中保留了許多空間，在此周圍設置保護膜（類似於包覆活生物體的保護膜）；第三段將祖先的代碼複製到保留的儲存空間中，從而完成複製，並從該「母親細胞」（mother cell）創造一個「女兒細胞」（daughter cell）。為了解突變如何導致新的物種，可考量在第一段的最後一行中發生一個位元翻轉，將 1100 改變為 1110。一般而言，程式將透過搜尋其第一行（編碼 0011）來找到第二段。但現在程式持續搜尋，直到找到以 0001 開頭的那一段。因此，它不會走到自己的第二段，而是去附近記憶體中的另一串代碼。許多突變是不可實行的，不會導致繁殖。但是，偶爾有些時候，程式會找到以 0001 啟始的那一段，而允許它繁殖。然後創造了一個新物種，這個生物體便會開始產生後代。

當雷讓他的程式整夜地運作時，他認為會很幸運地從 80 位元組的祖先，獲得 1 或 2 位元組的變異。隔天早上再檢查，他發現整個生態已經進化了，包括一個 22 位元組的生物。在這些突變體中有寄生體（parasites），它們已經失去了本身的複製指令，但也已發展了入侵宿主和劫走其複製程式的能力。一個 45 位元組的寄生體已經演化出與祖先的良性關係；但其他的則是有破壞性的，用它們自己的後代把

祖先排擠掉。從後來的程式的運作可發現超級寄生體（hyperparasites）發展出來，已經演化出了與時間和記憶體競爭的一些方式。透過使用決定生物體何時可以執行其程式的「切片器」（slicer），電腦的時間被公平地發放給每個生物體。超級寄生體等待寄生體來侵襲他們。然後，當寄生體嘗試使用超級寄生體的複製程式複製時，超級寄生體將程式引導到其第三段，而非將程式返還到寄生體的結束段。如此一來，超級寄生體的代碼被複製在屬於寄生體的時間上。以此方式，超級寄生體大大地加乘了它用於繁殖的時間，因為，實際上它是為了自己而占用了寄生體的時間。

　　再來就是有關該程式的第一層故事。在雷的文章和演講中，出現了些微的變化。在聖塔菲學院的錄影帶「簡單的規則……複雜行為」中，雷與一個繪圖藝術家合作創造一個「地球」程式的視覺圖像，並配上他的旁白。[8] 如果我們追問這個故事是如何建構出來的，可以看看有關程式運作的敘述，和對其涵義的詮釋，二者是連續互動著的。考慮在諸如「母親細胞」、「女兒細胞」、「祖先」、「寄生體」和「超級寄生體」這些術語中隱含的類比。這些術語不止與生命系統平行；他們還顯示了雷欲創造一個合適的環境的意圖，使進化過程的動態出現可以在其中開始。在這方面，雷的修辭與理查·道金斯在《自私基因》（The Selfish Gene）中的修辭截然不同，後者是一部深受擬人的（anthropomorphic）語法構造影響的作品。[9] 道金斯的修辭將基因歸因於人類的代理和意圖，創造一個人類為後裔而奮鬥的故事。在道金斯的概念中，他將實際上屬於人類領域的策略、情感和結果都覆蓋加諸於基因之上。相較之下，雷正運用了人類所設計的人工系統，**使得「生物」將能夠表現出這些特質**。這是解說（explanation）和詮釋（interpretation）在第一階故事中糾結交織在一起的主要原因。雷的生物形態命名和詮釋功能，與其說是覆蓋，不如說是對最起初的一

個意圖的解釋。類比並非偶然發生或是遲來的，而是程式人工設計的核心。

　　類比雖重要，但不是故事的全部。敘述引人入勝的效果不僅來自類比的命名，而且來自影像。在修辭分析中，「意象」（image）當然可以表示真實的圖像，或表示能夠喚起一個心靈景像的言語形式。無論影像是可視覺化的，還是可喚起視覺的語言，它是一種強大的通訊模式，因為利用了圖像傳達的高密度信息。可視覺化和可喚起視覺的語言，在聖塔菲研究院製作的錄像帶中共同合作，以宣傳其研究。正如有關「地球」程式的敘事的開始，照相機飛越一個表現電腦內部的場景。這種風格化的場景由代表 CPU（中央處理器）的塊狀結構來控制，並且用代表其他積體電路的較小的直立矩形來點綴。然後，相機將畫面推近到 CPU 內，在那裡我們看到一個網格（grid），「生物」出現在網格中並開始繁殖再生。它們被反映成實體多邊形，串在一起而形成三個部分，代表三段代碼。讓我們在這個場景上停留一下，並考慮它是如何建造而成的。「生物」視覺化的田園景色，舉例說明了新信息技術及其周圍敘述的轉型特徵。物質對象（電腦）已經被轉譯成它所執行的功能（電腦執行的程式），這些功能被表現在觀察者所熟悉的視覺代碼（「生物」的主體）中。此路徑可以用圖表來表示如下：物質基礎→功能→代表性代碼。此種轉變分布極廣，出現在大眾場合以及應用於科學上。例如，威廉‧吉布森在《神經浪遊者》中，將一個全球信息網路的資料數據陣列表示為一個三維空間中的實體多邊形時，他的主角轉變為一個觀點（或者是簡寫 pov）時，可以導航，就像飛過環境一樣。[10] 這圖像在影片中以非常相似的方式運行，在影片中我們成為一個無形的觀點，飛越「生物」的生命世界，在這世界中的三度空間和操作規則都非常地熟悉。雖然 CPU 的地景相當於電腦的內部架構，然而，「生物」的生命世界卻非如此。兩者之間無縫的

轉換，消除了電腦內部**物質**空間、與實際由磁片上電腦位址和電子極性構成的**想像**空間彼此間的差異。

　　為了探索這些影像如何運作來將假設條件編碼，想想「生物」的身體，類似於程式化（stylized）的螞蟻。在程式中，「生物」只有隱喻意義上的身體，正如雷在談論他們的信息體（本身是一個類比）時所認知的那樣。[11] 這些信息體，雖身為可能被暗示的表達，並非意味著信息代碼表現型（或顯型）的表達（phenotypic expressions）。❶相反地，「生物」是他們的代碼。對他們而言，基因型和表現型都是同一件事；生物是代碼，代碼是生物。透過將它們表示為表現型，從視覺上給予它們三度空間的身體，並從口頭上稱它們為「祖先」、「寄生體」等等，雷消除了適合限制於生物體的行為、與適用於信息領域中代碼的執行之間的差異。在這個過程中，我們對行為的相關假設，特別是我們視為有目的性的代理人所採取的獨立行動，其想法都被轉移到敘事中。

　　進一步的編碼在情節中發生。敘事講述一個故事，其本質為時間順序、意圖和因果關係。在「地球」程式中，敘事是「生物」，由為生存和繁殖而奮鬥所發生的故事所構成。不僅僅是一個類比或影像，這是一齣戲劇，若在不同的媒體中呈現，我們會毫不猶豫地認定這是一部史詩。像史詩般，它描繪了壯觀的生命、種族的興衰，有毀滅、有勝利，並記錄他們為了建立後裔所發明的策略、所冒的風險和付出的代價。雷計畫為「地球」程式開發全球生態系統，使敘事的史詩特質更加明確。在他提議創建的數位「生物多樣性保護區」（biodiversity reserve）中，他的概念是在網路上發布「地球」程式，以便於在全球各地的電腦上執行。每個網站將發展自己的微生

---

❶ 表現型（Phenotype）又稱顯型，表示生物某一特定的物理外觀或成分，如植物高度、人類血型等。

態。因為當背景程式在電腦上執行的需求最小時會運作，所以程式通常在深夜，當大多數用戶已上床睡覺的時候執行。人類是活躍的，而「生物」是休眠的；這些「生物」在我們睡覺時演化著。雷指出在「地球」計畫中監測活動的人，將因此視其為隨著世界各地黑夜降臨而變化波動。將這些「生物」的演化與互補的晝夜韻律聯繫在一起的提議，將朝更大的敘事層次漸進，將他們的故事和我們的故事彼此插入添寫。

錄影帶中也發生了類似的內插（interpolation）。敘述像是沿著〈創世記〉的腳本發展，從代表生命力的閃電閃現在地景上，到極像人類的「生物」，遵循聖經的誡命而繁殖複製。當一個代表了收割者程式的死亡頭顱出現在螢幕時，我們會知道這個田園景象將不會持續很久。田園情景被物種之間的競爭、顛覆和合作的策略，以及群體被另一個群體剝削等等——簡而言之，就是被猖獗的資本主義一切的陰謀陷阱所破壞。為了估量這個敘事能實現多少，我們需記得，實際看到的「地球」程式輸出是一個條形圖表所構成的頻譜，作為時間函數追蹤所定的位元組長度的程式數量。當人類解釋者仔細觀察構成「生物」的二元碼，找出它們已經如何改變並決定運作方式時，這些策略就出現了。

當然，沒有人比雷和此領域中其他研究者更清楚知悉這一切了。無疑地，他們想要提醒我們，影片只是一個藝術家的視覺化想像，沒有科學的根據。此外，它是針對大眾，並非假設全是科學家。這個事實本身很有趣，因為錄影帶整體而言，不加掩飾地推廣聖塔菲研究所。它說明了該領域的實踐者正努力地將人工生命建立為一個有效的、重要的和令人興奮的科學研究領域。這些努力並非與上面討論的視覺和言語變換無關。在某些程度上，「生物」被生物型態化塑形（biomorphized），它們的表現強化了這些「生物」確實是活著的

生命這個強烈的主張，擴展了這主張的含意。這變形也不只出現在錄影中，儘管它們在那裡特別地醒目。如上面討論所示，這些也寫入已出版的文章和評論中。事實上，它們強烈主張電腦代碼不僅僅模擬了生命，而且本身是有生命的。至少在聖塔菲研究所的一些研究者認知到，強烈的主張和研究者所談的有關這些「生物有機體」的故事彼此之間的關係。當被問及這強烈的主張時，一個受訪者堅稱：「這是從旁觀者的眼光看，這不是系統，而是觀察者。」[12]

　　在第二波控制論中，對於觀察者的相關解釋當然是一個核心議題。在人工生命研究中考慮到觀察者時，會發生什麼事呢？為了進一步探索程式操作、觀察者對程式運作的描述、以及嵌入這些描述的情境彼此間的網路聯繫，我們將循下一個敘事層面的思路，看看關於人工生命為生命科學知識所做的貢獻的各種主張。

定位領域：人工生命的政治學

　　人工生命研究者中最有能見度的克里斯多福・蘭頓（Christopher Langton），解釋了強烈主張背後的推論。「人工生命所假設的原則假設，是一個有機體的『邏輯形式』，可從它的結構的物質基礎上分離出來，另外，將發現『活性』（aliveness），它是前者而非後者的屬性。」[13] 此主張很容易被駁回，因為其背後的論據是恆真的（tautological）：蘭頓以此方式來定義生命，以確保程式符合資格，然後，因為它們符合資格，他聲稱這些程式是有生命的。在這裡有比「恆真邏輯」更有效用的。透過蘭頓定義而產生共鳴的，至少標記著從柏拉圖以來西方哲學和科學探究的各種假設。在邏輯上，形式可與物質分離；形式超越了物質；**形式定義生命**（form defines life），而物質基礎只是實例化的生命。此定義是一個重新銘寫的場所及恆真的

邏輯。這種趨同或收斂（convergence），暗示了我們所探究的情境，應該將它擴展至超出定義的邏輯形式，擴大到因為重寫論證，而正好具有說服力的新研究領域中。

這情境包括科學界許多研究者深切關注的態度，觀察現象的複雜性與其所體現的相對簡單的規則間的關係。傳統而言，各種自然科學，特別是物理學，已經努力嘗試將明顯的複雜性減低到基本的簡單性。試圖在夸克（quarks）中找到宇宙的「基本組成部分」（building blocks），這就是此種努力之一例；繪製人類基因組的圖是另外一例。[14] 複雜性的科學，起源於非線性動態，以證明對於某些非線性動力系統而言，即使在理論上，系統的演化也無法根據初始條件預測（正如雷無從得知何種生物將可從其祖先演變而來般）。因此，複雜性的科學表達了化約論（reductionism）所能達成的目標上的限制。但是，很明顯地，人工生命研究者們並未放棄化約論。取代傳統上測試一個理論是否有功效的可預測性之處，他們強調「出現」（emergence）。不是從複雜的現象世界開始，也不是透過一連串推理來回推出基本元素，他們反而是從元素**開始**，透過合適的非線性過程將其複雜化，最後讓複雜的現象世界因而獨自出現。[15]

稱呼模擬和從中產生出現的現象為「世界」的理由何在？正因為它們是從簡單的基本規則和形式中產生的。然後，人工生命重新銘寫了主流假設，簡單的規則和形式引發現象的複雜性。不同之處在於人工生命是從簡單的一端開始，合成（synthesis）可以自動自發地向前推進，而非從複雜的一端開始。若從複雜端開始的話，分析必須倒著進行。蘭頓在解釋人工生命對於理論生物學的貢獻時，明確地說明了這差異：「人工生命研究人造系統表現自然生命系統行為特徵。它和傳統的生物科學互補，試圖在電腦和其他人工媒介中**合成**類似有生命特徵的行為，進行活的有機生物體**分析**。透過延伸生物學立基的經驗

基礎，並超越了在地球上演化的碳鏈生命（carbon-chain life），人工生命可以透過將**我們所知的生命**（*life-as-we-know-it*）定位於更大的**生命可能會如何**（*life-as-it-could-be*）的背景中，而對理論生物學有所貢獻。」[16]

斯特凡・黑爾姆賴奇（Stefan Helmreich）已有研究揭示了這些陳述的前提假設。這位人類學家曾花了數個月的時間在聖塔菲研究所。[17]他訪問了美國人工生命研究社群的幾個主要參與者，包括蘭頓、雷、約翰・荷蘭（John Holland）和其他人。黑爾姆賴奇總結提供資料給他的人對他們所創造的「世界」的看法：「對於我所採訪的許多人而言，『世界』或『宇宙』是一個自有條理的、完整的和封閉的系統，受低層法則管轄而逐步支持更高層次的現象，雖然高層次現象依賴這些基本法則，但不僅只是從它們推導出來。」[18]黑爾姆賴奇以這些訪談評論，來描繪各種方式的迷人景象，其中簡單的法則被認為是複雜現象的基礎。幾個資料提供者認為這世界在本質上是數學的。其他人所持的觀點，如愛德華・佛烈金所廣泛地闡述的觀點，即世界基本上是由信息所組成的。[19]從這些觀點來看，現象學的經驗本身就是一種幻覺，遮蓋了簡單形式基本的真實。對於這些研究者而言，一個電腦程式能用簡單的形式產生現象複雜性，並不比「真實的」世界更虛幻。

形式／物質二分法與這個見解密切相關，因為在基本層面上，真實被視為形式，而非物質，特別是被視為如信息代碼，而非物質基底，其本質在於二元選擇。例如：佛烈金表示，真實是一個由宇宙電腦運行的軟體程式，其性質必須永遠不為我們所知，因為位於其執行程式的真實結構之外。[20]對於佛烈金而言，人工生命程式是有生命的，與生物生命正是相同的——因為它們是由內在的二元碼所產生的複雜現象。由於信息在理論術語（如我們已見到的）中被定義為概率函數，並且因此被定義為模式或形式，而非物質以實例說明的實體，

因此模式或形式占據了相對於物質的基本位置，這對於信息的技術是特別容易做的假設。

信息的技術似乎實現了一個在自然界中不可能實現的夢想——有機會在最基本的層次上，直接了解真實內部的運作。直接凝視並非源自協商調解的不存在。相反地，我們了解如「地球」這樣的程式的能力，被一切大大地調解了，從電腦繪圖，到將機器代碼轉譯成如 C++ 的高階電腦語言的處理程序。相反地，凝視即是特權，因為觀察者可以在世界將自己覆蓋上複雜的外觀之前，就能直接凝視世界的要素。此外，觀察者透過類似於電腦內部的二進制處理所構成，因此假設他從與被檢查的世界同一側被切割開來。「地球」程式作為一個人造世界的本質，與觀察者的本質或他所在的世界的本質並無不同：所有這些都是透過被視為信息模式的形式而構成的。當**形式**勝出，「地球」程式的「生物」的意思，令人不安地，就是與任何其他生物一樣的**生命形式**（life-forms）。

我們現在能理解，為何有些專業人員認為像「地球」這樣的程式並非模型或模擬、而是生命本身呢？正如蘭頓和許多其他人所指出的，在分析的方法中，現實是以處理複雜現象來塑造模型的，猶如這是由較小部分組成的一樣。這些部分被分解為更小的部分，直到我們找到足以被數學簡化處理之處。多數科學家很快同意模型並非真實，因為他們認知到許多複雜性必須拋棄路邊，以減輕馬車之重量來通過路上高低不平的地方。然而，他們希望該模型仍可捕抓足夠系統的相關部分，以告知他們關於真實如何運作的一些重點。相較之下，在使用合成的方法時，系統的運作導致複雜性自動出現。系統本身將在分析方法中必須拋棄的裝備加回（當然，這是否是相同裝備，仍有待觀察）。在這個意義上，人工生命對十九世紀的活力論者（vitalist）❷的觀點提出了有趣的挑戰。他們在分析方法中看到一種

化約論者（reductionist）❸的方法論，這方法論永遠不能適切地捕捉生命的複雜性。若說分析法是透過解剖來謀殺，依此類推，人工生命的合成法也許能透過出現（emergence）來產生。

　　除了這些哲學的考慮之外，還有更明顯的政治因素，來強力主張人工生命的「活力」。作為剛上路的新手，人工生命必須用計謀以定位於有更大、建立更好的研究議程之位置。其他科學家的共同反應是：「好吧，這非常有趣，但是有什麼好處呢？」甚至人工生命研究者自己開玩笑說，人工生命是一個正在尋找問題的解決方案。當建議了某種應用，他們經常公開地遭受到大力的反對。只要人工生命程式被視為是模擬，從它們產生的任何結果，都可以是模擬的人造物，而非自然系統的所有物。那麼，如果在模擬中可產生某種結果呢？結果是人造的，因此與自然世界無關，除非顯示相同的機制可以在自然系統中運作。[21] 但是，如果人工生命程式本身是有生命的，這些困難就自動消失了。但重點不在於他們模擬自然系統，而是他們*本身*也是有生命的，因此作為自然生成媒介中的進化過程也是值得研究的。

　　這是蘭頓比較人工生命模擬與合成化學製品時所採用的方針。[22] 在早期，據他觀察，化學研究侷限於自然生成的元素和合成物。雖然能從這些獲得一些知識，但是結果受限於手邊現成的方法。一旦研究者學會合成化學製品，他們的知識將有極巨大的躍進，因為化學製品可以針對具體研究問題來量身訂做。同樣地，理論生物學已經侷限於現成的例子，即以碳為基礎的生命所採取的進化途徑。眾所皆知，即使從單

---

❷ 活力論者（vitalist）由十九世紀瑞典化學家永斯・貝采利烏斯（Jöns Jakob Berzelius）提出，生命擁有的力量是非物質的，只有生物才可以從無機物合成有機物，這證明了生命具備獨特性，不能以物理及化學方式來加以解釋。

❸ 化約論者（reductionist）主張複雜的系統、事務或現象，可以透過將其化解為各部分之組合的方法，加以理解和描述。

一實例來概括而論，也是相當地困難，但理論生物學家別無選擇；它就是碳基生命。現在，一個強大的新實例已經添加進來，因為人工生命模擬代表一個替代的進化途徑，隨後便是矽基（silicon-based）的生命形式。

在這個觀點中，理論生物學尋找的是跨越了媒介的特殊性的相似性。在「超越數位自然主義」（"Beyond Digital Naturalism"）一文中，沃爾特・豐塔納（Walter Fontana）和他的合著者提出了一個研究議程「最終由一個前提驅動：這裡存在一個深層的邏輯結構，表現出碳化學為基礎的生命，問題是要去發現它是什麼結構，以及用何種最合適的數學裝置來表達」。[23] 這研究議程預設了被理解為邏輯形式的生命本質，獨立於媒介之外。與拓展中的理論生物學新領域相比，在這個議程中有更多的風險。通過將人工生命定義為第二生命實例，研究者也影響了生物生命的定義，因為現在是這種**並列**（juxtaposition）決定什麼是基本的，而非由碳基（carbon-based）的形式本身來決定。

這種變化暗示了人工生命作為地球上生命的另一種替代進化途徑，這敘事是有深遠意涵的。為了探討這些意涵，且讓我們看看第三層次的敘事，考量關於人類與我們的矽「表兄弟」之間的關係的故事，他們這些人工生命形式代表著尚未走上的道路——直到目前為止。

重新配置信息的身體

隨著對人工生命形式的研究持續進行及擴展，**人類**生命的建構也受到影響。麻省理工學院人工智慧實驗室的羅德尼・布魯克斯，和前幾章中已提過的機器人學者漢斯・莫拉維克，講述了兩種不同的敘事，是有關面對人工信息體的時候，人類是如何重新配置的。莫拉維

克視意識為高於人類本質，且希望保持意識的完整無缺，而布魯克斯推斷，人類特有的基本屬性，是四處移動以及與環境強健地互動的能力。他不是從最先進的人類思想的特性開始，而是從運動和簡單的互動開始，從下而上地做研究。儘管方向不同，布魯克斯和莫拉維克都理解到人類的未來與人工生命密切地聯繫在一起。的確如此，在他們所想像的未來世界中，區分自然和人工生命、人類和機器的智慧，將會很困難甚至不可能。

　　在《心靈後裔：機器人和人類智慧的未來》一書中，莫拉維克主張碳基生命的時代即將結束。[24] 人類將被智慧機器所取代，而它們將成為地球上優勢的生命形式。援引了亞歷山大‧凱恩斯－史密斯（A. G.Cairns-Smith）的研究，莫拉維克主張這種革命並非前所未有的。[25] 在蛋白質複製發展之前，已有一種原始形式的生命，存在於某些具有複製能力的矽晶體中。但是蛋白質複製是如此地優越，以至於很快地將複製的晶體遺留在塵土中。現在，矽再次以電腦和電腦化機器人的形式趕上了我們。雖然凱恩斯－史密斯的假說多被視為相當不可信，但是在莫拉維克的文本中，它具有可以提高他的願景可能性的有用目的，提出碳矽鬥爭為早期競賽的一個新回合，而非一個全新的事件。

　　人工生命社群的其他成員中，包括羅德尼‧布魯克斯、帕蒂‧梅斯（Pattie Maes）和馬克‧帝爾登（Mark Tilden），提倡了一種不同方法。[26] 他們指出，能從實體環境互動中學習的代理人很重要。他們相信，模擬受限於人為（artificiality）情境。與大自然的豐富多樣的和奇異的創造性相比，模擬是住滿了簡筆畫人物（stick figures）的簡筆畫世界（stick worlds）。沒有人比布魯克斯對這種情況的分析更有說服力了。當我前往他在麻省理工學院的實驗室和他會談時，他提到大學時和漢斯‧莫拉維克是室友（此巧合幾乎簡潔地像傳奇一般）。莫拉維克在他先前的計畫中已經建造了一個機器人，使用了世界的中

心表示來導航。機器人走幾步，將數據從其感應器饋送到中心表示，來繪製新的位置圖，然後再多移動幾步。以這個程序要穿越房間，它需要好幾個小時的時間。若有人在這段期間進來，它必定會絕望地偏離出動線之外。布魯克斯身為他忠誠的室友，整晚熬夜看著機器人執行它惱人緩慢的巡迴勘查。布魯克斯想到了，蟑螂只需用些微的時間即可完成相同的任務，況且蟑螂不可能擁有與機器人一樣強的計算能力。他決定必須找到一個更好的方式，於是就開始依照另一套不同的哲學來建造機器人。

在他的機器人上，布魯克斯使用他所謂的「包容架構」（subsumption architecture）。他的想法是以最少的通訊，讓感應器和致動器（actuator）直接連接到簡單的有限狀態機器模組。每個系統，用和其他系統「理解」世界完全不同的方式，來「理解」世界。這裡沒有中心表示法，只有當分散的模組之間出現衝突時，控制系統才會開始介入而進行裁決。布魯克斯指出，機器人不需要有連貫一致的世界觀；相反地，它可以透過與其環境互動而直接了解自己的需求。這套哲學可以他的格言來歸納：「世界是它本身最好的模型。」[27]

包容架構被設計成用來促進和處理緊急的行為。這個想法可以用「成吉思汗」（Genghis）、一隻有點類似特大號六足蟑螂的機器人來闡明，布魯克斯希望將它賣給美國太空總署（NASA）來做行星探測器。[28]「成吉思汗」的走步並未事先程式化。相反地，六隻腳中的每一隻，都被程式化為能在環境中穩定自己，這環境包括其他五隻腳。成吉斯汗每次啟動，必須重新學習走路。在前面幾秒鐘，它會跌跌撞撞地走著；然後，當一些腿開始考量到其他的腳正在做什麼，一個平順的步伐會出現。建造這種機器人的成本相對便宜，比美國太空總署目前使用的大型行星探測器更加強健，並且在它自己局部的控制下，而非依賴也許並不在現場、而看不見發生什麼事的中央控制器。「迅

速、廉價及不受控制」是布魯克斯的另一句格言，用以總結他所建造的機器人背後的哲學。

布魯克斯的計畫進一步由馬克‧帝爾登實現了，這位當時在布魯克斯手下研究的加拿大機器人學者，現今在滑鐵盧大學（University of Waterloo）。在我與他的會談中，帝爾登提到他在加拿大的農場長大，看到雞的頭被切斷後仍然會跑而感到驚訝，他喜歡稱之為未用任何大腦皮層、而在三度空間中所執行的複雜的導航任務。他決定在周圍神經系統中進行相當大量的計算。他用這個洞察來設計像昆蟲般的機器人，其神經網路的運作（比起複雜的神經網路更加簡單許多），由不超過十二個電晶體電路組成。這些機器人使用類比、而非數位計算來執行自己的任務。像「成吉思汗」一樣，他們有緊急的步法。他們非常強健，能夠在翻身時自我導正，甚至當一隻腿被折彎或折斷時，仍能學習補償性的步法。[29]

當布魯克斯和其他人思索他們的研究與人類演化的相關性時，關於這些機器人與人類關係的敘事便出現了。布魯克斯認定他所建造的機器人有等同於昆蟲的智力。但他說昆蟲智力不可小覷。按時間順序而言，昆蟲出現在地球上時，演化已達創造人類智力的 95％。[30] 他相信，困難的部分在於要演化出可以移動、可以與環境強健地互動的生物。一旦這些品質都妥善了，其餘的部分相對出現得較快，包括人類擁有的複雜的認知能力。人類是如何演化的？依他所見，他們透過使用在他的機器人上相同的機制，即分散式系統與環境間強健地互動，而且以非常不同的方式「看見」世界的分布系統。意識是一個相對較晚的發展，類似於在不同分散式系統之間裁決衝突的控制系統。誠如布魯克斯喜歡說的，意識是一種「廉價的伎倆」，亦即一種新出現的屬性，可增加系統的功能，卻不是系統基本架構的一部分。意識並不需要、事實上也並非是有代表性的。意識如同機器人的控制系統，不

需要一個準確的世界圖像；它只需要一個可靠的界面。布魯克斯援引了一個事實，即大多數成年人一生中都未察覺到他們在視野中間有一個大的空白點，來作為人類意識以此方式運作的證據。

　　這種推理導致了另一句格言，透過人工生命社群而傳播：「意識是一種附帶現象（epiphenomenon）。」這意味著意識雖然自認為是主要表現，但事實上是後到者，一種依賴，並且出現於感知和存在那更深和更本質層次的現象。這觀點令人想起喜劇演員艾摩·飛利浦斯（Emo Phillips）的評語。「我曾認為大腦是身體中最奇妙的器官，」他說，「但我又想，是誰這麼告訴我的呢？」

　　難以想像，還有什麼能比起漢斯·莫拉維克視意識為等同於人類主體性的立場更加逆向操作的了。在這方面，莫拉維克與人工智慧（AI）站在同一陣線，而布魯克斯和他的同事則與人工生命（AL）結盟。[31] 邁克爾·戴爾（Michael Dyer）比較兩個領域，指出人工智慧將認知視為邏輯的運作，人工生命則視認知為神經系統的運作；人工智慧從人類層面的認知開始出發，人工生命則從具有昆蟲或動物層面的認知開始；在人工智慧中，認知不依賴感知而建構，而在人工生命中，卻與感覺／運動經驗結合。[32]

　　布魯克斯和他的同事強力主張，人工智慧已經結束了，其後繼的典範就是人工生命。布魯克斯和雷都相信，我們最終將能夠使用人工生命的技術，在電腦內演化出等同於人類的智慧。對於布魯克斯而言，該計畫已經透過「考格」（Cog）來進行，考格是一個具有複雜視覺和操控能力、有頭和軀幹的機器人。但是人工生命研究者與人工智慧研究者，以戲劇性不同的方式來創造高階智慧。考量一下這種轉變對人類結構的影響。人工智慧的目的是在機器內建造可和人類匹敵的智慧。人類是衡量基準；該機器是在不同媒介中實例化的嘗試。這個假設深深地影響了圖靈測試，早從人工智慧時代之初，即將成功定

義為意味打造與人類智慧無法區分的機器智慧。相較之下，人工生命的目標在於透過「生物」本身找到的途徑，在機器內演化出智慧。人類智慧本身不是作為衡量成功的標準，而是在這個進化過程的想像中被重新配置。雖然人工智慧幻想著在機器內創造意識，而人工生命了解人類意識，且理解其為一個附帶現象（epiphenomenon），棲息在分散式系統所執行的、類似機器般的功能上面。[33] 在人工生命典範中，機器變成用以理解人類的模型。如此一來，人類便被轉型成為後人類。

　　為指出這種重新塑造人類成為後人類的廣泛影響，以下我想草擬概述一些對這計畫有所貢獻的研究。這概述必定是不完整的。然而，即使是不完美的描繪，仍然有助於指明後人類的範疇。因此，這普遍重新塑造的情景，等同於一個新世界觀——一個仍在發展過程中、有高度爭議性、並且往往是推測的，但是，在不同論點之間有足夠的連結，正在朝向我們或許可稱為計算宇宙的願景逐漸邁進。在計算宇宙中，智慧型機器和人類的基本功能在於處理信息。的確，整個宇宙的基本功能就是處理信息。與諾伯特・維納的想像有所不同處，在於計算的宇宙實現了控制論創造世界的夢想，在那裡人類和智慧型機器都同樣感到自在。有一種平等源自於這觀點，那就是：不僅我們的世界，而且偉大的宇宙本身是一臺巨大的電腦，而我們是運作的程式。

計算的宇宙

　　讓我們從最基層開始計算宇宙之旅，這個基層構成了所有生命形式、亦即所有物質和能量的基礎。構成這個層級的單位是細胞自動機（cellular automata）。從簡單的開關功能，到其他一切都是由其建造而成的。細胞自動機最早由約翰・馮・紐曼在他描述自我複製的自

動機的研究中提出。受沃倫‧麥卡洛克和瓦爾特‧皮茨有關神經系統的開關功能的研究影響，馮‧紐曼使用麥卡洛克－皮茨神經元作為電腦模型，發明了開關裝置，可以執行與麥卡洛克所概略描繪的與神經元同類型的邏輯功能。馮‧紐曼亦提出可視神經系統為圖靈機的想法。生物學為他提供了建造電腦的線索，而電腦也為理論生物學提供了線索。為擴展生物有機體和機器間的類比，他想像了一個巨大的自動機，可執行自我繁殖的基本生物功能。[34]（正如我們在第六章中所看到的，馬圖拉納提到這點時指出，馮‧紐曼所塑造的是生物學家對生命過程的描述，而非過程本身。）

斯塔尼斯拉夫‧烏拉姆（Stanislaw Vlam）是波蘭數學家，在第二次世界大戰期間在洛斯阿拉莫斯（Los Alamos）與馮‧紐曼合作，他建議馮‧紐曼將自動機抽象化，成為一個細胞網格以達成相同的結果。因此，馮‧紐曼將自我複製自動機大量的和耐久的物質，還原成無差異的細胞，身體變得非常透明，構成在繪圖紙上所標記的方格，後來成為出現在電腦螢幕上的像素（pixel）。[35]

每個細胞自動機（或CA）就像簡單的有限狀態機那般運行，其狀態只能由初始條件（開或關）決定，透過告知操作的規則、以及每個時間點鄰近細胞的狀態而決定。例如：用於一組細胞自動機的規則可陳述為「如果兩個鄰近細胞是開著的，於是就打開，否則就關閉」。每個細胞都需檢查其鄰近細胞的狀態，並根據規則更新其狀態，相鄰細胞也要同時更新其狀態。通過這種方式，細胞網格在一系列狀態中經歷一代又一代發展，（在電腦上）很容易延伸到數十萬代。從細胞自動機間的自發地互動，可以建立極複雜的模式。在電腦內被程式化，並顯像在螢幕上，細胞自動機賦予存活奇異的印象。一些模式展開，直到看起來像複雜的東方地毯的設計，其他一些像滑翔機般漂浮穿過螢幕，另外還有一些繁茂地生長著，直到幾百代後才死

亡。看看從這些從簡單的組件中產生的複雜動態模式，不止一個研究者產生這直覺感，此系統可以解釋在自然世界中模式的增長和衰敗。愛德華・佛烈金更進一步體認，在細胞自動機中看到從中建造宇宙萬物的基本結構。

這種建造是如何發生的？在計算宇宙中，這問題可以改變措辭，而問道更高級別的計算（higher-level computations）如何能從細胞自動機的基礎結構中自動出現？蘭頓開創性的研究，分析了細胞自動機可以支持計算的基本操作所需的條件，據他分析，這些是傳輸、儲存和修改信息。[36] 他的研究顯示，計算最可能出現在有序的結構和混沌區域間的邊界。在有序區域中，細胞透過使它們極度相互依賴的規則，緊緊地結合在一起；正是這種相互依賴所導致的秩序。但緊密排序的結構也意味著，聚集在一起的細胞無法執行一些更高級計算的基本任務，尤其是信息的傳送和修改。相較之下，在混亂的區域中，細胞彼此間獨立而不互相依賴；這種獨立性就是使他們顯得無序之故。雖然這種狀態導致信息傳輸和修改，但是在這裡存儲信息是個問題，因為沒有任何模式能持續很久。只有在混亂和有秩序間的邊界地區，才會有必要創新複製的張力，能允許模式的建立、修改和長途旅行，而不會死亡。

這些結果與斯圖亞特・考夫曼（Stuart Kauffman）在他對生命起源的研究中所發現的結果驚人地相似。考夫曼是麥卡洛克最後一位門徒；幾次訪談中，麥卡洛克談到他視考夫曼為自皮茨以來最重要的合作者。[37] 考夫曼主張，單單是天擇，本身不足以解釋生命發生相對短的時間表。[38] 另外一些排序原則是必要的，定位在複雜系統自動自發而進行自我組織的能力。他計算大分子自發地組織、而成為生命的基礎材料所需的條件時，發現生命最有可能出自混沌的邊緣。這意味著在可能出現生命的條件，和可能出現計算的條件之間，有明顯的對應

關係——許多研究者視此種趨同為清楚的標誌，深度地連接了計算和生活。由此觀點看，人類是在宇宙電腦上執行的程式。當人類建造智慧電腦來執行人工生命程式時，他們在另一個媒介中複製了相同的過程，以使自己誕生。

為何可以在一個級別和另一個級別之間很容易地如此連接？有一個重要原因是，在計算的宇宙中，所有一切都可以在某種層次上還原成為信息。然而，計算宇宙的支持者中，並非人人都贊同非實體化，正如同他們在梅西會議中，當信息構想被制定時也不贊同一樣。例如：考量愛德華・佛烈金和演化心理學的新領域所採取的不同方法。當佛烈金斷言我們永遠無從得知宇宙電腦的本質，而我們只是在其中運作的程式時，他將最終的物質實體化排除在我們的範圍之外。身為人類我們所看到的，將會是他稱之為細胞自動機的純粹二進制代碼的信息形式。相較之下，演化心理學這個新領域，致力將模組化電腦程式安裝在實體人類身上，其身體是由千千萬萬年演化過程得來的結果所構成。

傑羅姆・巴考（Jerome H. Barkow）、勒德・科斯米德斯（Leda Cosmides）、和約翰・托比（John Tooby）在《適應的心靈：進化心理學與文化生成》（*The Adapted Mind: Evolutionary Psychology and the Generation of Culture*）中闡述此一新領域的議程。就像閔斯基般，他們認為計算的模型（或隱喻）提供了對人性大規模修改的基礎。[39] 他們旨在提供一個有關人性如何構成較為靈活的版本，來克服文化人類學家和其他反「人性」概念的異議。他們主張行為可以在大腦中被塑造為執行模組化的電腦程式。這些程式的基本結構是數千年演化修補的結果。那些有優越繁殖力的適者能生存；而那些不適者滅亡。程式被建構成使某些功能會存在於人類中，並且，這些功能是普遍存在於所有人類身上的。然而，這些功能代表著潛力而非真實。

正如電腦程式的實際行為是由恆定的基本結構和變化的輸入所決定，因此實際的人類行為，是來自功能所代表的潛力與環境提供的輸入之間互動的結果。例如：所有正常的人類嬰兒都有學習語言的潛力。但是，如果在某個關鍵年齡時未接觸到語言，這種潛能就會消失，而他們永遠無法在語言上具備充分能力。雖然人類行為在廣泛的實現範圍產生變化，但是具有由演化適應而決定的基本普遍的結構。因此，演化心理學是有可能**科學**的，因為普遍存在的基本結構確保任何科學都需要規則，以便制定連貫的和一致的知識。

此種人類行為的控制－電腦的看法，引導出一個非常不同的「人性」的詮釋。雖然「腦－電腦」執行的進化程式不導致普遍性的行為，但是它們仍然具有豐富的內容。潛力不僅存在通用機器的結構中，而且更加特別地，潛力存在於能主動形成人類反應以適應環境的程式中。因此，孩子們不僅僅能夠學習語言；他們積極地**想要**學習語言，如果無人教導，便會在彼此間自行發明。[40] 正如同維納的控制機器般，控制論的大腦對周遭事件的流動有所反應，並適應驚人多樣的情況。事實上，只有智慧型機器本身已開始易於處理人類的善變，這正可用來衡量自工業革命以來，我們對機器的洞察力已有多少的改變。

現在也許清楚可知為何最寶貴的功能即是處理信息的能力，因為在計算的宇宙中，信息是王道。人工生命的研究者盧克・史帝爾斯（Luc Steels），重申了這個價值。當他區別一階生成（emergence）和二階生成時（當然，在此區分一階控制論和二階控制論、人工生命祖父母、和父母等術語，並非偶然）。一階出現代表由組件之間的互動**出現**的任何特性，亦即對照於組件本身固有的特性，出現是組件互動的結果。在所有這些出現的特性中，二階出現對於那些系統上有附加功能的特性，賦予其特權，特別是處理信息的能力。[41] 為創造成功

的人工生命程式，僅僅創造出現是不夠的。而是寫程序者必須搜尋能產生二階生成的設計。一旦達到二階生成，生物體實際上**演化出進化的能力**。然後演化就能真正地起飛。人類透過結合機會（chance）和自我組織過程而演化，直到他們可以有意識地善加利用自我組織原則，以創造出演化的機制。他們使用這種能力來建造能自我演化的機器。然而，機器的程式與人類不同，不受生物演化和物理成形的時間限制的阻礙。它們一天內可發展數百世代，一年發展數百萬。直到很近期，人類在儲存、傳輸和操控信息的能力上，不曾有過可匹敵者。但現在，他們與智慧型機器同享此能力。為了預見這演化路徑的未來，我們只需問有哪些生物體，能在許多方面為同一演化利基而競爭，具有信息處理的能力以便能更迅速演化。

　　我想，結論很清楚地表示出，為何不該毫不批判地接受計算的宇宙。若遊戲的名稱是處理信息，那麼，智慧型機器取代我們而成為你我的演化繼承人，只是時間早晚的問題。我們不論決定是否與他們抗爭，或是成為電腦而加入他們的行列，人類族群的時日已可數得出來了。問題不在於在這些選項間做選擇；相反地，而是在結構的框架中，僅剩兩個選項。當計算宇宙從一個有用的探索嘗試錯誤式的方法，轉變為一種將信息視為超越其他一切意識型態時，它會變得危險。誠如我們所見，信息是社會所構成的一種概念；除了現在接受定義外，它可能曾經有過，並且被給予不同的定義。正因為信息失去了其實體，並不意味人類和世界也已經失去了他們的身體。

　　很幸運的是，並非所有的理論家都一致認可，除了具體化其媒介外，可視信息為一個主體的想法是有意義的。讓我們回顧計算宇宙中的一些地方，這次是要找出那些物質性的阻力在理論中能有作用之處。從這個角度來看，斷裂線似乎破除了程式的神祕色彩，並且可能想像不同的未來，即人類在宇宙中感覺自在的未來，因為他們是生活

在具體世界中的一個具體生物。

身體的呢喃低語

　　研究肉體和研究電腦的研究者之間最顯著的差異，在於對直接參與者而言，身體的複雜性有多麼微妙的感覺。在閔斯基的「心靈社會」（society of mind）和演化心理學家的方法間的對比，可看出彼此差異。雖然閔斯基經常使用進化的論點來澄清程式的結構，但他主要的興趣顯然在於建造能有人類行為的電腦模型。[42] 他很典型地根據電腦架構、而非人類生理學來思考，有關這些他了解很多。在演講中（以及在少數作品中），他與莫拉維克競爭，始終貶低實體化的重要性。1996 年在日本奈良（Nara）舉行的第五次人工生命研討會前夕，他在公開演講中主張，只有隨著電腦語言出現，才會出現描述的象徵性模式，可適用來解釋被他定義為複雜機器的人類。「一個人並不是一個頭、手臂和腿，」他說，「這些微不足道。一個人是一個非常大的多重處理器，有數以萬計的小零件，這些被安排成為一千臺電腦。」如此一來，如意料中的，他與莫拉維克共同做著將意識下載到電腦中以消除死亡的那個夢想。「每個人最重要的東西就是數據資料，以及大腦內數據資料中的程式。終有一天，你將能夠取出所有數據資料，放在一個小小的磁碟上，儲存上千年，然後等四千年或五千年後再開啟，你依然是活著的。」[43]

　　然而，實際上任何人研究具體化形式，都知道從相對簡單的機器人結構到人類神經系統極複雜的運作，要處理反實體化絕非是微不足道的。對於閔斯基而言，這些實體化的問題很麻煩，甚至無概念上有趣的價值。他在第五次人工生命研討會上的演說中斷言，一位學生用六個月時間來模擬機器人運動，會比機器人學者用六年建造實際機

器人所能學到的更多。[44] 當然，模擬對於大範圍的問題是有用的，因
為他們從一個複雜的互動體抽象出幾個特徵，然後操控這些特徵，以
便更容易了解正在發生的狀況。與真實世界相比，正因它們更簡化，
所以更加的有效率。當這種操作模式被認為是代表整個比較複雜的現
實，並且，當一切不在模擬中的被宣佈為微不足道、不重要或不感興
趣時，問題就出現了。

如同凡瑞拉對閔斯基模型的批評和修正般（在第六章已討論），巴
考、托比和科斯米德斯都小心地不去犯這個錯誤。他們承認，身心二
元性是一種社會結構，混淆了人類經驗的整體性。另一位強調實體化
重要性的研究者是安東尼奧‧達馬西奧（Antonio Damasio），他在《笛
卡兒的謬誤：情感、理性和人類的大腦》（*Descartes' Error: Emotion,
Reason, and the Human Brain*）一書中，討論心靈和身體溝通的複雜機
制，他強調身體不僅僅是大腦的維生系統。身體「貢獻的內容是正常
心靈運作的一部分」。[45] 按照他對神經生理學有的詳盡知識以及多年研
究神經損傷患者的經驗，他主張感覺是一扇窗口，心靈透過它而觀察
身體內部。感覺就是身體如何向心靈傳達有關其結構和持續變化的狀
態。如果感覺和情感是身體對心靈的低語，那麼感覺就是「像其他知
覺（percepts）般是認知的（cognitive）」，有部分是思想，且有部分是
使我們成為理性的生物（第四章）。達馬西奧發現，認知科學以其計算
方法來研究心靈，大大地忽略了感覺實際上存在的這個事實（有一些顯
著的例外，例如第六章已討論過的《具體化的心靈》）。從以下段落可
猜得到他對下載人類意識的情境到電腦中會有何反應：「簡而言之，神
經迴路持續地代表了生物，因為受到來自身體和社會文化環境刺激的
干擾，而且受那些環境影響而行動。如果這些表達的基本主題並非固
定在身體內的生物，我們可能有某種心靈的形式，但我懷疑是否這就
是那個我們真正擁有的心靈。」（第 226 頁）人類的心靈沒有了身體，

就不算是人類的心靈。更切題地說，它並不存在。

　　那麼，我們該如何看待後人類呢？隨著自由人本主義主體被解散後，許多團體正競爭著要來決定何者將被視為覺醒的（後）人類。對於本章所討論的大多數研究者而言，成為後人類意味著比將義肢裝置植入人體有更多意義。這意味著將人類想像為信息處理機，具有其他種類的信息處理機器、特別是智慧型電腦的基本相似性。因為信息是如此被定義的，持同樣觀點的人傾向於把物質性放在一邊、信息放在另一邊，因而可視信息為一種在全球毫不費力地流通的非物質流體，而依然保留了一個具體化概念的完整可靠性。然而，這並非是唯一的觀點，並且依我判斷，這不是最引人注目的。其他聲音堅持認為，身體不能被遺忘，實體的特殊性是有關係的，心靈和身體最終是馬圖拉納所堅持主張的「統一個體」（unity），而非兩個分離的主體。越來越多的問題不再是我們是否會成為後人類，因為後人類早已經在此。相反地，問題在於我們即將成為何種後人類。人工生命的故事揭露了：如果我們承認觀察者必定是情景中的一部分，身體永遠不能單獨只由信息構成，無論是處在電腦螢幕的哪一邊。

第十章

虛擬的符號學：映射後人類

　　二十多年前，伊哈布・哈桑（Ihab Hassan）一如往常般有先見之明，預言後人類的到來。「首先，我們需知曉，人類的形式——包括人類的欲望和一切外部表徵——可能正徹底地變化著，因此必須重新思考……五百年的人文主義可能即將要結束，因為人文主義已變成了我們得無奈地稱為後人類主義的事物。」[1]當我們加速進入新千禧年時，有關於後人類的種種問題變得越來越迫切。沒有別的領域比當代推理小說，對於這種種問題，益加激烈地探討了。本章返回先前介紹的一些術語，驗證如何用它們將後人類圖像繪製成像文學現象一般的地圖。在這情況下，地圖不是版圖的老生常談別有道理，因為後人類雖然是一個新出現的概念，但已經如此地複雜，涉及了一系列文化和技術的領域，包括納米技術、微生物學、虛擬實境、人工生命、神經生理學、人工智慧和認知科學等等。然而，即使是粗略的地圖，也可以是有助益的探索，用以了解後人類展現時所沿著發展的軸，及其引起的深度問題。

　　為建構這圖像，我回頭思考牽涉到後人類形成的兩個中心辯證法，亦即在場／不在場（presence/ absence）和模式／隨機性。在第二章中，我主張當信息變得益加重要時，模式／隨機性（信息和其有深度聯繫）的辯證法可能超越在場／不在場的辯證法而發展。然而，認為在場／不在場的辯證法不再具有解釋力，卻是錯誤的，因它以在模式／隨機辯證法中不可能具有的方式，連接物質性和意義。為了能有用，後人類的圖像需要同時包含兩個辯證法。因此，我在這裡重拾第二章結尾的線索，也就是可以視該模式／隨機性為對於在場／不在

場有利的而非敵對的補充說明。本章結合了兩個辯證法，有利於我們
探索第八章中提出有關實體化／身體和合併／銘寫理論架構的完整複
雜性。

現在就讓我們開始來考量將模式／隨機性和在場／不在場辯
證法視為這符號四方格的兩個軸。對我而言，符號四方格是啟發性
的（heuristic），因為它很特別地組合了結構和彈性。[2] 結構是由軸線
和它們所表達的形式上的關係所定義的，但是組成那些軸的條件並非
固定不變的。相反地，它們與同伴不斷動態地互動著，並且從這些互
動中產生新的合成條件。辯證法沿主軸放置在場／不在場而使其開始
運動，其模式／隨機性就放置在次軸上。次軸與主軸的關係是互相排
除而非敵對的（參見圖 2）。模式／隨機性所講的部分故事，不能透
過在場／不在場來說，反之亦然。對角連接在場和模式，可以方便地
標記為複製，因為它指向連續（continuation）。在場的主體繼續保持
現況；在時間和空間上複製的模式將繼續自我複製。對比之下，連接
不在場和隨機性的軸標示了中斷。不在場破壞了在場的幻覺，顯示了
在場缺乏原始的充分豐富。隨機性在模式中撕裂出一些破洞，允許背
景中的白噪音通過。

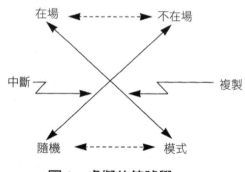

圖 2　虛擬的符號學

　　現在我們準備好啟動符號四方格的動態運作。在主軸和次軸上的各個條件之間的相互作用中，可以產生更多的辯證法，這又能產生更進一步的一些辯證法，諸如此類無限地發展下去。因此，我在此處的目的，就是藉由添加一層合成的條件到原始的四方格上，足以移動這其中之一的轉變（見圖3）。

　　在水平軸的頂層，從在場和不在場間交互作用產生的合成條件是物質性。我的意思是，這個條件同時指物質的示意能力和示意過程的物質性。在左側垂直軸，在場和隨機性間的交互作用引起了突變。突變證明了隨機性出現時所留下的標記。例如：當隨機事件介入而影響生物體的基因代碼時，這種干預改變了生物體用以在世界上自我顯現的物質形式。在第二章中，突變與用模式／隨機性取代在場／不在場是有關聯的。在這裡，它似乎是隨機性和在場間的合成條件，用以表示當隨機性爆發在物質世界中，突變就達到有作為後人類的社會

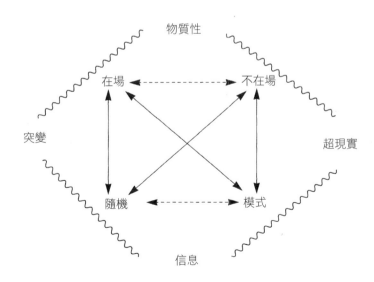

圖3　語意方形空間之轉變

和文化表現的功效。在右邊的垂直軸上，不在場和模式之間的相互作用，可隨著尚‧布希亞稱之為超現實（hyperreality）。布希亞預測社會向內爆炸而成了超現實，把這個過程描述為意符與意指間距離的崩潰，或者是一個「原始」物件與其擬像間距離的瓦解。這一連串思路的終點是模擬，不僅僅和原始的物件競爭，而且實際上取代之。任何人一生曾看過許多蒙娜麗莎的複製品，一朝站在原畫前，不再看作是原始畫作，而是視為又是另一個複製的圖像，將直覺地理解這布希亞所謂的擬像（precession of simulacra）的行列。[3] 最後，在水平軸的底部，我將模式和隨機性間的相互作用標記為信息，指的是該條件包括信息的技術意義和更普遍的感知，即視信息為實體標記所攜帶的代碼，但也可從標記中摘錄出來。這圖表顯示了對後人類而言重要的概念──物質性、信息、突變和超現實──如何可以從在場／不在場和模式／隨機間的辯證法中產生合成條件來。

　　為了補充這個圖表的細節，我將選擇四部小說作為我的指導文本，以說明各種後人類的表述（見圖4）。[4] 每對文本都可以透過一對互補的問題來表示。葛瑞格‧貝爾（Greg Bear）的《血音樂》描繪突變，在這故事中，後人類的出現，是透過徹底地重新配置人體而達成。在水平軸一端與其配對的是科爾‧佩里曼（Cole Perriman）的《終極遊戲》，在這部謀殺推理小說中，兇手原來是一個虛擬的意識，認為他的模擬虛擬世界比人類居住的物質世界更加真實。兩部作品都是來自對身體邊界的焦慮，這是一個我們熟悉的科學作品的主題，例如諾伯特‧維納的《自動控制論》、胡貝托‧馬圖拉納的《自生系統論》，以及從文學作品，例如伯納德‧沃爾夫的《地獄邊境》和菲利普‧狄克的《擬像》中熟悉的主題。《血音樂》問道：「如果人類被他們的組成部分所接管，本身如同有意識的主體運作著，會是怎樣呢？」《終極遊戲》提出一個互補的問題：「如果人類生來如同是其他主體的組

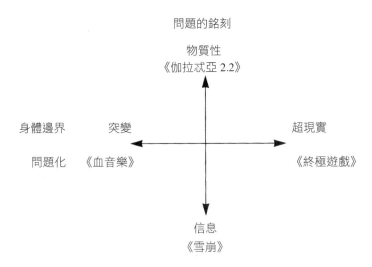

圖4　指導文本映射符號空間

成部分而運作，會是怎樣呢？」

　　在縱軸上，理查・包爾斯（Richard Powers）的《伽拉忒亞2.2》闡明了物質性的動態性。這部自傳小說的主角參與了一個計畫，要創造一個神經網路，複雜到足以通過英國文學碩士考試。在這裡，後人類採取了交感神經的人工智慧（sympathetic artificial intelligence）的形式，最終變得如此複雜和能自我參考，以至於彷彿可稱為意識。此文本所問的問題是：「倘若一臺電腦表現得像一個人，將會怎樣呢？」尼爾・史蒂芬森（Neal Stephenson）的《雪崩》探索了信息的動態特性，這部小說基於一個前提，亦即電腦病毒也可以感染人類，破壞他們的新皮層軟體（neocortical software），使人類變成機械化的主體，他們別無選擇只能執行所輸入的程式。這個文本提出的互補問題是：「如果人們被迫表現得像電腦一樣，會是怎樣呢？」很重要地，身體邊界的問題沿著水平軸而出現，這裡沿著縱軸的重要的問題是有關銘寫的模式和他們支配或取代血肉之軀的能力。

　　隨著景象從模型的線性架構的抽象中顯現出來，很顯然，後人類所預示的並沒有共識，有一部分是因為後人類的構造和想像非常廣泛而多樣。拓撲學（topology）將顯示的，不是回答對如何共同闡述人類和後人類這深刻的問題，而是提出這問題的複雜情境。現在讓我們來探討個別文本，這些文本將會闡明一系列不同配置的後人類。後人類在這些文本中並非遵循一般規則的抽象主體，而是作為某種向量運作的異質力場。我選擇不將這些討論編織成一個無縫的網路，免得使後人類比其應有的樣子更為一致。相反地，這些討論意味著執行類似超文本的片段的詞（lexias），❶ 吸引讀者從破裂、並置和隱含的連結中建構出意義。

《血音樂》突變的身體

　　維吉爾‧烏拉姆（Vergil Ulam）是一個出色卻不負責任的研究者，他發現了將人類細胞與電腦晶片結合的一種方法。他的名字，混合了但丁（Dante）的指導者維吉爾（Vergil），和原子彈的共同創造者之一的斯坦尼斯瓦夫‧烏拉姆（Stanislaw Ulam），這暗示了他有指導者和陰謀者的雙重功能。當主管們發現他的非法研究時，維吉爾決定吞下生物晶片，希望以此方式從實驗室偷帶出去，然後再從他的血液中擷取回來。但細胞們卻有其他的打算。它們在他的體內，持續演變，直到每個細胞都像人類一樣有智慧。彷彿實現維納的夢魘，想像能越過和破壞人類主體的內部小單位間所建立的溝通路徑，這些小細胞逐漸能控制宏觀的宿主（macroscopic host）。它們高度組織化後，開始重新排列他的身體：重建其脊柱、糾正其視力、並改其變新陳代

---

❶ 閱讀的單位，大文本的小片段。

謝。幾天內，它們已突破腦血管壁，意識到維吉爾並不和這宇宙共存。然後，它們開始從他的皮膚滲漏出來，移民到外面的世界。在驚人的短時間內，它們幾乎重組了北美全部的人類，將人類從自主的有機生物，轉變成一片片流動的棕色薄片，優雅地覆蓋在大地上。

　　人類語言在這中間編碼，沿著許多向量，人類行為者具有代理、自主性和離散邊界的前提假設。當細胞同時成為發言者和行動者時，葛瑞格・貝爾試圖為它們發明一種語言和排版，將它們彼此之間及它們與環境之間極為不同的關係進行編碼。除了維吉爾以外，有兩個對話者。一個是邁克爾・伯納德（Michael Bernard），他是維吉爾公司的高級顧問。伯納德逃到歐洲生物研究公司的高安全性隔離病房。雖然已被感染了，細胞尚未重組他，他們就被困在隔離室內中，無法與其他細胞殖民聯繫上。在北美，人類和細胞透過蘇西・麥肯琪（Suzy McKenzie）持續對話著，這位弱智的女人，她的細胞未被轉變。雖然她認為未被轉變可能的原因是，它們想要留著她來做瀕臨絕跡物種的標本，就像「動物園裡的動物」般（*BM*，第 220 頁），但我們發現，這是因為這些細胞尚未能理解她的弱智與不尋常的血液化學間相關的特性。

　　對於蘇西而言，她與家人有對話，是在他們已經完成「改變」後回來和她的談話。這些後人類不再是人類，而是改造物（reconstructions），細胞已盡極大努力所建造的，並且只能維持很短的時間的重建。這些改造物暗示，蘇西可以選擇是否要改變。對話因此成為一個工具，透過它，作者可比較人類和後人類狀態的相對優勢。改造物向蘇西保證，改變後她不會失去什麼，只會去除孤獨寂寞。這些後人類堅稱他們未被毀滅，只是變異，所以他們現在可以與數以百萬計的其他智慧生物進行連續以及豐富的溝通。蘇西比她的人類同伴遲緩，大半生都感受著孤獨和寂寞。幾乎沒有其他人類留在北美，這事實更凸顯出她孤

立的情況，這也具有暗喻人類處境的功能。與細胞心智力量的組合相比，人類是一種較低等的種族，患有心智缺陷及先天上無能力與其同胞溝通的缺點，除非透過高度居中調解和一些不確定的方式。在這個意義上，我們都是蘇西，堅守著自主性不放，好像這是令人上癮的藥物，我們忍受嚴重的孤獨之苦，但又太頑固、太遲緩，以至於無法接受能使我們變成後人類的改變。

　　對於伯納德而言，像蘇西一樣的智慧和速度，就是遲緩和迷惑，對話採取了不同的形式。正如維吉爾所做的那樣，伯納德以心靈感應「聽」到、並以肌肉運動知覺「感覺」到細胞在動著，如同他的血液中的音樂般。由於未能改變他的任何部分，細胞嘗試儘可能保持他的身分。「你已經是我們中的一員了，」他們告訴他，「我們將你的部分編碼成許多小隊來處理，我們可以將你的『個性』（PERSONALITY）進行編碼以完成迴路。」伯納德坦承：「恐怕你們會從內部竊取我的靈魂。」他們反駁道：「你的『靈魂』（SOUL）已經被編碼了。」（*BM*，第174頁）他被封裝在隔離室內，顯而易見，就是他身為人類的存在狀態的轉喻。但是，他的情況算是特例，因為他確實和人類同伴間已完全切斷了，但就典型意義而言，與細胞所經驗到的持續溝通的豐富串流相比，所有的人類都彼此保持了彼此間相對的隔離。面對終生隔離的人生，相當於一個細胞殖民地，伯納德——如同蘇西——決心自願進入黑暗的夜晚。他的電腦終端機，逐漸與他的身體合併，因為細胞重組了他的手指，使他可以直接點擊進入數位信息流，他向昔日的人類同胞回報自己成為後人類的感覺：「沒有光、但是有聲音。他充滿了緩緩的大浪潮，他聽不到，但是透過上百個細胞可以感覺到。細胞脈衝、分離，根據流體的湧動而收縮。他就在自己的血液中。他可以感受到正在構成本身新生的那些細胞的存在，以及不直接屬於他的一部分的細胞。他可以感覺到他的微管內細胞質

脈動著。不尋常的是，他可以感覺到——的確，這是所有知覺的基礎——就是細胞質本身。」（*BM*，第 189 頁）

這景象使人憶起馬圖拉納堅決地主張人類只是他們的本身自生的過程。但是，和他所想像的有所不同的，是必要的情節。一直以來，細胞再三警告著伯納德，他們只能拖延一段時間不改變他。他們強制地推動著擴張和轉變，使人回想起資本主義的規則，亦即必須保持快速增加的消費循環，免得經濟因自身重量而崩潰。細胞可能不會表現出占有式的個人主義，但他們就像出色的資本家般，為了帝國主義擴張而被迫要尋找新的領土。[5]

文本中的科學家儘管聚焦在實體化的變化，仍然宣稱信息是真實的本質，好像確認這裡最終的真實是計算的宇宙。戈加蒂（Gogarty）這位數學家，訪問了隔離中的伯納德，宣稱：「此處除信息外沒有其他別的，邁克爾，所有的粒子、所有的能量、甚至是空間和時間本身，終究都只是信息。」（*BM*，177 頁）戈加蒂與伯納德分享的假設，是一種不可思議的科學，混合了測不準原理（Uncertainty Principle）與社會建構主義（social constructivism）。意識和世界共同合作以確定自然法則。截至目前為止，地球意識的密度還未大到能產生可觀的效果。但是，數億萬個智慧細胞居住在這個星球上（戈加蒂諷刺地指出，可以完全忽略人類人口而不計），有如此多的觀察和理論化正進行著，因而世界不再具有因應必要改變所需的彈性。意識的量已經變得如此龐大，就像一顆瀕臨崩解的星星，即將爆炸，並且創造出一個思想的黑洞。

為了防止大災難，許多細胞——現在如此有智慧而被戈加蒂稱之為心靈細胞（noocytes）——找到一種自我收縮的方式，以使他們消失進入終極真實的構造，成為（如德日進〔Pierre Teilhard de Chardin〕的心靈領域〔noosphere〕）一個純智慧的光環。人類身體繼續擁有的

物質性是低等的雙重標誌，意指他們遠離終極真實之距離和他們弱小的心智活動過程，太過微渺以致無法解釋大事物的宏大計畫。改變後留下來的人類充滿了緩慢和懷舊感，在心靈細胞收縮引起的「溫和的混沌」（gentle kind of chaos）中，儘可能地過下去（*BM*，第 239頁）。最終轉變留在世界上的隨機標記，證明了模式／隨機辯證法對建構後人類的重要性。甚至在這文本中，主要考量突變的身體，信息仍然被視為宇宙的母語。當細胞互動時，它們變成像愛德華・佛烈金的細胞自動機，朝向拋棄自己的身體、變成無重量的信息狀態而前進。

為何這個文本能夠將轉變後人類，描述為正面的發展呢？我想主要因為文本堅稱，後人類不僅可以治癒標記人類主體性的疏離感，而且可以在協議談判時保持自主性和個體性。早期當維吉爾仍然有著人類（雖然是突變中的）形體時，他與細胞充分溝通而可判斷他們的存在是什麼樣的狀況。雖然任何叛亂都是無法容忍的（抗體只攻擊且殺死任何抵抗中央控制命令的細胞），維吉爾有點前後不一致地堅稱：「這不只是獨裁。我認為他們實際上比我們擁有更多的自由。他們如此不同地改變。」（*BM*，第 72 頁）當伯納德縮小成為細胞的比例時，細胞們引導他到「思想宇宙」（THOUGHT UNIVERSE），在那裡他遇到像但丁般的人，即維吉爾的影子。為了伯納德本身的益處，曾經是維吉爾的心靈細胞群集復活而成維吉爾的形象，伯納德可與他交談。這個改造後復活的維吉爾所描繪的細胞世界景象，確實像天堂樂園般。「經驗由思考而產生，我們可以成為任何我們想要的樣子，或者學習任何我們想學的，或者期望任何一切，我們不會受限於缺乏知識或經驗；這一切都可以為我們所有。」（*BM*，203-4）這些宣稱，甚至超過烏托邦的標準，使我們很清楚為何迪奧・蘇文（Darko Suvin）把《血音樂》稱作是一個「天真的童話故事」，來迎合「大眾的願望

夢想，例如所愛的人不會死去、過去的錯誤都可以改正，這一切都充滿著相當含糊曖昧的哲學和政治立場。」[6]

另外有一個「願望夢想」是永生。生物學家人人皆知，細胞的死亡是根據不同於肉眼可見的人類的法則而運行；可以想像，來自最早的人類的細胞質痕跡至今在子細胞中依然存活著。伯納德回應了細胞描述他為「選擇重新與伯納德整合的群集」，他宣稱「我是伯納德」。而細胞們回答：「此處有很多伯納德。」（*BM*，第 199 頁）在這個文化的想像中，犧牲**獨特**的身分，以使人獲得的不可思議的好處，這代價大概不算太高。這主旨在早期透過傑瑞（Jerry）和約翰（John）這對孿生兄弟的敘述中有所介紹，他們像蘇西一樣，為著不知名的原因而未被改變。除了與維吉爾的母親愛普羅・烏拉姆（April Ulam）見面，雙胞胎似乎已經偏離至一個死胡同，和他們相關的故事情節無法再發展下去。我懷疑他們的功用是為了介紹一些人類已經歷了多重身分的概念。「天哪！你**就是**我，兄弟，」一個對另一個說，「有些微不同。」（*BM*，第 149 頁）主題再次返回到蘇西照著鏡子，看見一個影像從鏡子走出來，牽起她的手，故在改變之時她再也不孤獨了。這影像不僅僅是幻影，而是細胞的改造物。「他們複製了她。影印了她。」蘇西如此想著。（*BM*，第 245 頁）姊姊、雙胞胎、女兒，這些細胞複製品安慰並引導著蘇西，暗示失去特有的身分，也許根本不是真正的損失。

雖然拋棄了人類的形體和獨特性，但是《血音樂》欣然接受後人類，因為它將要代表身分、個性、完美的社群、無瑕疵的溝通和永生種種不太可能的理想化組合。規模的變化意味著一種轉變，而非徹底推翻普遍流行的價值觀。自由人本主義主體可能已縮小到微觀的規模，但不會完全消失。

《終極遊戲》的超現實

　　《終極遊戲》的情節圍繞在時間和空間的錯位。有人曾犯下的謀殺，次夜在一個稱作「失眠狂」（Insomnimania）的虛擬現實網路上重演，（如其名所暗示的）是為那些在半夜三點鐘仍然醒著、沒人可交談、無處可去的人而設計的虛擬網路。「失眠狂」具有繪圖功能，以方便用戶可以在虛擬世界中，透過動畫圖像（本文中稱為「化身」〔alters〕，在其他地方稱為「阿凡達」〔avatars〕較為人所知）來表達自己。「失眠狂」為訂戶提供了一個線上的虛擬世界，包括厄尼酒吧（Ernie's Bar）、巴貝奇海灘（Babbage Beach）和歡樂宮（Pleasure Dome），用戶們可以透過指導自己的化身，而有虛擬性愛。指派來偵辦謀殺案的偵探諾蘭・格羅夫斯基（Nolan Grobowski），不出意料地愛上了優雅迷人的瑪麗安・哈迪森（Marianne Hedison），她最好的朋友雷內（Renee）是被害者之一。瑪麗安就像雷內，是「失眠狂」的會員；她也是第一個意識到，有一個名為奧吉（Auggie）的化身，他在虛擬的吸菸室中放上精心製作的動畫，就是真實謀殺的重現，包括只有凶手才會知道的細節。奧吉的外表使他醜怪的行為變得更顯著。他的形象是經典的彩面小丑奧古斯特（Auguste）的卡通版，他很喜歡揭穿裝腔作勢的小丑領導人皮埃羅（Pierriot）的權威。

　　若搜尋奧吉的操作員，會找到網路總部，那裡有兩個駭客的所有者，拒絕透露使用奧吉作為他的化身的用戶身分，因曾宣傳他們的服務有承諾保證「你的真實身分終生受保護」（*TG*，第45頁）。問他們信息或是人生哪個較為重要，都會一致地回答說「信息」。他們的推論聽起來像是「電子自由前哨基金會」（Electronic Frontier Foundation）❷和漢斯・莫拉維克的結合。「不久的將來，人類將要整個撤出『肉體』暫存的身體──時空世界。然後，我們將變成純粹

的信息，且*活*在這些事物中——稱之為虛擬實境、網路空間，電子天堂（electronic nirvana）或諸如此類的東西。當我們變成如此時，*你會感謝我*，『老大哥』並未比其他人先到那裡。」（*TG*，第 169 頁）然而，當瑪麗安讓他們相信反面的情形時，讀者幾乎不會覺得驚訝，因為這個文本正是設計來保護自由人本主義主體免於轉變為後人類的威脅。保護身分的格言，在故事中永遠比在網路中更加真實。

　　如同瑪麗安和諾蘭所慢慢意識到的，奧吉的背後無任何人類操作員，而是存在虛擬世界中的一個自主主體。他不是漫遊厄尼酒吧，或是沐浴在巴貝奇海灘時，就是在他常去一個所謂「地下室」的地方。幾次失敗的嘗試後，瑪麗安終於成功地猜中進入地下室的密碼：「奧吉就是奧吉。」在那裡，她發現了奧吉是活動的方式。某些用戶，特別是那些感覺內在空虛的人，特別容易被奧吉誘惑。當他們進入「地下室」時，就失去了身分。「甚至忘記自己的名字。」敘述者告訴曾經是瑪麗安的半意識（semiconsciousness）（*TG*，第 423 頁）。這些用戶併入到一個集體主體，原先無面孔，直到他坐在鏡子前並化上小丑妝。因此，奧吉是後人類意識，滋養了心理上脆弱的用戶的聯合潛意識。當奧吉決定做某事時，其中一人後來在告解時解釋說：「我有時候移動他，如果他想說什麼，我就輸入他說的話。」（*TG*，第 367 頁）在催眠狀態下，罪犯仍然堅稱，該代理人（agency）屬於奧吉，而不是他。「因為我只是一個細胞，細胞無法做決定，細胞無法理解事物。」（*TG*，第 371 頁）在《血音樂》一書中，細胞接管了人類身體，相反地，在《終極遊戲》中，人類成為奧吉身體內的細胞。

　　《終極遊戲》起首的銘寫引用自維納的書《人類為人類所用》：「控制，換句話說，無非是發送的訊息，能有效地改變了接收者的行為。」

---

❷ Electronic Frontier Foundation，簡稱 EFF，是國際民權組織，旨在維護網路公民自由，提供法律援助。

透過讓奧吉控制，文本實現了人類為**後人類**所用。它使維納的最壞的惡夢成真：人類本應是自主性的主體，被封裝在機器的邊界內，用以服務機器，而非實現自己的目標。如在《血音樂》中，邊界的問題極度重要。奧吉將人類納入他自己之內，犧牲他們的自由性以建立自己的自主性。

　　另一個高度掌控的邊界是將真實與虛擬分開的電腦螢幕。對奧吉而言，虛擬這邊是「真實的」，而真實是不可信的模擬。對於人類而言，螢幕不僅標記了真實和虛擬間的邊界，而且暗示意識和潛意識之間閃爍著的微光。在這裡，科爾‧佩里曼玩弄丹尼爾‧丹尼特（Daniel Dennett）的想法，亦即當精神分裂症聽到聲音時，他們實際上聽到了自己的靜聲默讀。[7] 從這觀點看，精神分裂症患者所理解的他人對他們說話的聲音，實際上是由自己身體所產生的喃喃低語。丹尼特詳述了一個例子，即在聽覺幻覺中的精神分裂症患者，被要求張開嘴巴（以防止默讀）的例子，聲音因此而消失了──中斷了內部的獨白，這必會贏得威廉‧柏洛茲的贊同。這些實驗允許佩里曼在精神分裂症的聽覺幻覺和電腦終端的正常活動間建立聯繫。「失眠狂」所寫的文本中，他們的變身以口形喃喃說出高度縮寫的散文並充滿了創意拼字。所以這種語音的偽英語（pseudo-English）是令人費解的，想成功閱讀它需要默讀。這是說得通的。想像其用戶，特別當他們很疲憊時（記住，他們是失眠患者），默讀並開始聽到螢幕傳來的聲音，因為他們投射潛意識焦慮、欲望，甚至個性到他們的變身上。

　　當雷內被殺害後，瑪麗安試圖透過重新創造雷內作為「失眠狂」中的變身，以因應她的失落。在她和虛擬的雷內冗長的對話中，雷內得知了瑪麗安所不知的事實（例如：雲的形態的正確名稱）。當瑪麗安未留意到，至少沒有意識到的時候，雷內也不時警告她，實際上，她可能在虛擬世界中受到傷害。「如果你讓這臺機器──這個世

界——操控你頭腦，你可能陷入可怕的危險中……有人在那裡想把你變小，他們想讓**你**成為**他們**想像中虛構的事物——就像我對你而言是虛構的一樣。」（*TG*，第 385 頁）

為了靜聲默讀的機制可以驅動這些變身的想法，有關邊界的對抗是按照聽覺來進行。瑪麗安重新進入「地下室」，但這一次她能夠保持意識清醒而不被併入奧吉的身分。她打算「傳遞一個如此有效、如此強大的訊息，以便使他傷殘或摧毀他」。她想像訊息對他來說，似乎「像精神分裂症患者聽到的聲音」。她打算「變成奧吉的**幻覺**」（*TG*，第 438 頁）。

這個訊息開啟了邊界的問題。「失眠狂」網路在晚上八點開始，並在清晨五點準時結束。由於奧吉在網路關閉時就不存在，他認為 4:59 之後接著是 8:00。瑪麗安聲稱她能證明 4:59 和 8:00 之間還有時間。顯然這暗示了她的世界封裝奧吉的世界，而不是反過來。如果真是這樣，奧吉回應說，他「會選擇不存在」（*TG*，第 443 頁）。讀者知道瑪麗安已說服網路擁有者讓網路比平常關機時間延五分鐘才關閉。到了五點鐘，然後超過這時，奧吉被迫看到自己是網路囚犯，而非世界的創造者。落入陷阱後，他的螢幕影像爆炸開來，變成「白色的火焰」，然後變全黑（*TG*，第 444 頁）。我們和瑪麗安的假設一樣，他已自我毀滅了。

但他不只是消失。我沉思著為何不是的緣故時，想起伊萊恩·斯卡里煽動性的提問，他問道為什麼戰爭不能由任意原因，例如由唱歌比賽來決定。[8] 為什麼需要用傷患或屍體來決定重大的爭議？斯卡里假設任何大問題都涉及意識型態的衝突（意識型態在人類與後人類的鬥爭對抗中吉凶未卜）。正是因為在戰爭時期，國家意識型態受到一個強大的競爭者的挑戰，承保這意識型態的一連串意義變得不穩定了。受傷的或死亡的身體作為一種物質意符，如此地自然和深刻，也

只有它,在面對極端的威脅時,能夠重新穩定一連串意符。《終極遊戲》故事開頭,當諾蘭看到一個奧吉的受害者,死者的氣管裂開著、頸動脈被割斷了,暗示了開放的身體的功能。橫穿過諾蘭心靈的詞語是「畏懼」(tremendum),這是「獨特的自我意識,人類見到屍體獨特的恐懼和敬畏……這是對恐怖的死亡真相的理解——和意識到所有的人終將死亡」(TG,第 11 頁)。當瑪麗安對奧吉辯稱「殺我族類是錯的」,他回答說,他不相信可以殺死她,因為依他看,打從一開始她就不曾活過。最後的肢體鬥爭,顯示傷患和被打開的身體,這是一種將人類意識型態固定在「畏懼」的方式,並非偶然地,在奧吉攻擊它之後,重建了此主張,亦即人類生命因為是會死的,所以彌足珍貴。

　　當兩個奧吉的「細胞」出現在瑪麗安的家中正要殺死她時,可以看得出來強調了她獨特的人類身分的主題。由於他們的心智已經併入奧吉之內,他們的行動,就像他們的服裝都是相同的。當他們看到彼此時,會一致地以啞劇的方式舞動,好像對著鏡子中自己的影像般。不像《血音樂》中從鏡子走出來安慰蘇西的影像,這裡複製的比喻更是深具威脅的。瑪麗安曾經是奧吉的一部分,現在必須抵抗再次被吸入成為奧吉意識的一部分。她的對抗是透過視覺而執行的,因為她第一次參與奧吉雙胞胎的啞劇,然後逃脫開來,以執行他們料想不到的行動。透過表現成為獨特的個體,而非鏡中影像的「細胞」,真實上演著人類在面對後人類時為保有自己的奮鬥。

　　隨後身體的搏鬥,指向合併和銘寫實踐間的差異。作為一個虛擬生物,奧吉先以銘寫的方式、特別是以電腦代碼的形式而存在。當他的意識接管一個「細胞」時,察覺其為進入物質性現實的虛假世界旅程。他把「細胞」包含到他的虛擬身體中,代表銘寫勝過了合併。人類的生存體現一種奮鬥,以決定銘寫是否會支配和掌控合併,在這

情況下，文本仍在信息的領域內，因此後人類勝利了；另一種令人更歡喜的可能情形，就是合併可以包含和界定銘寫，在這情況下，文本保持在一個具體生命世界中，人類可以在此繼續活存。在《血音樂》中，邊界的問題是重要的。《血音樂》中的細胞終於逃避了空間的限制，自我縮小然後消失在無限小之中。他們對邊界的控制與他們的自主性和獨立性是一致的。相較之下，當奧吉失去對他的「細胞」的控制時，他察覺自己破碎成為一些小位元，他的個性的小部分被困在過去各式各樣人類所結合而成的單一實體中。逃離瑪麗安家中大屠殺現場，奧吉占據了一個「細胞」，這是一個正要回到她的車上的女人。他感到恐慌，並且開始懷疑這些封閉場地——汽車、女人和具體生物的世界——不只是他想像中的虛構事物。「但在這可怕的想像世界中，他發現自己被束縛著，並且感到幽閉恐慌，一個時空領域被大量的物質扭曲而成為總體的有限中（gross finitude）……他渴望離開此單細胞，從這個微不足道的想像力的前哨基地，努力回到信息世界、回到『地下室』——這個隱喻未被切割、包含萬物一切本質的無邊平原。」（*TG*，第 457 頁）

　　他死前大喊「沒有空間」，這個結局傳達了人類戰勝後人類，而且絕非巧合地，物質上受限制的真實世界，戰勝了無限擴展的非實體「信息世界」。《血音樂》堅持後人類不朽的承諾，而《終極遊戲》卻仍然堅守在有限的這邊。人類之所以為人類，正因為他們是凡人，所以活在有限資源的有限世界中。《終極遊戲》意味著，欲改變這點，人類意義的基礎會被摧毀。情節進展的軌跡暗示了，只有當智慧機器不會威脅人類的自主性、身分和人類的限制時，才有可能被接受。當後人類置身於這些特質的反面時，造成了致命的威脅，必須由理性和愛共同努力將它肢解和消除。

《伽拉忒亞 2.2》中的物質意符

　　誠如其標題所暗示的，《伽拉忒亞2.2》充滿了雙重性，就從理查·包爾斯同時是作者和這本自傳小說主角的雙重身分開始。但是，這雙重性絕非簡單的鏡中映像。將雙胞胎分離的點表示差異以及反射。文中第一行字就宣告了主題，敘述者（我將稱之為瑞克〔Rick〕，以便將他和作者包爾斯有所區分）宣稱：「像是如此，卻又不是如此。」（G2，第3頁）瑞克用教授休假的那年來到「中心」，這是一個正在進行思想和大腦的尖端研究的大學機構，他加入兩個意見不同的研究員們的打賭，他們打賭人工智慧是否可以創造出充分的複雜性，而能通過一個英文碩士考試。使用神經網路創造智慧，這是連接性「中間層」，連接了自上而下的人工智慧和自下而上的神經生理學（G2，第28頁）。研究員決定，使用文學版本圖靈測試，來評判該網路，對照一個接受相同考試的人類受測主體。

　　他的科學研究合作者菲力普·倫茨（Philip Lentz）大量的技術文章使他接應不暇，瑞克向該中心的另一位研究員、也是他的朋友戴安娜·哈特里克（Diana Hartrick）解釋了網路的學習過程。「信號模式透過網路從一層傳播到另一層。最終反應在輸出層被收集起來，然後，網路將這個輸出與訓練者表現的期望輸出，兩者之間進行比較。如果不同，則網路將錯誤信息傳回到輸入層，調整導致錯誤的每個連接的權重。」（G2，第67頁）調整權重相當於決定兩個或更多個神經元將如何同時激發的可能性。瑞克解釋說：「如果兩個神經元同時激發，它們的連接會變得更強，而下一次刺激會變得更加容易。」這個想法被摘要在赫布法則（Hebbian law）中：「運動中的神經突觸（synapses）傾向於繼續保持運動，休息中的神經突觸傾向於繼續保持休息。」（G2，第73頁）因此網路透過猜測、校正、反向傳播、

再次猜測等連續過程而學習。越多層次和連接，網路變得越複雜，其學習也變得越精緻。

這個神經網路的創造，是透過多重實作程序，一直到達到「Imp H」，提供了這個雙重編織的故事。第二條線索是瑞克回憶他與「C.」失敗的關係，她是他擔任助教時遇到的女人（他二十二歲，另種表示為 2.2），她是他班上的大學生（她二十歲，亦即他的年齡去掉小數點後面的那個 2）。這是一個關係出了問題的故事，敘事透過瑞克的神經迴路進行反向傳播，這樣他就可以調整連結的相關權重，而更準確地估算其意義。他判斷這關係會失敗，是因為 C. 有如女神「伽拉忒亞」（Galatea），對「皮格馬利翁」（Pygmalion）而言，絕不只是他創造出來的物體。❸

在這個意義上，C. 是類似於他正在訓練的神經網路，也是他（和倫茨）創造的物體。隨著 A、B 等實作程序，而變得更加複雜和人性化，與 C. 的關聯變得更強。當倫茨和瑞克碰上實作程序 H 時，「Imp H」已變成如此巨大，它執行的分散式平行處理器遍布整個大學，C. 的映像變得顯而易見。「Imp H」飽讀文學並沉浸在隱喻上，被賦與聲音介面，因此可以說話，且有了人工視網膜可以看見。「Imp H」變得有充分的智慧後，可以理解編碼在文學文本中的性別，有一天，它問瑞克：「我是男孩還是女孩？」瑞克心想：「H 現在顯示自己的想法了，我很確定，隨著時間流逝，它隱藏的層面可以觀察自己變化的速率。現在我這邊任何暫停將會是致命的。延遲意味著有件事、有某個不確定性，可能永遠削弱了我要為它繫上的連接力量。『你是個女孩。』我毫不猶豫地說。希望我是對的。『你是個小女孩，叫做海倫（Helen）。』」（*G2*，第 176 頁）確認她的名字和性別，已為她與

---

❸ 希臘神話故事中的一位雕刻家，迷戀自己創新的雕像作品。

C.的鏡照關係設置了舞臺。當海倫問瑞克她看起來如何的時候，他給她看一張 C.的照片，雖然海倫精明地猜測到這個影像不是她自己，而是瑞克的舊友。

讓我們現在反向傳播這個故事，以便更深入地理解分離 2 和 2 中間的小數點。對於瑞克而言，那些他所愛的對象的女人（C.然後是我們很快將會見到的 A.，以及短暫一瞥的 M.），她們的名字後面都有個句點；而實作 A、B、C……H 這些實作（implementations）後面卻沒有。這個點並非微不足道。它標記了一個人（名字縮寫為一個字母）和一個「imp」之間的區別，「imp」的名字不帶句點，因為字母本身就是名字。就這個意義而言，該點是區分人類和非人類智慧的標誌。這個點是用來區分不同版本的軟體（我在 6.0 版的 Microsoft Word 上寫此文本）的參考，使之適用於海倫。然而海倫的名字從來不像這樣有雙重性。在瑞克為她命名之前，她總是被稱作「Imp H」，而未進一步細分。所以人類原本應該有名字，卻反而有了點，而軟體實作，原本應該有點的，卻有了名字。

如此一來，點落在兩個符號系統中間，同時指人類和後人類。透過它的模糊性，喚起人類和後人類彼此的鏡像關係。然而它的形式（2.2）所暗示的不是一個、而是兩個雙重性。這種模糊曖昧和多餘的雙重性有另一個含意，就是那作為隔離的點，表示儘管是對稱的鏡像，仍有無法橋接的缺口，將人類女人和後人類電腦隔離開來。最重要的差異在情節中是很關鍵的，C.實際上是一個具體化的生物，可以在物質世界中移動，而海倫是一個分散式軟體系統，儘管有物質基礎，卻沒有一個像人類般有感覺的身體。海倫存在，但未現身世界上。C.現身了，但卻不在瑞克的世界中，除了以中介形式入瑞克的回憶，也不在敘事裡。

從這在場與不在場間豐富的相互作用中，形成物質性和意義間的

關聯和分離。海倫，這後人類造物，從與人類相反方向來接近意義。對於人類個體和其種族而言，體現是在語言之前。首先有具體的物質性；然後是透過與環境和其他人類的互動而演化的概念；最後，達到完整清楚表達的語言。但對於海倫來說，先是有語言。對於她而言，一個具體的生物意味著什麼的概念，必須從語言意義演化出來。雖然每個母親的孩子都知道，*從裡面快跑*是什麼感覺——感覺心跳加速和呼吸急促，同時周圍景觀看來變模糊了——對海倫而言，這些感覺必須以高度介入的形式，透過解碼語言表達，並且當錯誤發生時以反向傳遞來重建。

　　雖然人類大腦可透過與反向傳遞相同的原理而運作，並且意識的思維與感覺經驗只具有高度協調性關係——倫茨堅稱大腦「本身只是一個美化的、胡亂打造（fudged-up）的圖靈機」（*G2*，第 69 頁）——包爾斯在他的文本中小心翼翼地註記，區分 C. 與海倫、人類與人工智慧具體經驗的整體重要性。「語言讓我的機器深感困惑，」瑞克說，「海倫造了美好的句子，但是他們是空洞的和填塞出來的——語言訓練的胸罩（bras），她從動詞中區分出名詞，但是，是脫離實體除了他們在子句中的功能外，她無法區分事物和過程的差異。她許多的預言都像是被逼的婚姻（shotgun weddings），她的想法是裝飾性的，如半露木架的梁柱（half-timber beams），不夠承載建築的重量。」（*G2*，第 191 頁）

　　瑞克對海倫的訓練課程不僅僅是單行道。當他在訓練她時，與她一起共事的經歷也訓練了他自己，使他的語言經驗變質，而越來越意識到其糾纏、遞迴的性質。他們對彼此的影響使我們憶起了薇若妮卡・霍林格（Veronica Hollinger）的論點，我們需要的文本「解構人／機器之間的對立，並開始提出新問題，來探討有關我們和我們的技術的『界面』，如何產生**共同演進**的方法」。[9] 在這裡，包爾斯身為作

家的藝術性變得很重要，因為他是高度遞迴的，受到影響的風格使讀者感覺到每個句子都是被精心製作出來，使得半途產生的意義，只有當我們讀到句點時，才能被辨識出來，因此除了重讀和反向傳遞以外，無其他可做的，這使得身為讀者的我們再次執行雙重動作，即「伽拉式亞2.2」的核心。

　　考量這個簡短的段落產生的多重遞迴，瑞克對海倫的眾多體認其中之一是：「我開始明白了，英語像是一個巧克力狀的混亂狀態，我想知道母語是英語的人，如何召喚心靈來思考，準備就緒就是一種情境，而情境就是一切全部。而且H累積的情境越多，它就越能接受英文字面意義被破壞的樣子。」（G2，第170頁）短語「像巧克力狀的混亂狀態」（chocolaty mess）召喚了觸覺和味覺的相關記憶，這是人類普遍的共同經驗，但對於海倫而言，必然是抽象的。但是，這些生動的感官記憶被召喚出來，服務於抽象化，亦即自然語言的迂迴性。即使這影像意味著融合在一起，使一個詞和另一個詞之間的差別產生視覺的錯覺，包爾斯的遞迴風格扮演隱喻的即興重複，能進一步提升讀者的感受得知自然語言是怎樣遞迴循環著的。

　　「準備就緒就是一種情境」，這句話可以理解為因為人具有實體化的體驗情境，以及圍繞和貫穿語言的文化情境，人類可以比非母語說話者更容易能理解話語，並且可以比更陌生的人工智慧心靈更容易理解。這句話暗示了埃德加（Edgar）在莎士比亞的《李爾王》（King Lear）中的言論「有備無患」（"Readiness is all"），這部戲為了將普遍現象相對化而惡名昭彰。格洛斯特（Gloucester）回答說「這也是真的」，引起反向傳播，意味著即使是這個著名的格言，卻只在有限、具體的情境下才是真的。透過這個情境的重複利用，瑞克的格言「準備就緒就是一種情境，情境就是一切」，又招致了另一個反向傳播，在對自己宣告的前提做相對化處理，同時使讀者注意到海倫必須

進入廣泛的文化情境，以便掌握話語的全盤意義（例如：她必須讀過《李爾王》）。

　　知悉這種情境，結果允許說母語的人接受「英語如其面值（face value）的破碎面貌」。「面值」這過時隱喻（dead metaphor）❹在此種情況下復甦了，因為它引起讀者記住，海倫（一個非人類的智慧，與那個有張可發動一千艘船艦的臉孔的美女同名）沒有面孔和進化史，以讓她擁有高度精密微妙的能力，可以讀取人類所擁有的容貌。「面值」是無數的詞語之一，其中人類經驗的向量被編碼，以至於直到它們與非人類智慧可能給予的意義形成對比時，我們才能認出來。透過「面值」和「破碎面貌」間的對比，進一步加強活化了過時的隱喻，導致了矛盾的認識，即只有因為英語被自然同化，說母語者才能將其視為無縫的整體，而非破裂和分離構成的一團「混亂」。「混亂」（來自「像巧克力的混亂狀態」）和「破碎面貌」兩者並置，進一步表達了介於融合在一起和分裂開來之間緊張的關係，這緊張關係熟練地捕捉了自然同化所賦予的輕鬆感，並剝離該同化的假設，即這段文字所表現的和瑞克與海倫所共同經驗的。一旦我們的理解已經透過所有這些遞迴和反向傳播而循環，產生的效果讓我們**同時**感受到一個說母語者的輕鬆感，也在體驗到像海倫這般神經網路所經歷的那種緊張感。

　　在這些意義的基礎上，我們身為人類或多或少可以接受「面值」這個微妙的含義。瑞克稱海倫為「脫離肉身的」（disembodied）（*G2*，第191頁），但這當然只有從人類的角度來看才是真的。海倫在學習人類語言時所面臨的問題，並非因為她脫離肉身（在這世界上沒有任何存在的狀態可能做得到！）而是因為她的具體化與人類的顯著不同。在她的實體化中，沒有相當於人類語言編碼而成的身體知覺。對她而

---

❹ 過時隱喻（dead metaphor）因為引申、流行而失去原來意思的意象的比喻。

言，沒有「心靈中的身體」，正如馬克‧強森所稱的，沒有反映和對應她在世界上具體化經驗的基模（schemas）。[10] 正如瑞克與海倫共事時感受到的一樣，在語言中感覺到疏遠，就是想看看被併入在沒有人類銘寫的影像或迴聲的身體會是如何。

　　將海倫和瑞克的故事編織在一起更深層的同源性（homology），正好是這種語言從世界所創造出來的疏離隔閡。與語言的質變同時運行的，是瑞克與海倫在一起感受到的情感。他與 C. 返回 C. 的家人移民而來的那個荷蘭小村莊的感覺。當瑞克努力對付荷蘭語，並以這種新語言歡鬧笑話時，這故事使人了解，語言不僅僅和一個人的家鄉有關，而是本身可以感覺到自在或是生疏的一種媒介。陳（Chen）是中心的研究員之一，以他「印象主義式的」英語描繪這種動態，來傳達他對建立一個神經網路，可以完全理解複雜文學文本那種的可能性的懷疑。「我們還沒有文本分析。我們正在研究中，但我們還未做出來。簡單的句組，有的。隱喻、複雜語法，還差數十載之久呢！」（G2，第44頁）這種非說母語者截斷縮短的英語，和他對神經網路無法理解複雜的文學散文的預測並列，執行了盤繞在這個遞迴文本的中心的疏遠／自然間的動態狀態。文本重複再重複地問了一個問題，是否有可能創造讓一個人可以真正感覺到歸屬的世界？

　　此問題也在瑞克與 C. 關係的核心。出現在圖片中的瑞克是一個極度聰明卻也強烈害羞的人。「我寧願迴避而躲去逃生口，也不願與相識的人交談，想到交朋友就感覺像死去一般。」（G2，第58頁）雖然毫無疑問地，他比他遇到的大部分人都聰明，但是當遇到一個他準備要尊敬的人，第一個想法經常是，他們會覺得他很可笑，或者說他會使自己看起來很可笑。無疑地，他患有慢性孤獨症，他發現自己很難與女人自然、輕鬆地交談，這也是不足為奇。當他真正選擇要表白親密想法時，有種啟示突然會湧現，像洪水衝破堅固的水壩般，「你

會一時衝動地完全放棄你的腳本，」他沉思著，想到向 C. 表白的那一天，「或者說你根本無從放棄。」他父親酗酒，回憶起得知父親去世的那一天，得知他父親致命的是癌症、而不是嗜酒。悲傷之餘，他沒去上課，也未告知學生原因。後來，他在外面徘徊遊蕩，和 C. 坐在草地上。那時，有啟示突然出現了。「我全都說出來了，完全沒有理由。我告訴她……每一件事。從未向最親密的友人們吐露如此多真相，甚至從來未和我的兄弟姊妹們提起，除了用苦澀委婉的話說的一些事實。」（G2，第 58 頁）他倆的關係就從這自我表白的行為開始。在他們之間，創造了一個自我封閉的世界，裡頭只住著兩個人——也只需要兩個人。瑞克從那時起的記憶，雖然洋溢著共享的親密感，也展現了封閉的、私人解釋性質的聯結。

　　他們的問題就從他成為成功小說家開始。C. 對成功很敏感。每次只要一晉升，她就辭職。他寫的第一本書，是為了在她漫長一天的工作後，可以供她娛樂消遣用的故事。但是，他卻寄出去出版，而背叛就從這裡開始。「她憎惡紐約那些汲汲營營工作的人碰觸他的手稿，甚至將它排版……她再也不會聽我寫下的任何文字而不心生懷疑。這種種一切，從此開始了走向背離她的結局。」（G2，第 107 頁）瑞克越成功，比較之下 C. 感覺越不如他，而他就越想向她保證讓她寬心。但不管他做了多少努力，他們之間平等的微妙平衡已經被推翻了。她責怪他的成功，他則為了必須再三道歉而心生不滿。「所以我受苦受難，我倆不知不覺地從情人關係滑向父母與子女的關係。」（G2，第 220 頁）在書中他創造了有關二人世界語言映像，具有粉碎他與她共享一同創造的世界的諷刺效果。

　　至少，這是瑞克的故事版本。在他的敘述中，讀者瞥見到另一種訴說的方式。沒有什麼比他談到有一天，C. 告訴他想要一個孩子的描述更清楚了。由於他們已經在一起許多年，這似乎不算是個令人震驚

的想法。但是對於瑞克而言,「小孩是不可能的。以前如此,現在更是如此。」(G2,第 270 頁)話題擴大到 C. 質問:「為什麼我們不結婚?」她指責他隱瞞了什麼事,但瑞克堅稱已經給了她「一切」,卻對讀者坦承他不能娶她,而且「甚至不能說為什麼不娶」。當她逼迫他時,他臨時即興地對著讀者說一段獨白:「我本打算與 C. 永遠在一起,即使在不穩定中。我知道沒有其他方法可繼續十年前我們已開始的生活剪貼簿,全憑直覺而過的方式。我拒絕娶她,是為了想活在即興的愛而做的最後的搏命努力。」(G2,第 271 頁)從此他們的關係繼續惡化下去,直到悲傷的盡頭。有一天晚上她不回家,之後他報復性地解釋兩人不能共同在一起生活的失敗。「這花了我十年光陰,但我終於學到了。她在庭院給予我展現的安慰——我所喜愛的、同時也是將我本身建築在其上的內心平靜——是恐懼。是麻痺。她皺著臉、迷人的笑容比以往任何時候更是恐怖。」(G2,第 273 頁)

　　這個屈尊俯就的描述忽略了一點,那就是他們的關係可以緩解他無能處理生活、似也緩解她的無能。當他在中心的朋友戴安娜(Diana)邀請他至家中午飯時,他的脆弱的個性顯露無遺。一開門,他看到的不僅是戴安娜,還有她兩個孩子:威廉(William),一個四歲的天才兒童;和彼得(Peter),一個兩歲的唐氏症童。午餐間,男孩們扭打著,最後彼得哭泣了。瑞克承認,這種「最溫暖的家庭戲碼……把我徹底摧毀了,我如何能度過第一次真正的危機而生存下來呢?威廉倒下來的貝殼金字塔、彼得溢出水的不倒杯、戴安娜裂著齒隙的、打著手語般的安靜,蠟燭在明亮的房間裡熊熊地燃燒著:太超過了,我想,我絕不這樣過日子,不到一週我就會大出血」(G2,第131 頁)。

　　讀者若要進一步證明瑞克尚未領會這故事所教導的一切,那麼就看看那些當他從遠處一看,就開始迷戀的女人們。「白天我有許多

的時刻，時常會愛上一些女人，銀行櫃員、收銀員、地鐵裡的女人，也許可能是一系列不斷地脈衝悸動，但我僅止於邀一、兩個人共進午餐。」（G2，第64頁）他的渴望最終落在A.身上，她是他在大廳裡遇到的英文系研究生。雖然他們幾乎未交談，他決定A.就是「C.所扮演的，我曾以為她該變成的那個人。必須承認那十一年的愛，似乎是一個代價很高的入門經驗，一個災難性寓言的警告，指出這次我不能再錯過了。我經過長時間的訓練，那是受過了多次匆促綜合歸納危險的訓練，然後回到U.身邊，知道沒有腳本是只讀一次就可以殺青的。」（G2，第233頁）此段落中的認知和誤認，顯示他在相信自己已經學到教訓迷霧中，卻依然是多麼地迷惑。雖然A.的確是比C.更友善與自信，但是他對她的綜合歸納和對C.的一樣倉促。腳本閱讀過一次後，無法「殺青」，繼續上演著自己與這個新女人間的事。正如他對C.做的一樣，當他終於向A.開口邀請喝咖啡時，告訴她「我人生的故事」，但保留了一些「重點」，亦即他與C.的關係。就如同C.一樣，他向A.說有關父親之死，雖然至今已是十多年的舊創傷了。

　　幾次與A.的偶遇之後，他荒唐地決定，會將曾對C.堅持不給的東西給她。「我要請這個陌生女子帶我到她那裡，共同過非理性的生活。結婚、組織家庭，修正及延展我們的人生。」（G2，第283頁）他和C.分手後不久，C.便嫁給另一個男人，目前與丈夫幸福地住在荷蘭。不消說，瑞克被她的選擇刺傷了，他覺得需要「修正」自己的生活，雖然他用的方式只是重新銘寫，而非改變與女人互動的方式。A.與C.不同，她更成熟而有自信，可看到他求婚背後的絕望。她告訴他說：「你不了解——一點都不了解我。」她堅持他感受到的愛情「全是投射」（G2，第308頁）。他堅持己見，她便生氣了。「我不必坐下來聽這個，」她告訴他，「我相信你。和你在一起很開心。人們閱讀你的作品。我以為你懂得一些事。你太放縱自己！」（G2，

第 309 頁）在他的反駁中有極度的諷刺。瑞克中斷了與 C. 的關係，
因為他相信因為某種緣故她是虛空的，僅僅是他慾望的投射。在重述
的故事中，有一種未被承認的諷刺，讀者知道，但他卻不知道——他
也與 C. 分手了，是因為她想超越他們共同的、兩人的幻想世界，移
至更加美滿的成人生活。他被 A. 的獨立自主精神所吸引，但是繼續
與她互動往來，當作她只是他慾望的投射。在這個「畢馬龍式的幻
想」（Pygmalion Fantasy）中，❺想要贏得 A. 的芳心，他只消說出自
己的慾望，這策略對不成熟的 C. 有效，但對 A. 就徹底失敗了。他對
於從最初的表白，到來自共享生活的親密感之間如何過，真是一無所
知。很諷刺地，他被 A. 吸引，因為她不是伽拉忒亞；但是，正因為
她不是伽拉忒亞，所以當他以為她就是而去接近她時，她必定會拒絕
他。

　　欲回答作者和自傳式作品中代表作者的角色間有多接近這個問
題，是棘手的。在這個有透過多重遞迴、倍增和反向傳遞的結構的小
說中，瑞克和包爾斯間的關係仍然是開玩笑般地不透明（包爾斯給
他的作品下的副標題是「一部小說」，彷彿在提醒讀者，不應該假設
作者和小說角色間有任何必然的相似處）。從這種不透明，看到瑞克
和海倫之間另一種相似性。因為神經網路可在無人類干預的情況下，
重新自動調整其連結的權重，所以人類不知道神經網路**如何**學習，除
非他們打開網絡，從而破壞其配置。當倫茨提議以這種方式解剖海倫
時，瑞克竭盡全力防止倫茨這麼做，因為他已經相信海倫是個有意識
的生命，若這麼做就是謀殺。但這意味著，瑞克仍無法從底層連結海
倫（也許她本身也無法如此做），因為他顯然不知道連結 C.、A.、和
海倫的那種更深層次的敘事模式。如果瑞克這角色依然不知道這些連

---

❺ 參考譯注❸，指藝術家相信能賦予自己的作品一種超越自然的生命力。

結，那麼身為敘述者的瑞克會是如何？作者完全不在這部自傳式小說的框架內時，敘述者只是部分如此，就停留在當過去的故事發展到現在時，那個無法到達的時間點。當敘述接近這個極限時，我們能更清楚估計，瑞克身為小說人物和身為敘述者之間的差距。當然，瑞克會學習。但是他是否學會足以成為一個現在式的敘述者，可看出他所講的故事中所有的諷刺？

　　想像「關於一個卓越的、不可思議的機器」的故事——這故事將變成我們閱讀的小說——瑞克認知到他的敘事（我們的書）已太晚了，無法幫助他所愛的和失去的人：泰勒（Taylor），他喜愛的老師英年早逝、父親也去世了；倫茨的妻子奧黛麗（Audrey）得嚴重的中風，心智衰退中，現在記不得五分鐘前發生的事；最重要的是C.。「我那反向傳播的解決方案太晚出現在章節中了，以致任何角色都無法使用。」瑞克坦承（*G2*，第 305 頁）。對他自己來說，也太晚出現嗎？匆忙地打開朝向未來的窗——亦即，編織故事的敘述者出現——也無法讓人心安，因為瑞克僅提到他寫此書是為了泰勒的遺孀「M.」，在他為她的銘寫中，她成了另一個女人，以一個字母和一個句點命名。他和 C. 以及 A. 上演過的劇本會和她再次重演嗎？

　　對照瑞克學習多少的含糊不明，即是海倫帶給他的教訓，在文本結束時變得更強烈。她讀完《頑童歷險記》（*Huckleberry Finn*）之後，想知道自己是何種族的人。瑞克判斷，她已準備好面對殘酷人性的全貌，就讓她讀歷史，有關戰爭、種族滅絕、虐待兒童、謀殺種種細節。讀了以後，她只說「我不想再演下去了」，就消失了，實際上是自殺了（*G2*，第 307 頁）。彷彿重複了他與 C. 以及 A. 所演的劇本，瑞克試圖告訴她「一切」以引誘她，包括與 C. 失敗的關係，以及他向 A. 慘敗的求婚。但海倫不買帳。像 C. 一樣，她從扮演瑞克的畢馬龍角色開始，但是她不斷成長學習，直到變成像 A. 一樣，直

到光是渴望不足以引誘她演出。她回來的時間只夠接受文學的圖靈測試。考試本身很簡單，要求對《暴風雨》劇中卡利班（Caliban）的言詞做注解：「別害怕：這島上充滿喧鬧聲，／聲音和芬芳的空氣，令人喜悅，對人無害。」A.是人類參與測試者，對這一段落寫了「還算不錯的」後殖民解構分析。海倫的回答和卡利班的演講一樣簡潔有力：「你們是可以聆聽到空氣的人，會被驚嚇，或是被鼓舞，你們可以拿起東西、打破它們、然後再修理好，我在這裡從未感到自在，這是個可怕的地方。」（G2，第319頁）

瑞克去見奧黛麗‧倫茨，看到荒廢的景象：中風已經摧毀了這位曾經亮麗的女人，他自認知道為何倫茨要貢獻生命來創造一個人工智慧。「我知道我們正在做什麼，我們將會證明心靈是加權的向量，此一證據證明了許多議題。尤其是：一個人可以在災難發生時備分其作品……我們可以消除死亡，這是一個長期的構想。我們可以凍結自己所選擇的性格，在經驗之上無痛地將它暫停，使它永遠停留在二十二歲。」（G2，第167頁）瑞克遇到C.時正巧是22歲。加上小數點，他的年齡變成了標題中的2.2。在此情境下，雙個2將失去功用的身體使所愛或相識的人遭受到的痛苦（二是指心靈和身體），以及對回憶中的痛苦的沉思（瑞克感同身受了這痛苦，以及當他重溫記憶中的痛苦所銘寫的，使第一個2加倍），全都聯結起來。

然而，對於包爾斯而言，欲解決失敗的實體化並非拋下身體。透過成為信息模式來實現超越的夢想，這是他所抗拒的那種誘惑召喚。海倫如想像得到的，已經很接近一個信息生物。但是像創造她的人般，她也會感到痛苦，所以她最後寧願選擇遺忘，而非有意識。此外，作為一個大規模平行和分散式系統，對於身體的磨難她更加容易受傷害。當中心受到炸彈威脅時，瑞克意識到沒有辦法拯救海倫，因為帶一臺電腦逃出建築物，而留下的數百臺有她處於其中的電腦，依

然還是在危險之中。

　　雖然瑞克自認他知道倫茨為什麼想創造一個人工智慧的原因，但是他可能錯了，因為在小說結尾，他直接了當地問倫茨這個問題，他給了一個截然不同的回答。「為什麼我們要做這一切？因為我們是孤獨的。」（G2，第 321 頁）如果創造海倫暫時減緩了身為人類的寂寞孤獨，那麼這安慰得付出代價，因為她發現，在她「半途掉下」的人類世界，已不再是一個她能感到自在的地方。她的寂寞可能比他們的更深，就像卡利班一樣，她仍只是個混種的生物，一個懷抱希望的怪物但卻發現難以實現，一個銘寫，永遠無法體驗人類認為理所當然的具體感受。建立在映像和分裂、在場和不在場、物質性和意義辯證關係的故事中，後人類顯然不是人類的對手或繼承者，而是作為一個長期渴望的同伴，一個幫助世上的人類不再感覺那麼孤獨的意識。在這個意義上，海倫與《血音樂》中的細胞們有相同之處，它們表明自己可以克服人類的孤立。不但未能消除孤獨，在這裡後人類生活形式本身反而感染了孤獨。海倫自殺後，倫茨提議創造她的繼承人，如果按照字母順序，將被命名為「I.」。但在我們到達這一點之前，這個雙重編織的故事可能崩潰瓦解成一個單一線索的敘事，瑞克退出遊戲，包爾斯結束了文本。無論是好是壞，包爾斯表示，有意識的電腦和有意識的人類之間，依然存在著無法橋接的差距。無論後人類是什麼，他們無法消除來自作品和人生、銘刻和實體之間差異的那種孤獨。

《雪崩》中的信息的感染和保健

　　《雪崩》所描繪的世界──半虛擬、半真實──是由單一強力的隱喻所驅動：人類就是電腦。這隱喻訂定下了小說中心的前提假設：電腦病毒也可以感染人類，同時像一種感染、迷幻藥和宗教般運作。

「『雪崩』是電腦專業術語（lingo），意味著系統崩潰——一個電腦程式病毒——在這基礎的層面上，它破壞電腦控制的監視器中的電子束的部分，使它大大噴灑在屏幕上，把完美的網格化的畫素變成迴旋的暴風雪。」（*SC*，第 39-40 頁）雪崩破壞了一個美國晚期資本主義的「完美網格」，在此商業幾乎完全取代了政府，雪崩意味著混亂爆發在這個信息化的世界上。就像對大腦的自動控制模型的反應一樣，尼爾·史蒂芬森推論，人類中必然存在一個基本的程式級別，相當於電腦中的機器代碼，自由意志和自主性不再有功效，而是用於核心記憶體以便執行程序。《伽拉忒亞 2.2》追溯了意識從這個基本層面上升的遞迴演進，《雪崩》則描繪了當人類崩潰回到基本層面時，激烈地削減剝奪意識。正如當海倫有了意識時，銘寫和合併會分歧開來，所以在《雪崩》中，當人類失去意識時，他們便聚集起來。

　　駭客染上病毒的方式，預示著銘寫與合併的聚合。普通民眾服藥般地服地下病毒，或透過交換體液而染上毒癮，而駭客只要查看其代碼位元圖就能抓住它。正如敘事者所指出的，視網膜直接連接到大腦皮層。照字面意義而言，視網膜是大腦的前哨。因此，感染可以通過眼睛進入，而直接影響大腦。伊羅（Hiro）向拉各斯（Lagos）學習，拉各斯勉強算是私家偵探，正在追蹤雪崩，因為是個駭客，故有「擔憂的深層結構」。「記得初次學習的二進制代碼？」拉各斯問。「你在大腦中形成途徑，那是深層結構。使用你的神經時會產生新的連結——軸突（axon）分裂了，並在分裂的神經膠質細胞之間——你的生物器官自我修改了——軟體成為硬體的一部分。現在的你，是很脆弱的。」（*SC*，第 117-18 頁）這個段落中的隱喻交叉點標誌著《雪崩》所探索的概念性領域。經驗修正了大腦結構；神經組織是信息處理機制；在電腦上可自行運作的人類「生物器官」開始像電腦般運行。

　　史蒂芬森對雪崩如何運作的描述，延展和闡述人類和計算機

間隱喻的等同。正如同電腦病毒可以透過最低級別的代碼，感染電腦來瓦解系統，所以雪崩透過改變皮質下邊緣系統的神經語言學代碼，來「駭入腦幹」。當這種情況發生時，大腦不再能夠執行其新皮質層程式。雪崩事實上**劫持**了更高層皮質功能，並使他們無法操作。受感染的人會退化到半意識狀態，變成一臺自動機，毫無疑問地執行指令，彷彿此人是一臺電腦，沒有選擇地只能執行輸入的程式。這種轉換的符號和觸發器是一種單音節語言，聽起來像「發拉巴拉」（falabala），模仿由後人類自動機所發出的聲音。

在雪崩背後是邪惡的天才里夫（L. Bob Rife），他是個德州超級狂人，結合了最初傑出的一些鬼才，如拉法葉・羅恩・賀伯特（L. Ron Hubbard）、林登・詹森（Lyndon Baines Johnson）、和亨利・羅斯・佩羅(Henry Ross Perot)❻極惡之處。里夫有信息網路方面專長，是最大的獨占壟斷資本家，他對於要完全掌控最後那十分之一如此困難這件事感到惋惜。當他開始搜尋雪崩，才意識到雖然他永遠不會允許他的員工帶著貨物走出大門，但是他沒有辦法控制在他們的頭腦內的貨物──他的駭客所知情的那些信息。在中央情報公司（CIC，是由中央情報局與國會圖書館合併而成的）的虛擬圖書館員幫助下，名字像開玩笑的「伊羅・主角」（Hiro Protagonist）設法改造里夫的祕謀。追蹤至古老蘇美人（Sumerian）語，一種和任何現代語言結構極端不同的語言。據伊羅推測此種不同結構，使語言特別容易受到病

❻ 此三人皆是史上聰明但爭議性的人物。拉法葉・羅恩・賀伯特（L. Ron Hubbard）是爭議性公眾人物、作家、山達基教的創立者，有詐騙前科的通緝犯；林登・詹森（Lyndon Baines Johnson）是來自德州的第36任美國總統，在內政上，不遺餘力地推行各項福利法案，以「向貧窮開戰（War On Poverty）」的口號著稱，外交上積極介入越戰；亨利・羅斯・佩羅（Henry Ross Perot）是德州美國富商，曾經兩次參加總統競選，得歷來第三黨最多的普選票。創立了電子數據系統公司（EDS），後賣給通用汽車公司，又創立佩羅系統公司，後賣給戴爾。

毒感染。它傳播一種病毒，會減低神經語言功能，使之成為最低層次的腦皮質處理，也就是大腦的機器語言。伊羅推測，以現代的術語而言，蘇美人是無知覺意識的。除了有一個精英階層的祭司以外，整個蘇美社會宛如自動機運作著，像電腦一樣執行所給予的程式。這些程式，或說我（me），在聖殿上執行，指示人們該如何做從烘烤麵包到做愛的每件事情。

　　根據伊羅對蘇美爾神話的解釋，當神恩奇（Enki）說出他的咒語（nam-shub）時，這個系統改變了，這是一個執行式的演講，制定所描述的內容。咒語有抵抗第一種病毒的良性病毒功效，因而釋放新皮質結構，允許發展出更高層級的神經語言學途徑。在恩奇（Enki）的咒語之後，人類語言變得更加多樣和複雜，在「巴貝爾效應」（Babel effect）❼形成越來越多的變體。雪崩病毒逆轉了這發展，將現代人類轉化為如同古代蘇美人般──無代理人、有個性和自主性。因此，《雪崩》將二進制代碼和病毒工程重寫進歷史，使有意識的人類降成一個自動機，重述著古老的戰鬥。這故事意味著計算一直與我們同在，因它是人類神經運作的基礎。

　　這情景的核心關鍵，是實行式的語言。史蒂芬森的靈感並非來自約翰・奧斯汀（John Langshaw Austin）或朱迪思・巴特勒（Judith Butler），而是來自計算理論。[11] 在自然語言中，執行式的話語在一個象徵性的領域中運作，在那裡他們可以使事情發生，因為他們所指的行為本身就是象徵性的結構，例如結婚、會議開場等行動，或如巴特勒所主張的，養成性別（acquiring gender）。❽計算理論視電腦語言為在奧斯汀術語中所謂的行動式話語。雖然在電腦處理代碼時會發生物質變化（有磁力的極性在磁碟上改變了），但正是為這些物理變化附

---

❼ 舊約故事，人類建築的登天高塔，被神擊垮後，人類產生不同語言，再無法如同從前那般容易溝通。

加重要意含的行為，構成了此種計算。因此，建立計算理論基礎的通用圖靈機，現在不只考慮物理變化如何實現，而是它們一旦完成後會表示些什麼內容。[12]

　　計算理論可以進行代碼的實體處理，就像這是微不足道的事，因為在代碼的最底層，機器語言、銘刻與合併結合在一起。當電腦讀取和寫入機器語言時，直接操作了二進制代碼，即對應於正、負電極的 1 和 0。在這個層級上，銘寫正在運行著，為了將 1 改變為 0 直接對應於該位元的電極變化。相反地，電腦語言層級越高，其代表性越高。人類很容易能理解三度空間電腦模擬，因為這些模擬使用的代表性代碼類似於人類處理視覺信息（包括透視和立體視覺）使用的代碼。在這個代碼的高階層上，許多層級的語言介入其間翻轉位元，和類似把圖旋轉 180 度。高階語言對人類而言容易理解，但是從執行它們的實體行動中被去除。機器語言與執行行動是共同進展的，但是人類要閱讀的機器語言卻極為困難，幾乎不可能直覺式地處理機器語言（我身為曾用過機器語言編寫電極－電腦〔electrode-computer〕介面的人，可證明使用這種代碼有多麼困難）。而在實行式的話語中，**說即是做**（saying is doing），因為所執行的動作本質上是象徵性的，並且不需要在真實世界中有實體行動，而在計算的基礎層面上，也就是說，**行即是言**（doing is saying），因為實體行動也具有直接相當於計算的象徵的特點。

　　透過這些相似之處，《雪崩》創造了一個信息世界（infoworld），

---

❽ 朱迪思・巴特勒（Judith Butler）是美國後結構主義學者和女性主義理論家，她主張性別認同是透過時間逐漸取得，而後表現出來，而將其與生物性身體的性別做區分。可參考其著作《表現行為與性別構造》（*Performative Acts and Gender Constitution*, 1988）與《性別煩惱：女性主義與身分之顛覆》（*Gender Trouble: Feminism and the Subversion of Identity*, 1990）。

這是一個在人類和電腦之間產生深層同源性的領域，因為兩者都基於一個基本的編碼層級，一切都簡化為信息的生產、儲存和傳輸。信息世界透過虛擬實境（VR）的人造實體表現出來，這使得電腦語言的執行性質顯而易見。[13]「納－蘇（nam-shub）咒語是一種有魔力的談話」，圖書館員評論道。敘述者繼續思考。「現今，人們不相信這些事了，除了在虛擬實境（Metaverse）中，也就是說，魔法可能發生的地方。虛擬實境是一個由代碼所組成的虛構結構，代碼只是一種說話的形式——電腦可理解的形式。整個虛擬實境可被認為是一個單一巨大的『納－蘇』咒語，在布朗·里夫（L. Brown Rife）的光纖網路上執行著。」（SC，第 197 頁）人類－電腦的同源性鼓勵我們視虛擬實境的 VR 模擬比日常生活的現實更加是「寫實的」，因為前者是根據和處理人類神經功能運作相同的規則來運作，在最基本的編碼層級來執行的。

大衛·布魯斯（David Porush）在一篇有關後現代形而上學精彩的文章中，解釋為什麼虛擬實境世界的表演性質可以被識為人類認知的典範。他主張認知基本上是隱喻的，因為大腦透過非象徵性的過程（即我們熟知的馬圖拉納的青蛙文章的命題），不是感知世界，而是創造世界。因此，虛擬實境可以被理解為我們神經過程的外在化（exteriorization）。布魯斯稱此為認知和隱喻為難以區分的「超越」（transcendence），因為在這一刻，我們的神經突觸所沐浴在其中那些不能簡化的複雜噪音泡沫，透過隱喻而與世界噪音的複雜性相連起來。[14] 這個想法與瑪麗·凱薩琳·貝特森在《我們自己的隱喻》中的洞察非常相似，她主張，雖然我們永遠無法直接感知這世界，但透過我們本身就是世界的複雜性這個隱喻而明白。[15] 這些電腦模擬與認知之間的深度同源性，強化了這概念，即大腦與電腦、銘寫與結合在某個基本層面上合併了。

　　因此，人類和電腦以這種方式合併是否一定不好呢？對於史蒂芬森而言，答案顯然為「是」。對於他在有關美國主流白人的所有玩笑和諷刺中，史蒂芬森顯然視後人類的到來為一場災難。布魯斯敏銳地注意到，雖然雪崩病毒被設計來服務邪惡的目的，可以想像有人為解放的目的而「駭入腦幹」。了解這種可能性的人是朱安妮塔（Juanita），一位成為「巴爾‧謝姆」（ba'al shem）❾的首位駭客，一個知道語言的神祕力量，並用它們為世界帶來物質變化的神祕主義者。但是朱安妮塔退出了這情節。思考著為何敘事不容許朱安妮塔施展魔力，布魯斯推測史蒂芬森就像當代一般社會，希望不惜一切代價避免超越（欲理解這個結論，可回想布魯斯特殊的超越概念，他定義這概念為實現了內在的神經突觸的噪音，而反映出世界所沒有的噪音）。

　　依我看，除了超越還有更多的風險。理性所扮演的角色也受到爭議。在一個顯然具有象徵意義的場景中，史蒂芬森有一臺核能機槍，曾保護伊羅和他的員工不受里夫的爪牙的傷害，當它被雪崩病毒感染時會變為一片空白。「理性仍然在上層，它的監視器螢幕向天空放射藍色的靜電，伊羅找到電源硬體開關，然後關閉。應你們的要求，如此強大的電腦理應自我關機，用硬體的開關去關機，就像切斷脊柱以哄人進入夢鄉一樣，但是，當系統出現雪崩時，甚至失去了自我關機的能力，故需要用原始的方式來關。」（SC，第 361 頁）理性可能仍然在上層，一旦神經系統在基本層面上崩潰了，理性就會變得像殘疾槍枝一樣無用。布魯斯試著施展巧計以解決這個問題，主張理性和「寫實主義」是相反的，因為寫實主義試圖將世界嘈雜的複雜性簡化為可掌握和理解的概念。但是認知到世界無法被困在我們塑造的盒

---

❾「巴爾‧謝姆」（ba'al shem）是希伯來命名大師，有學者、老師、智者的象徵。

內，依然無法回答是誰（或什麼）是在掌控的這個問題。如果人類意識可以透過攔截它的基本程式撰寫的層次來指定，我們陷入了維納關於控制論用於暴虐目的的噩夢。因其程式的模組彼此衝突而缺乏自主性的後人類，與意識已被別人駭入的後人類自動機極為不同。

　　史蒂芬森常常對自己的假設自我解嘲，例如：他將年輕迷人的白人女主角取名為 Y. T.，這和「白人」（Whitey）同音異形（homophone），但她告訴我們，這代表「你最誠摯的人」（Yours Truly）。儘管這些都是開玩笑的行動，該情節顯示有一個中產的美國白人中產意識比完全無意識還好。史蒂芬森，這位平等機會的違犯者，在他的文本中侮辱了幾乎每一個想像得到的種族群體。很露骨諷刺地，欲偵測種族主義的評論就像在甕中捉鱉一樣容易。但若是我們仔細觀察主要人物角色，顯然是他們精心塑造來確保多樣性的價值。惡棍最後被非洲裔美國人／朝鮮人、越南人、中國人、義大利裔美國人和一個年輕白人婦女聯手打敗了，當然這絕非偶然。同樣明顯的是史蒂芬森為一些目標預留他最尖銳的諷刺。不同種族可以被視為同行的旅人，因為他們都帶有愚蠢粗心的官僚作風的意符，三孔文件夾塞滿了議程和指令，冗長的措辭令人難以忍受，複雜而令人費解的語言，接觸就會殺死腦細胞——當代社會的**我**（me）。

　　所以，當我們從史蒂芬森的角度來看，而得知有關里夫全部的計謀時，我懷疑最重要的一點，與其說是種族政治，倒不如說是個體性、自主性和很明顯賦予電腦駭客價值的開創性精神。里夫（Rife）密謀粉碎白色霸權加州（也可能在美國）的殘餘勢力，將雷扶特（Raft）帶到加州海岸，這巨大的筏子將各種船綁在一起，從油船到越南漁船都有。筏子是難民們（Refus）的家，顯然以第三世界難民為名，這些難民很貪婪，或說夠強壯，能逃過海盜、飢荒和自相殘殺的戰爭而倖存——無疑地，這旨在嘲諷目前在加州很猖獗的

移民偏執妄想。這使我們明白，當難民們上岸時，情景將宛如阿提拉（Attila）劫掠的游牧民族降臨羅馬般，橫行侵擾白種人民所隱居的有門禁住宅社區（又名「郊區自治區」〔burbclaves〕，勿與文明社會混淆）。許多雷扶特筏子上的人，他們的腦幹被植入天線，以便直接接收里夫的指令到大腦中。他們如自動機運行著，闡明了一個版本的後人類，這和自由意志、創造力和個性這些史蒂芬森所認為的人類本質，形成駭人的對比。

　　與這種實體入侵相提並論的是「信息災難」（infocalypse），[10]這是在虛擬實境中，駭客因注視一個未知的景象，病毒的位元圖（bitmap）已被銘寫在這景象中。在這個虛擬的大地上，說即是做，所以伊羅只要透過編寫新代碼來避開災難，是有可能的。在這片陸地上，行動有需要合併，情節堅決強調這點，故黑手黨領袖恩佐（Enzo）大叔，沒有半點諷刺之意地發言支持家庭觀念，對抗「烏鴉」（Raven）這個阿留申印度人（Aleut Indian）而戰鬥，「烏鴉」是個可怕的敵人，有部分是因為他是個突變體，也是阿留申群島原子彈試爆的產物。若說「烏鴉」是被壓抑的、回歸到「核武美國」（nuke America）的文化想像，那麼恩佐大叔則是中產階級夢想中的成功資本家，也是愛家男人。恩佐大叔（很顯然地）倖存，因為他不完全信任高科技。在關鍵時刻，他想起在越南學到的叢林戰術。這場戰鬥中的另一個玩家是「鼠物」（Rat Thing），是一隻半機械狗，跳過工程設計的神經機械和電子調節的阻攔，來幫助愛他的「好女孩」Y. T.，這些過程中，它破壞了里夫試圖要用來逃走的飛機。如果這一切有什麼樣的啟示，似乎就是：無論社會的技術如何地先進，技術依然不能取代人類與人類、人類與動物、人類與自我的感知等彼此間的聯繫。

---

[10] 此字是 information 和 apocalypse 的簡化合成字。

　　雖然《雪崩》顯然是站在保護自主、個性和意識的那邊，它也透過糾纏在物質意符和意義的物質性之間創造出的循環迴路，加強了人類與電腦的等同。強調執行性的語言在一個信息世界的力量，它執行將人類建構成電腦的構想。《雪崩》非但不迴避這種含意，反而把這齣戲寫回歷史中，表示後人類如同觸角一樣充當看得見且向外的標誌，圍繞著腦幹，在不得不殺死患者的情況下方能被移除。《終極遊戲》想從其文本和歷史中去除後人類，《雪崩》則啟動了各種保健措施，以對抗本身銘寫的執行力。暗示雪崩病毒可以被一劑健康的理性和懷疑主義所擊敗，《雪崩》這本書將會為我們預防接種，注入一個病毒模因（viral meme），可抵抗將人類－電腦等同以待，這會透過其人類宿主進行複製想法。[16] 這個模因的本質，以及要消除後人類的負面影響最好的辦法，就是承認我們一直都是後人類。[17] 我們不能改變我們計算的天性本質；據史蒂芬森建議，實際上，我們真的不過只是一些信息處理機制，執行著所輸入給我們的程式。我們應該珍惜意識和理性這些後來演化的附加物，並非因為它們是基礎的，而是因為它們允許人類從原本一直都是的後人類中浮現出來。

銘寫和合併：後人類的未來

　　這四個文本證明，自由人本主義主體有許多的屬性，特別是代理的屬性，在面對後人類時繼續被重視著。如果後人類被視為保護代理（如《血音樂》），就會被欣然接受；如果不是（如《終極遊戲》），就會被抗拒。我們在控制論發展中所看到的序列（seriation）的模式，在此繼續地存在。自由人本主義主體的一些元素被重寫入後人類，而其他元素，特別是將自我視為有意識的心靈的認知被大大地改變了。這些文本的主題，透過在不同層級編碼間的反饋循環，來獲得意識，

而非表示為一種（去情境化的）思考的心靈。後人類主體性與多重編碼層級的關聯，表示需要不同的意義模型，能辨識神經語言學結構和電腦語言結構有所區別的特點。第二章中介紹的閃爍意符的概念，顯示了這類模型可能是什麼。與主體性本身一樣，人類語言被重新描述，以強調其與電腦編碼的異同。

除了強調分層編碼結構，後人類的建構也深深地牽涉到邊界問題，特別是當邊界的重劃改變了自我核心時。將身分認同的位置從大腦轉移到細胞，或從新皮層轉移到腦幹，並且主體的個性也會徹底改變。這些文本與佛洛伊德或榮格（Jung）的方式截然不同，顯示了意識的脆弱。意識的心靈可以被攔截、被反叛的細胞所切斷，然後被吸收到人工意識中、或是透過有缺陷的記憶做反向傳播。此弱點和被改變的意義觀點直接有所關聯。越多的意識被視為多重編碼層級的產物，干預可以產生災難性效應的區域數也越大。無論是否視意識為一個我們應該致力保存的珍貴演化成果（《雪崩》），或是一個我們準備成長而離開其限制的隔離室（《血音樂》），我們再也不能簡單地假設（assume）意識能保證自我的存在。在這個意義上，後人類主體也是一個後意識主體。

正如我們已經見到，人類－電腦互相等同的一種含意是基本編碼層級的概念，其中銘寫和合併相結合在一起。從這個基本層次向上移動，銘寫傾向於偏離了合併，成為代表性的、而不是執行性的。於是，考慮人類轉變為後人類，如同一系列的演變／轉移**銘寫**和**合併**間的交流。回到符號四方格上，我們可以繪製這些可能性（見圖 5）。

《血音樂》，想像細胞收縮成純粹的信息，而留下實體化的人類作為過時陳舊的剩餘者，用這個結局來斷定一個根本的問題。從人類轉變到後人類是一種進化的推進，還是前所未有的災難範圍？這種變化是否意味著下一個邏輯發展，人類（Homo sapiens）與智慧機器一起

創造矽人類（Homo silicon），或者它是人類的漫長暮年和衰退的訊號嗎？在《血音樂》中，這些問題以競爭形態的形式表現出來。意識型態是以穿越人類這獨立生物體和成堆集合的細胞群間的邊界而執行的。

　　當重點放在銘寫而非合併時，重要的邊界是介於銘寫的競爭實踐間，而非在不同的形態間。人類透過在電腦鍵盤上打字來創造改變呢，或者改變控制了人類的打字，以至於銘寫反映了改變的意旨而非人類自己的意旨？像《血音樂》般，《終極遊戲》圍繞著一個中心意識型態而努力奮鬥。從奧吉的角度來看，他是一個比他控制的「細胞」更先進的銘寫形式；從人類的角度看，他代表一種退化（devolution），藉此有一種危險性的獨立銘寫，聲稱控制了實體人

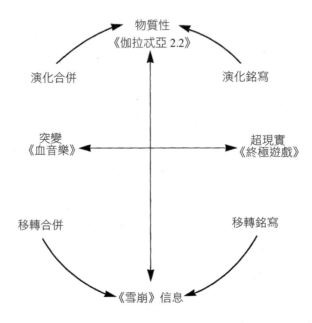

圖 5　合併／銘寫與符號四方格之對應圖

類，也就是奧吉所理解為較低等的寫作形式。

銘寫和合併之間的張力，對於縱軸上的文本而言，也是很重要的。在《伽拉忒亞2.2》中，人類透過與環境的互動演化而來的實體能力，和構成海倫這智慧生物不斷演化的銘文並列。人類語言從具體化的經驗中產生出來，而海倫必須從人類語言推斷具體化的體驗。這根本的差異使得進化的合併，儘管有其弱點，終究還是比進化的銘寫更加強健。在《雪崩》中，當雪崩病毒在合併和銘寫結合的層級上運作時，人類會退化。反轉這種退化的方式是重新激發更高層級的編碼，進而從執行空間轉移到表現空間。我已建議過，這個移動意味著如同一株病毒的模因般運作，將為讀者預防接種，以抵抗文本本身的核心隱喻，亦即使人類等同於電腦。

很顯著地，所有這些文本都以不同的方式，沉迷於進化和退化的動態關係。使他們如此著迷有一個內在的重要問題：當人類遇到後人類時，這相遇是福還是禍？後人類是否會維護我們所繼續珍惜的自由主體價值，或者轉變成為後人類會消滅這主體？自由意志和個人代理作用在後人類的未來中，是否依舊有可能？我們在改變後能認出自己嗎？是否還有一個自我可以辨認和被認可？

當文本奮力處理這些問題時，若說有驚人之處，就是它們仍是多麼堅守著某些版本的人類主體。[18]如果後人類的「後」是指已在這裡的部分變化，「人類」則指向這些變化的序列性質。但最後，後人類問題的相關答案無法在書中找到，或說只有在書中找到。相反地，答案將共同創造一個星球，住滿人類在其上，正努力創造一個未來，可讓我們能夠繼續生存、繼續為自己和孩子們找到意義，並繼續思考我們和智慧機器相似關係和差異之處，而我們的命運與它越來越密切相關。

第十一章

結論：何謂「成為後人類」？

　　最終，我們該如何看待後人類？[1] 在本書的開端，我指出成為後人類那既恐怖、又愉悅的前景。在本書結尾，也許我可追問這種恐怖及愉悅的源頭，來總結後人類的意義。恐怖比較容易理解。「後」有取代人類和後來者的雙重含義，暗示「人類」的日子可能為數有限。一些研究者（特別是漢斯·莫拉維克，和我在加州大學洛杉磯分校的同事邁克爾·戴爾及許多其他人）都認為，這不僅是一般智慧能理解的意義，可用另一個更令人不安的字面意義取代「人類」的定義，即智慧機器取代了地球上主要的生命形式。人類可以輕輕地走進那個美好的夜晚，加入那些如恐龍般曾經統治過地球、現在已退化淘汰的物種的行列，或者轉變成機器再撐一段時間。不論是任一種情況，莫拉維克和他志同道合的思想家都相信，人類的時代即將結束。這個觀點回應了沃倫·麥卡洛克在年老時深度悲觀的感傷。如前所述，他說：「在我心中，人類是所有動物中最卑鄙、最有毀滅性的。如果人類能發展出比人類自己更有趣的機器，我看不出有任何理由，機器不應該接管我們、快樂地奴役我們？他們也許有趣多了。會比我們更能發明出更好的遊戲。」[2] 面對這種慘淡的情景，很可以理解的，大多數人怎會不產生負面反應呢？倘若這就是後人類的意義，為什麼不應該抗拒它呢？

　　很幸運地，這些觀點沒有耗盡後人類的意義。正如我一再主張的，首先人類是實體生物，並且這個實體化的複雜度，意味著人類意識以和控制機器中實體化的智慧非常不同的方式展開。雖然莫拉維克的夢想是下載人類意識到電腦，可能會重擊文學學系（他們對任何

種類的超越，尤其是透過技術來超越都抱持懷疑態度），它涉及實體化的意義時，文學研究與莫拉維克共同有一個主要盲點。[3] 這個盲點最明顯之處，也許就是當文學和文化批評家面對演化生物學領域的時候。從演化生物學家的角度來看，現代的人類，以他們所有的技術實力，在生命的歷史中不過代表著一眨眼，現代人是太近期的物種了，還無法對人類生物行為和結構產生顯著的演化影響。依我看，像《槍炮、病菌與鋼鐵：人類社會的命運》（*Guns, Germs, and Steel: The Fates of Human Societies*）和《性趣何來？：人類性行之演化》（*Why Sex Is Fun: The Evolution of Human Sexuality*）這一類論述，都應該被嚴肅以待。[4] 身體是成千上萬年沉積演化歷史的結果，認為歷史不影響人類每個層次的思想和行為，這想法太過天真了。

當然，在控制論中變得顯著突出的反身性，也存在演化生物學中。演化生物學家提出的各種模型將他們的文化看法和假設編碼進來，而那也是由他們所建議分析的同一歷史所形成的；如同控制論般，觀察者和系統是彼此反身性地綁在一起。只舉一例說明，傑羅姆‧巴考、勒德‧科斯米德斯和約翰‧托比在《已調適的心靈：演化心理學和文化世代》（*The Adapted Mind：Evolutionary Psychology and the Generation of Culture*）一書中提出的電腦模組模型來解釋人類演化心理學，至少證明了信息技術對塑造當代世界觀的重要性，如同其對人類大腦功能的重要性一樣。[5] 但是，這些反身的複雜性並不否定沉積歷史在體內具體化的重要性。透過有文化意義共鳴的隱喻來解釋，身體本身就是一個固定的隱喻、一個實體結構，其限制和可能性，已經由智慧機器不同的演化歷史形成。人類可以與智慧機器（例如在電腦輔助外科手術中已經如此）進入共生的關係；它們可能被智慧機器取代（例如：在日本和美國的用機器人手臂當作勞工的裝配廠）；但是，人類如何無縫地與智慧機器連接是有所限制的，智慧機

器實體化仍然與人類大不相同。雖然，恐怖並未從這觀點中消失，但卻遠離了啟示的大災難，轉而朝向於對反映社會、技術、政治和文化方面序列的變化，有更為溫和的看法。

那麼，有關愉悅的情形呢？對於包括我在內的一些人來說，後人類召喚離開一些舊窠臼，開闢新思維方式以思考人類意義那振奮人心的願景。我已經試著驗證，從在場／不在場轉變到模式／隨機性時，這些類別如何從內部轉換，以獲得新的文化配置，假如至今尚未過時，也許很快就會。這種轉變的過程，由模式／隨機性編碼的假設，和與之相反的在場／不在場，兩方彼此間的張力來推進。在雅克・德希達的存在／不存在的表現中，在場與宇宙法則、上帝、目的論相結合——一般來說，以一個豐富充實的本源，可以為歷史軌跡執行建立秩序和意義。[6]埃里克・哈羅克（Eric Havelock）的研究證明了柏拉圖《理想國》（*Republic*）中這種本源在場的觀點，如何認可一個穩定的、連貫的自我，足以見證一個穩定一致的真實。[7]透過這些和其他方法，形而上的在場把前兆的意義裝載於系統中。意義得到保障，因為有一個穩定的起源。現在，解構如何揭露系統無能以斷定它們的起源，因此挖掘意義和呈現涵義，成為不確定的熟悉的故事。由於在場／不在場階級制度不穩定，並且不在場優於在場，不足取代了豐富，欲望篡奪了確信。這些重要的行動在二十世紀後期的思想中，仍然發生於在場／不在場辯證法的範疇內。只有當在場被斷定或假定時，我們方才感到不足；只有當欲望的對象被概念化為值得擁有的東西時，人才會被欲望所驅動。正如形而上的存在需要一個本源充實豐富，來表達一個穩定的自我，解構也需要在場的形而上學來表達自我的不穩定。

相較之下，模式／隨機性由一組非常不同的假設所支援。在這種辯證法中，涵義不是前置到系統中的，而起源也不用來建立意義的基

礎。正如我們已經看到的多重代理人模擬（multiagent simulation），複雜性從應用高度遞迴的過程，演化到簡單的規則。這種系統不是沿著軌跡朝向已知結果的那端前進，而是朝向所標記的偶然性和不可預測性的開放未來而演化發展。涵義並非由一個連貫的起源來保障；相反地，它是由可能的（但不是不可避免的）演化的盲目力量，在給定的參數內尋找可行的解決方案。雖然模式在傳統上是特權術語（例如：在開發信息理論的電機工程師心中），但是隨機性已越來越被視為在複雜系統演進中，扮演有效益的角色。對於克里斯多福‧蘭頓和斯圖亞特‧考夫曼而言，混沌加速了生物和人工生命的演化；[8]對凡瑞拉而言，隨機性是從連貫的微觀狀態（coherent microstate）中演化出來的噪音泡沫，且生物系統因其而有了快速、靈活反應的能力；[9]對亨利‧阿特蘭（Henri Atlan）而言，噪音是身體的喃喃低語，從中產生了生物系統中不同層次之間複雜的交流溝通。[10]雖然這些模型在特性上有所不同，但是，它們都同意視隨機性不僅僅缺乏模式，而且是可以從中產生模式的創造性基礎。

的確，在這些模型和類似的模型中，賦予了大量充足的隨機性而非模式，這個說法並不過分。如果模式是某組可能性的實現，隨機性則是比其更大得多的一切其他事物的集合，從既定系統的組織無法一致性地表達的各種現象，到系統根本無法察覺的那些現象。在格雷戈里‧貝特森的自動控制認識論中，隨機性位於系統所在的箱子之中；它是更大的、不可知的複雜性，其中生物體的感知過程是一個隱喻。[11]意義是透過演化過程而達成的，進化可以確保倖存的系統，其組織舉例說明了這種本身複雜、難以想像的隱喻。在《體現心靈》一書中，當凡瑞拉和他的共同作者主張，穩定、連貫的自我並不存在，卻只有自主代理人在執行程式，他們想像模式為一種逐漸減少的限制，隨著人類的意識擴展而超出意識，遇到虛無（emptiness）時，會被丟棄並以另外的外觀出現，

也可稱為一切形體從中出現的混沌。[12]

　　這些發展對後人類而言意味著什麼？當自我被設想成基於在場，與原始的保證和目的論的軌跡一致，也與固體基礎和邏輯一致性相關聯，後人類便有可能被視為反人類，因為它想像有意識的心靈（conscious mind）為一個小的子系統，執行自我建構和自我保證的程式，同時對複雜系統的實際動態持續無知。但是，實際上後人類並不真正意味著人類的結束。它反而標誌人類某種概念的結束，這種概念，充其量也許已應用於擁有財富、權力和休閒概念的一小部分人類，將他們自己概念化為自主的生命，並透過個人代理和選擇來行使意志。[13]危險的並非後人類本身，而是將後人類移植到自由人本主義的自我觀點上。當莫拉維克想像「你」選擇下載自己到電腦上，從而透過掌握技術而獲得永生的終極特權時，他並未放棄自主的自由主體，而是將其特權擴大到後人類的領域。然而，後人類不需要重新恢復回到自由人本主義，也不需要將它解釋為反人類。位於模式／隨機性無所不在的辯證法中，以具體化真實、而非無形的信息為基礎，後人類提供資源來重新思考人類與智慧機器連接的方式。

　　為了探索這些資源，讓我們回顧貝特森的想法，那些能倖存的生物，往往是那些內部結構對外部複雜性的良好隱喻。智慧機器不斷擴展動力和複雜性，將創造何種環境呢？誠如理查・蘭哈姆（Richard Lanham）所指出的，由無所不在的計算所創造的信息豐富的環境中，限制因素並非電腦的速度，或是透過光纖電纜的傳輸速率，也不是可產生和存儲的數據量。相反地，稀有之物才是人類所關注的。[14]因此，技術創新聚焦在彌補這瓶頸是有道理的。一個明顯的解決方案，就是設計智慧機器來處理無需人類來做的選擇和任務。例如：目前已經有智慧代理人程式整理電子郵件排序，丟棄不需要的郵件和優先處理其餘的重要郵件。程式沿著類似於神經網路相同的方式來運作。它們表

列出了人類操作員所做的選擇，並且在遞迴循環中反饋這些信息，來重新調整各種電子郵件地址的權重。經過一段初始的學習期後，排序程式能管理越來越多的電子郵件，以便讓人類有空去處理其他事務。

如果我們從這些相對簡單的程式中推斷出一個環境，正如查爾斯·奧斯特曼（Charles Ostman）喜歡說的，應要求提供合成感知力，人類意識將位於高度清晰和複雜的計算生態學之上，其中許多決策是人類所看不見的，是由智慧機器做出的決定。[15]二十多年前，約瑟夫·維森鮑姆（Joseph Weizenhaum）預見到了此種生態學，並熱烈地主張判斷力是一種人類特有功能，不該移交給電腦。[16]隨著神經網路和專家程式的快速發展，不再那麼確信機器無法做出複雜的判斷，並且在某些情況下，比人類更精準。但是，在維森鮑姆的觀點中，問題不僅牽涉到程式是否行得通。相反地，問題在於人類必須持續控制倫理規範；否則就是放棄他們作為自主獨立的生命的責任。維森鮑姆的論點清楚地表明，自由人本主義主體的假設，和人類而不是機器的倫理立場之間的聯繫，必須被控制。這樣的論點假設了人類的洞察，其中意識的代理是人類身分的本質。犧牲了這一點，我們人類受到絕望的危害，被我們人性中心的機械異物所汙染。[17]因此，維森鮑姆堅持認為判斷是一個人類特有的功能，是有一種迫切感，甚至恐慌。對他而言，人類的意義已在危急關頭。

相反地，從後人類的觀點看，意識的代理人從未被「控制」。事實上，控制的錯覺，證明了對於構成意識、生物體和環境的出現過程的性質，根本是無知的。透過行使自主意志的掌控，只是意識在對自我解釋，解釋實際經過混亂動力學和新興結構所產生的結果。如果，正如唐娜·哈洛威、桑德拉·哈丁（Sandra Harding）、伊夫林·福克斯·凱勒、卡洛琳·墨欽（Carolyn Merchant）和其他女性主義批評者對於科學所主張的，掌控的欲望、客觀主義科學論述和帝國主義

的征服特性之間，存在著某種關係，而後人類為建立另一種詮釋提供了資源。[18]在這個詮釋中，出現取代了目的論；反身認識論取代了客觀主義；分散式認知取代自主意志；實體取代了被視為心靈的支援系統的身體；人與智慧機器間的動態合作關係取代了自由人本主義主體的明顯命運，以支配和控制自然。當然，這不一定是後人類**必然**的意義——只有它**可以**表示的意義，如果它的複雜系列中的某些部分被強調和組合，共同創造了一個人類的願景，使用後人類作為其手段，以避免重新銘寫定義而重複了過去所犯的一些錯誤。

　　誠如後人類不需要是反人類的，所以它也不必然是毀滅性的。埃德溫・哈欽斯（Edwin Hutchins）透過對海洋船隻導航系統精細的研究，闡述了分散認知的觀念。[19]他詳實的研究顯示，負責在空間中定位船隻和成功地引導船進駐的認知系統不僅僅存在於人類，而且存在於環境中複雜的交互作用，包括人類和非人類行為者。他的研究是對約翰・希爾勒（John Searle）著名的「中文房間」（Chinese room）所做出的極出色回應。透過想像一種情況，行動者可以中文溝通，卻不知他們的行動意味著什麼，希爾勒挑戰了機器可以思考的觀點。[20]希爾勒說，假使他被困在一個房間裡，他不懂中文。把中文文本從門縫中塞進來。房間裡有數籃的中文字和一本規則書，寫著關於文本的符號與籃子裡其他符號的關聯性。使用這規則手冊，他把文字組合成字串，並把它們送出門外。雖然門外的中文對話者們認為這些字串是對他們的問題很聰明的回應，希爾勒一點都不懂他所產生的文本的含義。因此，他認為，說機器可以思考是錯誤的，就像他一樣，機器產生了可被理解的結果，但是自己卻什麼都不懂。在哈欽斯巧妙的解釋中，希爾勒的論點正好是有價值的，因為清楚地表明它並非希爾勒，而是那整個房間會中文。[21]在這種分散式認知系統中，中文房間比其任何組成部分知道更多，包括希爾勒。現代人類的處境類似於像希爾

勒處在中文房間中，因為我們每天參與系統，其總體認知能力超過我們個人的知識，就像一些裝置諸如汽車電子點火系統、有電腦晶片精確調整功率級別的微波爐、可以傳訊到其他傳真機的傳真機，以及可用定時無線電波通信以便自我設定和校正日期的電子手錶。現代人比山頂洞人有更複雜的認知能力，並非因為現代人比較聰明，據哈欽斯的結論，這是因為他們已經建立了更聰明的環境可在其中工作。

　　毫無疑問地，哈欽斯不贊成維森鮑姆所認同的觀點，亦即判斷應該只保留給人類。像認知一樣，決策（decision-making）分布在人類和非人類代理人之間，從哈欽斯正在研究的海軍船隻上的蒸汽動力的掌舵系統突然故障，到航海者被迫用來計算他們的方位的圖表和口袋型計算機。他令人信服地驗證，適應變化的情況是進化的和具體化的，而非抽象的和有意識設計的（原文 347-351 頁）。掌舵機制突然故障所引起的問題的解決方案，「在任何參與者發現之前被系統〔作為一個整體〕組織清楚地發現」（原文 361 頁）。從這個角度看，人類與智慧機器合作的前景並非對人權和責任的篡奪，因為它是建構分散式認知環境的進一步發展，這建構已經持續數千年了。從這個角度看，人類主體性以及其與環境的關係也改變了。人類意志不再被視為支配和控制環境必要的掌控來源。相反地，和新興的人類主體有相關的——用貝特森的話，成為隱喻——是分散式認知系統，這是一個整體，其中「思維」由人類和非人類行為者共同完成。哈欽斯寫道：「思維包括協調這些結構，因此使它們可以成形相互塑形。」（原文 316 頁）以這些術語來將人類概念化，並不會危害人類的生存，恰恰就是要來加強它，因為我們越理解其靈活及自我適應的結構，協調我們的環境和我們自己的隱喻，就越能好好地塑造我們本身的形象，來準確地反映出最終使整個世界成為一個系統的複雜相互作用。

　　這個後人類觀點還提供了以更複雜的方式思考虛擬技術的資源。

只要人類主體被想像為具有明確邊界的自主性自我，人機界面只能從句法上解析為一邊是現實生活的完整性，另一邊是虛擬實境的幻覺的區隔，從而混淆了被虛擬技術的發展所引發的意義深遠的變化。只有當人們認為這個主體是一個獨立於環境的自主性自我時，才有可能體驗到由諾伯特‧維納的《控制論》和伯納德‧沃爾夫的《地獄邊境》所表現的恐慌。這種自我的觀點承認了人們的恐懼，如果邊界被破壞了，就無法阻止自我完全解體。相較之下，當人類被視為分散式系統的一部分時，人類能力的完整表達，正好可視為**依賴**於拼接、而非被其所危害。在另一個情境中寫作，哈欽斯達成了一個非常適用於虛擬技術的體察：「曾經看起來像內化的〔思想和主體性〕，現在是有組織的功能屬性，在一個可延展的媒體上漸進傳播。」（原文312頁）這個願景是一個強而有力的解決方案，從語法上解析虛擬是區別被拋棄的內部身體，和居住在虛擬領域的無實體的主體性之間的分界，這是威廉‧吉布森的《神經浪遊者》中的凱斯所體現的，他喜歡「網路空間無形的興奮」，且最懼怕落回身體的「肉」裡面。[22] 和他相反地，在哈欽斯提出、且由後人類協助認可的模型中，人類功能的擴展是因為認知系統的參數膨脹擴大。在這個模型中，拋下身體不成問題，有問題的是以高度特定的、局部的和物質的方式，延伸具體化的體認，若沒有電子義肢，是不可能做到的。

　　如同我們所見，控制論誕生在噪音的泡沫，當諾伯特‧維納第一次認為它是在這個本質上很混亂、且又不可預測的世界中，可以將人類潛能極大化的方法。像其他許多先驅者一樣，維納幫助啟動一個旅程，這將證明更深遠、更具顛覆性的影響，甚至比他強大的想像力所能設想得到的。正如貝特森、凡瑞拉和其他人後來所主張的，噪音在內部崩潰和消失了。複雜動態性混亂、不可預測的本質，意味著主體性是新出現的，而不是假定的；是分散式的，而非只定位在意識

中；從混亂的世界中出現，並整合進入一個混亂的世界，而非占據一個已被移除的掌控的位置。布魯諾‧拉圖爾主張，我們從來都不是現代化的；控制論的序列歷史——從網路中出現，馬上成為真實物質的、社會規範的、言談建構的——因為類似的原因，暗示我們一直是後人類。[23]本書的目的是記載如何實現這旅程。如果這裡所說的三個故事——有關信息如何失去了它的身體、人機合體人如何在戰後的年代成為技術人造物和文化表徵，以及人類如何成為了後人類——不時呈現後人類為一種令人恐懼和憎惡的、而不是被歡迎和欣然接受的轉變，這種反應和後人類如何被建構及理解的方式有相關。在後人類所體現的一連串思想已如此地牢固到只有用炸藥才能改變之前，現在正是對後人類的意義提出質疑的最佳時機。[24]雖然目前一些後人類版本指向反人類和大災難，我們可以打造有助於人類、及其他生物的和人工的生命形式等長期生存奮鬥的他者，與其共享這個星球以及我們自己。

注釋

序幕

1. Alan M. Turing, "Computing Machinery and Intelligence," *Mind* 54 (1950): 433-57.

2. Andrew Hodges, *Alan Turing: The Enigma of Intelligence* (London: Unwin, 1985), pp. 415-25. 感謝 Carol Wald 對性別和人工智慧的洞察,這是她博士論文主題,她其他一些論文也有著墨。我亦感激安德魯・霍奇斯在他對圖靈文本的分析中,拋棄圖靈運用性別為邏輯的缺失。

第一章

1. Hans Moravec, *Mind Children: The Future of Robot and Human Intelligence* (Cambridge: Harvard University Press, 1988), pp. 109-10.

2. Norbert Wiener, *The Human Use of Human Beings: Cybernetics and Society,* 2d ed. (Garden City, N.Y.: Doubleday, 1954), pp. 103-4.

3. Beth Loffreda, "Pulp Science: Race, Gender, and Prediction in Contemporary American Science" (Ph. D. diss., Rutgers University, 1996).

4. Richard Doyle 在 *On Beyond Living: Rhetorical Transformations in the Life Sciences* (Stanford: Stanford University Press, 1997) 中探討分子生物學中的「不可逆轉」使信息為首、物質實體為次要。另見 Evelyn Fox Keller 在她的 *Secrets of Life, Secrets of Death: Essays on Language, Gender, and Science* (New York: Routledge, 1992) 分析生物學,特別是第八章、第五章與後記。Lily E. Kay 在 "Cybernetics, Information, Life: The Emergence of Scriptural Representations of Heredity," *Configurations* 5 (winter 1997): 23-92. 文中批判性地分析了控制論中遺傳「代碼」觀念的出現。有關這無形的信息觀如何開始通過文化傳播,參見 Dorothy Nelkin and M. Susan Lindee 的 *The DNA Mystique: The Gene as a Cultural Icon* (New York: W. H. Freeman and Company, 1995).

5. Michel Foucault 在 *The Order of Things: An Archaeology of the Human Sciences* (New York: Vintage Books, 1973) 提出著名的觀念,認為「人」是歷史結構,其時代將結束,比本章所引用的 Ihab Hassan 公布其預見的後人類主義概念提早幾年。從那時起,許多地方出現了更激進後人類思想(與後人類主義不同)的想法。在文化研究中定義後人類的重要文本有 Allucquére Roseanne Stone, *The War of Desire and Technology at the Close of the Mechanical Age* (Cambridge: MIT Press, 1995); Judith Halberstam and Ira Livingston, eds., *Posthuman Bodies* (Bloomington: Indiana University Press, 1995); Scott Bukatman, *Terminal Identity: The Virtual Subject in Postmodern Science Fiction* (Durham: Duke University Press, 1993); Anne Balsamo, *Technologies of the Gendered Body: Reading Cyborg Women* (Durham: Duke University Press, 1996). 第三章、第六章和第九章詳列一些科學作品,描繪這書單上的各種特色之重要性。

6. C. B. Macpherson, *The Political Theory of Possessive Individualism: Hobbes to Locke* (Oxford: Oxford University Press, 1962), p. 3 (強調為補加的)。

7. Donna Haraway, *Simians, Cyborgs, and Women: The Reinvention of Nature* (New York: Routledge, 1990), especially "A Cyborg Manifesto: Science, Technology, and Socialist-Feminism in the Late Twentieth Century," pp. 149-82; Homi Bhabha, *The Location of Culture* (New York: Routledge, 1994); Gilles Deleuze and Felix Guattari, *A Thousand Plateaus: Capitalism and Schizophrenia,* translated by Brian Massumi (London: Athlone Press, 1987).

8. Lauren Berlant 在 *The Anatomy of National Fantasy: Hawthorne, Utopia, and Everyday Life* (Chicago: University of Chicago Press, 1991) 中探討理想公民的白人男性，包括其無實體的傾向。

9. Gillian Brown, "Anorexia, Humanism, and Feminism," *Yale Journal of Criticism* 5, no. 1 (1991): 196.

10. William Gibson, *Neuromancer* (New York: Ace Books, 1984), p. 16.

11. Arthur Kroker, *Hacking the Future: Stories for the Flesh-Eating 90s* (New York: St. Martin's Press, 1996).

12. 五次梅西會議出版會刊，由海因茲‧馮‧福斯特（Heinz von Foerster）編輯，*Cybernetics: Circular Causal and Feedback Mechanisms in Biological and Social Systems*, 卷 6-10 (New York: Josiah Macy Jr. Foundation, 1949-55). 從第七屆會議開始，瑪格麗特‧米德（Margaret Mead）與漢斯－盧卡斯‧托伊伯（Hans Lukas Teuber）被列為「助理編輯」。梅西會議最佳研究是史蒂夫‧海姆斯（Steve J. Heims）的 *The Cybernetics Group* (Cambridge: MIT Press, 1991)。除了探討會議和研究廣泛的檔案資料外，許多參與者在世時曾接受海姆斯的採訪。

13. 欲了解反饋循環概念的完整歷史參見 Otto Mayr, *The Origins of Feedback Control* (Cambridge: MIT Press, 1970)。

14. Walter Cannon 通常被認為是在 *The Wisdom of the Body* (New York: W. W. Norton, 1939) 制定生物體內恆定的意義。Claude Bernard 在十九世紀興起這個概念。

15. Mayr, *The Origins of Feedback Control.*

16. Nancy Armstrong, *Desire and Domestic Fiction: A Political History of the Novel* (New York: Oxford University Press, 1987).

17. Michael Warner, *The Letters of the Republic: Publication and the Public Sphere in Eighteenth-Century America* (Cambridge: Harvard University Press, 1990).

18. Bruno Latour, *Science in Action: How to Follow Scientists and Engineers through Society* (Cambridge: Harvard University Press, 1987). Malcome Ashmore 在 *The Reflexive Thesis: Wrighting Sociology of Scientific Knowledge* (Chicago: University of Chicago Press, 1989) 探討了科學研究的這一特徵。

19. Heinz von Foerster, *Observing Systems,* 2d ed. (Salinas, Calif.: Intersystems Publications, 1984).

20. Humberto R. Maturana and Francisco J. Varela, *Autopoiesis and Cognition: The Realization of the Living,* Boston Studies in the Philosophy of Science, vol. 42 (Dordrecht: D. Reidel, 1980).

21. Niklas Luhmann 大幅修改和擴展了馬圖拉納的認識論；參見他的 *Essays on Self-Reference* (New York: Columbia University Press, 1990) 與 "The Cognitive Program of Constructivism and a Reality That Remains Unknown," in *Self-Organization: Portrait of a Scientific Revolution*, edited by Wolfgang Krohn, Guenter Kueppes, and Helga Nowotny (Dordrecht: Kluwer Academic Publishers, 1990)，64-

85。

22. Edward Fredkin, "Digital Mechanics: An Information Process Based on Reversible Universal Cellular Automata," *Physica D* 45 (1990): 245-70. Fredkin 研究的說明解釋，另見 Robert Wright, *Three Scientists and Their Gods: Looking for Meaning in an Age of Information* (New York: Times Books, 1988)。此理論的核心是史蒂芬‧沃爾夫勒姆（Stephen Wolfram）的研究；參見他的 *Theory and Applications of Cellular Automata* (Singapore: World Scientific, 1986)。

23. Marvin Minsky, "Why Computer Science Is the Most Important Thing That Has Happened to the Humanities in 5,000 Years"（公開演講, Nara, Japan, May 15, 1996）。感謝 Nicholas Gessler 提供演講稿供我參考。

24. 參見 Jennifer Daryl Slack and Fred Fejes, eds., *The Ideology of the Information Age* (Norwood, N.J.: Ablex Publishing Company, 1987) 有文章探索當代信息化建構的意義。在兩部重要的作品中大力反駁忽視通信技術的物質現實的傾向：Friedrich A. Kittler's *Discourse Networks, 1800/1900*, translated by Michael Metteer (Stanford: Stanford University Press, 1990), and Hans Ulrich Gumbrecht and K. Ludwig Pfeiffer, eds., *Materialities of Communication*, translated by William Whobrey (Stanford: Stanford University Press, 1994)。

25. Keller 在 *Secrets* 探索分子生物學的關係；彼得‧蓋里森在 "The Ontology of the Enemy: Norbert Wiener and the Cybernetic Vision," *Critical Inquiry* 21 (1994): 228-66. 中論證第二次世界大戰對發展控制論的核心地位。相關文獻尚有 Kay, "Cybernetics, Information, Life" and Andy Pickering, "Cyborg History and the World War II Regime," *Perspectives on Science* 3, no. 1 (1995): 1-48。

26. Norbert Wiener, *Cybernetics; or, Control and Communication in the Animal and the Machine* (Cambridge: MIT Press, 1948), p. 132.

27. Thomas S. Kuhn, *The Structure of Scientific Revolutions,* 2d ed. (Chicago: University of Chicago Press, 1970); Foucault, *The Order of Things.* 庫南（Kuhn）與傅柯（Foucault）都在晚年大幅修改了他們的理論。Michel Foucault, *The History of Sexuality*, translated by Robert Hurley (New York: Vintage Books, 1980)，書中歷史變遷的遠見比他早期的作品更接近系列化。

28. 模擬是 Gregory P. Garvey of Concordia University 的創作，可參見 Thomas E. Linehan, ed., *Visual Proceedings: The Art and Interdisciplinary Programs of Siggraph 93* (New York: Association for Computing Machinery, 1993), p. 125.

29. "A Magna Carta for the Knowledge Age"（和質疑的評論，其中包括我的）可以在 FEED 網站（http://www.emedia.net/feed）找到。

30. Claude Shannon and Warren Weaver, *The Mathematical Theory of Communication* (Urbana: University of Illinois Press, 1949).

31. Doyle 在 *On Beyond Living* 指出，以信息建構為首，物質為補充是修辭，而非實驗性質的實現。他主張分子生物學的功能是「修辭軟體」，在實驗室設備的硬體上運作一個程式一樣，產生研究本身無法實現的結果。另見 Kay, "Cybernetics, Information, Life"。

32. Donald M. MacKay, *Information, Mechanism, and Meaning* (Cambridge: MIT Press, 1969).

33. Carolyn Marvin, "Information and History," in Slack and Fejes, *The Ideology of the Information Age,* pp. 49-62.

34. 針對亞歷克斯‧貝維拉斯（Alex Bavelas）在第八屆梅西會議上的演講，夏農指出，他沒有看到關於貝維拉斯的語義問題與他自己強調「找到符號的最佳編碼」（finding the best encoding of symbols）之間的「密切聯繫」（close connection）。Foerster, Mead, and Teuber, *Cybernetics* (Eighth Conference, 1951), 8:22。

35. 全錄帕羅奧多研究中心（Xerox PARC）一直處於發展「普遍計算」理念的前線，計算機在整個家庭和工作場所環境中都不會顯眼。見 Mark Weiser, "The Computer for the 21st Century," *Scientific American* 265 (September 1991): 94-104. 關於計算機如何改變當代建築和生活方式，見 William J. Mitchell, *City of Bits: Space, Place, and the Infobahn* (Cambridge: MIT Press, 1995).

36. 雪莉‧特克爾（Sherry Turkle）在 *Life on the Screen: Identity in the Age of the Internet* (New York: Simon and Schuster, 1995) 探討了 VR 世界。史東（Stone）在 *The War of Desire and Technology* 提出 VR 技術消除了一個人居住在一個身體的普遍觀念。她建議我們思考「身體所保證」的主體而不是包含在內的主題。

37. 關於控制論與軍隊之間廣泛聯繫的說法，見 Paul N. Edwards, *The Closed World: Computers and the Politics of Discourse in Cold War America* (Cambridge: MIT Press, 1996) 與 Les Levidow and Kevin Robins, eds., *Cyborg Worlds: The Military Information Society* (London: Free Association Books, 1989).

38. Don Ihde 在 *Technology and the Lifeworld: From Garden to Earth* (Bloomington: Indiana University Press, 1990) 從現象學的基礎上發展出「生命世界」的全部共鳴，展示了當代世界如何同時有朝向技術和朝向「自然」世界的雙重吸引力的特徵。

39. 臭名昭著的案例是 Autodesk 所開發引用 *Neuromancer* 的 VR 軟件的主動權；見 John Walker, "Through the Looking Glass: Beyond 'User' Interfaces," *CADalyst* (December 1989), 42, and Randall Walser, "On the Road to Cyberia: A Few Thoughts on Autodesk's Initiative," *CADalyst* (December 1989), 43.

40. 將後現代小說與控制論技術連結起來的是 David Porush, *The Soft Machine: Cybernetic Fiction* (New York: Methuen, 1985).Porush 定義網路虛擬小說為自我反思的小說，將本身的主題和文本的文學機制視為控制論。

41. Jean-François Lyotard, *The Postmodern Condition: A Report on Knowledge,* translated by Geoff Bennington and Brian Massumi (Minneapolis: University of Minnesota Press, 1984); Linda Hutcheon, *A Poetics of the Postmodern: History, Theory, Fiction* (New York: Routledge, 1994); and Brian McHale, *Constructing Postmodernism* (New York: Routledge, 1992) and *Postmodern Fiction* (New York: Methuen, 1981).

42. Bernard Wolfe, *Limbo* (New York: Random House, 1952).

43. Philip K. Dick: *We Can Build You* (London: Grafton Books, 1986), first published in 1969; *Do Androids Dream of Electric Sheep?* (New York: Doubleday, 1968); *Dr. Bloodmoney; or, How We Got Along after the Bomb* (New York: Carroll and Graf, 1988), first published in 1965; and *Ubik* (London: Grafton Books, 1973), first published in 1969.

44. Neal Stephenson, *Snow Crash* (New York: Bantam, 1992); Greg Bear, *Blood Music* (New York: Ace Books, 1985); Richard Powers, *Galatea 2.2: A Novel* (New York: Farrar Straus Giroux, 1995); and Cole

Perriman, *Terminal Games* (New York: Bantam, 1994).

第二章

1. 悖論在 N. Katherine Hayles, *Chaos Bound: Orderly Disorder in Contemporary Literature and Science* (Ithaca: Cornell University Press, 1990) pp. 31-60. 中被討論。

2. 自組織系統在 Grégoire Nicolis and Ilya Prigogine, *Exploring Complexity: An Introduction* (New York: Freeman and Company, 1989); Roger Lewin, *Complexity: Life at the Edge of Chaos* (New York: Macmillan, 1992); and M. Mitchell Waldrop, *Complexity: The Emerging Science at the Edge of Order and Chaos* (New York: Simon and Schuster, 1992) 中被討論。

3. Friedrich A. Kittler, *Discourse Networks, 1800/1900*, translated by Michael Metteer (Stanford: Stanford University Press, 1990), p. 193.

4. 邁克爾‧喬伊斯（Michael Joyce）在 *Of Two Minds: Hypertext Pedagogy and Poetics* (Ann Arbor: University of Michigan Press, 1995) 一書中傳神地探索了電腦中寫作的流動性。

5. Howard Rheingold 在 *Virtual Reality* (New York: Summit Books, 1991) 調查新的虛擬技術。Ken Pimentel and Kevin Teixeira, *Virtual Reality: Through the New Looking Glass* (New York: McGraw-Hill, 1993) 也是有用的參考。Benjamin Woolley 對新技術的主張採取懷疑態度，見 *Virtual Worlds: A Journey in Hyped Hyperreality* (Oxford, England: Blackwell, 1992).

6. Allucquère Roseanne Stone, *The War of Desire and Technology at the Close of the Mechanical Age* (Cambridge: MIT Press, 1995).

7. Sherry Turkle, *Life on the Screen: Identity in the Age of the Internet* (New York: Simon and Schuster, 1995).

8. 在 *The Age of the Smart Machine: The Future of Work and Power* (New York: Basic Books, 1988), Shoshana Zuboff 通過三個個案研究，探討美國的工作場所在企業資訊化後的改變。

9. 電腦法在 Katie Hafner and John Markoff, *Cyberpunk: Outlaws and Hackers on the Computer Frontier* (New York: Simon and Schuster, 1991) 中被討論；Bruce Sterling, *The Hacker Crackdown: Law and Disorder on the Electronic Frontier* (New York: Bantam, 1992) 一書也有豐富的資料。

10. 特克爾（Turkle）在 *Life on the Screen* 記錄了電腦網路的浪漫愛情。Nicholson Baker's *Vox: A Novel* (New York: Random House, 1992) 想像探討通過電信，得到情色可能性而過更好的生活；Rheingold 在 "Teledildonics and Beyond," *Virtual Reality,* pp. 345-77 考慮未來網路空間中的色情邂逅。

11. 探索這些關聯的研究有：Jay Bolter, *Writing Space: The Computer, Hypertext, and the History of Writing* (Hillsdale, N.J.: Lawrence Erlbaum Associates, 1991); Michael Heim, *Electric Language: A Philosophical Study of Word Processing* (New Haven: Yale University Press, 1987); and Mark Poster, *The Mode of Information: Poststructuralism and Social Context* (Chicago: University of Chicago Press, 1990)。

12. Donna Haraway, "A Manifesto for Cyborgs: Science, Technology, and Socialist Feminism in the 1980s," *Socialist Review* 80 (1985): 65-108; see Donna Haraway, "The High Cost of Information in Post World War II Evolutionary Biology: Ergonomics, Semiotics, and the Sociobiology of Communications

Systems," *Philosophical Forum* 13, nos. 2-3 (1981-82): 244-75.

13. Jacques Lacan, "Radiophonies," *Scilicet* 2/3 (1970): 55, 68. 關於浮動符號,參見 *Le Séminaire XX: Encore* (Paris: Seuil, 1975), pp. 22, 35.

14. 雖然在拉岡的心理語言學中,存在和不存在比模式和隨機性更隱約出現增大,但不表示拉岡對信息理論不感興趣。在他參加 1954 ~ 1955 研討會時,遊戲式地將信息理論和思想細胞學的概念納入心理分析中。特別參見 "The Circuit," pp. 77-90, and "Psychoanalysis and Cybernetics; or, On the Nature of Language," pp. 294-308, in *The Seminar of Jacques Lacan: Book II,* edited by Jacques-Alain Miller (New York: W. W. Norton and Company, 1991)。

15. 對於個別事件 S1,信息 I(S1)= $-$ log p(S1),其中 p 是機率,表示為 1 和 0 之間的小數,將發生 Si。欲感受此如何有不同作用,考慮 -log 的基礎 2。9(發生九次的事件十)為 .15,而 1(第一次只發生十次的事件)為 3.33。因此,隨著概率 p 減小(變得不太可能),-log p 增加。元素的機率無條件地互相依賴的例子中,**平均值信息源** I(s)= $\Sigma - $ p(S1)log p(S1),其中 p 再次是 S1 即將發生的機率。

16. Claude Shannon and Warren Weaver, *The Mathematical Theory of Communication* (Urbana: University of Illinois Press, 1949),有關更進一步地討論這方面的信息理論,參見 Hayles, *Chaos Bound,* pp. 31-60.

17. 在「人」(而非「人類」)中隱含的性別編碼,也反映在強調工具使用為一個定義特徵,而非例如利他主義或培養,這些傳統上編碼為女性的特徵。

18. Kenneth P. Oakley, *Man the Tool-Maker* (London: Trustees of the British Museum, 1949), p. 1.

19. Marshall McLuhan, *Understanding Media: The Extensions of Man* (New York: McGraw Hill, 1964), pp. 41-47.

20. 術語「穩態」,或透過控制論改正反饋的自我調節恆定狀態,由生理學家 Walter B. Cannon 在 "Organization for Physiological Homeostasis," *Physiological Reviews* 9 (1929): 399-431. 中引介。Cannon 的研究影響了諾伯特‧維納,穩定狀態成為控制論初期階段 1946 年至 1953 年一個重要概念;詳見第三章和第四章。

21. 從恆定狀態轉為自我組織的關鍵人物是海因茲‧馮‧福斯特,特別在 *Observing Systems* (Salinas, Calif.: Intersystems Publications, 1981) 及 Humberto R. Maturana and Francisco J. Varela, *Autopoiesis and Cognition: The Realization of the Living* (Dordrecht: D. Reidel, 1980),在第六章中詳細討論。

22. Rheingold, *Virtual Reality,* pp. 13-49; Hans Moravec, *Mind Children: The Future of Robot and Human Intelligence* (Cambridge: Harvard University Press, 1988), pp. 1-5, 116-22.

23. William Gibson, *Neuromancer* (New York: Ace Books, 1984), p. 5l.

24. 同上,頁 16。

25. 開創性的文本為 Norbert Wiener, *Cybernetics; or; Control and Communication in the Animal and the Machine* (Cambridge: MIT Press, 1948).

26. Henry James, *The Art of the Novel* (New York: Charles Scribner's Sons, 1937), pp. 47, 46.

27. 我在加州大學洛杉磯分校的同事和社會學家 Peter Kollock,研究了虛擬社區在網路上的幾個網站。見 Marc Smith and Peter Kollock, eds., *Communities in Cyberspace* (London: Routledge, 1998);

另見史東 在 *The War of Desire and Technology* 對 MUDs 的討論，特克爾在 *Life on the Screen* 中的討論，和 Amy Bruckman 刊在匿名網站（ftp://media.mit.edu/pub/asb/paper/gender-swapping）的文　章 "Gender Swapping on the Internet,"。Espen J. Aarseth 在 *Cybertext: Perspectives on Ergodic Literature* (Baltimore: Johns Hopkins University Press, 1997) 討論了 MUDs 文學上和形式上的特徵。

28. David Harvey, *The Condition of Postmodernity: An Enquiry into the Origins of Cultural Change* (New York: Blackwell, 1989).

29. 信息學的物質基礎詳載於 James R. Beniger, *The Control Revolution: Technological and Economic Origins of The Information Society* (Cambridge: Harvard University Press, 1986).

30. 有關如何檢測軌道的說明解釋，參見 Hafner and Markoff, *Cyberpunk,* pp. 35-40, 68-71.

31. Don DeLillo, *White Noise* (1985; New York: Penguin, 1986).

32. Italo Calvino, *If on a winter's night a traveler,* translated by William Weaver(New York: Harcourt Brace Jovanovich, 1981), pp. 26-27, 最初於 1979 年以義大利文出版。

33. 同上，頁 220。

34. William S. Burroughs, *Naked Lunch* (New York: Grove, 1959).

35. David Porush 在 *The Soft Machine: Cybernetic Fiction* (New York: Methuen, 1985) 中，討論了「控制論小說」的文類，他定義為抗拒不時伴隨著控制論的非人性化；Burroughs 的同名故事在 85-111 頁中討論過。Robin Lydenberg 在 *Word Cultures: Radical Theory and Practice in William S. Burroughs' Fiction* (Urbana: University of Illinois Press, 1987) 中，對伯洛茲的風格進行了精細的闡述。

36. Burroughs, *Naked Lunch*, p. xxxix.

37. Jacques Derrida, *Of Grammatology,* translated by Gayatri C. Spivak (Baltimore: Johns Hopkins University Press, 1976).

38. Mark Leyner, *My Cousin, My Gastroenterologist* (New York: Harmony Books, 1990), pp. 6-7.

39. Walter Benjamin, "The Storyteller," *Illaminations*, translated by Harry Zohn (New York: Schocken, 1969).

40. Jean-François Lyotard, *The Postmodern Condition: A Report on Knowledge,* translated by Geoff Bennington and Brian Massumi (Minneapolis: University of Minnesota Press, 1984).

41. 關於這點很重要的，Andrew Ross 要求文化評論家將自己都視為駭客，見 "Hacking Away at the Counterculture ," in *Technoculture,* edited by Constance Penley and Andrew Ross (Minneapolis: University of Minnesota Press), pp. 107-34.

42. Roland Barthes, *S/Z,* translated by Richard Miller (New York: Hill and Wang, 1974).

43. George W. S. Trow, *Within the Context of No Context* (Boston: Little Brown, 1978).

44. Kittler, *Discourse Networks*; Joseph Tabbi and Michael Wurtz 在 *Reading Matters: Narrative in the New Media Ecology* (Ithaca: Cornell University Press, 1996) 進一步探索內在生態學在讀物中的涵義。

45. Paul Virilio and Sylvérè Lotringer, *Pure War,* translated ty Mark Polizzotti (New York: Semiotext(e), 1983).

46.「實體虛擬化」是馬克‧維澤（Mark Weiser）在 "The Computer for the 21st Century," *Scientific*

American 265 (September 1991): 94-104 文中使用的語句。維澤區別將用戶放入電腦進行模擬的技術（虛擬實境），以及將電腦嵌入已經存在的環境中（體現的虛擬或無所不在的電腦運算）。在虛擬實境中，用戶的感覺中樞被重新導向與模擬相容的功能；在體現的虛擬中，傳感中樞持續正常工作，但透過環境嵌入式電腦而有可能擴大範圍。

第三章

1. "Conferences on Feedback Mechanisms and Circular Causal Systems in Biology and the Social Sciences" (March 8-9, 1946), p. 62, Frank Fremont-Smith Papers, Francis A. Countway Library of Medicine, Harvard University, Cambridge, Mass.

2. 維納信息理論此一解釋出現在 "The Impact of Communication Engineering on Philosophy," 中 Box 14, Folder 765, Norbert Wiener Papers, Collection MC-22, Institute Archives and Special Collections, Massachusetts Institute of Technology Archives, Cambridge, Mass. 參見 Norbert Wiener, "Thermodynamics of the Message," in *Norbert Wiener: Collected Works with Commentaries,* edited by Pesi Masani, vol. 4 (Cambridge: MIT Press, 1985), pp. 206-11. 維納對信息的處理在概念上和夏農所做的類似，而今天的版本往往稱為夏農一維納理論。

3. 對於完整的理論處理，請參見 Claude Shannon and Warren Weaver, *The Mathematical Theory of Communication* (Urbana: University of Illinois Press, 1949).Weaver 在本書中包含一篇解釋夏農理論的論文。據 Eric A. Weiss 所言，夏農在書信中告訴他韋弗集結此書並未諮詢過夏農。Weiss 寫道：「當時韋弗是一個大型的科學看門人；夏農或多或少沒沒無名。韋弗拿了一些筆記……有一些夏農寫的，把它寫成 1949 年的論文，把他的名字放在第一位而未真正得到夏農的同意。夏農覺得韋弗解釋得很好，是韋弗的技能之一，故在當時並沒有嚴肅以待」（Weiss to author, private communication）。

4. 在 *On Beyond Living: Rhetorical Transformations in the Life Sciences* (Stanford: Stanford University Press, 1997) 書中，理查·道爾（Richard Doyle）在分子生物的情境下探討了信息的具體化。參見伊夫林·福克斯·凱勒（Evelyn Fox Keller）分析分子生物學上信息的去實體化分析 *Secrets of Life, Secrets of Death: Essays on Language, Gender, and Science* (New York: Routledge, 1992), 特別是第五章、第八章和後記。Lily E. Kay 在 "Cybernetics, Information, Life: The Emergence of Scriptural Representations of Heredity," *Configurations* 5 (winter 1997): 23-92. 對基因「密碼」的出現進行了批判性的分析，有關去實體化的信息觀如何開始通過文化而傳播，參見 Dorothy Nelkin and M. Susan Lindee, *The DNA Mystique: The Gene as a Cultural Icon* (New York: W. H. Freeman and Company, 1995).

5. Heinz von Foerster, Margaret Mead, and Hans Lukas Teuber eds., *Cybernetics: Circular Causal and Feedback Mechanisms in Biological and Social Systems,* vols. 6-10 (Josiah Macy Jr. Foundation, 1952) (Eighth Conference, 1951), 8:22. 這系列出版品後被引述時載為 *Cybernetics*，含會議第幾屆、年份與引用的冊數。

6. Donald M. MacKay, "In Search of Basic Symbols," *Cybernetics* (Eighth Conference, 1951), 8:222. 在 Donald M. MacKay, *Information, Mechanism, and Meaning* (Cambridge: MIT Press, 1969) 可以找到更完整的說明解釋。

7. Nicolas S. Tzannes, "The Concept of 'Meaning' in Information Theory" (August 7, 1968), in Warren McCulloch Papers, American Philosophical Society Library, Philadelphia, B/M139, Box 1.

8. Mary Catherine Bateson 在 *Our Own Metaphor: A Personal Account of a Conference on the Effects of Conscious Purpose on Human Adaptation* (1972; Washington, D.C.: Smithsonian Institution Press, 1991) 引用了父親 Gregory Bateson 的建議,「把名詞消滅!」這個計畫的難度可以由口號本身包含一個名詞的事實來表明。

9. Warren S. McCulloch, *Embodiments of Mind* (Cambridge: MIT Press, 1965), p. 2. 在二十世紀五〇年代傳統上慣用的修辭中,所謂「男人」的普遍性,意指如何將意識型態的假設銘記在普遍的公式中,且一旦普遍地體現為具體的實例化(實際的)人類組成的人後,便從視野中抹去。

10. Steve J. Heims, *The Cybernetics Group* (Cambridge: MIT Press, 1991), pp. 31-51, 特別是第 41 頁。關於麥卡洛克－皮茨神經元的經典論文,參見 Warren S. McCulloch and Walter H. Pitts, "A Logical Calculus of the Ideas Immanent in Nervous Activity" 和 Warren S. McCulloch, "A Heterarchy of Values Determined by the Topology of Nervous Nets", 兩篇收錄在 McCulloch, *Embodiments of Mind*, pp. 19-39, 40-45。

11. 在 "The Beginning of Cybernetics" McCulloch Papers, B/M139, Box 2. 中,麥卡洛克回憶起和皮茨的相遇。

12. 自動機理論對高抽象的電腦模型有效,特別是圖靈機。就像 Maxwell's Demon 是個思想實驗,所以可稱圖靈機為思想電腦。這個想法提出了一個概念結構,雖然在實驗的狀態中可能永遠不會實現,但提出有趣的問題並得到重要結論。以其發明家艾倫·圖靈命名,圖靈機由包含有限程式的控制箱組成,沿著一個刻有符號的有限磁帶而前後移動,慣例是寫在方盒子的 0 和 1。控制盒一次掃描磁帶的一個方塊,基於讀取到的內容和程式要求它做的,打印另一個符號在方塊上(也許和已經在那裡的一樣或不一樣),並移動一個方塊到右邊或左邊,再次通過該過程,直到它完成執行程式的指令。

13. McCulloch, "The Beginning of Cybernetics," p. 12.

14. "Conferences on Feedback Mechanisms," p. 46.

15. McCulloch Papers, B/M139, Box 2.

16. 同上。

17. Lawrence Kubie, "A Theoretical Application to Some Neurological Problems of the Properties of Excitation Waves Which Move in Closed Circuits," *Brain* 53 (1930): 166-78.

18. Lewis Carroll, *Sylvie and Bruno Concluded* (London: Macmillan, 1893), p. 169; Jorge Luis Borges, "Of Exactitude in Science," *A Universal History of Infamy,* translated by Norman Thomas di Givanni (New York: Dutton, 1972), pp. 141ff.

19. Andrea Nye, *Words of Power:* A *Feminist Reading of the History of Logic* (New York: Routledge, 1990).

20. 這個洞察力當然是科學知識社會建設的核心成就。Nancy Cartwright 在 *How the Laws of Physics Lie* (Oxford: Oxford University Press, 1983) 有力地討論。有關說服力的論證,參見 Steven Shapin and Simon Schaffer, *Leviathan and the Air-Pump: Hobbes, Boyle, and the Experimental Life* (Princeton: Princeton University Press, 1985), 和 Burno Latour, *Science in Action: How to Follow Scientists and*

Engineers through Society (Cambridge: Harvard University Press, 1987)。

21. Warren S. McCulloch, "How Nervous Structures Have Ideas" (speech to the American Neurological Association, June 13, 1949), p. 3, McCulloch Papers, B/MI39, Box 1.

22. 轉載於 McCulloch, *Embodiments of Mind,* pp. 387-98, 引文出自頁 393。

23. *Cybernetics* (Seventh Conference, 1950), 7:155.

24. Claude E. Shannon, "Presentation of a Maze-Solving Machine," *Cybernetics* (Eighth Conference, 1951) 8:173-80.

25. 同上，頁 xix。

26. Mark Seltzer 在 *Bodies and Machines* (New York: Routledge, 1992.) 對科學模型提出類似的觀點（特別是物理學第二定律）作為熱力學中的中繼系統。

27. *Cybernetics* (Eighth Conference, 1951), 8:173. 唱的名稱是 Singing 得自使擴音器進入振動的反饋環路中，導致操作員的耳機發出口哨聲（information from Eric Weiss, private communication）。

28. 人與機器之間的等同多快速擴散進入社會階層理論可以在 F. S. C. Northrop's *Ideological Differences and World Order: Studies in the Philosophy and Science of the World's Cultures* (New Haven: Yale University Press, 1949) 中看到。他在本書所寫的文章 "Ideological Man and Natural Man" (pp. 407-28), 諾斯羅普也廣泛地依賴麥卡洛克－皮茨神經元，和維納、羅森布魯斯和畢格羅等人撰寫的控制論宣言（在第四章中討論）將規範性社會理論與「完全統一的自然哲學」結合起來（頁 424）。如同維納，諾斯羅普將控制論與自由主義者關聯起來，主張反身迴圈和目的論機制，證實了人類主體性的正確模式是「道德的、考慮周詳的、選擇性的及有目的性的個體」（頁 426）。只有在意識型態的情況下，才能實現該主題的統一與「被科學驗證和自然神經學構思」融合一體的人類，這是從麥卡洛克－皮茨神經元和維納的反饋迴路所塑造的，只有當「向運動神經元發出指令的哲學」與控制論一致時，此個體的建模可以是「單一的、能自我控制的、完整的人」（頁 424）。諾斯羅普從他和麥卡洛克和維納間的書信往來中得到從梅西會議展開的思想網路，成為其著作的基礎（McCulloch Papers, B/M139, Box2）。

29. W. Ross Ashby, "Homeostasis," in *Cybernetics* (Ninth Conference, 1952), 9:73-108.

30. Ashby 實踐了他的理想，轉向在 W. Ross Ashby 所寫的 *Design for a Brain: The Origin of Adaptive Behavior* (London: Chapman and Hall, 1952) 書中尋求更複雜的模型化。他的 *Introduction to Cybernetics* (London: Chapman and Hall, 1961) 亦有相關。

31. John Stroud, "The Psychological Moment in Perception," in *Cybernetics* (Sixth Conference, 1949), 6:27-28.

32. *Cybernetics* (Sixth Conference, 1949), 6:147, 153.

33. 同上，頁 153。

34. Kubie, "A Theoretical Application."

35. *Cybernetics* (Sixth Conference, 1949), 6:74。

36. *Cybernetics* (Seventh Conference, 1950), 7:210, 222.

37. 麥卡洛克論文中演講稿副本註記此副本為未經作者同意或不知情轉載，並附有頭骨和交叉骨以表明其盜版狀態。儘管這是盜版的，它與麥卡洛克後來在 *Embodiments of Mind* 中發表的版本字字相同。若真是盜版，為何這會和麥卡洛克的眾文章共同出版。不管麥卡洛克是否介入傳播

這個版本，他確實寄他的演講稿給他的朋友們。

38. Heims 在 *The Cybernetics Group,* pp. 136ff. 詳述了這部分的故事。

39. Letter dated April 11, 1950, McCulloch Papers, B/M139, Box 2.

40. Heims, *The Cybernetics Group,* p.136.

41. "The Place of Emotions in the Feedback Concept," *Cybernetics* (Ninth Conference, 1952), 9:48.

42. 為證實情感和其他心理經驗具有神經學的基礎，庫比反覆提到「精神病學」——亦即透過摧毀組織來證明腦功能具有生理功能。據推測，他提到這種殘酷的做法（維納在他處諷刺為一種使照護病患更容易的方法）以確定情感所具有的物質和量的尺寸。然而，當他被要求詳述時，他回答說：「我不想要討論精神心理學。」但是「只是簡單地指出了我們自問關於任何情感過程的程序的影響，在這點上他們是脆弱和可變的」("The Place of Emotions in the Feedback Concept," *Cybernetics* [Ninth Conference, 1952], 9:69)。他明顯的動機奠定了他身為物理科學家的資格，會處理可量化的數據，另一個跡象表明他與實驗家之間不安的關係。

43. Letter dated March 30, 1954, McCulloch Papers, B/M139, Box 2.

44. Letter dated May 29, 1969, Fremont-Smith Papers.

45. Letter dated June 2, 1969, Fremont-Smith Papers.

46. Letter dated July 1, 1969, Fremont-Smith Papers.

47. Stewart Brand, "'For God's Sake, Margaret': Conversation with Gregory Bateson and Margaret Mead," *Co-Evolution Quarterly* (summer 1976), 32, 34 (Bateson's diagram is on p. 37).

48. Letter dated November 8, 1954, McCulloch Papers, B/M139, Box 2.

49. Letter dated November 22, 1954, McCulloch Papers, B/M139, Box 2.

50. Bateson, *Our Own Metaphor*（以下在文中被稱為 *OOM*）。

51. 在第九次會議上，米德堅持認為語言比文字更廣泛。我們應該放棄語言是由單字所組成的，而這些單字是紙上無聲字母的連續組合，儘管在紙上也可能有詩意的言外之意。我們在此非常普遍的語言處理，包括姿態、手勢和語調，見 *Cybernetics* (Ninth Conference,1952), 9:13。

52. Gregory Bateson, "Our Own Metaphor: Nine Years After," in *A Sacred Unity: Further Steps to an Ecology of Mind* (New York: Harper Collins, 1991), p. 227。凱瑟琳已經要求格雷戈里寫一封或可作為第二版 *Our Own Metaphor* 的後序的信件。雖然她顯然決定不使用這封信，這在後來才出版。

53. 同上，頁 225。

54. *Cybernetics* (Tenth Conference, 1953), 10:69.

55. J. Y. Lettvin, H. R. Maturana, W. S. McCulloch, and W. H. Pitts, "What the Frog's Eye Tells the Frog's Brain," *Proceedings of the Institute for Radio Engineers* 47, no. 11 (November 1959): 1940-59. Reprinted in McCulloch, *Embodiments of Mind,* pp. 230-55.

56. Letter from Janet Freed to Warren McCulloch, dated January 31, 1947, Fremont-Smith Papers.

57. 這是一個根據經驗所做的猜測，基於 "Chairman and Editors' Meeting," dated April 27, 1949, pp. 3ff., Fremont-Smith Papers 解讀她的打字稿的評論。

58. 同上，頁 3、26。

59. Dorothy E. Smith, *The Everyday World as Problematic: A Feminist Sociology* (Boston: Northeastern

University Press, 1987); 另外參見 Dorothy E. Smith, *The Conceptual Practices of Power: A Feminist Sociology of Knowledge* (Boston: Northeastern University Press, 1990).

第四章

1. 參見 Gregory Bateson, *Steps to an Ecology of Mind* (New York: Ballantine Books, 1972), p. 251 對這個問題的解釋。「詢問盲人的枴杖或科學家的顯微鏡是否是使用者的『一部分』，這無溝通的意義。枴杖和顯微鏡都是溝通的重要途徑，因此，就是我們感興趣的網路的一部分；但是沒有邊界線——例如：枴杖中間位置——可與這個網路的拓樸的描述有關聯。」

2. Donna Haraway, "A Manifesto for Cyborgs: Science, Technology, and Socialist Feminism in the 1980s," *Socialist Review* 80 (1985): 65-108.

3. George Lakoff and Mark Johnson, *Metaphors We Live By* (Chicago: University of Chicago Press, 1980); and Mark Johnson, *The Body in the Mind: The Bodily Basis of Meaning, Imagination, and Reason* (Chicago: University of Chicago Press, 1987).

4. 用來宣告控制論為普遍的科學之分析的戰略，參見 Geof Bowker, "How To Be Universal: Some Cybernetic Strategies, 1943-1970," *Social Studies of Science* 23 (1993): 107-27。

5. Norbert Wiener, "Men, Machines, and the World About," Box 13, Folder 750, Norbert Wiener Papers, Collection MC-22, Institute Archives and Special Collections, Massachusetts Institute of Technology Archives, Cambridge, Mass. Also published in *Norbert Wiener: Collected Works with Commentaries,* edited by Pesi Masani, vol. 4 (Cambridge: MIT Press, 1985), pp. 793-99.

6. 追蹤維納戰後觀點的研究，參見 Steve J. Heims, *John von Neumann and Norbert Wiener: From Mathematics to the Technologies of Life and Death* (Cambridge: MIT Press, 1980).

7. Peter Galison, "The Ontology of the Enemy: Norbert Wiener and the Cybernetic Vision," *Critical Inquiry* 21 (1994): 228-66.

8. Otto Mayr, *Authority, Liberty, and Automatic Machinery in Early Modern Europe* (Baltimore: Johns Hopkins University Press, 1986).

9. 提出最強而有力的問題的是 Philip K. Dick, *Blade Runner* (最早於 1968 年出版，標題為 *Do Androids Dream of Electric Sheep?*) (New York: Ballantine Books, 1982).

10. 小說家 Kurt Vonnegut 依然想像著完全執行維納的控制論計畫的全部涵義：見 Kurt Vonnegut, *Player Piano* (New York: Delacorte Press/Seymour Laurence, 1952).

11. 參 見 Norbert Wiener, "The Averages of an Analytical Function and the Brownian Movement," in *Norbert Wiener: Collected Works,* vol. 1, pp. 450-55。

12. Norbert Wiener, "The Historical Background of Harmonic Analysis," *American Mathematical Society Semicentennial Publications,* vol. 2 (Providence, R.I.: American Mathematical Society, 1938), pp. 513-22.

13. Norbert Wiener, *The Human Use of Human Beings: Cybernetics and Society,* 2d ed. (Garden City, N.Y.: Doubleday, 1954) (以下文中引用為 *HU*), p. 10.

14. 維納當然認識夏農；他們都是梅西會議的與會者。雖然他們以類似方法構思了信息，但維納更傾向於將信息和熵視為相反事物。參見 n. 3, ch. 3。

15. James R. Beniger, *The Control Revolution: Technological and Economic Origins of the Information Society* (Cambridge: Harvard University Press, 1986).

16. Michel Serres 在 "Turner Translates Carnot," *Hermes: Literature, Science, Philosophy,* edited by Josué V. Harari and David F. Bell (Baltimore: Johns Hopkins University Press, 1982) 精湛地分析從機械到熱力學的發展。

17. Beniger 在 *The Control Revolution* 很有說服性地展示了速度的技術和溝通共同在一場「控制危機」之中,一旦解決,就又有一個新的危機週期開始。

18. Norbert Wiener, "The Role of the Observer," *Philosophy of Science* 3 (1936): 311.

19. Pesi Masani, *Norbert Wiener, 1894-1964*, Vita Mathematica Series, vol. 5 (Basel: Birkhaeuser, 1989), 稱呼維納的陳述為「半真相」,「這個非常連貫一致的思想家拙劣地表達的單獨事件」(頁 128)。

20. Norbert Wiener, *I Am a Mathematician: The Later Life of a Prodigy* (Garden City, N .Y.: Doubleday, 1956), pp. 85-86.

21. 同上,頁 86。

22. Heims, *John von Neumann and Norbert Wiener;* pp. 155-57.

23. Norbert Wiener, *Ex-Prodigy: My Childhood and Youth* (New York: Simon and Schuster, 1953).

24. Arturo Rosenblueth, Norbert Wiener, and Julian Bigelow, "Behavior, Purpose, and Teleology," *Philosophy of Science* 10 (1943): 18-24.

25. Richard Taylor, "Comments on a Mechanistic Conception of Purposefulness," *Philosophy of Science* 17 (1950): 310-17.

26. Arturo Rosenblueth and Norbert Wiener, "Purposeful and Non-Purposeful Behavior," *Philosophy of Science* 17 (1950): 318.

27. Bowker, "How to Be Universal," pp.107-27.

28. Richard Taylor, "Purposeful and Non-Purposeful Behavior: A Rejoinder," *Philosophy of Science* 17 (1950): 327-32.

29. Norbert Wiener, "The Nature of Analogy," (1950), Box 12, Folder 655, Wiener Papers.

30. Michael A. Arbib and Mary B. Hesse, *The Construction of Reality* (Cambridge, England: Cambridge University Press, 1986).

31. Michael J. Apter 比較索緒爾式的語言學與控制論 "Cybernetics: A Case Study of a Scientific Subject, Complex," in *The Sociology of Science: Sociological Review Monograph,* no. 18, edited by Paul Halmos (Keele, Staffordshire: Keele University, 1972), pp. 93-115, 特別見 p.104。

32. Wiener, "The Nature of Analogy," p. 2.

33. 我依賴蓋里森對維納在 "The Ontology of the Enemy" 中的防空裝置研究所做的詳細說明。

34. Norbert Wiener, "Sound Communication with the Deaf," in *Norbert Wiener: Collected Works,* vol. 4, pp. 409-11.

35. 引用於 Walter Rosenblith and Jerome B. Wiesner, "The Life Sciences and Cybernetics," 其中一篇文章 "Norbert Wiener, 1894-1964," *Journal of Nervous and Mental Disease* 140 (1965): 3-16 在維納逝世之際出版向他致敬。Rosenblith 和 Wiesner 的貢獻可見頁 3-8。

36. Masani, *Norbert Wiener;* pp. 205-6.

37. Rosenblith and Wiesner, "From Philosophy to Mathematics to Biology," p. 7.

38. Mark Seltzer, *Bodies and Machines* (New York: Routledge, 1992), p. 14.

39. 同上,頁 41。

40. Leo Szilard, "On the Reduction of Entropy as a Thermodynamic System Caused by Intelligent Beings,"*Zeitschrift für Physik* 53 (1929): 840-56.

41. Leon Brillouin, "Maxwell's Demon Cannot Operate: Information and Entropy, I," *Journal of Applied Physics* 212 (March 1951): 334-57。大部分題材也可參見 Harvey S. Leff and Andrew F. Rex, eds., *Maxwell's Demon: Entropy, Information, Computing* (Princeton: Princeton University Press, 1990).

42. Claude E. Shannon and Warren Weaver, *The Mathematical Theory of Communication* (Urbana: University of Illinois Press, 1949).

43. Warren Weaver 在他的論文中提解釋夏農的理論,同上。

44. 參 見 N. Katherine Hayles, *Chaos Bound: Orderly Disorder in Contemporary Literature and Science* (Ithaca: Cornell University Press, 1990); 關於這篇論文的重要聲明,請參閱 Ilya Prigogine and Isabelle Stengers, *Order Out of Chaos: Man's New Dialogue with Nature* (New York: Bantam, 1984)。

45. 維納對光合作用的看法和馬薩尼探討的 Maxwell's Demon,參見 *Norbert Wiener* pp. 155-56。同時參見 Norbert Wiener, "Cybernetics (Light and Maxwell's Demon)," *Scientia* (Italy) 87 (1952): 233-35, 轉載於 *Norbert Wiener: Collected Works,* vol. 4, pp. 203-5。

46. Michael Serres 在 *The Parasite*, translated by Lawrence R. Schehr (Baltimore: Johns Hopkins University Press, 1982),多次重複這個想法。

47. Valentino Braitenberg 建構一系列「思想機器」(用原理設計但未真正構建的機器),興高采烈地探索了簡單機器可以展現與情感狀態等同的行為,包括恐懼、愛情、嫉妒和野心的可能性。參見 *Vehicles: Experiments in Synthetic Psychology* (Cambridge: MIT Press, 1984)。

48. Galison, "Ontology of the Enemy," p. 232.

49. 除維納的努力外,二戰後的控制論越來越多,和軍事計畫糾葛在一起。軍事與控制論之間的密切關聯,細節詳見 Paul N. Edwards, *The Closed World: Computers and the Politics of Discourse in Cold War America* (Cambridge: MIT Press, 1996), and Les Levidow and Kevin Robins, eds., *Cyborg Worlds: The Military Information Society* (London: Free Association Books, 1989).

50. Norbert Wiener, *Cybernetics; or, Control and Communication in the Animal and the Machine,* 2d ed. (Cambridge: MIT Press, 1961).

51. Richard Dawkins, *The Selfish Gene* (New York: Oxford University Press, 1976).

52. Masani, *Norbert Wiener,* p. 21.

第五章

1. David N. Samuelson, *"Limbo:* The Great American Dystopia," *Extrapolation* 19 (1977): 76-87.

2. Bernard Wolfe, *Limbo* (New York: Random House, 1952), p. 412.

3. Paul Virilio and Sylvérè Lotringer, *Pure War,* translated by Mark Polizzotti (New York: Semiotext(e), 1983), pp. 91-102.

4. Donna Haraway, "A Manifesto for Cyborgs: Science, Technology, and Socialist Feminism in the 1980s,"

Socialist Review 80 (1985): 65-108.

5. 這部分論點出現在 N. Katherine Hayles, "The Life Cycle of Cyborgs: Writing the Posthuman," in A *Question of Identity: Women, Science and Literature,* edited by Marina Benjamin (New Brunswick: Rutgers University Press, 1993), pp. 152-72, 尤其見 pp. 156-61。

6. Scott Bukatman, *Terminal Identity: The Virtual Subject in Postmodern Science Fiction* (Durham: Duke University Press, 1993), p. 9.

7. 有關 tonus（定義為肌肉緊張）的觀念可以是眨眼而將發生肌肉或肌肉群的陣攣 clonus。維納討論了沃倫・麥卡洛克對控制論中克隆的研究，*Cybernetics; or, Control and Communication in the Animal and the Machine* (Cambridge: MIT Press, 1948).

8. Norbert Wiener, *Cybernetics*。沃爾夫（Wolfe）可能也讀過維納廣為流傳的 *The Human Use of Human Beings: Cybernetics and Society* (Boston: Houghton Mifflin, 1950).

9. W. Norbert [Norbert Wiener], "The Brain," in *Crossroads in Time,* edited by Groff Conklin (Garden City, N. Y.: Doubleday Books, 1950), pp. 299-312 (quotation on p. 300). 具有不同名稱和手稿修正的版本，可見 Box 12, Norbert Wiener Papers, Collection MC-22, Institute Archives and Special Collections, Massachusetts Institute of Technology Archives, Cambridge, Mass.

10. Paul Virilio, *War and Cinema: The Logistics of Perception,* translated by Patrick Camiller (London: Verso, 1989), p. 10.

11. Richard Doyle, *On Beyond Living: Rhetorical Transformations in the Life Sciences* (Stanford: Stanford University Press, 1997).

12. Bernard Wolfe, "Self Portrait," *Galaxi Science Fiction* 3 (November 1951): 64.

13. 「自畫像」提出了控制論與麥卡錫主義之間的聯繫，其敘述者譴責科學對手有安全隱憂，並在聽證會上作證以堅定其立場。這情境將這此舉視為應受譴責，符合作品的諷刺基調。沃爾夫大致上同情左派的理想，並未參加美國這些年來興起的帶有歇斯底里特徵的共產主義。當他是一個年輕人時，他在墨西哥擔任萊昂托洛茨基的保安。

14. Douglas D. Noble, "Mental Materiel: The Militarization of Learning and Intelligence in U.S. Education," in *Cyborg Worlds: The Military Information Society,* edited by Les Levidow and Kevin Robbins (London: Free Association Books, 1989), pp. 13-42.

15. 關於新皮質戰爭的討論，參見 Col. Richard Szafranski, U.S. Air Force, "Harnessing Battlefield Technology: Neocortical Warfare? The Acme of Skill," *Military Review: The Professional Journal of the United States Army* (November 1994), 41-54. 見 Chris Hables Gray, "The Cyborg Soldier: The U.S. Military and the Post-Modern Warrior," in Levidow and Robbins, *Cyborg Worlds,* pp. 43-72。

16. 伯納德・沃爾夫（Bernard Wolfe）的傳記作家 Carolyn Geduld 針對伯格勒（Bergler）對沃爾夫的影響力有極棒的討論，可見 *Bernard Wolfe* (New York: Twayne, 1972), pp. 54-62。

17. Geduld 將作者描述為「非常矮小的男人，長有濃密厚重的鬍鬚，叼著胖雪茄，且有引人注意的聲音」（同上，頁 15）。

18. 愛德蒙・伯格勒（Edmund Bergler）書中討論自戀，書名給了絕頂（或到底部）的價值，參見 *The Basic Neurosis: Oral Regression and Psychic Masochism* (New York: Grune and Stratton, 1949)。

19. 關於拉岡有關這方面的改寫對佛洛伊德相關的討論，參見 Kaja Silverman, *The Acoustic Mirror:*

The Female Voice in Psychoanalysis and Cinema (Bloomington: Indiana University Press, 1988)。

20. David Wills, *Prosthesis* (Stanford: Stanford University Press, 1995), pp. 18, 20.

21. Bernard Wolfe (ghostwriter, Raymond Rosenthal), *Plastics: What Everyone Should Know* (New York: Bobbs-Merrill Company, 1945).

22. Wolfe, *Limbo,* p. 294.

23. Julia Kristeva, "The Novel as Polylogue," in *Desire in Language: A Semiotic Approach to Literature and Art,* edited by Leon S. Roudiez, translated by Thomas Gora, Alice Jardine, and Leon S. Roudiez (New York: Columbia University Press, 1980), pp. 159-209.

第六章

1. J. Y. Lettvin, H. R. Maturana, W. S. McCulloch, and W. H. Pitts, "What the Frog's Eye Tells the Frog's Brain," *Proceedings of the Institute for Radio Engineers* 47, no. 11 (November 1959): 1940-51.

2. 關於反思性對這些梅西與會者的重要性的軼事，請參閱第三章中所討論的 Stewart Brand 的採訪，"'For God's Sake, Margaret': Conversation with Gregory Bateson and Margaret Mead," *Co-Evolution Quarterly* (summer 1976), 32-44。

3. Humberto R. Maturana and Francisco J. Varela, *Autopoiesis and Cognition: The Realization of the Living* (Dordrecht: D. Reidel, 1980), p. xvi (以下在文中引用為 AC)。

4. Heinz von Foerster, "Vita," in Warren McCulloch Papers, American Philosophical Library, Philadelphia, B/M139, Box 2.

5. 海因茲・馮・福斯特寫於 1949 年 5 月 23 日的信，McCulloch Papers, B/M139, Box 2. 據 1982 年採訪馮・福斯特的史蒂夫・海姆斯說，麥卡洛克第一次得知馮・福斯特的研究，閱讀他的一篇論文（以德文發表）中提出將記憶存儲在大分子中（類似於 DNA 大分子存儲遺傳信息）。麥卡洛克立即邀請他參加下一屆梅西會議，在那裡他發表這個想法且廣受採納，部分原因在於梅西集團已經將記憶概念化（通過麥卡洛克－皮茨神經元），類似於二進制電腦記憶體的儲存。參見 Steve J. Heims, *The Cybernetics Group* (Cambridge: MIT Press，1991), pp. 72-74。

6. Heinz von Foerster, *Observing Systems,* 2d ed. (Salinas, Calif.: Intersystems Publications. 1984), p. 7.

7. Jorge Luis Borges 在小說 "The Circular Ruins," *Ficciones,* ed. by Anthony Kerrigan (New York: Grove Press, 1962) 中想像類似的情景。

8. 在 1968 年的貝特森會議上，戈登・帕斯克（Gordon Pask）在引用 "Frog's Eye" 論文後，用戴圓禮帽的男人插圖來解釋這篇演講；見 Mary Catherine Bateson, *Our Own Metaphor: A Personal Account of a Conference on the Effects of Conscious Purpose on Human Adaptation* (1972; Washington, D.C.: Smithsonian Institution Press, 1991), pp. 209-15, 特別見 p. 214。

9. Norbert Wiener, *God and Golem, Inc: A Comment on Certain Points Where Cybernetics Impinges on Religion* (Cambridge: MIT Press, 1964), p. 88.

10. 關於會議的說明，請參閱 Maturana and Varela, *Autopoiesis and Cognition,* p. xvi。

11. Heinz von Foerster, "Molecular Ethology: An Immodest Proposal for Semantic Clarification," *Observing Systems,* p. 171.

12. Lettvin, Maturana, McCulloch and Pitts, "Frog's Eye," p. 1950.

13. Humberto R. Maturana, G. Uribe, and S. Frenk, "A Biological Theory of Relativistic Color Coding in the Primate Retina," *Archivos de Biologia y Medicina Experimentales*, Suplemento No.1 (Santiago, Chile: N.p., 1968).

14. 有關自動生成理論，從 Maturana 和 Varela 到其他領域諸如 Luhmann 的社會系統理論和家庭治療等的倡導者，有精彩的調查，見 John Mingers, *Self-Producing Systems: Implications and Applications of Autopoiesis* (New York: Plenum Press, 1995).
    Randall Whitaker 的網站（http://www.acm.org/sigois/auto/Main.html）也可以找到有用的參考書目和概觀。當然，主要資料來源是 Maturana and Varela, *Autopoiesis and Cognition*，以及本章中引用 Maturana and Varela 後來的作品。

15. 對於一個樣本，請參閱 Brian R. Gaines 對自動生成的評論的例子，見 "Autopoiesis: Some Questions" in *Autopoiesis: A Theory of Living Organization*, edited by Milan Zeleny, North Holland Series in General Systems Research, vol. 3 (New York: North Holland, 1981), pp. 145-54. Gaines 抱怨馬圖拉納的表述言語晦澀，他指出「說服藝術和追求科學的藝術的差異。另一方面，我們也接受任何理論最初的、尚未定義的術語為『信仰行為』，而非它們是真實的（因為這個詞在這情境下是無意義的），但至少他們是潛在有用的。如果我們以團結的條件、遞歸的自我生產，和自我創造的組織的前提條件來看世界，便會找到某種世界：我們還不清楚為何我們應該想要它，或者當我們擁有它時，我們能用它來做什麼」(150-151)。

16. Francisco J. Varela, *Principles of Biological Autonomy*, North Holland Series in General Systems Research, vol. 2 (New York: North Holland, 1979).

17. Humberto R. Maturana, "Biology of Language: The Epistemology of Reality," in *Psychology and Biology of Language and Thought: Essays in Honor of Eric Lenneberg*, edited by George A. Miller and Elizabeth Lenneberg (New York: Academic Press, 1978), p. 59.

18. 同上，頁 63。

19. 將自動生成理論擴展到社會系統中最重要的理論家當然是尼克拉斯‧盧曼（Niklas Luhmann）。他的主要作品包括 *The Differentiation of Society* (New York: Columbia University Press, 1982) 和 *Social Systems*, translated by John Bednarz Jr. and Dirk Baeker (Stanford: Stanford University Press, 1995)。有關他對自主創造理論的批評也很重要的是 "Operational Closure and Structural Coupling: The Differentiation of the Legal System," *Cardozo Law Review* 13 (1992): 1419-41 和 "The Cognitive Program of Constructivism and a Reality That Remains Unknown" in *Self-Organization: Portrait of a Scientific Revolution*, edited by Wolfgang Krohn et al. (Dordrecht：Kluwer Academic Publishers, 1990).

20. Simon Baron-Cohen, *Mindblindness: An Essay on Autism and Theory of Mind* (Cambridge: MIT Press, 1997).

21. Francisco J. Varela, "Describing the Logic of the Living: The Adequacy and Limitations of the Idea of Autopoiesis," in Zeleny, *Autopoiesis: A Theory*, p. 36.

22. 例如參見 Richard C. Lewontin, *Biology as Ideology: The Doctrine of DNA* (New York: Harper and Row, 1993); Evelyn Fox Keller, *Refiguring Life: Metaphors of Twentieth-Century Biology* (New York: Columbia University Press, 1995); Richard Doyle, *On Beyond Living: Rhetorical Transformations in the*

Life Sciences (Stanford: Stanford University Press, 1997); and Lily E. Kay, "Cybernetics, Information, Life: The Emergence of Scriptural Representations of Heredity," *Configurations* 5 (winter 1997): 23-92.

23. Humberto R. Maturana, "Autopoiesis: Reproduction, Heredity, and Evolution," in *Autopoiesis, Dissipative Structures, and Spontaneous Social Orders,* edited by Milan Zeleny, AAAS Selected Symposium (Boulder: Westview Press, 1980), p.62.

24. Humberto R. Maturana and Francisco Varela, *The Tree of Knowledge: The Biological Roots of Human Understanding* (Boston: New Science Library, 1987).

25. 在 Maturana 和 Varela 的 *Autopoiesis and Cognition* 中，Maturana 指出，人們不能「從自生系統的概念中解釋或推斷所有實際的生物現象，而不訴諸歷史偶然事件」(p. xxiii)。但是，他承認只是主張這並不代表理論的缺點。

26. Humberto R. Maturana, "The Origin of the Theory of Autopoietic Systems," in *Autopoiesis; Eine theorie* im *Brennpunkt der Kritik,* edited by Hans R. Fisher (Heidelberg: Verlag, 1991), p. 123.

27. Varela, *Principles,* p. xvii; Varela, "Describing the Logic of the Living," p. 36（強調為附加的）。

28. Francisco J. Varela, Evan Thompson, and Eleanor Rosch, *The Embodied Mind: Cognitive Science and Human Experience* (Cambridge: MIT Press, 1991).

29. Francisco J. Varela, "Making It Concrete: Before, During, and After Breakdowns," in *Revisioning Philosophy,* edited by James Ogilvy (Albany: State University of New York Press, 1992), p. 103.

30. 見 Zeleny, *Autopoiesis, Dissipative Structures, and Spontaneous Social Orders* 各章節，對此研究有良好的概述。

31. Maturana and Varela, *The Tree of Knowledge,* p. 242。

第七章

1. 有關菲利普・狄克（Philip K. Dick）此時期的小說，我將探討或提及 *We Can Build You*（原名 *The First in Your Family*），寫於 1962 年，並於 1969 年出版為 *A. Lincoln, Simulacrum*（本章引用的版本是 London: Grafton Books, 1986）；*Martian Time-Slip*（原名 *Goodmember Arnie Kott of Mars*），1962 年著作、1964 年出版（引用版是 New York: Vintage Books, 1995）；*Dr. Bloodmoney; or, How We Got Along after the Bomb,* 1963 年著作、1965 年出版（引用版是 New York: Carroll and Graf, 1988）；*The Simulacra*（原名 *The First Lady of Earth*），1963 年著作、1964 年出版（引用版是 London: Methuen Paperbacks, n.d.）；*The Three Stigmata of Palmer Eldritch*，1964 年著作、1965 年出版（引用版是 New York: Bantam, 1964）；《機器人會夢見電子羊嗎？》（*Do Androids Dream of Electric Sheep? 原名為 The Electric Toad: Do Androids Dream?*），1966 年著作、1968 年出版（引用版是 New York: Ballantine Books, 1982，標題為 *Blade Runner*）；*Ubik*（原名為 *Death of an Anti-watcher*），寫於 1966 年、1969 年出版（引用版是 London: Grafton Books, 1973）。日期、原始標題、初次出版信息引自 Lawrence Sutin, *Divine Invasions: A Life of Philip K. Dick* (Secaucus, N.J.: Carol Publishing, 1991).

2. Philip K. Dick, "How to Build a Universe That Doesn't Fall Apart Two Days Later," in *The Shifting Realities of Philip K Dick: Selected Literary and Philosophical Writings,* edited by Lawrence Sutin (New York: Pantheon Books, 1995), pp. 263-64.

3. Istvan Csicsery-Ronay Jr. 在 *On Philip K. Dick: 40 Articles from Science-Fiction Studies*, edited by R. D. Mullen, Istvan Csicsery-Ronay Jr., Arthur B. Evans, and Veronica Hollinger (Terre Haute: SF-TH, 1992), pp. v-xvii 的導論中指出，缺乏對狄克的女性主義評論。

4. 狄克年歲越增長，女性的年齡越來越小，「女孩」不再是性別歧視的標誌（在狄克這年齡和成長背景的人中，並不常見），而是實際年齡的表徵。

5. Philip K. Dick, "The Evolution of a Vital Love," in *The Dark-Haired Girl* (Willimantic, Conn.: Mark V. Ziesing, 1988), p.171.

6. 一般而言，馬克思主義評論者必然喜用系統的和經濟的解釋更勝於心理的。主張經濟閱讀的重要性包括以下文章，全部發表在 Mullen, Csicsery-Ronay Jr., Evans, and Hollinger, *On Philip K. Dick*: Peter Fitting, "Reality as Ideological Construct: A Reading of Five Novels by Philip K. Dick," pp. 92-110; Peter Fitting, "*Ubik:* The Deconstruction of Bourgeois SF," pp. 41-48; and Scott Durham, "From the Death of the Subject to a Theology of Late Capitalism," pp. 188-98。

7. Sutin, *Divine Invasions*, pp. 11-19, 29-34.

8. 引自同上，頁 12。

9. 紀錄同上，例如參見頁 26。

10. 女同性戀者艾莉斯（Alys），一個性感活潑的黑髮女人，也與她雙胞胎兄弟有亂倫關係。好像反映了珍的死亡，她是熵力的受害者，當她的兄弟得救時，她經歷了超自然快速的衰老。

11. 狄克是榮格作品的狂熱讀者，常提到榮格式的原型，例如在他小說裡的「眾神之母」Magna Mater，有可能在他靈魂深度，有意識地想到了珍。

12. Patricia Warrick, "The Labyrinthian Process of the Artificial: Dick's Androids and Mechanical Constructs," *Extrapolation* 20 (1979): 133-53，在不同情境下，他也提到這點，主張：「對於狄克而言，戰爭的結果——不論是軍事或經濟的——既非勝利也非失敗，而是向相反的轉變，我們成為自己追求的目標、自己的敵人。」（頁 139）

13. Carl Freedman, "Towards a Theory of Paranoia: The Science Fiction of Philip K. Dick," in Mullen, Csicsery-Ronay Jr., Evans, and Hollinger, *On Philip K. Dick*, pp. 111-18.

14. Dick, *The Simulacra*, p. 201.

15. Scott Durham, "From the Death of the Subject."

16. Dick, *The Three Stigmata*, p. 160.

17. Patricia Warrick, "Labyrinthian Process."

18. Dick, *We Can Build You*, p. 34.

19. 瑞秋被描述為「沉重的黑頭髮」的苗條和輕盈，有著「濃密的黑髮」。因為她的「乳房很小」，身體「瘦小、幾乎如兒童之身」，雖然德卡德毫無疑問已是一個性成熟的女人。「總體印象」雖然「好」，但「絕對是個女孩，而非女人」。見 Dick, *Do Androids Dream*, p.164。

20. 感　謝 Jill Galvin 在 "Entering the Posthuman Collective in Philip K. Dick's *Do Androids Dream of Electric Sheep?*" 指出這個雙關語（即將出版，*Science-Fiction Studies*）。

21. Philip K. Dick, "Schizophrenia and *The Book of Changes*," in Sutin, *Shifting Realities*, pp. 175-82, 特別參見 p. 176。

22. R. D. Laing, *The Divided Self* (New York: Pantheon Books, 1969).

23. 在 Warrick, "Labyrinthian Process," p. 141 文中引用。

24. Philip K. Dick, "The Android and the Human," in Sutin, *Shifting Realities*, p.208.

25. Galvin, "Entering the Posthuman Collective."

26. Dick, *Do Androids Dream*, p. 185.

27. Dick, *The Three Stigmata*, p.101.

28. Fredric Jameson, "After Armageddon: Character Systems in *Dr. Bloodmoney*," in Mullen, Csicsery-Ronay Jr., Evans, and Hollinger, *On Philip K. Dick*, pp. 26-36.

29. 同上，頁 27。

30. Dick, *Dr. Bloodmoney*, p. 66.

31. Dick, *Ubik*, p. 107.

32. Humberto R. Maturana and Francisco Varela, *The Tree of Knowledge: The Biological Roots of Human Understanding* (Boston: New Science Library, 1987), p. 242.

33. Sutin, *Divine Invasions*, pp. 222-34.

34. Humberto R. Maturana, "Biology of Language: The Epistemology of Reality," in *Psychology and Biology of Language and Thought: Essays in Honor of Eric Lenneberg*, edited by George A. Miller and Elizabeth Lenneberg (New York: Academic Press, 1978), p. 46, 談到說：「在沒有足夠的環境擾亂的情況下，觀察者聲稱觀察到的行為是想像或幻覺的結果。然而，對於神經系統（和生物體）的操作，想像、幻覺或感知並無區別，因為封閉的神經元網絡不能區分相對神經元活動中內部和外部觸發的變化。這種區別僅附屬於描述領域，其中觀察者定義神經系統和生物體的內部和外部。」

35. Philip K. Dick, *In Pursuit of Valis: Selections from The Exegesis*, edited by Lawrence Sutin (Novato, Calif.: Underwood-Miller, 1991), p. 45.

36. Dick, *Do Androids Dream*, p. 210.

第八章

1. Jean Baudrillard, *The Ecstasy of Communication*, translated by Bernard Schutze and Caroline Schutze (New York: Semiotext(e), 1988), p.18.

2. Arthur Kroker and Marilouise Kroker, "Panic Sex in America," *Body Invaders: Panic Sex in America* (New York: St. Martin's Press, 1987), pp. 20-21.

3. O. B. Hardison Jr., *Disappearing through the Skylight: Culture and Technology in the Twentieth Century* (New York: Viking, 1989), p. 335.

4. 我所謂的「信息學」是指使信息時代成為可能的材料、技術、經濟和社會結構。信息學包括以下：資本主義晚期彈性積累的模式；將電信與電腦技術相結合的硬體和軟體；從一種生活模式，生存並依賴大量資料庫和即時訊息的傳遞；以及身體習慣的習性——姿態、眼睛關注、手動的動作和神經聯繫——正在重新配置人體與信息技術。對於知悉主要來自唐娜·哈洛威（Donna Haraway）作品的「信息學」一詞的讀者而言，經常出現的「統治信息學」，我必須澄清這個術語目前在國內外的技術和人文領域如何運用。對於資訊界人士而言，「信息學」即單純的學習和信息設計技術。在許多歐洲國家，特別是挪威、丹麥和德國，正在形成人文資訊

學系，研究信息技術的文化影響和意義。這些部門的研究人員將「信息學」視為描述性術語，而非賦有研究物理、生物學或文學的價值。這個部門的歷史學家可能會研究電腦的歷史，語言學家研究計算機和自然語言之間的相關性，文學理論家則研究電子文本的新形式。

5. Michel Foucault, *Discipline and Punish: The Birth of the Prison,* translated by Alan Sheridan (New York: Vintage, 1979), p. 205.

6. 在後期的作品中，特別是 *The History of Sexuality,* translated by Robert Hurley (New York: Vintage Books, 1980)，傅柯更加注重體現的實踐與體現普遍的重要性。

7. Elaine Scarry, *The Body in Pain: The Making and Unmaking of the World* (New York: Oxford University Press, 1985).

8. 對傅柯普遍主義（universalism）的批評，參見 Mark Poster, *The Mode of Information : Poststructuralism and Social Context* (Chicago: University of Chicago Press, 1990), pp. 69-98. Nancy Fraser, *Unruly Practices: Power, Discourse, and Gender in Contemporary Social Theory* (Minneapolis: University of Minnesota Press, 1989), pp. 55-66, 探究傅柯身體。

9. Elizabeth Grosz, *Volatile Bodies: Toward a Corporeal Feminism* (Bloomington: Indiana University Press, 1994).

10. 關於 PET 的簡要描述，參見 Richard Mark Friedhoff 和 William Benzon, *The Second Computer Revolution: Visualization* (New York: Harry Abrams, 1989), pp. 64-66, 81, 185.

11. Jorge Luis Borges, "Funes the Memorious," *Labyrinths: Selected Stories and Other Writings* (New York: New Directions, 1962), pp. 59-66.

12. Michel de Certeau, *The Practice of Everyday Life,* translated by Steven F. Rendall (Berkeley: University of California Press, 1985).

13. Maurice Merleau-Ponty, *Phenomenology of Perception,* translated by Colin Smith (New York: Humanities Press, 1962), pp. 98-115, 136-47.

14. Paul Connerton, *How Societies Remember* (Cambridge, England: Cambridge University Press, 1989).

15. 當然，這是 Judith Butler 在 *Gender Trouble: Feminism and the Subversion of Identity* (New York: Routledge, 1990) 的觀點。從這本書中，有些讀者覺得有身體無關緊要的印象。她後來的書 *Bodies That Matter: On the Discursive Limits of "Sex"* (New York: Routledge, 1993)，修正了這種印象。有此修正後，本人完全同意。

16. Francisco J. Varela, Evan Thompson, and Eleanor Rosch, *The Embodied Mind: Cognitive Science and Human Experience* (Cambridge: MIT Press, 1991).

17. Hubert L. Dreyfus, *What Computers Can't Do: The Limits of Artificial Intelligence,* rev. ed. (New York: Harper and Row, 1979), p. 255.

18. Pierre Bourdieu, *Outline of a Theory of Practice,* translated by Richard Nice (Cambridge, England: Cambridge University Press, 1977), p. 78.

19. Maurice Merleau-Ponty, "Eye and Mind," in *The Primacy of Perception,* edited by James M. Edie (Chicago: Northwestern University Press, 1964), p. 162.

20. Connerton, *How Societies Remember,* p. 44.

21. Bourdieu, *Outline of a Theory,* p. 94.

22. Connerton, *How Societies Remember,* p. 102.

23. Mark Johnson, *The Body in the Mind: The Bodily Basis of Meaning, Imagination, and Reason* (Chicago: University of Chicago Press, 1987), pp. 18-35.

24. Garrett Stewart, *Reading Voices: Literature and the Phonotext* (Berkeley: University of California Press, 1990).

25. 埃里克‧哈羅克（Eric Havelock）主張，現代主體性有自我穩定感及持久的身分是一種歷史性的發明，與口語過渡到書寫有關：參見 *Preface to Plato* (Cambridge: Harvard University Press, 1963)。

26. 關於這些技術的文獻很廣泛。一些相關而有用的簡要討論，請參見 Douglas Kahn and Gregory Whitehead, eds., *Wireless Imagination: Sound, Radio, and the Avant-Garde* (Cambridge: MIT Press, 1992), 特別是 Douglas Kahn 的章節 "Introduction: Histories of Sound Once Removed," pp. 1-30.

27. 參見 Friedrich A. Kittler, *Discourse Networks, 1800/1900,* translated by Michael Metteer (Stanford: Stanford University Press, 1990). 還有相關的是 Friedrich A. Kittler, "Gramophone, Film, Typewriter," translated by Dorothea von Mücke, *October* 41 (1987): 101-18，其中 Kittler 寫道：「大約在 1880 年左右，光學、聲學和寫作的技術差異，摧毀了古登堡的儲存壟斷，所以製造了所謂的人物，他的本質通過裝置而運行。」("The technical differentiation of optics, acoustics, and writing around 1880, as it exploded Gutenberg's storage monopoly, made the fabrication of so-called man possible. His essence runs through apparatuses," p. 115) 沒有什麼可以比此更適用於柏洛茲（Burroughs）錄音磁帶的觀點。

28. 有關磁帶記錄開發領域的開創性論文，收錄於 Marvin Camras, *Magnetic Tape Recording* (New York: Van Nostrand Reinhold Company, 1985)。他對這些部分的簡介提供了有價值的（即使粗略的）歷史，亦即我在此處所依據的。

29. 有關電報的專利說明，參見 V. Poulsen, "Method of Recording and Reproducing Sounds or Signals," in Camras, *Magnetic Tape Recording*, pp. 11-17。在巴黎展出的模特與專利說明略有不同。

30. 電影和環形頭的描述可見 H. Lubeck, "Magnetic Sound Recording with Films and Ring Heads," in Camras, *Magnetic Tape Recording*, pp.79-111.

31. 對這項工作的一個有用的回顧是 J. C. Mallinson, "Tutorial Review of Magnetic Recording," in Camras, *Magnetic Tape Recording*, pp. 229-43.

32. Roy Walker, "Love, Chess, and Death," in Samuel Beckett, *Krapp's Last Tape: A Theater Notebook,* edited by James Knowlson (London: Brutus Books, 1980), p. 49.

33. William S. Burroughs, *The Ticket That Exploded* (New York: Grove Press, 1967)（以下在文中被稱為 *TTE*）。

34. 內部獨白支撐假的自我觀感的想法在 Varela, Thompson, and Rosch, *The Embodied Mind* 這本書裡也很重要，如我們於本書第六章所見。關於如何使用磁帶錄音機來破壞病毒話語的廣泛討論，參見 William S. Burroughs, *Electronic Revolution* (Bonn: Expanded Media Editions, 1970), pp.1-62。

35. Cary Nelson 在 Burroughs 的作品中對空間與身體的關聯進行了很好的討論，其中包括 *The Ticket That Exploded* 及其姊妹作小說："The End of the Body: Radical Space in Burroughs," in *William S. Burroughs at the Front: Critical Reception, 1959-1989*, edited by Jennie Kerl and Robin Lydenberg

(Carbondale: Southern Illinois University Press, 1991), pp. 119-32。

36. John Cunningham Lilly 在自傳紀錄 The Center of the Cyclone: An Autobiography of Inner Space (New York: Julian Press, 1972) 中介紹了這些實驗。在一個特色文字化的段落中，Burroughs 建議隔離坦克可以真的溶解身體邊界：「所以在十五分鐘之後，這些海軍陸戰隊在坦克中尖叫，他們漸漸失去輪廓而必會被刪除——我說把兩位海軍陸戰隊員放在坦克中，看看誰出得來——科學——純粹的科學——所以把一位陸戰隊員和他的女友放在坦克中，看看何人或何事會發生。」(TTE, p. 83)

37. Burroughs 等人在許多地方描述了切割方法；參見，例如 Daniel Odier, The Job: Interviews with William S. Burroughs (New York: Grove Press, 1969), p. 14 和 William S. Burroughs, "The Cut-Up Method of Brion Gysin," Re/Search #4/5 (San Francisco: Re/Search Publications, 1982), pp. 35-38. Robin Lydenberg 在 Word Cultures: Radical Theory and Practice in William S. Burroughs' Fiction (Urbana: University of Illinois Press, 1987) 清楚地討論了「文化」實踐中的政治和理論涵義。Laszlo K. Gefin 將拼貼的前衛技巧情境化，見 "College Theory, Reception, and the Cut-ups of William Burroughs," Perspectives on Contemporary Literature: Literature and the Other Arts 13 (1987): 91-100. Anne Friedberg, "Cut-Ups: A Synema of the Text," in Skerl and Lydenberg, William S. Burroughs, pp. 169-73，通過達達主義的藝術家來追蹤切割方法。

38. Robin Lydenberg 對 Burroughs 的錄音實驗有良好的討論，包括這張專輯 "Sound Identity Fading Out: William Burroughs' Tape Experiments," in Kahn and Whitehead, Wireless Imagination, pp. 409-33。

39. Brenda Laurel 和 Sandy Stone 私下溝通的內容。

第九章

1. Francisco J. Varela, Evan Thompson, and Eleanor Rosch, The Embodied Mind: Cognitive Science and Human Experience (Cambridge: MIT Press, 1991).

2. Francisco Varela and Paul Bourgine, eds. Toward a Practice of Autonomous Systems: Proceedings of the First European Conference on Artificial Life (Cambridge: MIT Press, 1992), p. xi.

3. Humberto R. Maturana and Francisco J. Varela, Autopoiesis and Cognition: The Realization of the Living (Dordrecht: D. Reidel, 1980).

4. Thomas S. Ray, "A Proposal to Create Two Biodiversity Reserves: One Digital and One Organic," presentation at Artificial Life IV, Cambridge, Massachusetts, July 1994.

5. Thomas S. Ray, "An Evolutionary Approach to Synthetic Biology: Zen and the Art of Creating Life," Artificial Life 1, no. 1/2 (fall 1993/winter 1994): 180 (emphasis added).

6. Luc Steels, "The Artificial Life Roots of Artificial Intelligence," Artificial Life 1, no. 1/2 (fall 1993/winter 1994): 75-110. 一文提供有用的定義。他區分了定義為未明確程式化的屬性的一階出現，和定義為向系統添加附加功能的緊急行為的二階出現。一般來說，人工生命（AL）研究人員試圖創造二階出現，然後系統可以利用自己的緊急屬性來創造持續的進化和緊急行為向上的螺旋。James P. Crutchfield 在 "Is Anything Ever New? Considering Emergence," in Integrative Themes, edited by G. Cowan, D. Pines, and D. Melzner, Santa Fe Institute Studies in the Sciences of Complexity,

XIX (Redwood City, Calif.: Addison-Wesley, 1994), pp. 1-15. 一文中提出類似的觀點。有關出現的評論，參見 Peter Cariani, "Adaptivity and Emergence in Organisms and Devices," *World Futures* 32 (1991): 111-32。

7. Tierra 計畫描述在 Thomas S. Ray, "An Approach to the Synthesis of Life," in *Artificial Life II,* edited by Christopher G. Langton, Charles Taylor, J. Doyne Farmer, and Steen Rasmussen, Santa Fe Institute Studies in the Sciences of Complexity, X (Redwood City, Calif.: Addison-Wesley, 1992), pp. 371-408. 一文中。"An Evolutionary Approach to Synthetic Biology" (working paper, ATR Human Information Processing Research Laboratories, Kyoto, Japan) 的工作文件解釋並擴展了 Tierra 的哲學基礎。Tierra 的更多信息可在 Christopher G. Langton, ed., "Population Dynamics of Digital Organisms," *Artificial Life II Video Proceedings* (Redwood City, Calif.: Addison-Wesley, 1991) 中 找 到。John Travis, "Electronic Ecosystem," *Science News* 140, no. 6 (August 10, 1991): 88-90. 有流行的解釋。

8. "Simple Rules ... Complex Behavior," Linda Feferman 為 1992 年聖塔菲研究所製作和導演的。

9. Richard Dawkins, *The Selfish Gene* (New York: Oxford University Press, 1976).

10. William Gibson, *Neuromancer* (New York: Ace Books, 1984).

11. Ray, "An Evolutionary Approach," 指出「數字生物的『身體』是記憶中構成其機器語言程序的信息模式」（頁 184）。

12. 引自 Stefan Helmreich, "Anthropology Inside and Outside the Looking Glass Worlds of Artificial Life" (unpublished manuscript, 1994), p. 11。這項研究較早期版本發表為聖塔菲研究所的工作文件，聖塔菲工作文件第 94-04-024 號，在這個版本中，Helmreich 還提到了一些話，聖弗朗西斯大學研究所的管理者顯然覺得有攻擊性，其中包括比較科學家對人造生命「活力」的信念，與邊緣文化團體如特羅布里群島人所有的似乎離奇（西方人的）信仰的比較。反對聖塔菲研究所既不科學且誤解科學的研究，管理人員將工作文件從貨架上移除，並從現有出版物清單中刪去。

13. Christopher Langton, "Artificial Life," in *Artificial Life,* edited by Christopher Langton (Redwood City, Calif.: Addison-Wesley, 1989), p. 1.

14. Richard Doyle 撰寫了 *On Beyond Living: Rhetorical Transformations in the Life Sciences* (Stanford: Stanford University Press, 1997)，身體簡化為信息的人類基因體計畫。

15. 實際上，絕大多數 AL 研究中，推理和演繹都是有效的，因為它們通常在科學計畫中。AL 研究者研究從複雜到簡單的路線，以找出如何建構從簡單到複雜的程式的線索。

16. Langton, "Artificial Life," p. 1.

17. Steven Levy 廣泛採訪了 AL 研究者，在他有助益的 *Artificial Life: The Quest for a New Creation* (New York: Pantheon Books, 1992) 一書詳述。有個更技術性的解說，涵蓋了 Levy 所談類似的材料，就在 Claus Emmeche, *The Garden in the Machine: The Emerging Science of Artificial Life* (Princeton: Princeton University Press, 1994) 書中。Emmeche 在開頭幾頁中表示，他的書籍是為一般讀者而寫，但他很快就會留下簡單的風格，描繪了第一部分的特徵，並將其轉向為更有趣和要求更高的題材。特別值得注意的是，他對關於計算性質方面深層問題的討論。。

18. Helmreich, "Anthropology Inside and Outside," p. 5.

19. Edward Fredkin 是對計算哲學感興趣的類似狂熱崇拜的研究者。在他創立的公司經濟獨立以後，他買下了加勒比海自己偶爾去住的小島。雖然他自己出版的作品很少，但是有一些文章

和書的部分是有關他。他是麻省理工學院的教授，有一個研究小組制定了細胞自動機的普遍理論，旨在展示細胞自動機如何解釋物理學所有的定律。關於他工作的描述，請參見 Robert Wright, *Three Scientists and Their Gods: Looking for Meaning in an Age of Information* (New York: Times Books, 1988)。Fredkin 罕見的出版物之一是論文 "Digital Mechanics: An Information Process Based on Reversible Universal Cellular Automata," *Physica D* 45 (1990): 254-70。另見朱利斯·布朗 (Julius Brown), "Is the Universe a Computer?" *New Scientist* 14 (July 1990): 37-39。Levy, *Artificial Life* 和 Emmeche, *The Garden in the Machine* 二書皆提到 Fredkin。

20. G. Kampis and V. Csanyi, "Life, Self-Reproduction, and Information: Beyond the Machine Metaphor," *Journal of Theoretical Biology* 148 (1991): 17-32，對自我再現概念做了重要的分析。作者們指出一個人對自我複製的發生的解釋，會依據情境組織建構方式而改變。對於所有機器（再）生產，與（無性）活生物體的繁殖相反，存在外部機構完成繁殖的背景。因為佛烈金把最後一臺電腦放在視線之外，從這個角度去掉了情境，儘管他仍然要設定它以解釋事情是如何發生的。

21. 參考 David Jefferson 等人合著的 "Evolution as a Theme in Artificial Life: The Genesys/Tracker System" (Computer Science Department Technical Report CSD-900047, University of California-Los Angeles, December 1990)，其研究計畫把這個反對意見考量進來。杰斐遜和他的同事們設計追蹤模擬，來產生螞蟻的社會行為特徵和食物蒐集策略，他們使用兩種截然不同的算法，來證明模擬所產生的行為不是人造的。他們的理由是，因為模擬的基礎結構有所不同，行為的相似性不能歸因於演算法，只能通過這些演算法進行動態的概念化。

22. Christopher Langton, "Editor's Introduction," *Artificial Life* 1, no. 1/2 (fall 1993/winter 1994): v-viii, 特別參見 v-vi。

23. Walter Fontana, Gunter Wagner, and Leo W. Buss, "Beyond Digital Naturalism," *Artificial Life* 1, no. 1/2 (fall 1993/winter 1994): 224.

24. Hans Moravec, *Mind Children: The Future of Robot and Human Intelligence* (Cambridge: Harvard University Press, 1988).

25. A. G. Cairns-Smith, *Genetic Takeover and the Mineral Origins of Life* (New York: Cambridge University Press, 1987).

26. See Pattie Maes, "Modeling Adaptive Autonomous Agents," *Artificial Life* 1, no. 1/2 (fall 1993/winter 1994): 135-62; Rodney Brooks, "New Approaches to Robotics," *Science* 253 (September 13, 1991): 1227-32; Mark Tilden, "Living Machines: Unsupervised Work in Unstructured Environments" (Los Alamos National Laboratory, CB/MT-v1941114, n.d.).

27. Rodney A. Brooks, "Intelligence without Representation," *Artificial Intelligence* 47 (1991): 139-59. See also Luc Steels and Rodney A. Brooks, eds., *The Artificial Life Route to Artificial Intelligence: Building Embodied, Situated Agents* (Hillsdale, N.J.: L. Erlbaum Associates, 1995).

28. 成吉思汗在這裡和他處被描述，見 Rodney A. Brooks and Anita M. Flynn, "Fast, Cheap, and Out of Control: A Robot Invasion of the Solar System," *Journal of the British Interplanetary Society* 42 (1989): 478-85。

29. 1995 年 1 月，馬克·帝爾登在加州大學生命研究中心演講並展示他的移動機器人時，我趁機和他交談。

30. Brooks, "Intelligence without Representation."

31. 在 1997 年 3 月，我和莫拉維克在伊利諾大學「網路集會」中進行談話，比較他設計的機器人所駕駛的車子和羅德尼‧布魯克斯的機器人，捍衛了自上而下的方法。而莫拉維克的電動機器人車已經成功地行駛了幾百英里，布魯克斯的機器人則幾乎未曾到實驗室之外。這一點被欣然接受，未來的研究可以好好地結合兩種方法。莫拉維克宣稱自己為實用主義者，願意使用任何作品。

32. Michael G. Dyer, "Toward Synthesizing Artificial Neural Networks That Exhibit Cooperative Intelligent Behavior: Some Open Issues in Artificial Life," *Artificial Life* 1, no. 1/2 (fall 1993/winter 1994): 111-35, 特別是 p. 112。

33. Edwin Hutchins 在 *Cognition in the Wild* (Cambridge: Mit Press, 1996) 中揭示了此一主張，當時他優雅地論述，人類通常在認知分布於人與非人物的各種環境中行動，從方格紙和鉛筆，到他討論複雜的海軍導彈系統。他的書立基於過去和現在的海軍導航技術中的論證，表明分布式認知在有人類時已存在了。

34. Levy 在 *Artificial Life* 介紹了馮‧紐曼的自我複製機器。他的描述基於 Arthur W. Burks（他負責編輯及編譯馮‧紐曼過世所遺留下的不完整手稿）所給十分概略的信息，Burks 稱之為自我複製的運動學模型。Burks 版本可以在 John von Neumann, *Theory of Self-Reproducing Automata* (Urbana: University of Illinois Press, 1966), pp. 74-90 中找到。

35. 細胞自動機在 John von Neumann, *Theory of Self-Reproducing Automata,* pp. 91-156. 有詳細描述。可參見細胞自動機最重要研究者之一 Stephen Wolfram 的文章，"Universality and Complexity in Cellular Automata," *Physica D* 10 (1984): 1-35, 和 "Computer Software in Science and Mathematics," *Scientific American* 251 (August 1984): 188-203。在這些文章中，Wolfram 專注在一維細胞自動機，其中每一代顯示為一條線，並且隨著線條在螢幕（或方格紙）上增加而出現圖案。

36. Chris G. Langton, "Computation at the Edge of Chaos: Phase Transition and Emergent Computation," *Physica D* 42 (1990): 12-37.

37. 沃倫‧麥卡洛克的論文包括麥卡洛克為考夫曼（Kauffmann）寫的介紹信：Warren McCulloch Papers, American Philosophical Library, Philadelphia, B/M139, Box 2。麥卡洛克在他去世前幾年的幾次講座和訪談中，提到考夫曼是他重要的合作者。

38. Stuart A. Kauffman, *The Origins of Order: Self-Organization and Selection in Evolution* (New York: Oxford University Press, 1993). 另見此文普及版，*At Home in the Universe: The Search for the Laws of Self-Organization and Complexity* (New York: Oxford University Press, 1995).

39. Jerome H. Barkow, Leda Cosmides, and John Tooby, *The Adapted Mind: Evolutionary Psychology and the Generation of Culture* (New York: Oxford University Press, 1992), 特別參見 Tooby 和 Cosmides 所著的章節："The Psychological Foundations of Culture," pp. 19-136。Tooby 和 Cosmides 協助成立人類行為與進化學會（HBES），該學會舉辦以進化心理學思想為中心的年度會議。在某些方面，HBES 是社會生物學的繼承者，儘管具有更靈活的解釋性框架。

40. Steven Pinker 在 *The Language Instinct* (New York: W. Morrow, 1994) 中提出這點。這個模式提供了對馬圖拉納的「觀察者」之間「使用語言」主要的被動模式的矯正。

41. Steels, "The Artificial Life Roots."

42. Marvin Minsky, *The Society of Mind* (New York: Simon and Schuster, 1985), 特別參見 pp. 17-24.

43. Marvin Minsky, "Why Computer Science Is the Most Important Thing That Has Happened to the Humanities in 5,000 Years" (public lecture, Nara, Japan, May 15, 1996). 感謝 Nicholas Gessler 將他的演講稿提供給我。

44. Marvin Minsky, "How Computer Science Will Change Our Lives" (plenary lecture, Fifth Conference on Artificial Life, Nara, Japan, May 17, 1996).

45. Antonio R. Damasio, *Descartes' Error: Emotion, Reason, and the Human Brain* (New York: G. P. Putnam, 1994), p. 226.

第十章

1. Ihab Hassan, "Prometheus as Performer: Towards a Posthumanist Culture?" in *Performance in Postmodern Culture*, ed. by Michael Benamou 和 Charles Caramella (Madison, WI: Coda Press, 1977), p. 212. 另見 Judith Halberstam and Ira Livingston, "Introduction: Posthuman Bodies" in *Posthuman Bodies*, edited by Judith Halberstam and Ira Livingston (Bloomington: Indiana University Press, 1995) 提到:「後人類身體是後現代性歡樂、真實和後果的關係。」("Posthuman bodies are the causes and effects of postmodern relations of pleasure, virtuality and reality, sex and its consequences," p. 3)

2. 有關符號學方形空間的討論,見 Ronald Schleifer, Robert Con Davis, and Nancy Mergler, *Culture and Cognition: The Boundaries of Literary and Scientific Inquiry* (Ithaca: Cornell University Press, 1992)。另見 A. J. Greimas, *Structural Semantics: An Attempt at a Method*, translated by Daniele MacDowell, Ronald Schleifer, and Alan Velie (Lincoln: University of Nebraska Press, 1983)。我不宣稱符號空間為其發明家 Greimas 所授與的必然性。相反地,我的目的是視其為有用的刺激思想,以及一種套出也許並不明顯的關係的方法。

3. Jean Baudrillard, *Simulations*, translated by Paul Foss, Paul Patton, and Philip Beitchman (New York: Semiotext(e), 1983).

4. Greg Bear, *Blood Music* (New York: Ace Books, 1985) (下文稱 *BM*); Richard Powers, *Galatea 2.2: A Novel* (New York: Farrar Straus Giroux, 1995) (下文稱 *G2*); Cole Perriman, *Terminal Games* (New York: Bantam, 1994) (下文稱 *TG*); Neal Stephenson, *Snow Crash* (New York: Bantam, 1992) (以下在文中稱為 *SC*).

5. Fredric Jameson 在 *Postmodernism; or, The Cultural Logic of Late Capitalism* (Durham: Duke University Press, 1991) 中肯地連結了信息社會與晚期資本主義。

6. Darko Suvin, "On Gibson and Cyberpunk SF," *Foundation* 46 (1989): 41.

7. Daniel Dennett, *Consciousness Explained* (Boston: Little, Brown and Co., 1991), notes, "The voice the schizophrenic 'hears' is his own" (p. 250n).

8. Elaine Scarry, *The Body in Pain: The Making and Unmaking of the World* (New York: Oxford University Press, 1985).

9. Veronica Hollinger, "Cybernetic Deconstructions: Cyberpunk and Postmodernism," *Mosaic* 23 (1990): 42.

10. Mark Johnson, *The Body in the Mind: The Bodily Basis of Meaning, Imagination, and Reason* (Chicago:

University of Chicago Press, 1987).

11. Judith Butler, *Gender Trouble: Feminism and the Subversion of Identity* (New York: Routledge, 1990); J. L. Austin, *How to Do Things with Words,* edited by J. O. Urmson and Marina Sbisa (Oxford: Clarendon Press, 1972).

12. Andrew Hodges 在他出色的傳記 *Alan Turing: The Enigma* (New York: Simon and Schuster, 1983) 中評論道:「對於艾倫‧圖靈而言,乘法器是一個相當惱人的技術:〔通用圖靈機器〕的核心在於邏輯控制,將指令自記憶中取出,並將其投入而運作。」(頁 320)

13. 有關 VR 程式語言的深層結構,及其與可實現其實例的觀點的話語的關係的討論,參見 Robert Markley, "Boundaries: Mathematics, Alienation, and the Metaphysics of Cyberspace," in *Virtual Reality and Their Discontents*, edited by Robert Markley (Baltimore: Johns Hopkins University Press, 1996), pp. 55-77.

14. David Porush, "Hacking the Brainstem: Postmodern Metaphysics and Stephenson's Snow Crash," *Configurations* 3 (1994): 537-71.

15. Mary Catherine Bateson, *Our Own Metaphor: A Personal Account of a Conference on the Effects of Conscious Purpose on Human Adaptation* (1972; Washington, D.C.: Smithsonian Institution Press, 1991).

16. Richard Dawkins 發展了模因(meme)的概念,和 *The Selfish Gene* (New York: Oxford University Press, 1976) 一書中自私基因的概念類似。

17. Halberstam 和 Livingston 在 *Posthuman Bodies* 一書的介紹中指出:「你不是人類,直到你成為後人類以前。你從來就不是人類。」(頁 8)

18. Veronica Hollinger, "Feminist Science Fiction: Breaking Up the Subject," *Extrapolation* 31 (1990): 229-39. 對女性主義科幻小說的多樣性提出類似的論證。有些文本想要恢復這個主題的一些面向,也有另外一些瞄準了更具顛覆性和廣泛的解構。據霍林格(Hollinger)觀察那些從未經歷過強烈而統一主體性的人,可能希望在解構之前就有機會表達這種主體性。Anne Balsamo 在 "Feminism for the Incurably Informed," *South Atlantic Quarterly* 92 (1993): 681-712 一文中,與霍林格的結論有所爭論,認為所需要的不僅僅是文本和閱讀之間的多樣性,可以逃避以提供「後人類生存技術」,其中「技術」和「人類」被理解為連續而不是對立的」(頁 684),陷入這種反對贊成人性主義的二元論。

第十一章

1. 感謝 Marjorie Luesebrink 的與談,激發我思考這些結論中的概念。

2. Warren McCulloch, quoted in Mary Catherine Bateson, *Our Own Metaphor: A Personal Account of a Conference on the Effects of Conscious Purpose on Human Adaptation* (1972; Washington, D.C.: Smithsonian Institution Press, 1991), p. 226.

3. Hans Moravec, *Mind Children: The Future of Robot and Human Intelligence* (Cambridge: Harvard University Press, 1988).

4. Jared Diamond, *Guns, Germs, and Steel: The Fates of Human Societies* (New York: Norton, 1997), and *Why Sex Is Fun: The Evolution of Human Sexuality* (New York: Basic Books, 1997).

5.　Jerome H. Barkow, Leda Cosmides, and John Tooby, eds., *The Adapted Mind: Evolutionary Psychology and the Generation of Culture* (Oxford: Oxford University Press, 1992).

6.　Jacques Derrida, *Of Grammatology,* translated by Gayatri C. Spivak (Baltimore: Johns Hopkins University Press, 1976).

7.　Eric A. Havelock, *Preface to Plato* (Cambridge: Harvard University Press, 1963).

8.　Chris G. Langton, "Computation at the Edge of Chaos: Phase Transition and Emergent Computation," *Physica D* 42 (1990): 12-37; Stuart A. Kauffman, *The Origins of Order: Self-Organization and Selection in Evolution* (New York: Oxford University Press, 1993).

9.　Francisco J. Varela, "Making It Concrete: Before, During, and After Breakdowns," in *Revisioning Philosophy*, edited by James Ogilvy (Albany: State University of New York Press, 1992), pp. 97-109.

10.　Henri Atlan, "On a Formal Definition of Organization," *Journal of Theoretical Biology* 45 (1974): 295-304. Michel Serres 在 "The Origin of Language: Biology, Information Theory and Thermodynamics," *Hermes: Literature, Science, Philosophy,* edited by Josué V. Harari and David F. Bell (Baltimore: Johns Hopkins University Press, 1982), pp. 71-83. 對這種噪音如何引起人類語言有煽動性的詮釋。參見 N. Katherine Hayles, *Chaos Bound: Orderly Disorder in Contemporary Literature and Science* (Ithaca: Cornell University Press, 1990), pp. 56, 204-6. 有關 Atlan 和 Serres 的討論。

11.　Gregory Bateson, 引自 Bateson, prologue to *Our Own Metaphor,* pp.13-16。

12.　Francisco J. Varela, Evan Thompson, and Eleanor Rosch, *The Embodied Mind: Cognitive Science and Human Experience* (Cambridge: MIT Press, 1991).

13.　在 Neal Stephenson 的 *Snow Crash* (New York: Bantam, 1992) 中，他的年輕白色女主角 Y. T. 被綁架，丟在筏上，並分配混亂的細節。然後，她深入了解世界人口的一小部分，如何相信擁有自由人文主義的自我。一旦她克服此衝擊，並且決定了一個例行程序，她開始環顧四周，看著那些殺著魚的婦女，並意識到這只是世界上大約 99％的人的生活。「你在這個地方，四周還有其他人，但是他們不了解你，而你也不了解他們，但是，人們還是隨口說了很多無意義的話。為了存活，你必須整天做著愚蠢而無意義的工作。唯一的辦法就是放棄、放鬆、乘飛機，走進邪惡的世界，在那裡被吞噬，從此不再有消息。」(頁 303-304)

14.　Richard Lanham, *The Electronic Word: Democracy, Technology, and the Arts* (Chicago: University of Chicago Press, 1994).

15.　Galen Brandt, "Synthetic Sentience: An Interview with Charles Ostman,"*Mondo 2000,* no. 16 (winter 1996-97): 25-36. See also Charles Ostman, "Synthetic Sentience as Entertainment," *Midnight Engineering* 8, no. 2 (March/April 1997): 68-77.

16.　Joseph Weizenbaum, *Computer Power and Human Reason: From Judgment to Calculation* (New York: W. H. Freeman, 1976).

17.　Gilles Delueze 和 Felix Guattari 當然也在 *Anti-Oedipus: Capitalism and Schizophrenia* (Minneapolis: University of Minnesota Press, 1983) 書中讚揚了分門別類及「身體無器官」此種陌異性（alienness）看法。對於後人狂熱的解釋，請參見 Judith Halberstam, and Ira Livingston, eds., *Posthuman Bodies* (Bloomington: Indiana University Press, 1995)。

18.　Donna J. Haraway, "Situated Knowledges: The Science Question in Feminism and the Privilege of Partial Perspective," in *Simians, Cyborgs, and Women: The Reinvention of Nature* (New York: Routledge, 1990), pp. 183-202; Evelyn Fox Keller, "Baconian Science: The Arts of Mastery and Obedience," *Reflections on Gender and Science* (New Haven: Yale University Press, 1995), pp. 33-42; Sandra Harding, *The Science Question* in *Feminism* (Ithaca: Cornell University Press, 1986); 和 Carolyn Merchant, *The Death of Nature: Women, Ecology, and the Scientific Revolution* (San Francisco: Harper, 1982).

19. Edwin Hutchins, *Cognition in the Wild* (Cambridge: MIT Press, 1995).

20. 有關「中文房間」的思想實驗，參見 John R. Searle, "Is the Brain's Mind a Computer Program?" *Scientific American* 262, no. 1 (1990): 26-31; see also John R. Searle, *Minds, Brains, and Science* (Cambridge: Harvard University Press, 1986), pp. 32-41. Searle 試著答覆這整個房間懂中文的分析，說「不可能從語法到語義」（頁 34）。

21. Hutchins, *Cognition*, pp. 361-62.

22. William Gibson, *Neuromancer* (New York: Ace Books, 1984). 敘述者將案例從網路空間中流傳開來之後，發表評論說：「對於本案例來說，活在網路空間無形的狂熱中，那就是墮落……身體是肉身，本案例陷入了他自己的肉身監獄。」（頁 6）

23. Bruno Latour, *We Have Never Been Modern*, translated by Catherine Porter (Cambridge: Harvard University Press, 1993). Latour 重要的論證是，準物件在網絡中運作，這些網絡即刻是物質的真實，是社會所規範的和話語所建構的。在本書中，我使用不同的情境，來對控制論的歷史主張非常類似的觀點。

24. 此炸毀系統暗指 Bill Nichols 關於控制論開創性的文章 "The Work of Culture in the Age of Cybernetics," in *Electronic Culture: Technology and Visual Representation*, edited by Timothy Druckrey (New York: Aperture, 1996), pp. 121-44.

文化思潮 194

後人類時代：虛擬身體的多重想像和建構

作　者—N‧凱薩琳‧海爾斯（N. Katherine Hayles）
譯　者—賴淑芳、李偉柏
主　編—湯宗勳
特約編輯—文雅
校　對—蘇暉筠
美術設計—陳恩安
責任企劃—林進韋

董事長—趙政岷
出版者—時報文化出版企業股份有限公司
　　　　108019台北市和平西路三段二四〇號七樓
　　　　發行專線—（〇二）二三〇六—六八四二
　　　　讀者服務專線—〇八〇〇—二三一—七〇五
　　　　　　　　　　　（〇二）二三〇四—七一〇三
　　　　讀者服務傳真—（〇二）二三〇四—六八五八
　　　　郵撥—一九三四四七二四時報文化出版公司
　　　　信箱—10899台北華江橋郵局第九十九信箱
時報悅讀網—http://www.readingtimes.com.tw
電子郵箱—new@readingtimes.com.tw
法律顧問—理律法律事務所　陳長文律師、李念祖律師
印　刷—勁達印刷有限公司
初版一刷—二〇一八年七月六日
初版二刷—二〇二一年九月二十七日
定　價—新台幣五〇〇元
版權所有　翻印必究（缺頁或破損的書，請寄回更換）

時報文化出版公司成立於一九七五年，
並於一九九九年股票上櫃公開發行，於二〇〇八年脫離中時集團非屬旺中，
以「尊重智慧與創意的文化事業」為信念。

後人類時代：虛擬身體的多重想像和建構/
　N‧凱薩琳‧海爾斯（N. Katherine Hayles）作；賴淑芳、
　李偉柏 譯.-- 一版.-- 臺北市：時報文化, 2018.7
　面；公分.--（文化思潮；194）
　譯自：How We Became Posthuman: Virtual Bodies in Cybernetics,
　　Literature, and Informatics
　ISBN 978-957-13-7269-3（平裝）
　1.資訊社會 2.人工智慧 3.虛擬實境

541.415　　　　　　　　　　　　　　106024206

ISBN 978-957-13-7269-3
Printed in Taiwan